汉译世界学术名著丛书

罗马史

第一册

〔德〕特奥多尔·蒙森 著

李稼年 译

李澍泖 校

商务印书馆
创于1897 The Commercial Press

Theodor Mommsen

RÖMISCHE GESCHICHTE

(History of Rome)

Band 1

(J. M. Dent and Sons Ltd. 1920)

根据慕尼黑德意志袖珍书籍出版公司 1976 年德文版翻译，校订时参考了伦敦登特父子有限公司 1920 年英译本

汉译世界学术名著丛书
出版说明

我馆历来重视移译世界各国学术名著。从20世纪50年代起，更致力于翻译出版马克思主义诞生以前的古典学术著作，同时适当介绍当代具有定评的各派代表作品。我们确信只有用人类创造的全部知识财富来丰富自己的头脑，才能够建成现代化的社会主义社会。这些书籍所蕴藏的思想财富和学术价值，为学人所熟知，毋需赘述。这些译本过去以单行本印行，难见系统，汇编为丛书，才能相得益彰，蔚为大观，既便于研读查考，又利于文化积累。为此，我们从1981年着手分辑刊行，至2013年年底已先后分十四辑印行名著600种。现继续编印第十五辑。到2015年年底出版至650种。今后在积累单本著作的基础上仍将陆续以名著版印行。希望海内外读书界、著译界给我们批评、建议，帮助我们把这套丛书出得更好。

商务印书馆编辑部

2015年3月

献　给

我的朋友——柏林的莫里茨·豪普特

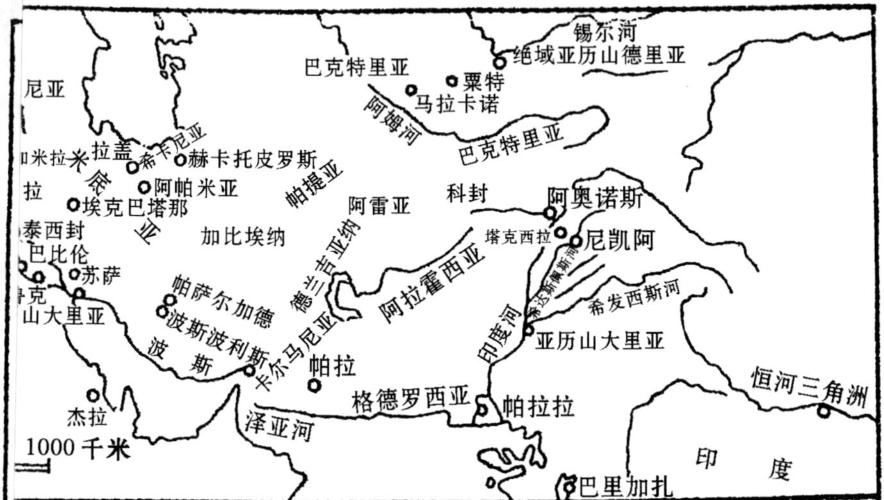
锡尔河
绝域亚历山德里亚
巴克特里亚
粟特
马拉卡诺
阿姆河
巴克特里亚
尼亚
加米拉
米
拉盖
希卡尼亚
赫卡托皮罗斯
底
阿帕米亚
帕提亚
拉
埃克巴塔那
河
泰西封
巴比伦
加比埃纳
阿雷亚
科封
阿奥诺斯
塔克西拉
尼凯阿
苏萨
帕萨尔加德
波斯波利斯
德兰吉亚纳
阿拉霍西亚
山大里亚
希发西斯河
印度河
亚历山大里亚
波
斯
卡尔马尼亚
帕拉
格德罗西亚
帕拉拉
恒河三角洲
杰拉
泽亚河
1000 千米
印
度
巴里加扎

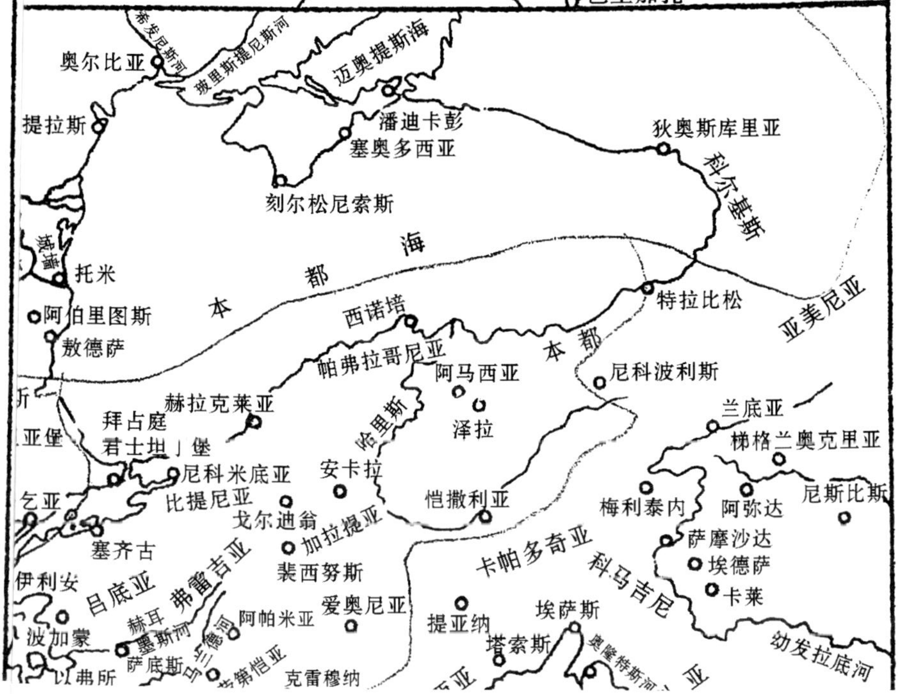
希发尼斯河
奥尔比亚
玻里斯提尼斯河
迈奥提斯海
潘迪卡彭
提拉斯
塞奥多西亚
狄奥斯库里亚
刻尔松尼索斯
科尔基斯
托米
海
都
本
阿伯里图斯
敖德萨
西诺培
特拉比松
亚美尼亚
帕弗拉哥尼亚
阿马西亚
本
都
尼科波利斯
赫拉克莱亚
哈里斯
泽拉
兰底亚
拜占庭
君士坦丁堡
梯格兰奥克里亚
尼科米底亚
安卡拉
尼斯比斯
比提尼亚
恺撒利亚
梅利泰内
阿弥达
戈尔迪翁
加拉提亚
萨摩沙达
塞齐古
埃德萨
卡帕多奇亚
科马吉尼
斐西努斯
卡莱
伊利安
吕底亚
弗雷吉亚
爱奥尼亚
阿帕米亚
提亚纳
埃萨斯
赫耳
墨斯河
波加蒙
塔索斯
奥隆特斯河
幼发拉底河
萨底斯
马
德河
克雷穆纳
以弗所

目　录

第二版前言 …… 1

第三版至第九版前言 …… 4

第一卷　迄至罗马王政的废除

第一章　引论 …… 7

第二章　最早迁入意大利的移民 …… 12

第三章　拉丁人的定居 …… 37

第四章　罗马的起源 …… 49

第五章　罗马的原始政制 …… 64

第六章　非公民与经过改革的政制 …… 90

第七章　罗马称霸拉丁姆 …… 104

第八章　翁布里-萨贝利族　萨谟奈人的起源 …… 119

第九章　埃特鲁斯坎人 …… 125

第十章　希腊人在意大利　托斯坎人和迦太基人的海上霸权 …… 135

第十一章　法律与司法 …… 157

第十二章　宗教 …… 171

第十三章　农业、工艺和商业 …… 195

第十四章 度量衡和文字 …… 216
第十五章 艺术 …… 234

第二卷 自罗马废除王政至意大利统一

第一章 政制改革 行政长官权力的限制 …… 259
第二章 平民保民官和十头政治 …… 280
第三章 等级平等运动和新贵族政治 …… 303
第四章 埃特鲁斯坎人势力的衰亡 凯尔特人 …… 336
第五章 罗马征服拉丁人和坎帕尼亚人 …… 357
第六章 意大利人反抗罗马 …… 380
第七章 皮罗斯王对罗马的斗争和意大利的统一 …… 405
第八章 法律、宗教、兵制、国民经济和民族性 …… 456
第九章 艺术和科学 …… 483

第二版前言 11

新版《罗马史》与前一版有很大不同。这主要指头两卷，其所包括的时间为罗马国家的最初五百年。在实史开始之处，它就由于自身的缘故，决定和安排了表述的内容和形式。对较早时期，由于史料出处的研究并无界限，以及史料的时间难以确定和互无联系，历史学家所遇到的困难在于，他很难使别人满意，肯定也不能使自己满意。尽管本书作者曾努力于认真克服研究和表述上的这些困难，但是，他在将本书呈献于公众之前，在这里仍需做许多事情，多处需要修改。一系列新的研究，如关于罗马臣民的国家法地位，关于创作艺术和造型艺术的发展，已按其成果之大小纳入这个版本。此外，许多小漏洞已经弥补，行文普遍改得更为鲜明，内容更为丰富，整个布局更清楚，更加一目了然。还有就是在第三卷中，迦太基战争期间罗马民社的内部关系，不像在第一版中那样，仅做概述，而是依据事物的重要性和艰巨性给予应有的详尽描述。

公正的评判者，也许首先是那个已承担解决类似任务的人，将对此懂得去说明这种弥补原是在所必需的，从而对此请求谅解。无论如何，作者怀着感激的心情承认，公众的评判没有强调本书那些显而易见的漏洞和不足之处，而是相反，无论赞赏还是异议，都是针对其中已告结束或已经完成的那些部分。

此外，作者已把本书尽力在外表上安排得更为妥善。瓦罗的罗马城纪年保留在正文之中；页边的符号[1]指相应的公元前某年。
12 在年份对比时，罗马城 1 年相当于公元前 753 年和奥林匹亚年 6,4；尽管考虑到年的开端不尽相同，罗马的太阳年始于 3 月 1 日，希腊年始于 7 月 1 日，据更为准确的计算，罗马城 2 年相当于公元前 753 年的最后十个月和公元前 752 年的头两个月，还相当于奥林匹亚年 6,3 的最后四个月和奥林匹亚年 6,4 的头八个月。罗马钱与希腊钱一律按如下方式换算，阿司镑和塞斯特、第纳尔和阿提卡的德拉克马均视为相等，所有 100 第纳尔以上的款项均以相应重量的现今黄金价值为基准，所有 100 第纳尔以下的款项均以相应重量的现今白银价值为基准，则罗马钱 1 镑（＝327.45 克）等于 4000 塞斯特，故根据 1∶15.5 的金银比率，罗马镑换算为 304 1/2 普鲁士塔勒(Talern)，第纳尔据白银价值换算为 7 普鲁士格罗申(Groschen)。第一卷所附的基佩特地图把意大利的年事统一表示得更明显，较叙述为优。页边标示的内容提要使读者易于综览。按字母排列的目录将附于第三卷[2]，因为作者兼有其他职责在身，无法如愿以偿地迅速进行这项工作。

1856 年 11 月于布累斯劳

作者感到有必要在第二和第三卷再版时做出的种种更动大部

① 在德文版的正文中，印为斜体字。中译本已列入正文中。——编者

② 地图、集中在一起的内容提示和《目录》(作为第一卷至第五卷的索引)，均见于第八卷。

分源出于新发现的李锡尼阿努斯的残稿。由于编者卡尔·佩尔茨先生的好意,作者在它出版以前就得以在校样中看到的这些片段,对于从皮德纳战役至雷必达反叛这一时期我们知识上存在的漏洞而增添了一些并非不重要的补充,当然也增添了不少疑团。

1857年5月于布累斯劳

13 # 第三版至第九版前言

人们将会发现，从整体上看，第三(第四、第五、第六、第七、第八、第九)版同前两版没有很大的不同。公正的和内行的评论家都不会认为，像本书这样一部著作的作者必须为自己的新版本而利用，亦即重复在此期间出现的专门研究的每一成果。在此期间，即是自从第二版问世以来，在别人或自己的研究成果中，凡是作者认为是弄错或失误的，均已如实做了陈述。大段大段的改写，客观上并无必要。在第三卷第十四章中，曾就罗马编年史的依据做了阐述，后来又根据材料，以适当的方式做了全面的论述，写成专文(《迄至恺撒时期的罗马编年史》，第二版，柏林，1859年)，因此，现在仅限于对具有普遍历史意义的成果做个概述即可。此外，布局并未更动。

1861年2月1日；1864年12月29日；
1868年4月11日；1874年8月4日；
1881年7月21日；1887年8月15日；
1902年10月1日，于柏林

第一卷

迄至罗马王政的废除

远古之事因日久年深已无法详加查考;可是,据我在审核时确认为大体可靠的证据看来,我相信,无论就战争或其他方面而言,它们都是微不足道的。

——修昔底德

第一章　引论

地中海及其深入大陆的各个分支构成大西洋最大的海湾；海面有时由于岛屿峙列或陆地延伸变窄，有时又四面扩展，显得十分辽阔，既把旧世界的三个部分分开，又把它们连成一片。在古代，这个内海周围居住着许多民族，从人种学和语言史的观点来看，这些民族不属于同种，但就历史而言，他们却构成一个整体。这个历史整体惯常被不甚恰当地称为古代世界史，实则是地中海各民族的文明史；它在我们面前陆续展现四个大的发展阶段：南岸的科普特人或埃及人的历史；阿拉米人或叙利亚人的历史，这个民族占据地中海东岸，并深入广布于亚洲腹地，远及幼发拉底河和底格里斯河；希腊人的历史；意大利人的历史；后两个民族本是一产双生，承受欧洲地中海沿岸一带为其遗产。以上四个民族的历史在初期都与其他知识范畴和历史发展周期相联系，但是不久以后，便各自分道扬镳。住在这个广大范围四周的各民族有些与他们是异族，有些与他们是同宗。这些非洲的柏柏尔人和尼格罗人，亚洲的阿拉伯人、波斯人和印度人，欧洲的凯尔特人和日耳曼人，都曾与住在地中海沿岸的民族多方接触，但是在各自的发展上既没有给这些民族以真正决定性的影响，也没有从这些民族受到真正有决定性的影响。所以，如果文化范围果真可以划分，则这个以底比斯、迦太基、雅典和罗马之名代表其顶峰的文化范围可以视为一个整体。这四个民族，各自遵循自己的道路达到独特的宏伟文明以后，彼此的关系极为纷繁复杂，人性的一切要素都得到精深的研讨和丰富的发展，直至连这个范围也满盈起来。一些新的民族以前不过像波浪冲击海滩那样，冲击着地中海各国的领域，到现在便从两岸泛滥开来，以前他们曾在历史上把南岸同北岸分开，此时却把文明重
20 心由地中海移到大西洋。所以，古代史与近代史的分别并不是纯粹偶然的，也不是纯粹为了编年上的便利。所谓近代史，实际上是一个新文化范畴的形成；从它的几个发展时期看来，新文明与将亡或已亡的地中海各国文明相连续，正如地中海文明与印度日耳曼族的原始文明相连续，但新者与旧者一样，也命定要走完自己的轨道，要充分经受各民族的祸福，即经过发育、全盛和衰老各时期，享受它在宗教、政治和艺术上努力创造的成果，以及物质和精神财富上获得的安适；或者，有朝一日也会在因达到目标而志满意盈之际，创造力归于枯竭。然而，这个目标只是暂时性的；最伟大的文明体系有自己的行程；但是，人类却不是这样，人类每当似乎达到目标的时候，旧课题便在更广大的范围内和更崇高的意义上被重新提出。

我们的课题是，表现这宏大的世界历史剧的最后一幕，即从北边的大陆伸入地中海的三个半岛中位于中央的那个半岛的古代史，这个半岛由西阿尔卑斯山向南分出的山系即亚平宁山脉所构成。亚平宁山脉位于地中海西面那个广阔的海湾和东面那个较狭的海湾之间，先是走向东南，然后在接近后一海湾之处，逐渐升高，在阿布鲁齐山中达到它的最高峰，但还没有达到终年积雪的高度。

亚平宁山脉自阿布鲁齐山继续向南伸展，起初既没有分支，又很高峻，到后来稍稍凹落，形成一个丘陵地带；然后分成两支：一支走向东南，成为一带较为平坦的高山，另一支走向正南，成为较为陡峭的山岭，两支在结尾处形成两个狭窄的半岛。

在北部的阿尔卑斯山与亚平宁山之间向南扩展至阿布鲁齐山的平原，在地理上原与南部山地和丘陵地不相连接，就是在历史上也是到了很晚时，彼此才发生联系。这些南部的山地和丘陵地，也就是意大利，我们在这里要研究的正是它的历史。从锡尼加利亚到里米尼一带的沿海，到罗马纪元七世纪时，波河流域则到第八世纪时，才并入意大利。意大利古代的北界不在阿尔卑斯山，而在亚平宁山。亚平宁山没有在哪一侧升高为陡峻的山脉，只是占地很广，其中有很多由易于通过的隘口连接起来的山谷和高原，很适于 21
人类居住，在东、南、西三面与之相连的山前丘陵地和沿海各地尤其如此。诚然，东岸的阿普利亚平原有阿布鲁齐山为其北部屏障，除孤耸的加尔加努山脊横断其间以外，全境平坦，海岸与河流都不甚发达。但是，南岸介于亚平宁山脉尾部的两个半岛之间，有广大的低地与内陆的丘陵地带相连接，港湾虽少，却水多土肥。最后，西岸是一块辽阔的地方，有大河特别是台伯河流贯其间，因洪水泛滥和往日众多火山的作用，该地山谷交错，港湾和岛屿星罗棋布。埃特鲁里亚、拉丁姆和坎帕尼亚都在这里，形成意大利国土的核心。坎帕尼亚以南，山前丘陵地渐渐消失，第勒尼安海的波浪几乎直接拍击到山脉。不但如此，西西里之属于意大利，犹如伯罗奔尼撒之属于希腊；西西里岛是地中海里最大最美的岛，腹地多山，间有荒原，但环岛边缘，尤其东、南两面都是极美的宽阔海滨，大半由火山作用而成。从地理方面看来，西西里的群山既然是亚平宁山的余脉，几乎并未被那只是一条窄缝的海峡所隔断；所以，就历史而论，正如伯罗奔尼撒是希腊的一部分，西西里在古代确是意大利的一部分，两地既是同样一些种族必争之地，又是同一高尚文明的发源地。意大利半岛与希腊半岛相似之处在于山丘不高，气候温和，空气清新宜人，在平原和山谷中，一般也是如此。在海岸的发育上，意大利却不及希腊；意大利半岛尤其缺少那种使希腊人成为航海民族的、岛屿众多的海洋。可是意大利也有优于其邻国之处，它的冲积平原物阜民丰，山坡土质肥美，野草丰茂，足供发展农业和畜牧所需。意大利同希腊一样，也是块好地方，它激发和酬报人类的积极性，对于不肯安息的雄心，这里有通达远方的道路，对于
22 安于宁静的人们，这里也有留守家园、获利谋生的途径。但是，希腊半岛倾向东方，意大利半岛则倾向西方。伊庇鲁斯和阿卡纳尼亚沿海一带，对于希腊只有次要的意义，正如阿普利亚和梅萨皮亚沿海一带，对于意大利也是如此；希腊历史赖以发展的阿提卡和马其顿两地都面向东方，而埃特鲁里亚、拉丁姆和坎帕尼亚却面向西方。这样看来，这两个半岛虽然挨得很近，如同比邻，形同姐妹，但却仿佛相背而立。虽则用肉眼从奥特朗托可以望见阿克罗科劳尼山，但是，最初意大利人与希腊人的密切接触却经由其他途径，而不循这条经由亚得里亚海的捷径。一个民族所占的地势往往足以预示它的历史使命，这里也是如此；古代世界文明所赖以成长的这两个伟大民族在投射它们的阴影时，如同散布它们的种子时一样，乃是一个向东，一个向西。

这里所要叙述的是意大利的历史，而不是罗马城的历史。虽

则从正式国家法的观点看来，罗马的城市民社先取得意大利的统治权，然后取得世界的统治权，但从较高的历史意义来看，这个意见不能成立。寻常所谓罗马人征服意大利，更确切地说，应是把意大利所有民族统一成一个国家。罗马人诚然是这些民族中最强大的一支，但只不过是一支而已。

意大利历史分为两个主要部分：一部分是意大利人在拉丁民族领导下归于统一的内部历史，另一部分是意大利人统治世界的历史。这样，我们将要叙述的是，意大利民族如何定居于这个半岛；他们的民族的和政治的存在如何受到威胁，开化较早的异族，即希腊人和埃特鲁斯坎人，如何把他们部分地征服；意大利人如何起而反抗外族，把他们消灭或征服；最后，意大利两大民族，即拉丁族和萨谟奈族，如何为争夺这半岛的霸权而斗争，到公元前四世纪（罗马纪元五世纪）末年拉丁族如何获得胜利。以上是头两卷的内容。第二部分从布匿战争开始，所述内容包括：罗马国的疆土突飞
猛进地扩展到意大利的天然界线，而后又越过这条界线，罗马帝国 23
时代的状态历久不变，以及这个大帝国的土崩瓦解。这些将在第三和以后各卷加以叙述。

第二章　最早迁入意大利的移民

人类最初迁入意大利的情形如何，没有史料，甚至也没有传说可考。相反地，古人却普遍认为，意大利同别处一样，最早的居民也是土生土长的。然而，不同种族如何起源，种族的发生演变与不同水土有何关系，当然要留给博物学家去解决。从历史的观点来看，确定一国最早见于记载的居民究系土著，抑为移民，既不可能，也不重要。但是，史学研究者却有责任把各国人民如何陆续分化加以叙述，以便从尽可能早的时代起，追溯文明如何从不完美逐渐进入完美，以及无力发展文化的或文化较不发达的民族如何为文化较高的民族所压制。

然而，意大利却特别缺乏原始时代遗留的古物，在这方面意大利与其他文明地区截然不同。根据德意志考古学研究的结果，在印度日耳曼族尚未定居于英格兰、法兰西、德意志北部和斯堪的纳维亚之前，有一个民族，也许是楚底(*tschudischer*)族，曾在以上各地居住过，或更确切地说是漫游过；他们以狩猎和捕鱼为生，用石头、陶土或骨头制造器具，以兽牙和琥珀为装饰，但不识稼穑和金属用途。与此相仿，印度日耳曼族人居于印度以前，印度也住着一种不甚开化和皮肤黝黑的居民。但在意大利，我们不但没有见到一个被逐出的民族的遗址，如凯尔特-日耳曼人领域中的芬兰人和拉普人，以及印度山区中的黑色种族，而且迄今仍没有发现已经灭绝的原始种族的遗物遗址，如同德意志古代的所谓石器时代的异样骸骨、会餐场所和埋葬地所曾昭示的那样。据我们设想，在意大利知道稼穑和冶金以前，必曾有人类在该地居住，但迄今尚未发现支持这种见解的确实证据；人类如果在意大利境内确曾处于文化 25
的原始阶段，即我们常说的野蛮状态，则这阶段也已毫无踪迹可寻。

民族的独立单位，即各族，乃是构成最古历史的成分。日后见于意大利的民族，有些是迁来的移民，例如希腊人，有些是同化的异族，例如布雷提人和萨宾地区的居民，在历史上都得到了证实。除这两类外，还有若干民族，它们移来的情形不能再凭史料来证明，至多只能以演绎法去推测，而且它们的民族性是否因为受过外来影响而发生剧变，也不能予以证明。我们的研究首先要确定这些民族的个性。进行这个研究，如果我们只依靠纷乱如麻的民族名称和号称历史的杂乱传说，我们就不免认为这个工作没有希望而予以放弃。其实这些传说不过是有文化的旅行者写下的一点可用的游记，以及一批多半毫无价值的、往往被不懂历史和传说的人拼凑起来并按常规俗例记载下来的传闻。但是，传说还有一个源泉，由这个源泉得来的知识虽则残缺不全，却真实可靠。这个源泉就是自古以来意大利境内的各民族的本地语言。这些语言随着民族的发展而发展，但发展的痕迹非常深刻，后来的文化却不能把它完全磨灭。虽则意大利的语言为我们所深知的只有一种，但是其他几种还留有若干残余，为我们研究那些语言和那些民族之间的差别，它们之间有无亲缘关系，这些关系的远近如何，提供了足够的根据。

这样，我们由语言学的研究可以分清三个原始的意大利语系：(一)耶皮基语，(二)埃特鲁斯坎语，(三)我们所谓的意大利语。最后一系分为两大支，一支是拉丁语，又一支则为翁布里人、马尔斯人、沃尔西人和萨谟奈人所用的方言土语所属的语言。

关于耶皮基人，我们的资料极少。在意大利东南端的梅萨皮
26 亚或卡拉布里亚半岛曾发现大量用一种业已绝灭的特殊文字①写成的铭文，无疑这是耶皮基方言的残余，而且流传材料也很明确地把他们与拉丁人、萨谟奈人加以区别。由可信的陈述和众多的形迹看来，可以断定这种语言是阿普利亚的土语，这个民族是阿普利亚的土著。关于这个民族，我们现在所知道的已足以断定他们与其他意大利人不同，但不足以确定这个民族和这种语言在人类历史上应占有的位置。铭文还没有读解，而且很难希望有读解的一日。所有格的形式 *aihi* 和 *ihi* 与梵文的 *asya*、希腊文的 *οιο* 相当，由此可见，这种语言似乎属于印度日耳曼语族。又有其他形迹，如使用送气的辅音，不用字母 *m* 和 *t* 做尾音，都可以表明耶皮基语与意大利语绝不相同，而在某些方面与希腊方言相近。耶皮基人与希腊人关系特别密切，这个假定得到进一步的印证：耶皮基铭文中常见希腊神祇的名字，耶皮基人容易希腊化，与其他意大利民族的迟疑形成鲜明的对照。在蒂迈欧时代(罗马纪元 400 年即公元前

① 有些墓志铭可以使人推知它的发音，例如 *θeotoras artahiaihi bennarrihino* 和 *dazihonas platorrihi bollihi*。

350年[①])，阿普利亚仍被描写为蛮荒之地，到了罗马纪元第六世纪，该地便已经完全希腊化，虽然希腊人并未直接到这里来殖民，甚至野蛮的梅萨皮亚人也在许多方面表现了类似发展的端倪。耶皮基人与希腊人有一般的亲族关系或特殊的亲密关系，但仍不足以把耶皮基语看作一种粗俗的希腊方言。我们的研究至少在现时不得不就此止步，等到有更明确、更可靠的结果再说。[②] 然而，这 27
个缺陷不很严重，因为，当我们的历史起始时，这个民族正在趋于没落，在我们面前呈现出的，唯有退缩和消失的迹象。耶皮基人缺乏抵抗精神，容易融合于其他民族，有人假设这个民族是最早进入意大利的移民，或者就是意大利有史以来的土著。他们在地理上的位置使这个假设似乎可信，他们的民族性又恰好与这个假设相吻合。因为，无可怀疑，民族移徙最初全都经由陆路，向意大利迁徙的尤其如此，因意大利的海岸只有熟练的水手才能靠近，所以，就是在荷马时代仍不为希腊人所知。但是，如果古代移民曾越过亚平宁山而来，那么，历史学家就可以像地质学家根据山岳的层次来推测山岳的起源那样，敢于假定南行最远的民族才是意大利最古老的民族，而我们正是在意大利的东南端遇见耶皮

① 前为罗马纪元年，后为公元纪年。余同。——译者

② 有人假定耶皮基语与今日阿尔巴尼亚语有亲缘关系，不过比较语言所根据的论点无论如何不够，而且对于这样重大的事实更是绝对不够。如果这种种族亲缘关系能够得到证实，而且由于阿尔巴尼亚人也属于印度日耳曼族，原与希腊人、意大利人同辈，希腊半开化民族的遗迹遍于希腊各地，尤以北部各省为多，因此，如果从另一方面说，阿尔巴尼亚人是希腊半开化民族的残余，那么，我们就可以证明先于希腊人的民族就是先于意大利人的民族。但我们目前仍不能据此推断耶皮基人曾渡亚得里亚海而迁入意大利。

基人。

根据可靠的传说尽可能远地往上追溯,我们可以看到,这个半岛中段住着两个民族,或更确切地说,住着一个民族的两支,这个民族在印度日耳曼族中的地位,较之耶皮基人,更容易确定。我们理应称呼这个民族为意大利人,因为这个半岛的历史意义有赖于这个民族。这个民族分为两支,一支是拉丁人,一支是翁布里人及其南支,如马尔斯人、萨谟奈人,以及在有史时期由萨谟奈人分出的移民等。对以上各民族的方言土语所做的语言学分析表明,这几种语言全都是印度日耳曼语系的一环,而且直到较晚之时,它们仍属一个整体。在它们的发音体系里,有特殊的摩擦音 f,这与埃特鲁斯坎语相同,但与希腊族和半开化的希腊族的
28 语言迥异,与梵文也不相同。反之,希腊语始终保留了送气音,埃特鲁斯坎人也保留了较硬的送气音,而意大利语本来就没有这种音,所以遇到这种情形,在他们中间用这些音中的一个成分来代替,不是用带声破裂辅音,就是用单送气的 f 或 h。希腊人尽量避免用 s、w、j 等轻摩擦音,意大利语却几乎完整无损地保留了它们,有时甚至加以发展。重音向后移动,因而语尾遭到破坏,这种现象是意大利人与某些希腊人,以及埃特鲁斯坎人所共有的,可是在意大利人中间,这种现象比在希腊人中间厉害,而比在埃特鲁斯坎人中间轻微。翁布里语语尾非常混乱,这在这种语言的固有本质中并无基础,而是后来讹用的结果,罗马也有这种倾向,不过没有这样严重而已。因此,在意大利语中,尾音的短母音经常被略去,长母音也往往被略去;可是,语尾的子音在拉丁语里常常牢固地保持着,在萨谟奈语里尤其如此,而翁布里语则连这个也略去,与此相

关，意大利语很少有半自动态的痕迹，另以加 *r* 所构成的特殊被动态代之，而且时态大半都以 *es* 和 *fu* 的语根合组而成；希腊语语尾则较为丰富，又有增音的办法，因而大致能不用助动词，意大利语与埃奥利亚方言相似，也废除了双数。夺格在希腊语中已经失去，但在意大利的语言中仍普遍存在，方位格也大部分没有失掉。意大利各民族具有严格的逻辑，似乎不喜欢把复数的概念分为双数和多数，可是，他们仍然很精确地用变位和变格来表示各个词的关系。变动词为动名词，使动词有名词的性质，这是意大利语的特色，就是梵文也没有，意大利语把这种方法实行得比任何其他语言都彻底。

以上例证由极多的类似现象中选出，足能确定意大利语言体系的个性，与印度日耳曼系的其他语言有所不同，同时也说明意大利人在语言上是希腊人的骨肉至亲，正如在地理上是他们的近邻。希腊人和意大利人是亲兄弟，凯尔特人、日耳曼人和斯拉夫人都是 29
意大利人的堂兄弟。一切意大利的语言和种族在本质上相同，一切希腊的语言和种族也是如此，这必然早已为两大民族所明了，因为，在罗马的语言里，有一个来历不明的古词，这就是用来称呼每一个希腊人的 *Graius* 或 *Graicus*；同样，希腊人也用类似的名字 *’Οπικός* 称呼他们早年所见的拉丁人和萨谟奈人，但绝不用来称呼耶皮基人或埃特鲁斯坎人。

在意大利语系中，拉丁语又与各种翁布里-萨谟奈方言显然不同。诚然，就这些方言而论，我们只略知其中的两个，即翁布里方言和萨谟奈方言或奥斯坎方言，并且我们的知识极不完备，极不确定。其余有些方言，如马尔斯语和沃尔西语，传到现在支离破碎，所剩无几，不足以据此了解它们的特性，或明确无误地为那些方言土语分门别类；别的语言如萨宾语，现在已经完全消失，只剩下少数痕迹，作为方言特色，保存在地方拉丁语之中。然而，把语言和史实结合起来看，则以上种种方言无疑都属于意大利大语系中的翁布里-萨谟奈支系，此支系与拉丁语的关系虽则比较接近，与希腊语的关系比较疏远，但却与拉丁语绝不相同。遇到代名词和其他情形，罗马人用 *q* 之处，萨谟奈人和翁布里人往往用 *p*，如 *quis* 作 *pis*，这正是关系极密切的两种语言常有的不同之处，例如布列塔尼和威尔斯的凯尔特语中所特有的 *p*，以及盖尔语和爱尔兰语中特有的 *k*。在母音中，双母音在拉丁语和一般北部方言里似乎受到很大损害，而在南意大利方言却很少受影响；与此相关的是，在构词中，罗马人把平时严格保持着的语根母音予以软化，这是关系相近的语群中所没有的。以 *a* 结尾的字词的所有格，在这个语群里，也像在希腊语里那样，结尾 *as*，在发展成熟的罗马语里，语尾作 *ae*；以 *us* 结尾的词的所有格，在萨谟奈语里作 *eis*，在翁布里语里作 *es*，在罗马人中间作 *ei*；方位格越来越多地从罗马人的语言意
30 识中消失，而在其他意大利方言中却仍充分应用；间接受事格以 *bus* 为语尾的复数式，仅存于拉丁语之中。翁布里-萨谟奈语以 *um* 结尾的不定式在罗马语中很陌生，奥斯坎-翁布里语仿希腊语方式，用 *es* 为语根所造成的将来时态（*her-est* 如同 λέγ-σω），在罗马人当中已差不多消失，或者完全消灭，取而代之的是简单动词的希求式，或类似的 *fuo*（*amabo*）构造。然而，在许多这种实例（如格的形式等）中，这两种语言到了发展成熟之后才产生差异，而在开始时彼此却是一致的。情况似乎是意大利语独立存在于希腊语之旁；

而在意大利语内部，拉丁方言与翁布里-萨谟奈语的关系，有点像爱奥尼亚语与多里斯语的关系，与奥斯坎语、翁布里语和关系相近的各方言的区别也可比拟于西西里和斯巴达的多里斯方言的特点之间的区别。

这些语言现象中的每一个都是一个历史事件所造成的结果，也是证明它的凭据。从这些现象，我们可以准确无疑地断定，把希腊人和意大利人的祖先共同包括在内的一个种族源自一个同文同种的母体；以后从这个种族中又分出意大利人，以后意大利人又分为东、西两支，再往后东支又分为翁布里人和奥斯坎人。

这几次分离究竟起于何时何地，自然不是语言所能昭示的；这些巨变中最早的，无疑是在意大利人的祖先尚未越过亚平宁山来移民以前便早已发生了；至于这些巨变的经过如何，我们实在不敢大胆地去想象，冒昧地去揣测。另一方面，语言的比较，如果妥善和谨慎地去做，却使我们可以大体上得知，在民族发生分离时，文化业已达到何种程度，因而使我们得知历史的肇始，而所谓历史不过是文明的发展而已。因为语言是已经达到的文明程度的真实写照和表达工具，尚在形成时期的语言尤其如此；技艺和风俗上的巨变保存在语言中就像保存在档案库里一样；对于那些全无直接传闻可资查考的时代，后世必能从语言的记载中去寻找材料。

当现今散处四方的印度日耳曼民族还是一个语言相同的种族时，他们已经达到某种文化程度，并具有与之相应的语汇。这种语 31
汇由各个单独的民族当作共同财富接受下来，按照约定俗成的原则加以使用，并以此为基础去进一步独立地发展。在这种语汇中，我们不仅发现有表示存在、动作和知觉的最简单语词如 *sum*、*do*、*pater*，这是外在世界在人们心中所形成的印象的原始反应。我们还发现一些能表达文化的字词，这种字词无论从语根去看，还是从约定俗成的形式去看都是如此，它们是印度日耳曼族的共同财富，这些文化语词既不能用发展一致来说明，也不能用后来的互相借用来做解释。这样，我们由固定不移的家畜名称获得远古畜牧生活发展的证据：牛在梵语作 *gâus*，拉丁语作 *bυs*，希腊语作 βοῦs；羊在梵语作 *avis*，拉丁语作 *ovis*，希腊语作 ὄϊs；马在梵语作 *açvas*，拉丁语作 *equus*，希腊语作 ἵππos；鹅在梵语作 *hañsas*，拉丁语作 *ans-er*，希腊语作 χήν；鸭在梵语作 *âtis*，拉丁语作 *anas*，希腊语作 νῆσσα；同样，*pecus*（牲畜）、*sus*（猪）、*porcus*（豕）、*taurus*（雄牛）、*canis*（犬）也都是梵语中的词。由此可见，从荷马至今，人类智力所赖以发展的那个民族，在远古时便已超越文明的最低阶段——渔猎时期，而且至少已经达到居住较为安定的地步。另一方面，这时究竟是否已有农业，我们迄今还缺乏证据。对此，语言更多的是加以否定，不是肯定。拉丁语和希腊语的谷物名称都不见于梵语，仅有 ζειά 一词在语言学上与梵语的 *yavas* 相当，可是在印度语指大麦而言，在希腊语却指赤小麦（*spelt*）。我们当然必须承认，家畜名称大致相同，而作物名称竟如此迥异，这不能绝对排斥农业上的同源。在原始情况中，植物较动物难于迁移和驯化；印度人种稻，希腊人和罗马人种小麦和赤小麦，日耳曼人和凯尔特人种
32 裸麦和燕麦，都可以追溯到一种共同的原始农业。但是，另一方面，希腊人与印度人有一个谷物名称相同，至多只能证明印度日耳曼族在分离以前，曾经采集美索不达米亚野生的大麦和赤小

麦谷粒[①]用以果腹，而不能证明他们已经栽培谷物。可是，我们虽然无论在哪一方面都得不到决定性的结果，下面的观察却使我们有所进展：在梵语里看见一些与这方面有关的极为重要的文化语词，不过它们的意义都较为一般。印度人用 *agras* 一词泛指草地，用 *kûrnu* 表示磨碎了的东西，用 *aritram* 表示桨和船，用 *venas* 泛指悦人的东西，特别是悦人的饮料。因此，这些词都很古旧，但是，在民族最初分离时，还没有把它们更确切地应用于田地（*ager*），应用于待舂碎的谷物（*granum*），应用于像破浪的船那样使土地翻起犁沟的工具（*aratrum*），应用于葡萄汁（*vinum*），因此无怪它们以后的用法有时非常不同。例如，要磨的谷和磨谷的磨石（哥特语作 *quairnus*，立陶宛语作 *girnôs*），都从梵语 *kûrnu* 一词得名。据此，我们可以大概肯定：原始的印度日耳曼族还不知道农业；我们也可以认定，即使他们已经知道农业，农业在他们的经济里绝对居于很低的地位；因为当时农业所占的地位，如果也像日后它在希腊人和罗马人中间那样，那么，农业在语言里必会留下更深刻的印记。

反之，关于印度日耳曼人的房屋和茅舍建筑，有下列名词为证：梵语作 *dam*（*as*），拉丁语作 *domus*，希腊语作 δόμος；梵语作 *veças*，拉丁语作 *vicus*，希腊语作 οἶκος；梵语作 *dvaras*，拉丁语作 *fores*，希腊语作 θύρα。再者，有桨船的建造有小船的名称为证——梵语作 *nâus*，拉丁语作 *nuvis*，希腊语作 ναῦς；桨的名称，梵

① 大麦、小麦和赤小麦共同野生于幼发拉底河右岸的阿那哈（Anah）西北（阿尔封斯·康多尔，《分类植物地理学》，巴黎，1855 年，卷 2，第 934 页）。巴比伦史家贝鲁苏斯（Berosus）也说过，大麦、小麦一同野生于美索不达米亚（见于乔吉奥斯·辛克洛斯，第 50 页，波恩）。

语作 *aritram*，拉丁语作 *remus*、*trires-mis*，希腊语作 ἐρετμός；用车和驯养动物拉车运物，梵语作 *akshas*（车轴和车），拉丁语作 *axis*，希腊语作 ἄξων；ἅμ-αξα；梵语作 *iugam*，拉丁语作 *iugum*，希腊语作 33 ξυγόν。还有衣服的名称，梵语作 *vastra*，拉丁语作 *vestis*，希腊语作 ἐσθής；缝纫和纺线，梵语作 *siov*，拉丁语作 *suo*；梵语作 *nah*，拉丁语作 *neo*，希腊语作 νηθω；可见这方面在印度日耳曼族各种语言中都相似。然而，论到较高的技术——织布，就不能这样说①。反之，用火烹饪食物和用盐为之调味的知识是印度日耳曼各族从原始时代流传下来的，甚至关于最初使用金属作器具和装饰品的知识，同样也是如此。至少铜（*aes*）和银（*argentum*），或许还有金的名称仍可追溯于梵语，人类如果不是先知道提炼矿石并加以利用，就不会有上述各种名词产生；梵语的 *asis*，拉丁语的 *ensis*，均显示远古时已使用金属武器。

印度日耳曼族各国最终所赖以发展的基本观念也同样可以最终追溯到这个时期，如夫妻的相互地位，氏族制度，家长的祭司资格，以及独特的祭司等级和各种姓的划分的全然没有，合法的奴隶制度，每逢新月和月圆之日在地方上公开举行的审案日。另一方面，明确规定地区的组织制度，解决王国与地方的统治权之间、王室和贵族世袭特权与国民在法律上的无条件平等之间存在的问

① 如果说拉丁语的 *vieo*，*vimen* 与德语的 *weben* 及其他相近的语词同根源，那么，当希腊人与意大利人分离时，该词必定仍有一般"编织"的含义。这个含义到后来很可能在互不相属的地区才转变成"织"的含义。种亚麻之事虽然古远，但还不能上溯到这个时期，因为印度人虽熟知亚麻，但至今仍然仅用它来做亚麻油。意大利人知道苎麻大概比知道亚麻更晚，至少 *cannabis* 一词看起来很像是一个日后假借来的词。

题,均属较晚的时代。甚至科学和宗教的基础成分也有同源的痕迹。

数字由一至一百都相同;一百在梵语作 *çatam*, *êkaçatam*,拉丁语作 *centum*,希腊语作 *ἑκατόν*,哥特语作 *hund*。一切语言中的月亮都因为人类用它来计算时间而得名(*mensis*)。像神的概念本 34
身(梵语 *dêvas*,拉丁语 *deus*,希腊语 *θεός*)一样,也有许多最古老的宗教概念和自然象征都为各民族所共有。例如,人把天看作万物之父,把地看作万物之母,诸神在节庆日乘自己的车沿着平坦大道巡行各地,人死后灵魂像阴影似的长期存在,这不但在希腊和罗马是神话的基本观念,就是在印度也是如此。恒河上的个别神灵甚至连名称都与在伊利索斯河和台伯河畔受崇敬的神灵相同,希腊人的乌拉诺斯(Uranus)就是婆楼拿(Varunas)。同样,宙斯(Zeus),就是约维斯·巴特(Jovis Pater),迪斯庇特(Diespiter)就是《吠陀经》中的朱斯·庇达(Djâus Pitâ)。最近对于古代印度神灵的研究,使我们无意中得以了解希腊神话里许多使人莫名其妙的形象。鬓发灰白、充满神秘的埃林努复仇女神(Erinnyen)的形象,并不是希腊人所创造,而是随着最古老的移民由东方迁来的。印度猎犬萨罗摩(Saramâ)为天帝看守金色的群星和阳光,又替他把天牛(即富于营养的雨云)赶到一起去挤奶,不但如此,它还忠实地领着已死的善男信女前往极乐世界;这个神灵到了希腊人那里就成为萨罗摩的儿子萨罗梅耶(Saramêyas),即赫尔梅耶(Hermeias);那个令人难解的盗窃太阳神牛的希腊故事,无疑与罗马的卡科斯(Cacus)传说有关系,现在看来,这就是那种充满幻想和意义深远的古老自然观的最后反响,但其意义再也不能为人们所理解。

如果说，决定印度日耳曼族在分离以前所达到的文化程度属于上古世界通史的事，那么，意大利史的特殊任务就是尽可能弄清希腊意大利民族在分为希腊和意大利两个民族时处于何种状况。这绝不是一桩多余的工作；借着这种研究，我们可以找到意大利文明的起点，也就是该民族历史的起点。

一切迹象指出，印度日耳曼人大概过着牧人的生活，只知道野生谷物，而希腊意大利民族却是一个种植谷物乃至葡萄的民族。这事的证据不仅在于两个民族都共同从事农耕本身，因为总的说来，我们不应当因为两个民族都务农，便做出这些民族同源的推

35 论。印度日耳曼族的农业与阿拉米人、中国人、埃及人的农业有历史上的关系，这是难以否认的；然而，这几个民族不是同印度日耳曼族在种族上毫无瓜葛，就是在确实还没有农业时就与印度日耳曼族分离。另一方面，较进步的民族自古就如同在现代一样，彼此经常交换农具和农作物；中国编年史论到中国农业的起源，总说某王某年引入五谷，这话至少一般地叙述远古文化时期所存在的关系，自属正确无疑。两个民族共有农业，就像共有字母、战车、紫色颜料和其他器具和装饰品一样，使我们更多地经常推测出两个民族的旧有来往，而不是他们的同源同种。但说到希腊人和意大利人，这两个民族的相互关系我们知道得比较多，因而认为意大利的农业，如同文字和钱币那样，最初均由希腊人传来，这是完全不可靠的。反之，两民族共同具有农业上种种最古的用语，则可证明两国农业必有极密切的关系：*ager* 与 ἀγρός；*aro aratrum* 与 ἀρόω ἄροτρον；*ligo* 与 λαχαίνω 并存；*hortus* 与 χόρτος，*hordeum* 与 κριθή，*milium* 与 μελίνη；*rapa* 与 ῥαφανίς，*malva* 与 μαλάχη，*vinum* 与 οἶνος

并存。希腊和意大利在农业上的相同，下列情况也可以为证：刻在古阿提卡和古罗马碑碣上的犁形状完全相同，两国都选用的最古谷类均为黍、大麦和赤小麦等；两国习惯都是用镰刀割谷穗，把谷穗铺在平滑的打谷场上，用牲口把谷粒践踏出来；最后，两国烧饭的方式也相同：*puls* 与 *πόλτος*；*pinso* 与 *πτίσσω*；*mola* 与 *μύλη*，因烘烤之法起于后世，所以，罗马祭祀不用面包而经常用生面团或面糊。"酒国"（*Οἰνωτρία*）的名称似乎可追溯到希腊最早的航海者抵达之时，可见意大利栽植葡萄也必定始于希腊人移入以前。由此看来，印度日耳曼族由畜牧生活过渡到农业，或更正确地说，农业与旧有的畜牧业的联结，必肇始于印度人离开各民族的母体之后，36
但在希腊人与意大利人解除旧有的共同关系之前。不但如此，农业肇始时，希腊人和意大利人不仅仍是一家，而且似乎与这个大家庭的其他民族也是一家；以下至少是事实：最重要的耕作语词虽为亚洲的印度日耳曼人所不知，却为罗马人和希腊人以及凯尔特、日耳曼、斯拉夫和立陶宛等民族所共有。①

在风俗和语言方面，各民族所继承的公产和以后他们各自所挣得的私产之间远不能就其分类和分阶段的一切复杂性来进行充

---

① 所以，*aro*、*aratrum* 又见于古日耳曼语的 *aran*（犁耕，土语作 *eren*）、*erida*，斯拉夫语的 *orati*、*oradlo*，立陶宛语的 *arti*、*arimnas*，凯尔特语的 *ar*、*aradar*，因此，拉丁语的 *ligo* 相当于德语的 *Rechen*，拉丁语的 *hortus* 相当于德语的 *Garten*，拉丁语的 *mola* 相当于德语的 *Mühle*，斯拉夫语的 *mlyn*，立陶宛语的 *malunas*，凯尔特语的 *malin*。

面对这些事实，人们便将不能承认，住在希腊各地区中的希腊人只是以畜牧为生。希腊和意大利都以牧畜，而不以土地为一切私产的基础和标准，这不是因为农业开始较晚，而是因为农业初兴时还实行土地公有制。此外，不言而喻的是，希腊民族和意大利民族分离以前，任何地方还没有纯粹的农业经济，而是畜牧业与之相结合，多少是因地而异，其范围则比后来广阔得多。

分的区别。现在几乎还没有开始从这方面去研究语言。历史叙述原始时代时，主要不是向丰富的语言宝藏去取材，而偏重于从大部分仅为废物的传说里去搜寻。因此，我们在目前只得满足于指出印度日耳曼家族最早聚居时代的文化与希腊意大利族尚未分离而仍共处时代的文化之间的差异。文化成就有的是欧洲印度日耳曼各民族所共有的，而对亚洲印度日耳曼各族来说却是没有的；有的是前者中的个别族群，如希腊-意大利族群和日耳曼-斯拉夫族群自己所缔造的。这两者的文化成就即使有加以区别的可能，也必须等待语言学和历史学研究有了长足的进步之后才能办到。但是，对于希腊-意大利民族，以及其他一切民族，农业确实是民族生活和私人生活的萌芽和核心，并且这种认识在民族意识里永远存
37 在着。农人建筑房屋和固定的炉灶，以取代牧人的简陋茅舍和迁徙无常的火炉，这在精神领域中得到表述；在女神维斯塔（Vesta或‘*Εστία*）身上得到理想化，这女神是唯一不是印度日耳曼族所共有，而是一开始就为希腊、意大利两族所共有的。最古的意大利民族传说之一把该民族从畜牧生活转变为农业生活一事，归功于国王意大卢斯（Italus），或者（如意大利人必定曾经说过的）维塔卢斯（Vitalus）或维图卢斯（Vitulus），并且巧妙地把最初创立意大利法制一事也同他相连。对此的另一种说法是，萨谟奈人的民族传说把一头耕田的公牛当成他们原始定居地的领袖，或者，在最古老的拉丁民族名称中，把这个民族称为“刈谷人”（*Siculi*，亦作*Sicani*）或“耕田夫”（*Opsci*）。所谓罗马肇始的传说具有与神话不符的特征，如传说中出现一个渔猎民族创建一座城市的话。传说和信仰、法律和风俗，无论在意大利人或希腊人那里，始终与

农业相联系。[①]

与农业一样，在这两个民族中测定土地面积和决定地界的方式，也建立在同一基础上，因为我们不能想象，田地不经过测量，哪怕是简陋的测量，就可以进行耕种。奥斯坎人和翁布里人以一百平方英尺为一佛苏(Vorsus)，正与希腊人的普列特隆(Plethron)相同。定界的原则也相同。量地人对准一个基点取一个方位，然后先画两条线，一条自北而南，另一条自东而西，他立在两条线的交叉点(*templum*)上，然后再按固定的距离画若干条与以上交叉线相平行的线，于是画成许多矩形的地块，在每块的四角上，各立一界桩(*termini*)为记。埃特鲁斯坎人也应用这种定界法，但这种
方法未必起源于他们；罗马人、翁布里人、萨谟奈人也都应用这种 38
方法。这种方法又见于塔兰托的希拉克略特人(Herakleoten)的远古记载中，这既不会是意大利人从塔兰托人那里学来的，也不会是希拉克略特人从意大利人那里学来的，这乃是古代的公共财富。反之，罗马人独具的特色是顽强地实行正方形原则，就是在有海岸和河流为天然疆界的地方，他们也不以它为界，分配土地的时候，最后一块也必须划成正方形。

然而，希腊人与意大利人的关系特别密切，不仅见于农业，在人类

① 在这方面最能说明问题的是，在最古文化时期，农业与婚姻以及与建立城市都有密切的关系。所以直接与婚姻有关的神，在意大利是凯雷斯和(或?)泰卢斯(Tellus)(普鲁塔克，《罗慕洛传》，塞尔维乌斯，《论埃涅阿斯纪》，4，166；A. 罗斯巴赫，《关于罗马婚姻的研究》，斯图加特，1853 年，第 257、301 页)，在希腊是得墨忒尔(Demeter)(普鲁塔克《婚俗》，前言)；古希腊的套语中称得子为“*Ernte*”(收获)(见下文第 32 页注①)；诚然，罗马最古的婚礼形式 *Confarreatio*(献麦饼)，其名称和仪式都从种谷物得来。建城时用犁，是人所共知的。

其他最古的活动范围内也是彰明较著的。荷马所描述的希腊人的房屋与意大利一向保持的模式无甚差异。拉丁人房屋的主要部分和原供居住的整个内房叫作 Atrium，就是“黑室”的意思，家宅祭坛、合婚床、饭桌和炉灶都在这里；而荷马诗中所说的 Megaron 也正是这样，里面也有家宅祭坛、炉灶和烟熏的黑色天花板。至于造船，则又另当别论。划桨船是古印度日耳曼族的公产，但从划桨船到帆船的进步就很难说是希腊-意大利时期的事，因为，这两个民族的航海名词，除印度日耳曼族共有的以外，根本就没有相同的。然而，意大利农夫有共进午餐的古老风俗，神话把这风俗的起源与农业的传入联系起来，亚里士多德则把它同克里特人共进正餐的风习（Syssitien）相比拟，而且古罗马人又与克里特人、拉科尼亚人有一点相同，就是坐下来吃饭，不像这两个民族后来那样斜倚在长榻上吃饭。用两片不同的木头互相摩擦来取火，是一切民族都通用的方法；但是，两片取火木的名称，在希腊人和意大利人中却是相同的，这并非偶然：“摩木”分别称为 *τρύπανον* 和 *terebra*，“垫木”称为 *στόρευς ἐσχάρα* 和 *tabula*（大概由 *tendere* 和 *τέταμαι* 变来）。同样，两个民族的衣服也大致相同，Tunika 与 Chiton 完全相同，Toga 不过是一件比较肥大的 Himation。甚至在变化多端的武器上，这两个民族至少也有下列相同之处：他们的主攻击武器都是标枪和弓箭；而就罗马方面来说，这一点
39 明显地表现在最古老的战士名称（*pilumni-arquites*）之中[①]；那些

---

① 双方最古的武器名称，没有一个可以肯定地显示出有亲缘关系，虽然意大利的 *lencea* 毫无疑问与 *λόγχη* 相关，可是 *lencea* 在罗马词里出现得晚，也许是从日耳曼人或西班牙人那里借用来的。

主攻击武器适合于最古老的战斗方式,并未考虑到近战。这样在希腊人和意大利人的语言风俗中,一切与人类生存的物质基础有关的事物,都可以追溯到共同的要素:当他们还是一个民族的时候,已经把世界对人类提出的最古老的问题共同解决了。

精神领域中的情况却又不同。人类如何跟自己、跟自己的同类、跟他所属的整体过自觉的和谐生活,这个大问题可以有许多解决方法,不啻恒河沙数;人与人,民族与民族在性格上的差异都表现在这里,而不在物质方面。在希腊-意大利时期,这种内心差异的动因必然还未显露,到了希腊人与意大利人分离后,这个深刻的精神差异才显现出来,其影响直到现在还在继续不断。在希腊如同在罗马一样,家庭和国家、宗教和艺术在发展中各有特色,而且具有如此彻底的民族性,以致这两个民族在这方面所凭借的共同基础都犹如藤本植物蔓生满墙,几乎不可复见。那种希腊人的特色为:他们为个人而牺牲全体,为一个城镇而牺牲一个国家,为一个市民而牺牲一座城镇,其人生理想是善美生活,只耽于舒适的怠惰;其政治发展加深各区原有的地方独立性,后来甚至闹到地方政权的内部瓦解;其宗教观起初使神具有人性,然后又否认神的存在;它允许青少年赤身裸体地运动,自由舒展四肢,使最壮丽和最可怕的思想得以自由发挥。那种罗马人的特色为:他们严令其子敬畏父亲,公民敬畏君主,让他们都敬畏神祇,除了有效益的行为外,无所要求,什么也不尊重;强迫每一个公民在短暂的一生中无休止地劳动,片刻也不休息;穿衣蔽体以遮羞,已成为男童应尽的 40
义务;谁要是与众不同,便视为不是良民;国家至高无上,扩张国土乃是唯一不受轻蔑嘲笑的崇高理想。追根溯源,谁能想到,这种思想上的尖锐矛盾竟渊源于最初的统一，因为它团结、培育和缔造了这两个民族。要想揭开帷幕，未免荒诞愚妄；我们要从事的，只是概述意大利民族的起源和它与古代的联系，以便给明辨有识者的判断指引方向，而不是把这种判断行诸文字。

在希腊如同在意大利一样，在国家中一切可以称为家长制的要素都建立在同一个基础上。属于此类的首先是对社会生活做出道德上和体面上的安排[①]，即要求为夫的信守一夫一妻制，为妻的如有不贞将受重罚，为母的在家庭范围内享受崇高地位，借以承认男女平等和婚姻神圣。反之，不顾人性而极力粗暴地扩展夫权，尤其是父权，这是希腊所没有而意大利所特有的现象；道德上的服从首先在意大利变为合法的奴役制。同样，奴隶在法律上毫无权利地位，此乃奴隶制本质使然，罗马人严守这一原则，毫不容情，并把奴隶制的一切后果加以发挥；反之，在希腊早就有宽容奴隶待遇的事实和法律，例如承认奴隶婚姻为合法。

氏族，即同一个祖宗所生的子孙的共同体，系以家族为基础；在意大利如同在希腊，国家由氏族而来，可是，由于希腊政治的发展薄弱，氏族仍拥有与国家相对的社团势力，这种势力一直保持到有史时代以后很久；意大利的国家则一经出现便相当完备，因为面对国家权威，氏族完全失去作用，国家不是氏族的共同体，而是公
41 民的共同体。反之，在希腊，与氏族相对的个人所获得的精神自由和独特发展，远较意大利为早，也远较意大利完美，这种情况非常

① 甚至在细节上也表现出这种一致性，如合法婚姻称为“为生育合法子女而缔结的婚姻”(*matrimonium libterorum quaerendorum causa*)。

明白地反映在希腊和罗马的人名上，两族的姓氏起初很相似，后来却完全不同。在希腊较古的人名中族姓常常作为一个形容词附于个人名字之后，与此相反，罗马的学者已经知道他们的祖先原来仅有一个名字，即日后本人的名字。在希腊作形容词用的族姓早就绝迹，但是，不仅在罗马人名里，而且在意大利人名里，族姓却成为人名的主要部分，个人的本名反而成为它的附属物。诚然，意大利人尤其是罗马人的个人名字既无甚意义，又为数甚少，而且有逐渐缩减之势，相形之下，希腊人的名字却颇为丰富，饶有诗意，这种情况似乎形象地向我们昭示，在前者那里，个性趋于拉平划一，而另在后者那里却得到自由发展，原因在于民族性不同。

我们可以设想，在希腊-意大利时期，家族共同体在族长领导下过着共同生活，这种共同生活看起来可能与日后意大利和希腊的政体很不相同，但是必定已经有日后双方立法的萌芽。在亚里士多德时代仍然实施的“意大卢斯王的法制”可以说明这两个民族的体制大致相同。关于共同体内部治安的维持和法律的执行，对外战争的编制和军法的制定，族长的统治，元老会议，能战的自由人的集会和某种宪法，必定已包含在这种政体内。审判（*crimen*，κρίυειν）、赎罪（*poena*，πάνη）、报复（*talio*，ταλάω τλῆναι），都是希腊-意大利时期的概念。债务人为还债首先以其人身担保的严酷债务法是意大利人和诸如塔兰托的希拉克略特人所共有。罗马政制的基本思想，如王政、元老院以及一个仅有权认可或否决国王和元老院交议的提案的全民大会再没有像亚里士多德论述克里特的古代政制一文中说得那样透彻的了。几个原来各自独立的部族（Symmachie，Synoikismos）在政治上和睦相处以至于融合为较大联邦 42

的萌芽同样也是两个民族所共有的。对于希腊人和意大利人政治基础的这种相同性，应予以特别重视，因为这是其他印度日耳曼各族所没有的，例如日耳曼人的地方组织绝不像意大利人和希腊人那样是从民选君主政体开始的。可是，意大利和希腊在这个共同基础上发展出如何不同的政体，两个民族的政治发展全过程又如何为其中的每一个民族所独有①，将在下文中予以说明。

宗教方面也是这样。在意大利如同在希腊一样，表述于比喻和寓言中的自然观乃是奠定民众信仰的共同基础；因此，罗马和希腊的神鬼世界大致相似，这种相似情况在以后的发展阶段中颇为重要。也在许多单个的概念中，在前已提过的宙斯-狄奥维斯(Zeus-Diovis)和赫斯提亚-维斯塔(Hestia-Vesta)的形象中，在神殿(τέμενος, *templum*)的概念中以及在许多祭献和庆典中，可以看出两民族的崇拜仪式彼此相仿，诚属偶然。可是，在希腊如同在意大利，这些仪式似乎采取完全独特的民族形式，以致他们的古代保存下来寥寥无几的遗产至今仍可辨认，并且就是这一部分也往往未被人理解，或甚至被误解。这确实不能不这样，因为正如两个民族本身的巨大差别在希腊-意大利时代并未发展，只是并存共处，但是，他们分离之后就明显地发展起来，因而在他们的宗教里，概念和形象也就发生分离，而以前它们在灵魂中却是浑然一体的。那些古代农人看见天上行云被驱赶而掠过天空时，可能会发表这

① 人们当然不可忘记，无论何处，相似的条件总是导致相似的制度。例如，罗马的平民阶级先是在罗马国家内部成长起来的，这是千真万确的；可是，在任何地方，只要有居民团与市民团同时发展起来，便有与罗马相似的制度。不言而喻，偶然的机缘对此有时也起触发的作用。

样的议论说，诸神的母狗在把一群惊散的母牛赶往一处。希腊人
忘记了，母牛其实只是云霞，却把原来仅为个别目的而设想出来的
神狗之子变成听候诸神做种种差遣的机灵使者。山中雷声隆隆， 43
他就见到宙斯在奥林匹斯山上挥舞尖劈；青天重又笑逐颜开时，他
便看见宙斯的女儿雅典娜璀璨夺目的眼睛；希腊人自己创造的形
象给自己如此强烈的影响，以致不久之后便把这些形象看成是人，
只是这些人被赋予自然力的光辉并蒙受其照耀。然后，他就按照
美的规律随意对这些形象加以创造和修改。意大利民族却用另一
种方式表现其宗教热忱，但表现并不稍弱。他固守概念，不允许概
念被形象所掩蔽。希腊人献祭时举目望天，而罗马人却蒙头盖脸，
因为希腊人的祈祷是瞻仰，罗马人的祈祷是默思。在整个自然界，
他所崇拜的是精神的和万有的东西。对于宇宙万物，不管是人是
树，是国家是仓廪，无不承认其有神灵，神灵与实物同生共灭，成为
自然现象在精神界中的反映。男子有阳性的保护神（Genius），女
子有阴性的保护神朱诺（Juno），疆界有界神（Terminus），森林有林
神（Silvanus），周而复始的年岁有岁神（Vertumnus），依此类推，各
从其类。在行动和办事时，每一步都被神化，例如，在为耕田人做
祈祷时被呼叫的神，计有休耕神、犁田神、犁沟神、播种神、覆土神、
耙掘神，以及收运神、储藏神、开仓神等。同样，结婚、生育以及其
他每一自然事件无不被赋予神圣的生命。但抽象观念所包括的范
围愈广，神的地位便愈高，人的敬畏也就愈甚。例如，朱庇特和朱
诺代表抽象的男性和女性，荻雅女神（Dea Dia）或凯雷斯（Ceres）
代表创造力；密涅瓦（Minerva）代表记忆力；菩娜女神（Dea Bona）
或萨谟奈人的居普罗女神（Dea Cupra）代表善神。在希腊人看来，

一切事物都是具体和有形体的，而罗马人却只能应用一目了然的抽象公式；因此，希腊人废弃原始时代的神话宝库的大部分，因为嫌它们把观念表现得过于明显；罗马人更不能保留它们，因为神圣概念稍微罩上一点寓意的薄纱，便过于隐晦。连最古老和最普遍的神话，例如在印度人、希腊人，甚至闪米特族人中间颇为流行的
44 关于洪水泛滥后遗留下来的目前人类的共同始祖的故事已在罗马人当中找不到一点踪迹。罗马人的神祇不能像希腊人的那样结婚生子，它们不能隐形匿迹地遨游于凡人之中，它们不需要琼浆玉液。然而，它们的灵性，对于拙劣的理解力来说是平淡无奇的，很能影响人的性情，其影响力之大或许超过那依照人的形象而创造出来的希腊神祇；这虽不见于历史，却有罗马人代表信仰的 Religio 一词为证，Religio 意即为“约束”，这个词和这个概念都是希腊所没有的。正如在共同的文化遗产中，印度发展出形形色色的神圣叙事诗，伊朗却发展出玄妙的曾特古经（Zendavesta），希腊神话中以人为主，罗马神话中以概念为主，前者重自由，后者重必然。

最后，凡适用于真实生活的，也适用于笑话和游戏里所模仿的生活，任何地方的笑话和游戏，尤其是生活既充实又朴素的远古时代的笑话和游戏，都不排斥庄重的成分，只是予以掩饰而已。在拉丁姆和希腊，最简单的艺术要求完全一致：威严的战士舞蹈；“跳跃”（*triumpus*，*θρίαμβos*，*δι-θύραμβos*）；“饱食者”的化装舞会（*σάτυροι*，*satura*），参加者各披绵羊皮和山羊皮，玩笑取乐，以为节庆的结束；最后是笛子，它以合适的曲调来控制或伴随肃穆或欢乐的舞蹈。希腊人和意大利人的特有的密切关系大约没有表现得比这更明显的了，可是，两个民族的发展在其他方面都没有显露出那样大

的分歧。拉丁姆的青年教育仍囿于家庭教育的狭隘范围；在希腊，人们渴望用种种不尽相同的，却又和谐的教育去锻炼人的身心，于是创造出健身术（Gymnastik）和教育学（Paedeia）这两门科学，全国和个人，都以此为最高福祉而加以研习。拉丁姆就其艺术发展的贫乏而言几乎处于无文明的民族的阶段；希腊却很神速地从宗教概念里发展出神话和神像，再从这些发展出一个诗歌和雕刻的神奇世界，这种神奇世界在历史中再也没有重现过。在拉丁姆，只 45
有聪明、财富和努力是公私生活中的权威；至于感受那令人欢欣的美的强大魅力，以似有情欲又似有理想的热忱去侍候娈童情侣，以神圣歌手的战歌再去唤起颓丧的士气，这却是希腊人的独擅专长。

古代文明在这两个民族中都达到登峰造极，可是，这两个民族既渊源相同，又发展悬殊。希腊人的优胜之处比意大利人易被人们较为广泛了解，其余晖较为壮丽；但是，普遍性寓于特殊性的深切情感，个人的献身和牺牲精神，对自己的神祇的笃信不移：这些都是意大利民族的瑰宝。这两个民族都获得片面的发展，而达到各自完满的地步；因为雅典人不懂得像法比氏（Fabier）和瓦勒里氏（Valerier）那样去建国而去责备雅典人，或者因为罗马人不曾学会像斐迪雅斯（Pheidias）那样去雕刻和像阿里斯托芬（Aristophanes）那样去写诗而去责备罗马人，这都是褊狭见地。希腊民族如不同时把自己的政体改为专制政体，便不能从民族统一进入政治统一，这正是因为他们具有这些至善的独特性格。美的理想境界对于希腊人来说是至关紧要的，并且多少能补偿他们在现实世界中所欠缺的东西。希腊每逢出现统一倾向，这总是并不直接基于政治因素，而是基于竞技和艺术：只有奥林匹亚的竞技赛会，只有荷马的诗歌，只有欧里庇得斯的悲剧使希腊人团结起来。反之，意大利人为了自由坚决放弃个人意志，学会听从父命，以便自己善于服从国家。在这种服从中，个人可能得不到发展，最美好的人性的幼芽可能枯萎，可是，意大利人却因此而得有祖国和热爱祖国的感情，这是希腊人所未曾有的。在古代一切文明民族之中，意大利人独能依凭以自治为基础的政制而获得民族的统一；意大利既归于一统，于是，不但四分五裂的希腊民族的主权，而且全球的主权都终于落入意大利人之手。

第三章　拉丁人的定居 46

印度日耳曼族的故乡原在中亚的西部，从这里出发，一支向东南扩展到印度以外，又一支向西北扩展到欧洲以外。我们很难把印度日耳曼族的原始住处确定得更为精确，但这个地点必定在内地，离海遥远，因为亚洲和欧洲的印度日耳曼族没有共同称呼的“海”字。由许多迹象看来，这地点当在幼发拉底河一带，所以很奇怪，世界最重要的两个文明种族——印度日耳曼族和阿拉米族的原始家乡几乎在同一个地方。这种情形可以证明这两个种族曾有共同关系这种假设，可是这种共同关系，几乎都处在有史可考的文化发展和语言发展以前。对于他们的发祥地的考定，我们不能做得更精确，同样，对于各民族进一步如何迁移，我们也无法追随。欧洲的那一支，在同印度人分手以后，似乎曾久久流连于波斯和亚美尼亚，因为，从种种迹象来看，那一带确实是农业和葡萄种植业的起源地。大麦、小麦和赤小麦都是美索不达米亚的土产，葡萄原生于高加索山和里海以南，李子、胡桃和其他易于移植的果树也原生于此。还有值得注意的，欧洲大多数民族，如拉丁人、凯尔特人、日耳曼人、斯拉夫人等，都共用一个词来称呼海；他们分离以前必曾一同到过黑海或里海的海滨。意大利人从这一带经过哪条路线走到阿尔卑斯山脉，他们单独与希腊人结合时，可能曾在何处定居，要回答这个问题，必须先确定希腊人经由哪条路线走到希腊，是从小亚细亚出发的呢，还是从多瑙河流域出发的呢？意大利人正像印度人那样，从北方迁入他们的半岛，这当然可以视为定论。翁布里-萨贝利族自北而南，沿意大利中部山脊前进，此次迁徙至今仍昭然可考；迁徙的最后几个阶段完
47 全属于有史可考的时期。拉丁人迁徙所经由的道路，人们知道得却比较少。大概拉丁人在萨贝利族动身以前早已取同一方向沿西海岸前进。低地水满以后，洪流才涌上高坡。我们必须设想拉丁人已定居于海岸，才能说明萨贝利人为什么甘心居住在崎岖的山区；他们以后才由山里出来，只要有可能，就挤进拉丁各族聚居之地。

众所周知，从台伯河左岸至沃尔斯克山一带有一支拉丁族居住，可是最初迁入时，拉丁姆和坎帕尼亚的平原仍可容人迁居，所以，沃尔斯克山地似乎未受重视；从沃尔西人的铭文看来，后来占据该山地的居民与萨贝利人的关系较近，而与拉丁人的关系较远。反之，拉丁人大概在希腊人和萨谟奈人移入以前，就居于坎帕尼亚，因为意大利的名词 *Novla* 或 *Nola*（新城），*Campani Capua*，*Volturnus*（此词起源于 *volvere*，如 *Iuturna* 起源于 *iuvare*），*Opsci*（田夫）确实早于萨谟奈人的入侵；由此可见，希腊人创建库迈城之时，据有坎帕尼亚的欧松人是意大利人的一支，或许就是拉丁人的一支。后世卢卡尼亚人和布雷提人居住之地的原始居民，即意大利人（*Itali*，雄牛国居民），据最精明的观察家看来，应列为意大利族，不应列入耶皮基族；我们不妨认为他们属于拉丁族，虽然在意大利尚未发展成为国家以前，该地即已希腊化，后来萨谟奈部落又

蜂拥而至，所以，这里古代民族的遗迹就荡然无存了。古老传说把同样归于绝灭的悉库尔人（Siculer）与罗马联系起来。例如，意大利最古的史学家叙拉古的安提奥科斯说，一个名悉开洛的人从罗马避难投奔意大利亚（即布雷提半岛）国王摩格斯（Morges）。这位史学家认为，悉库尔人与拉丁人同种，所以就以此作为叙述的根据。还在修昔底德时期，意大利仍有悉库尔人。西西里岛希腊语中个别的方言语词与拉丁语亲缘关系极为明显，大概是因为古时 48
罗马人与西西里岛的希腊人曾有商业来往关系，而不是因为悉库尔人与罗马人自古语言相同。此外，就一切迹象来看，远古时，不但拉丁姆，就是坎帕尼亚和卢卡尼亚等地方、介于塔兰托湾和劳斯湾之间的意大利亚本部以及西西里岛的东半部，大概都是拉丁族各支所居之地。

拉丁族各支的命运彼此截然不同。那些定居于西西里、大希腊和坎帕尼亚的人与希腊人发生接触的时期，尚不能抵抗希腊人的文明，因此，他们如果不是特别像在西西里岛那样完全希腊化，就是变得十分衰弱，以致面对生气勃勃的萨宾部落时未做特殊抵抗就灭亡了。所以，悉库尔人、意大利人（Italer）、摩格特人和欧松人都没有在这个半岛的历史上起过积极作用。

在拉丁姆却是另一种情形，这里没有创立过希腊殖民地，这里的居民艰苦奋斗，竟能抗拒萨宾人和北方的邻居，自保其地。我们对这块地方考察，它大有影响于古代世界的命运，非他处所能及。

太古时候，拉丁姆平原已是自然界最伟大的斗争场所，水流缓慢的缔造力和大火山的屡屡喷发把土地层层堆叠，这块土地就是以后解决天下谁主沉浮之地。拉丁姆东部被属于亚平宁山脉的萨宾山和埃基山所封锁；南部有高达四千余英尺的沃尔斯克山，沃尔斯克山与亚平宁山主脉之间隔着赫尔尼基人的故土，萨河（即利里斯河支流特累鲁河）高原，沃尔斯克山从这里往西延伸，止于台拉辛那岬；西部濒海，沿岸港湾甚少；北部渐次融入埃特鲁里亚的广大丘陵地，这四界之内铺开一片壮丽的平原，台伯河和阿纽河流贯其间，台伯河发源于翁布里山区，有“山溪”之名，阿纽河发源于萨宾山区。在这平原上，像岛屿那样耸立着的有峻峭的石灰岩，如东北部的索罗克特山，西南部的基尔刻岬，罗马附近较低矮的雅尼库
49 鲁姆山；也有火山隆起的高地，业已熄灭的火山口已成湖泊，这种湖泊有的至今仍在；其中最重要的是阿尔巴山，这座山突起于四周平地之上，屹立于沃尔斯克山和台伯河之间。

定居在这里的民族就是历史上被称为拉丁人的民族，后来或称为古拉丁人（*prisci Latini*），以示其不同于建立在拉丁姆境外的拉丁民社。可是他们占据的地方，即拉丁姆地区，只是意大利中央平原的一小部分。台伯河以北各地，对于拉丁人，都是外国，甚至是敌对地区，他们同这些地方的居民不能结成长久的联盟，不能维持地区间的和平，而且双方相约休战，似乎总有期限。台伯河自古以来便是北面的疆界，这个意义重大的界线划分是如何和何时确定的，这在历史上和较可靠的传说里都无记载或记忆了。我们的历史开始时，阿尔巴山以南的平坦沼泽地带是在翁布里-萨贝利族的鲁图尔人和沃尔西人手中；阿迭亚和维利特雷不复属于拉丁原始城市之列。拉丁姆本土只在这块地方的中央，以台伯河、亚平宁山支脉和大海为其四界，面积不过约三十四平方德意志里，略大于

现今的苏黎世洲，人们由加佛山的高处俯视，它是一片“平原”①，这个地区虽是平原，但并非一畴平川。除一部分为台伯河所冲积的海岸沙滩外，这个平原遍布着凝灰岩丘陵，虽不甚高，可是往往很陡峭，又有深罅介于其间。地面上丘壑交错，彼此之间在冬季常潴水为潭，潭内腐烂的有机物质到夏季炎热时便发出恶臭，成为使人致病的疠疫瘴气。这种气体无论古今都使这里的居民感染疾病。罗马共和最后一个世纪和教皇治下的政治腐败曾造成农业凋敝。如果以为瘴气是农业凋敝所致，那就错了。瘴疠的起因主要在于积水未能排泄，其影响直到现在，与千百年前并无差异。可 50
是，精耕细作确实可以消除瘴气至一定程度，原因何在，到如今还没有充分查清，不过一部分原因在于修整地表可以使积水速干。稠密的农业人口竟发生在现今健康居民不能繁荣生息、旅客不愿留宿过夜的拉丁姆平原、西巴利斯和梅塔蓬特低地等地区，总是一件对我们说来感到奇怪的事情。我们必须切记，在文化处于较低阶段，人们对于自然界的索求一般地易于觉察，并且对其支配也比较地容易适应，或许他们的体格富于弹性，能顺应水土。在撒丁岛，农业至今仍在完全相似的自然条件下进行，这里也有瘴气，可是农民在穿衣、吃饭和选择耕作时间上小心谨慎，竟能免于瘴气的影响。实际说来，避免瘴气最切实的办法无过于穿兽毛的衣服和燃起熊熊旺火；罗马农民出门所以常穿厚毛布的衣服，永不许他的炉火熄灭，就是因为这个缘故。至于其他方面，这个地区必曾为移

① 如同 *latus*(边)和 πλᾰτύς(平)两词；因此，它指平地，有别于萨宾的山地，正如 Campania 也指“平原”而言，有别于萨谟奈。*Lātus*，从前作 *stlātus*，与此无关。

居的农民所喜悦；这里的土壤易于用锄和耙来耕作，就是不施肥料也能生产，可是用意大利的标准来看，这种土地的收获并不特别丰硕；小麦平均可以种一收五[①]，好水不多，所以居民把所有清新的
51 水源都很看重，视为神圣。

在后来因拉丁人而得名的地区里，他们的垦殖地是如何产生的，现在已无文献可考；我们几乎不得不只是依靠推论了。然而，用这种方法，有一些可以得到认识，或至少可以做一些似属可能的臆测。

远古时期，罗马领土内分若干氏族村落，后来这些氏族村落形成最早的乡区（*tribus rusticae*）。据传说，克劳狄区起源于居住在阿纽河畔的克劳狄亚氏族的垦殖地；对于最初划分的其他地区，从它们的名称便可断定，情况也是如此。后来设立的地区都借用本地的名称，上述区名则不然，它们都由氏族名称而来，无一例外；这样用自己的名称作为最初罗马境内各乡区名称的氏族，只要尚未全归绝灭（如同迦米利氏、伽勒里氏、勒蒙尼氏、波利氏、普庇尼氏、沃尔提尼氏那样），都是罗马最古的贵族世家，

① 法国统计学家杜罗·德·拉·马勒（《罗马人的政治经济学》，第2卷，第226页），以法国奥维涅省的利马涅与罗马的坎帕尼亚相比。利马涅也是一块不平坦的广袤原野，地形错综复杂，表土为火山石和火山灰分解而成，这全是死火山的遗迹。人口每十六平方公里至少有两千五百人，这在农业地区可算是人口最密的一个地方；地产分而又分，小到极点。耕田几乎全赖人工，耕具为铁锹、双齿耙或锄头，有时代以轻犁，由两头母牛去拉，但这只是例外；农妇往往亲自负轭曳犁，以代替其中一牛。这两头牛既能供乳，又能耕田。农人每年收获两次，小麦一次，蔬菜一次，田地终年并不休耕。熟田每亩年租一百法郎。假使这里土地不是这样，而是分属六七个大地主，由管家和短工去经营，以代替小自耕农，那么，一百年以后，利马涅必成为荒凉寂寞的苦地方，与今日的坎帕尼亚无异。

例如埃米利氏、科尔涅利氏、法比氏、贺拉提氏、梅涅尼氏、帕比里氏、罗密利氏、塞尔吉氏、沃图利氏。值得注意的是，在所有这些氏族中，没有一个可以证明是后来才迁往罗马的。每个意大利地区，而且毫无疑问，每个希腊地区也都与罗马的地区相仿，也各分为同在一地并且同属一氏族的若干集团；氏族所居之地就是希腊人所谓的“家”(*οἰκία*)，他们的村落(Komen)和邻里(Demen)，一如罗马的部落(Tribus)，往往导源于这个“家”。与“家”(*vicus*)或“区”(*pagus*，源自 *pangere*)的意大利语名称同样清楚表明了氏族人的聚居，而且在日常语言中不难理解这两个词后来转意为小村或村落。如同每家有一块田地，所以氏族家园或村落也有专属于它的氏族田地，以后所看到的这种田地直到较晚时，还是按家族共管田地的办法来管理，也就是按土地共有制来管理。氏族家园是否在拉丁姆本地发展为氏族村落，或者说，拉丁人是否在迁入拉丁姆时已经结合成氏族共同体，这个问题我们很难答复，因为我们不能决定，这样一种组织所要求的集体经济如何在拉丁姆 52
形成[①]，氏族除了依赖世系以外，在多大程度上还收容或结合了与它没有血统关系的外人。

可是，这些氏族从来就没有被人当作独立的单位，而被人当作政区(*civitas*，*populus*)的主要组成部分。这个政区起初是以若干

① 在斯拉沃尼亚，直到今天还存在着父权制家庭、全家住在一起，常常达到五十口人甚至一百口人，听命于一个由全家选出而终身任职的家长(Goszpodár)。主要由牲畜构成的家产由家长管理；剩余按各支分配。私人由工业和商业所得的收入仍旧是私产。也发生离开家庭的事，甚至男子也离开家庭，比如说，入赘到一个异族家庭(查波洛维奇，《斯拉沃尼亚与克劳地亚》，佩斯，1839 年，第 1 卷，第 106、179 页)。这种情况可能与最古罗马人的情况相去不甚远，在这种情况下，家庭与民社相近似。

同种族、同语言和同风俗的氏族村落的总体面目出现，彼此相约共同遵守法律程序、给予法律协助并负有集体攻防义务。这样的一个区如同这个氏族，在当地不设一个固定的地方中心，不过氏族中的人，亦即一个政区的成员既然都住在村里，政区的中心便不能是狭义的城邑或聚居之地，而是一个共同的集会场所，内有法庭和该区的神庙，每隔八天，区民为了交往和娱乐到这里来聚会，遇有战事，他们自己带着他们的牲口来此躲避入侵之敌，比在小村里更为安全；平时这个集会场所全无居民或者居民只是寥寥无几。颇为相似的古代避难所至今在瑞士东部山地几个山峰上仍可看到。这种地方在意大利称为"高冈"（*capitolium*，即希腊语 ἄκρα 的"山巅"或"要塞"[*arx*，源自 *arcere*]）；它还不是一个城镇，而是一个未来城镇的基础，因为房舍自然聚集在城堡四周，以后又有围墙（*urbs*，与 *urvus*、*curvus* 或 *orbis* 有关）把它环绕起来。城堡与城镇的表面区别在于门数的多寡，城堡的门尽可能地少，城镇的门却尽可能地
53 多，通常每座城堡只有一座门，每个城镇则至少有三座门。意大利形成城镇前的政区组织法就以这些城堡为基础。在意大利有些省份后来才达到城镇集居的程度，有些省份到现在还没有完全达到，如马尔塞兰和阿布鲁齐山的小区就是如此；在这些地方，古代政区组织多少还可辨认出来。直到罗马的帝国时期，埃奎库尔人仍不住在城市，而是住在没有围墙的无数小村落里，他们那里有若干古色古香的团城，这些"荒城"，连同一些庙宇使罗马的和当今的考古学家深为惊奇。罗马考古学家认为这里可能居住过原始居民（*aborigines*），近代考古学家则认为这里可能居住过佩拉斯吉人。如果不把这些建筑物视为有围墙的城镇，而视为本区居民的避难所，

必然更接近于事实，即古代这些避难所必定曾遍布意大利境内，尽管建筑形式不那么精巧。同一时期，那些进而聚居于城市的族系在城镇四周筑起石墙，而那些仍旧居住在没有围墙的乡村的村民也筑起石墙来代替城堡的土墙和木栅，这是自然的事。以后在全国太平时期，人们不再需要这些城堡，于是这些避难所被人们遗弃，不久之后，便成为后世人们的疑团。

因此，上述的区既各有城堡为其中心，且各个包括若干氏族在内，便成为意大利历史起始的原始政治单位。这些政区在拉丁姆何处和多大规模形成，这是难以确定的，也并不具有特别的历史意义。与世隔绝的阿尔巴山是拉丁姆的天然屏障，给予移民以最洁净的空气、最清洌的水源和最安全的地势，新来的人当然抢先居住于此。阿尔巴位于帕拉佐拉上方的狭窄高地之上，伸展于阿尔巴湖（即卡斯台洛湖）和阿尔巴山（即加佛山）之间；这里被认为是拉丁族的原始居住地，它不但是罗马的，而且也是古拉丁其他聚落的母城；拉丁远古的区中心如拉努维乌姆、阿里齐亚和图斯库鲁姆也都位于这里的山坡上。这里也发现了几座远古的建筑物，这些通 54
常标志文明的发端，仿佛向后世证明，雅典娜现身时确已长大。同样，在阿尔巴下方，向佩拉佐拉方向去，巉岩峭壁林立，加佛山山势险峻，在往南方向构成天然屏障，人迹罕至，而自北边来亦难以接近该地，只有东、西两面的隘口可自由来往，狭窄得易守难攻。最重要的是一条地下大隧道，这条隧道贯穿六千英尺厚的坚固火山岩壁，达一人之高。穿过这条隧道，阿尔巴山旧火山口所形成的湖水得以排泄，并降到现今的水位，于是山上本身得以拥有大片可耕之地。

萨宾山的余脉诸峰是防守拉丁平原的天然堡垒，后世堂皇美观的城市提布尔和普雷内斯特都起源于当时政区的城堡。在阿尔巴山、萨宾山与台伯河之间的平原上，还有拉比奇、伽比和诺门图姆；台伯河上的罗马、海滨的劳伦图姆和拉维尼乌姆或多或少地都成为拉丁族移民中心；至于其他许多不大著名的，有些差不多已被人遗忘的垦殖地，这里就不论述了。在最远古时，这些州郡在政治上都曾独立自主，且各由其诸侯治理，有元老会和战士会议协作。然而，同语同种的感觉不但普及于他们全体，而且同样表现在一个重要的宗教和政治制度之中，即在所有拉丁族州郡的永久同盟之中。按意大利人或希腊人的一般习惯，盟主权力原归于同盟集会所在的州郡，如上所述，阿尔巴被认为是拉丁州郡中最古老和最尊贵的，所以阿尔巴是它们的盟主。最初，有权参加这个同盟的共有三十个州郡，三十这个数是希腊人和意大利人说到构成一个共同体的成员时极常用的一个数。哪些地方可以算作这三十个古拉丁民社之内，或者它们在就其对于阿尔巴的首府的权利来说被提到时，哪些地方最初算作三十个阿尔巴殖民地，则未有记载流传，再也无法查考。例如，彼奥提亚人和爱奥尼亚人的类似同盟有过泛彼奥提亚节和泛爱奥尼亚节，这个同盟
55 的聚会叫作“拉丁节”(*feriae Latinae*)，地点在“阿尔巴山”(*mons Albanus*，即加佛山)，日期每年由理事会指定，到了那天，合族杀一头雄牛祭“拉丁神”(*Iuppiter Latiaris*)。凡参加典礼的民社各须交纳定额的牲口、牛乳和奶酪，以供祭祀之用，并领受一块献祭的烧肉作为报酬。这些习俗一直沿用到后世，而且非常驰名。关于这种联系在法律上比较重要的影响，我们几乎只能加以臆测。自

远古以来，与在阿尔巴山上进行宗教节庆活动相联的，还有各民社代表在附近的菲伦提那河源（在马里诺附近）处拉丁裁判所举行的集会。一般说来，这样一个同盟而没有一个管理同盟的某种高级行政机构和一个没有对整个地区都适用的法律制度，是不可想象的。同盟对触犯同盟法有审理之权，并且在这种案件中甚至可判以死刑。这是传说，并是可信的。以后各拉丁民社有着共同的法律，一定程度的通婚，这可以被认为是原始同盟法律的一部分，所以，任何一个拉丁男子与一个拉丁女子所生子女都是合法子女，可以在拉丁姆境内任何地方获得地产，经营商业和交通运输。此外，这个同盟可能还设立一处同盟仲裁法庭，解决各州郡之间的相互争执，但是，没有证据说明的是，对于各民社宣战和媾和的主权，同盟曾加以限制。同样，毫无疑义的是，同盟组织法必曾规定，同盟可以进行防御战或甚至进攻战；当然，此时少不了会有一个公爵当统帅。但是，我们没有理由设想，遇此种情形时，每个民社均需派兵从征，或者反过来说，禁止一个盟员国为自己的利益去攻击另一盟员国。可是有迹象表明，拉丁节庆活动期间实行过"神命休战"①；而且正在交战的各部落这时似乎也相互保证安全通行。确 56
定盟主的州郡享有特权的大小更不能定；我们只可以断言，没有理由把阿尔巴在拉丁姆的首要地位看成是一种真正的政治霸权，有可能，甚至很有可能，它在拉丁姆这种首要地位不会超过埃利斯在

① 拉丁人的节庆直截了当地称为"休战日"（*indutiae*，马克罗比乌斯，《农神节》，1，16，哈利卡纳索斯的狄奥尼修斯，4，44），在节庆期间，不许开战（马克罗比乌斯，同上）。

希腊的名誉盟主地位。① 总之，这个拉丁同盟的范围和法律内涵大概松散而且多变；可是它过去不是，后来也不会是彼此多少有点陌生的不同民社的偶然结合，而是拉丁民族关系的正当而必要的表现。如果说，拉丁同盟未必永远包括了一切拉丁人的民社，那么，它也未曾把加盟的权利许给非拉丁族。它在希腊的对应物不是德尔斐的庙邻会(Amphiktyonie)，而是彼奥提亚同盟或埃托利亚同盟。

这些概括的轮廓该已够了。如果把线条描绘得更为清晰，形象只会是不真实。作为最古老的政治单元，各州郡在拉丁姆如何同气相求，异声相拒，这种纷繁的活动，由于没有善于执笔记载的人为之作证，终于成为陈迹，它只有满足于领会如下的唯一不朽的事实：那各州郡虽有一个共同的中心，但并未牺牲自己的统一，它们仍保持和增进民族彼此的共属感；从而为从州郡地方主义向民族统一的进程准备条件。每一民族历史以州郡地方主义开始，而且必然以此为开始，每一民族历史又以民族统一为归宿，而且必然以此为归宿。

---

① 阿尔巴曾以攻守同盟的形式统治拉丁姆的说法，往往古今都有人提出，可是仔细研究起来，却没有充分的证据。一切历史都不始于民族的统一，而是始于民族的分立，拉丁姆统一的问题，罗马经过几百年的奋战才解决，阿尔巴绝不会早先就解决了。还值得注意的是，罗马虽然继承了阿尔巴，却从来没有以拉丁各民社的共主自居，仅以名誉盟主为满足；罗马有了实力，实行统一以后，这名誉盟主的地位便使它有口实，以伸张其霸权的要求。关于这个问题，我们举不出真正的证据，而菲斯图斯的《论执政官》(*praetoz*，第 241 页)，以及哈利卡纳索斯的狄奥尼修斯，3，10 中的几段，绝不足以使人认为阿尔巴是拉丁人的雅典。

第四章　罗马的起源

自台伯河口上溯约二十二公里(三德意志里①),两岸耸起不甚高的丘陵,右岸的稍为峻峭,左岸的稍为低矮。至少二千五百年以来,罗马人的名字就与左岸的群山联系在一起。当然,这个名字如何起源,何时起源,这就不清楚了;可靠的只是,据我们所知的最古形式,该地居民原来叫作"罗马纳人"(Ramner),不叫作"罗马人"(Romaner)。这个名字在较古的语言时期是常用的,可是,在拉丁语的早期就已被废弃了。② 所以,这个名字的音变可以雄辩地证明,它起源于太古时期。更为确切的推论已无法列举出来,也许"罗马纳人"就是"河畔居民"的意思。

可是,住在台伯河岸丘陵上的这些人不只是罗马纳人。在最古老的罗马公民的结构中,还有一种痕迹表明,这个结构是由罗马纳人、替提人(Titier)和卢克雷人(Lucerer)这三个似乎原来各自独立的州郡融合而成的一个统一体,换句话说,罗马的 synökismus

---

① 1德意志里=7420米。——译者

② 以下的字来自古远形式,均显示出字音的变化:*pars portio*,*Mars mors*,*farreum*,*horreum* 的古式,*Fabii Fovii*,*Valerius Volesus*,*vacuus vocivus*。

(并区为城)与雅典起于阿提卡的情形相同。[①] 民社三分法多么古远[②],最清楚地表现在如下事实中,即特别在有关国家法方面,罗马常用 *tribuere*(三分)和 *tribus*(三分之一)等词来表示“划分”和“部分”的概念,而且 *tribus* 一词像我们的 *quartier* 那样,早就失去
58 原来示数的含义。在合并以后,三个以前的民社,现在却是一个整体的三个部分,仍各占公地的三分之一,并且均匀地派人参加民军和元老会。在祭献方面,几乎最古老的团体,诸如贞女团、舞蹈团、田夫团、狼神团、鸟占团等,其成员人数多半都是用三的除数,这似乎也导源于三分法。人们曾把罗马原始公民团一分为三来附会种种荒谬绝伦的议论。说罗马民族是混合民族,这一不合理的意见就以三分法为佐证,持这种见解的人曾用种种方法来证明远古的罗马是意大利三个种族所构成。这个民族把语言、国家制度和宗教发展得很纯,很有民族特色,不像其他民族很少能做到,可是这个民族却被变为由一堆由埃特鲁里亚人、萨宾人、希腊人,甚至还有佩拉斯吉人的废料组成的杂乱无章的混合物。在废弃了部分矛盾的、部分无根据的假设之后,我们可以用几句话来叙述构成罗马最古老的共同体的各个成分的民族性。罗马纳人属于拉丁族,是

① Synökismus(并区为城)并非真使各区人民合居一处,每区人民仍居故地,不过此后全城仅有一个议事会和公务所(修昔底德,2,15;希罗多德,1,170)。

② 有鉴于雅典的 τριττύς,翁布里人的 *trifo*,人们不免要提出疑问,民社的三分法是否即为希腊-意大利所取的根本形式。如果情形是如此,罗马民社的三分法便不能追溯到若干往日独立的部落的融合。但是要提出一种与传统的说法相反的见解,三分法必须在希腊意大利区域内比上述情形显得更为普遍,必须到处都均匀地出现这种根本形式。翁布里人用 *tribus*(部)一词,或许只是在受罗马统治的影响下才有的;在奥斯坎语中,肯定不能确证。

不会有什么疑问的，因为新的罗马共同体就因他们而得名，所以这个联合起来的民社的民族性也主要取决于他们。关于卢克雷人的来源，只能说，他们不难像罗马纳人归入拉丁民族之列。然而，人们一致认为这民社中的第二个来自萨宾那，这个说法至少可以追溯到替提祭司团所保存的传说，据说替提人在加入联合民社时，为保存萨宾人的特殊祭献仪式创立了这个祭司团。因此，可能在远古时，拉丁人与萨贝利人的语言风俗还不如后来罗马人与萨谟奈人那样相差悬殊，萨贝利人的一个民社可能曾加入拉丁人的州郡同盟，也许因为在可信的古代传说中，替提人往往毫无例外地据有优先于罗马纳人的地位，似乎入侵的替提人曾强迫较为古老的罗马人接受并区为城(Synökismus)的做法。这里确实发生过不同民族的混合，可是，这一混合产生的影响难以比几百年后萨宾人阿 59
图斯·克劳苏斯(即阿皮乌斯·克劳狄乌斯)率领他的党羽和受庇护者迁入罗马为大。不能因为以后罗马人容纳克劳狄人而说罗马人是混合民族，同样也不能因为古代罗马纳人容纳替提人，而可以把这个民社列为混合民族。也许除了在教仪中流传下来的个别的民族规矩以外，在罗马的萨贝利成分已无处可考；尤其是拉丁语毫无证据足以证明这种臆说。① 如果说，有一个与拉丁人有极密切的亲缘关系的个别种族的民社来加入，拉丁人的民族

① 旧说把拉丁语视为希腊语与非希腊语成分混合而成，此说现已被各方面所摒弃。但竟有明达的学者(例如，施维格勒：《罗马史》，第1卷，蒂宾根版，1853年，第184、193页)仍然假定拉丁语为关系密切的两种意大利方言混合而成。但我们遍查语言学或历史学上的事实，绝不见有做此假定的必要。如果一种语言表现为其他两种语言的中介，那么，每一个语言学家都知道，这个现象也许往往更多地基于有机的发展，而不是外部的混合。

性就受了明显的影响，那就真是咄咄怪事了；对此我们首先必须切记，在替提人与罗马纳人同居共处时，拉丁民族是以拉丁姆而不以罗马为基础的。这个新的三合一罗马共同体，尽管有某些原属萨贝利族的成分，其实不过是罗马纳人的民社，即拉丁民族的一部分。

早在台伯河畔的城市聚居地兴起以前很久，罗马纳人、替提人、卢克雷人可能先各自而后联合据有罗马山丘上的城堡，并从周围的村庄出发去耕种他们的田地。昆克提人在帕拉廷山旁举行的“狼神节”(Wolfsfest)或许就是从这些原始时代传下来的遗风；狼神节是农人和牧人的一个节日，它保存宗法时期的纯朴娱乐最多，而且说来很奇怪，以后在改奉基督教的罗马，这个节庆比一切其他异教节庆都保持得更长久些。

以后的罗马城就是从这些聚居地发展出来的。当然绝对谈不上像传说中原来假定的那种建城：罗马不是一朝一夕建成的。可是，罗马如何能够在那样早的时候，在拉丁姆境内达到极优越的政治地位，这是值得我们认真思考的，而据土地状况来看，我们只能料到与此相反的结果。罗马城的所在地不及大多数老拉丁城市那
60 样肥沃和卫生。罗马城周围的葡萄和无花果树都生长得不甚茂盛，又缺乏丰富的水源。卡培纳门(Capenisches Tor)前面的甘美的卡美尼泉(Born der Camenen)以及后来圈在图里亚努姆(Tullianum)监狱里的卡庇托尔水井，水量都欠丰富。此外，河流时常泛滥，由于河床极为平缓，雨季山洪暴发，不能迅速泄水归海，于是丘陵间的谷地和低地汪洋一片，变为沼泽。对于移居来此的人，这个地点确是一无可取。在古代，就已有人认为在这个得天独厚的

地区里，只有此地土壤硗薄贫瘠，不适卫生，最初迁徙的农人择地定居时，必非出于自愿；在这里建城，必是出于不得已，或由于特殊的缘故。甚至传说已经流露出以此为奇之意；一群从阿尔巴逃出来的人在阿尔巴诸侯的两个儿子罗慕洛和雷穆斯率领下建立罗马城的故事，不过是太古稗史上的一种天真尝试，想借此说明该城起于条件如此不利之地的奇事，而且还想把罗马的起源与拉丁姆的一般首府联系起来。这些故事自命为历史，其实只是不甚聪明的粗糙解释，历史的首要任务恰恰在于排斥它们；但历史或许还会采取进一步的步骤，先忖量当地的特殊情形，不谈该城如何肇始，而专就其日趋繁荣的惊人迅速发展以及它在拉丁姆所处的特殊地位提出一个积极的假说。

我们先来看看罗马领域最早的边限。东面最近的城镇有安滕尼、费登尼、凯尼那和伽比等，有些地方距塞尔维城墙不到八公里，罗马区的边界近在城下。南面二十五公里处有图斯库鲁姆和阿尔巴这两个强大的民社，在这里罗马城的范围似乎不曾超越距城八公里的克琉利亚壕沟（Fossa Cluilia）。同样，在西南方面，罗马与
拉维尼乌姆交界之处也不过在第六块里程碑旁。向内陆方面，罗 61
马区虽然这样处处不能越出尽可能狭窄的地方，可是，向海一面，它自古以来就可以沿台伯河两岸扩张，毫无障碍，在罗马与海岸之间，没有任何以古老的州郡中心著称的地方，也没有任何古老的州郡界线的痕迹。对万事万物都能说根道源的传说，自然也会宣称，台伯河右岸的罗马领土即“七小村”（Septem Pagi）以及台伯河口的大盐场都是罗慕洛王从维爱人手中夺来的，又传说安库王曾在右岸的雅尼库鲁姆山修造了桥头堡，在左岸修建了“河口”的海港

城市(奥斯提亚)作为罗马的庇雷阿(Peiräeus)[①]。但我们有比传说更为可靠的证据,足以证明埃特鲁斯坎人那边的河岸必曾属于罗马的最古老边区,因为罗马的生殖女神(获雅女神)的丛林以及罗马农作节和田夫祭司团的最早主要活动场所都在此地,即位于日后通到海港的大道上的第四个里程碑处。实际上,自荒古以来,可能为罗马各氏族之长的罗密利氏正是卜居于此,而雅尼库鲁姆则是罗马城的一部分,奥斯提亚则是一个市民聚居地,换句话说,是一个郊区。这种情形绝非偶然。台伯河是拉丁姆的天然商道,这一带海岸缺乏港湾,它的河口就成为航海家必不可少的下碇之所。而且自从远古以来,台伯河就是拉丁民族防止北邻入寇的边防线。作为内河贸易和海上贸易的集散地,作为拉丁姆沿海的边防要塞,罗马再适宜不过了。罗马位置优良、利于坚守,又紧靠河岸,这两种优点兼而有之。沿河两岸,直抵河口,都在它的控制之内;对于沿台伯河或阿纽河下行的内河船夫和对于驾驶当时并不十分大的船只的航海者来说,它都很便利。对于防御海盗,它比紧靠海岸之地,能提供更大的保障。所以,如果罗马的产生不是由于它的商业上和战略上的优势所致,至少它的重要意义是由此而来;关于这一点还有许多蛛丝马迹可循,其重要性是历史小说中的记载所无法比拟的。因此,罗马很古就与凯雷发生关系,凯雷之于埃
62 特鲁里亚恰似罗马之于拉丁姆,所以,凯雷就成为罗马最接近的邻国和商业伙伴。因此,台伯河上的桥梁,以及桥梁的建造在罗马共同体中都具有非同寻常的重要意义;于是,划桨船就成了罗马的城

① 庇雷阿(Peiräeus),雅典的商港,原在法勒隆湾的东北角。——译者

徽。因此,古罗马对于进入奥斯提亚的货物所征收的港口税,一开始就仅对兜售的物品(*promercale*)征税,对于船员自用的物品(*ustiarium*)则免税,所以,港口税实际上是一种商业税。以后罗马就先有相当早的硬币,并与海外国家缔结商约。就这种意义来说,罗马很可能像传说里所假定的那样,是一个创建,而不是一个逐渐形成的城市,在拉丁各城市中出现最晚,而不是最早。毫无疑问,这个地区的土地已稍经耕种,城堡已雄踞于阿尔巴山和坎帕尼亚的其他许多高地,然后拉丁姆边界上才有商业中心兴起于台伯河岸。至于罗马城是由于拉丁同盟的决定,还是由于一个无名氏建城者的眼光远大,抑或由于交通状况的自然发展而产生,对此任何一种假设都是不行的。但是,关于罗马在拉丁姆居于商业中心地位的提法大概与另一种意见有联系。在历史的黎明开始在我们面前出现时,面对拉丁各民社的联盟,罗马是统一设防的城市。拉丁人住在没有设防的乡村,只有在节日、集会或特别必要时才利用公共城堡;这种拉丁人风俗很可能在罗马地区比在拉丁姆其他地方更早地受到了限制。罗马人似乎并不是不去亲自经营农场,也不是不真正以农庄为家,但坎帕尼亚的空气恶劣,势必使罗马人尽可能卜居于更加通风和更加卫生宜人的城镇山丘。除农夫外,自远古以来必有很多不务农的外地人和本地人卜居于此。原因是古罗马地区人口稠密,面积至多为三百一十平方公里,部分为沼泽地或沙砾地。按最古的城市法竟能建成一支由三百二十名自由人组成的民防军,所以该城的自由居民至少有一万人,但原因不仅如此。熟知罗马人及其历史的人无不知晓:罗马人的公私活动的特色奠基于城市生活和经商之道,罗马人与其他拉丁人和一般意大 63

利人的区别首先是城市人与乡下人的区别。罗马诚然不是像科林斯或迦太基那样的买卖城，因为拉丁姆主要是一个农业地区，而罗马最初是，以后仍然是一个拉丁城市。可是，罗马所以不同于许多其他拉丁城市的，当然是由于罗马在商业上的地位，以及由此所决定的罗马市民的精神。由于罗马是拉丁各区的商业中心，所以以下一点便易于了解：罗马在发展拉丁农业同时，奋力迅猛发展一种凌驾于农业经济之上的城市生活，并进而以此奠定它的特殊地位。研究罗马城这种商业上和战略上的发展过程，较之分析远古时代那些无足轻重而又大同小异的民社而难于收到成效的事情来，显得更加重要，更切实可行。有关这个城市的发展过程，我们在叙述罗马逐步形成的筑城和设防的传说里多少仍可辨认，筑城和设防过程必然与罗马共同体日趋发展为城市的重要性是同时并举的。

罗马在几百年的建城过程中成长为城市，由可信的证据看来，其最初城址仅包括帕拉廷山丘，因为帕拉廷山丘呈正方形，故后来又名罗马为“方形罗马”(*Roma quadrata*)。这个原始的环城的城门和城墙直到帝国时代仍然清晰可见；我们现在仍然知道其中两座门的故址，一座是靠近维拉布罗地方圣乔治的罗马门(Porta Romana)，一座是提图凯旋门所在的慕吉奥尼门(Porta Mugionis)；塔西佗曾亲自考察帕拉廷的围墙，至少看到它朝阿文廷山和凯利乌山的那两面，并执笔予以叙述。许多遗址表明，这里曾是城市聚居地的原址和中心，在帕拉廷山上，有这个聚居地的神圣标志，即所谓“贮藏室”(*mundus*)，最初移来的人在这里储存所有充裕的家用必需品，再加上一块可爱的故乡土壤。这里还有一座建筑，在其中所有的家族联盟(Kurien)在供祭神和其他用途的各自的灶旁聚集一起(*curiae veteres*)。这座山上也有舞蹈祭司团(*curia saliorum*)的聚会所,同时是战神的神圣盾牌保存地,"狼神"(*lupercal*)圣地和朱庇特祭司的住所。罗马建城的传说主要来自这座山上及其附近:罗慕洛的茅屋,他的养父浮斯图卢斯的牧人小屋,神圣的无花果树(一对孪生兄弟就是在木箱里漂流到该树跟前),一株小茱萸树(这树是从这位建城者从阿文廷山上投出的一把飞越竞技场谷地、落在这座围墙里的长枪的枪柄里长出来的),还有其他类似的圣迹,均呈现在善男信女们的面前。真正的庙宇当时还没有,因此帕拉廷山没有原始时代的这类遗址。但是,民社的集会所很早就移到他处,所以渺无踪影。人们只能猜测:储藏室周围的空地,即后世所称的阿波罗广场,是最古老的公民团和元老院的集会场所,在储藏室上面搭起的台子可能就是罗马民社最早的审判场。 64

但是,"七山节"(*septimontium*)保留了人们对帕拉廷山四周渐渐形成的扩大的居住地的纪念。这些居住地也就是罗马的郊区,它们一个接一个地成长起来,各具特色。它们有比较单薄的围墙保护,此围墙依靠着帕拉廷原有的围墙,一如在沼泽地带,外堤依靠着大堤那样。所谓"七环圈"就是指帕拉廷山本身;切玛卢山,即帕拉廷山坡,它面对着古时绵亘于它与卡皮托尔山之间并向河岸倾斜的一片低地;维利亚,即把帕拉廷山与埃斯奎林山相连的山脊,以后由于帝国时期从事各种建筑,它已消失得无影无踪了;法古塔尔、欧庇阿乌和基斯庇乌,均为埃斯奎林山的三座山峰;最后,苏库萨(又名苏布拉),这是一个要塞,建在卡里纳山上用以保护新城的那堵土墙之外,位于埃斯奎林山与奎里纳尔山之间的凹陷地带的文柯利(Vincoli)的圣彼得寺下方。在这些显然逐步发展起来的建筑中可以在一定程度上清楚地想见帕拉廷罗马最古老的历史,人们把后来根据这些最古老的划分而建立起来的塞尔维区划与此相联系起来观察时尤其如此。

帕拉廷山是罗马民社的最早所在地,它的围墙是最古的,原来是独一无二的。可是,罗马城的居住地的兴建同别处一样,起初不
65 是在城堡里面,而是在城堡脚下;我们所知道的最古的居住地,即以后按塞尔维区划属于第一、二城区之地,都位于帕拉廷山周围。同样如此的还有切玛卢山坡上的居住地,连同那条托斯坎人巷,该处令人追忆大概在帕拉廷罗马时代凯雷人与罗马人频繁通商的往事,以及维利亚山脊上的居住地,两者后来在塞尔维城中同城堡所在的山丘一起合建成一个区。此外,还有后来构成第二区的那个部分:凯利岛山上的郊区,该郊区可能仅包括大剧场(Colosseum)上方该山的尖顶;卡里纳山上的郊区,即由埃斯奎林山伸向帕拉廷山的山梁;最后则是苏布拉山山谷和前堡,全区都由它而得名。这两区合起来构成这座初期的城市,该城的苏布拉区,即在城堡脚下,从君士坦丁凯旋门一直伸展到文柯利的圣彼得寺,并跨越其下的山谷,一直向该处伸展,因此它似乎比后来按塞尔维体制并入帕拉廷区的各居住地要威武显赫一些,可能也比它们更古老,因为说到各区的排列,苏布拉区总是在帕拉廷区的前面。有一个值得注意的往事使人回忆起这两个城区的抗争,仍保存在后世罗马一种极古的宗教习俗中:每年在大校场上举行十月马祭典:直到后来,每逢这个节日,苏布拉区的人与神圣之路(Via Sacra)的人竞相争夺马头,视此方或彼方得胜而定。苏布拉人得胜,马头便钉在苏布

拉区的麻密利塔(旧址已无法可考),神圣之路的人得胜,马头便钉在帕拉廷山下的王宫。古城的两半就是这样平等地互相竞争的。因此,那时埃斯奎林山(这个名称的狭义用法不包括卡里纳在内)是名副其实的"外层建筑"(*ex-quilial*,*inquilinus* 相同,均源于 *colere*),即郊区;在后来城区划分中它属第三区,总被人看得不如苏布拉区和帕拉廷区那样重要。附近的其他丘陵,如卡皮托尔山和阿文廷山,可能也曾为七山民社所占据;尤其是搭在台伯河沙洲上的天然桥墩上的"桩桥"(*pons sublicius*),那时必已存在,仅造桥 66
祭司团就已充分证明了这一点,而且人们也不会把埃特鲁里亚岸边的桥头堡雅尼山高地置于度外,可是罗马人还没有把这两处置于他们的防卫圈内。桥必须用纯木而不能用铁拼接的规定成了规矩,直到很晚时还为人们所遵循,这显然表示该桥原作浮桥之用,随时易于折断或焚毁。我们由这一点可以认识到,在多么长久的时间内,罗马民社对于河上渡口的控制总是不稳定,而且常常中断。

这些逐渐形成的城市居住区与罗马国家自远古以来按国家法划分的三个民社的关系已无从查考。由于罗马纳人、替提人和卢克雷人原来似乎是独立的民社,它们最初必定也各有其居住地,可是它们在七山上的确并非各居一城;不论古今对此虚构传说,明达有识的学者必定会把塔庇亚(Tarpeia)的悦耳故事和帕拉廷之战放在应有的位置上。反之,苏布拉和帕拉廷这两个最古的城区以及郊区均分为罗马纳人、替提人和卢克雷人三个部分,可能与此相联系的是,以后不但苏布拉区和帕拉廷区各有三对阿格尔庙(Argeerkapellen),后来添加的城区也是如此;帕拉廷的七山城也许自有其历史;关于此事的传说,除了有关存在的事物外,至今未有流传。可是,情况就像林中的树叶落下不被人注意,但它们总要落下来并让位于春天,这个湮没无闻的七山之城也让位于有历史性的罗马了。

帕拉廷城并非自古以来唯一被圈入后世塞尔维城墙范围内的城。在它的对面,与它紧邻的还有位在奎里纳尔山上的第二座城。"旧堡"(*Capitolium vetus*)有朱庇特、朱诺和米涅瓦的圣殿,以及公开保存国家条约的信义女神庙,它显然是日后卡皮托尔山的对
67 应事物。卡皮托尔山上也有朱庇特、朱诺和密涅瓦的神庙,以及同样似乎用作国际法档案库的罗马信义庙;这确实证明,奎里纳尔山曾是一个独立民社的中心。这个事实,我们从帕拉廷山和卡皮托尔山双双崇奉战神一事中也可以推知,因为战神是勇士们的楷模,也是意大利民社最古的主神。与此有关的另一情况是:它的祀奉者,即"舞蹈团"和"狼神团"这两个远古的祭司团,都是双双并存于日后的罗马,除帕拉廷舞蹈团之外,又有奎里纳尔舞蹈团,除帕拉廷的昆克提"狼神团"之外,又有"法比狼神团"①。它的圣地很可能

① 传奇作家谓昆克提族出于罗慕洛,法比族出于雷穆斯。由此可见,昆克提的"狼神团"位于法比"狼神团"之上(奥维德,《时日篇》,2,373 及下一页,奥理略·维克托,《论起源》,22)。法比族在奎里纳尔山丘上献祭(李维,5,46,52),无论这祭祀是否与"狼神节"有关,均可表明法比族系山丘罗马人。

此外,昆克提狼神团的狼神在铭文中(奥雷利,2253),称为 Lupercus Quinctialis Vetus(老卢佩尔库斯·昆克提阿利斯);人名 Kaeso(见《罗马研究》,第一卷,第 517 页)很可能与狼神的崇拜有关,这人名仅在昆克提族与法比族中有之。所以,著述家通用的 Lupercu Quinctilius 和 Quinctilianus 都是误用,昆克提团并不属于晚近的 Quinctilieren,而属于远较古老的昆克提。又书中说到阿尔巴各氏族,如提到 Quinctier(李维,1,30)或 Quinctilier(哈利卡那索斯的狄奥尼修斯,3,29)时,则应取后者为宜,Quinctische 应视为古罗马的一个氏族。

就在奎里纳尔山上。所有这些迹象本身具有十分重要的意义，我们又记得，帕拉廷的七山城可以确知的范围，原不包括奎里纳尔山在内，以后在塞尔维的罗马城，头三个区与昔日的帕拉廷城相当，又以奎里纳尔和附近的维米纳尔作为第四区，那么，这些迹象就更加意义重大。坚固的苏布拉外寨之所以筑在城墙之外，位于埃斯奎林山与奎里纳尔山间之峡谷中，就不言自明了；这里是两国交界之处，帕拉廷人占领低地以后，必须在这里筑一座城堡以防御奎里纳尔人。

最后，奎里纳尔人用以自别于其紧邻帕拉廷人的名称，也至今 68
犹存。正如帕拉廷城自称为“七山”城，帕拉廷的公民自称为“山人”(*montani*)，山字虽然也应用于该城所属的其他高阜，但首先指帕拉廷山而言，所以，并不低于帕拉廷山而且比它稍高的奎里纳尔山峰以及附近的维密纳尔山，除按严格的语言习惯取得山丘(*collis*)这一名称外，未尝有其他名称。在祭祀记录中，称奎里纳尔为山丘的不少，不加其他名称。同样，这高阜通向别处去的门常常被称为“山丘之门”(*porta collina*)；住在这里的战神祭司名为“丘僧”(*salii collini*)，以别于帕拉廷(*salii Palatini*)，由此区构成的第四个塞尔维城区，称为“丘区”(*tribus collina*)①。最初与本地相联系

① “奎里诺山丘”以后虽常用以表示山丘罗马人所居住的高阜，我们却不必因此便认 Quirinus 一词原为奎里纳尔人的专称。因为一方面，如上所述，从一切最古的迹象看来，他们似乎均称为“丘人”(*collini*)，另一方面，确实无疑的是，奎里人(Quiriten)始终仅指“有正式市民权的市民而言”，与“山人”和“丘人”的区别毫无关系(比较下文第五章)。后来奎里纳尔人的名称是基于执战矛的死神(*Mars quirinus*)本为帕拉廷和奎里纳尔所共同祀奉的，在后世所谓奎里努斯神庙中出土的古铭文仅称此神为 Mars(战神)，但到后来，为表示区别起见，特称山地罗马人的神为 Mars(战神)，而称山丘罗马人的神为 Quirinus(奎里努斯)。奎里纳尔山有时称为“祭丘”(*collis agonalis*)，这只表示它是罗马丘人祭祀的中心。

的"罗马人"的名称,可能为"丘人"与"山人"所共有,而"丘人"或许自称为山丘罗马人(*Romani collini*)。两座相邻的城的这种差异,可能在于种族不同,可是,足以说明在拉丁土地上建立的一个民社为外族所建,就奎里纳尔民社来说,其证据是全然不足的。[①]

69 这样,在当时的罗马共同体的所在地,有帕拉廷的罗马山人和奎里纳尔的罗马丘人这两种人,他们的共同体彼此分立,并且确实时常互相攻击、互相对立,与今日罗马之孟提加尼族(Montigiani)与特拉斯太维里尼族(Trasteverini)的关系有点相似。以后七山城的新城和郊区扩展得更大,并且罗马丘人不得不在塞尔维规划中安于较低的地位,我们由此可以确切地知道,七山的民社很早就已凌驾于奎里纳尔的民社之上。可是,即使在帕拉廷城内,也难于把这个居住地的各个不同的成分完全真正地融合起来。苏布拉和帕拉廷这两区如何每年争夺马头,上文已经加以叙述过了;各个山

① 对拉丁领土内有外族居住一说,人们(例如参见施温格勒,《罗马史》,第1卷,第480页)提出的论据大致基于瓦罗(Varro)所倡言的关于语源学与史学的假说,后人照例附和他的说法,以为拉丁文的 *quiris* 和 *quirinus* 与萨宾城名 Cures(库雷斯)有密切关系,所以奎里纳尔山丘为库雷斯人所居住。就语言而论,这两字即或确有亲缘关系,可是要从这里推出历史的论断,显然是不足为据的。从前有人说这山上的古老圣地。除此以外,这里还有一个"拉提阿尔山丘"(Latiarischer Hügel)是萨宾族的,但未获证明。Mars quirinus,Sol,Salus,Flora,Semo Sancus 或 Deus fidius 诚然都是萨宾人的神祇,但也是拉丁人的神祇,他们显然形成于拉丁人与萨宾人尚未分开居住的时期。Semo Sancus 这种名称与后来逐渐衰退的奎里纳尔的圣地有关(参见由此而来的 *Porta Sanqualis*),此外,在台伯河的沙洲上也可遇到这种名称,每一个公正的学者只应把这一点视为此种崇拜由来极古而非其借鉴于邻国的明证。这并不能否认古老的种族区别对此不起作用,可是,情况如果真是如此,那么,在我们看来,古老的种族区别已归于消失。当代人关于罗马国民里有萨宾人成分的常见说法仅仅有助于严肃警告人们不要凭空进行像这样的研究。

甚至各个区仍然觉得它们是分离多于联合，这里还没有公共的城灶，各区的区灶虽然共处于一地，但却是并列的，所以，整个罗马城与其说是一个统一的城，不如说是一些城市聚居地。从许多迹象看来，旧日的豪强家族的邸宅都建筑得状似堡寨，足以防守，这当然出于需要。相传国王塞尔维乌斯·图利乌斯曾修建过这座雄伟的城垣，不仅把帕拉廷和奎里纳尔两座城，而且把原来不在它们范围内的阿文廷和卡皮托尔两山地都圈在一个单一的大城墙之中，于是创建了新罗马，世界史上的罗马。但在着手这件伟大工程以前，毫无疑义，罗马与周围地区的关系无疑已有完全的改观。因为当时罗马七山上的农夫像拉丁姆其他山上的农夫那样，从事耕耘， 70
只有平日空着的各个山顶避难所才可能有比较固定的居住地的雏形，这个时期相当于拉丁族的没有商业活动的远古时代；后来帕拉廷山和“七圈环”日渐繁荣，有人到此定居，这与罗马民社占据台伯河口同时发生，一般地也与拉丁人获得进展，从而得以进行更活跃而自由的来往并达到城市文明，尤其是在罗马，而且还在单个国家中，如同在联盟中一样，均取得更巩固的政治联合，这也是同时发生的。所以，成为一座统一的大城的基础的塞尔维城垣的建立是同这样一个时代相结合的：在这个时代里，罗马城能够争取拉丁同盟的霸主地位，并终于取得了这个地位。

71

第五章　罗马的原始政制

凡在母性未因多妻制而丧失其独特地位的地方，父母、子女、家宅、奴仆和器具都是组成家庭的天然成分，别无二致。但这样的家庭，具有较高文化能力的各民族发展各不相同，对这些天然差别的理解和处理有深有浅，有更多地注意道德方面，也有更多地注意法律方面。在自然界本身所昭示的律法关系的实施方面，谁都不如罗马人那样朴实，那样毫不容情。

家族是一个单位，指父死后已能独立自主的自由男子，还有那个经过祭司以神圣盐粉(Confarreatio)与夫庄严婚配、共尝甘苦的妻子，还有他们的儿子和合法的儿媳及他们的未婚女儿和孙女，以及家中各人所有的一切财物。然而，女儿的子女却排除在此家族之外，因为，如他们是婚生子女，便属于男性家族，如是非婚生子女，就根本上不属任何家族。在罗马公民的心目中，人生的目的和精髓就在于自有家室和儿孙满堂。人死并非祸患，因为死是必然的；可是，一个家族或是一个氏族的绝灭却是一场灾难，所以，即使民社自古以来也替无子女的人开辟一条避免祸害的合法途径，允许他们收纳他人的子女作为自己的子女。从一开始，罗马家庭组织负有较高文化的条件，家人间相互以伦常为纲纪。仅男子可为一家之长。女子在获得资财方面，并不亚于男子；在继承家产时，女儿与她的兄弟平等，母亲与其子女平等。可是妇女必定永远属于这个家，不属于民社，即使在家她也不得不居于从属地位，女儿听命于其父，妻子听命于其丈夫，①无父的处女则听命于其最近的 72
男性亲属；必要时问罪成年女子的正是这些人，而不是国王。然而，在家庭内，成年女子却不是女仆而是主妇。按罗马人的观念，舂谷烹饪是奴隶的事，罗马主妇免除这种工作，主要只监督女仆，兼搞纺织，纺织之于女子，如同耕耘之于男子。② 同样，罗马民族对父母对子女的道德义务，有充足而深刻的认识，如果为父的不管教子女，或放纵他们为非作歹，甚至荡尽家产，贻害儿孙，均被认为

① 不但旧的宗教婚姻(*matrimonium confarreatione*)是这样，就是世俗婚姻(*matrimonium consensu*)也是这样，原来虽然未规定丈夫对妻子握有财产权，由于这种正式惯例(*coemptio*)和时效(*usus*)等法律观念很容易应用于这种婚姻，从而为丈夫获得此权大开方便之门，丈夫获得此权之前，尤其在迄至时效告终了的时期内，妻室(正如日后先行试婚[*causae probatio*]而后结婚)还不成为"妻室"(*uxor*)而是未婚妻(*pronxore*)。罗马法有一原则，妻室不受丈夫支配就不成其为已婚妻，只是有名无实之妻(*uxor tantummodo habetur*，西塞罗《辩谬篇》，3，14)。这原则直至罗马法臻于完备时仍不变。

② 下面的墓志铭虽已是较晚时期的，但值得在此一述。墓铭如下：

过客啊，我的献词很短，请驻足细读。
这墓石绝不精美，底下却埋着一位美人，
双亲称她为克劳迪阿；她挚爱夫君，心不二移，
她生有二子，其一仍留世上，另一葬在地下，
她谈吐悦耳动听，举止优雅文静，
她操持家务，并自纺羊毛。我话完毕，请君上路。

原文为拉丁文，(见《拉丁铭文大全》，1007)纺羊毛也算在纯粹德行之列，这也许更能说明问题，可是这在罗马墓志铭里却屡见不鲜。奥雷利 4639：最好、最美、从事纺织，虔诚、知廉耻、端庄、贞淑、足不出户。奥雷利 4860：她端庄、正直、知耻、柔顺、从事纺织、勤奋、忠贞，酷似其他贤妇，足可与之媲美。图里亚墓志铭 1，30：知耻、柔顺、和蔼可亲、平易近人、勤纺织、有信仰而不迷信，衣着朴素，服饰不求观瞻，实乃善良的家庭一员。

是重大罪过。可是，从法律观点来看，“一家之父”（*pater familias*）的意志是唯一全能的意志，全家都要绝对听他的指示和引导。在家庭中一切对他来说全无权利可言，不但牲畜、奴隶如此，妻子、儿女也如此，处女既为其夫所自由选择而成为他的发妻，故所生子女抚养与否，也要听他随意决定。这个准则的成立并非因为对家
73 庭冷漠所致；恰恰相反，罗马人念念不忘这一信念，即成家立业和生儿育女乃是道德上的必要性，也是公民的义务。在罗马，民社对于家庭扶助也许是仅有的一例就是这项规定，即如遇一产三孩之情况，便应救济其父；他们在宗教上禁止遗弃男婴（因出生致残的例外），以及至少包括头胎的女婴，由此可见他们对弃婴的见解。不论弃婴看来对公众多么有害，对弃婴一事很快就从法律惩罚变为宗教谴责；因为，首先父亲在家中拥有无限权力；一家之父不仅执行纪律极严，用以约束家人，而且对他们有制裁的权利和义务，用他自己认为适当的死刑、肉刑惩治之。成年的男儿可以另立门户，或如罗马人所说的，从父亲手里得到分给他们的“自己的牲口”（*peculium*），但在法律上，男儿所得的一切，无论是自己劳动所获或他人所赠，无论在其父之家或在自己家里，仍属父亲的财产。父亲在世一日，在法律上从属他的人便一日不能自有其财产，因此，不得到他的委托，财产不能出让或继承。就这方面而论，妻儿的地位完全与奴隶相等，奴隶时常获有自营家业的许可，若奉主人之命，也有转让财产之权。诚然，父亲可以将儿子当作财产转让给第三者，与出卖奴隶无异。如果买主是外国人，这儿子就成为他的奴仆；若买主是罗马人，由于罗马人不能成为另一罗马人的奴仆，这个儿子对买主来说至少成为奴隶的替代物。就这方面而言，除上

文所述关于弃婴权的限制以外，父权和夫权在法律上受限制的只
是在既受法律惩罚，也受宗教诅咒的几种最坏的恶行上；涉及这些
恶行的有出卖其妻或已婚之子；父亲尤其是丈夫行使家庭裁判权
时，若不先与本人或其妻的血族近亲商洽，便不得对他的妻儿判
罪；这种做法是根据家族习俗贯彻实行的。可是，这后一种规定在 74
法律上并未削减父权或夫权，因为行使家法时所召集的血族近亲
不是为审判而来，而是供进行审判的家长咨询。家主的权力在本
质上不但漫无限制，不对尘世间任何人负责，而且家主在世之时，
其权力是既不更改，又不可摧毁的。按照希腊和德意志法律，实际
上独立的成年儿子在法律上不依赖父亲而自立；在罗马家主健在
时，他的权力不能因为他老髦、疯癫或甚至自甘情愿而被取消，只
有执掌权力的人可以更换，因为儿童由于过继而转入另一个父亲
的权力支配之下，此乃当然。女儿经合法的婚姻脱离父亲而归于
丈夫之手，离开自己的宗族和神祇的保佑而加入丈夫的宗族，受其
神祇保佑，自此以后就听命于丈夫，一如往日之听命于其父。根据
罗马法，奴隶从主人方面获得解放比较容易，儿子从父亲方面求得
自由却很难；解放奴隶之事自古就不乏其例，形式颇为简单；儿子
求得自由却到很晚才见诸实行，手续煞费周折。诚然，如果主买其
奴，父鬻其子，买主把他们一齐解放，则奴隶获得自由，可是儿子解
放之后，照旧归其父管辖。罗马人厉行父权和夫权，毫不容情，始
终一贯，于是这种权力变成真正的所有权。然而，家主对妻子的权
力虽然近似他对奴隶和牲畜的所有权，可是家属与家产之间却人
有区别，不但事实上如此，而且法律上亦然。家主的权力，姑不论
其有效范围仅限于一家之内，实是暂时性质，也稍有代理性质。如

同财产专为财主而存在，专制国的臣民专为君王而存在，但罗马的妻子儿女却不仅仅为了家父而存在。他们固然是权利的对象，可是同时却也自有其权利，他们不是物而是人。他们的权利未见行使，尚在潜伏，因为为了维持一家的团结，一家需要有一个统一的
75 代表来主持；可是家主一旦死去，其子就成为家长，其父一向对妇孺、财产所行使的权利现在都归他掌握。反之，主人之死都丝毫不能改变奴隶的法律地位。

然而，家族的团结非常坚固，以致家主死后，家族并不完全瓦解。儿女因丧父而得以独立，可是在许多方面仍自认为一体；确定继承次序和许多其他关系，特别是调整寡妇和未婚女子的地位方面，都应用这个原则。按较古老的罗马观点，女子不能管辖他人，也不能管辖自己，她所受的管辖，或用一个较委婉的词，对她的监护权(*tutela*)，仍属她所在的这个家，在家主死后，此权则由最亲近的男性亲属整体行使，所以儿子通常监护寡母，兄弟监护姊妹。从这种意义来说，家族一旦创立，便永久不变，直到始祖的男系后裔绝灭为止；只是一代一代往下传，彼此的关系势必日益疏远，最初本是同根一体，到了后来就无法证明了。家族与氏族，或者用罗马人的用语 *Agnaten* 与 *Gentilen*，它们之间的区别就在于此，也仅仅在于此。这两字都表示男系，可是家族只包括同一个共同始祖的后代子孙，他们一代一代向上追溯，能指明世代的次第；然而，氏族却包括一切自命为一个共同始祖的后裔的人，但是不能充分指出中间的环节，所以，不能确定亲疏远近。这在罗马的人名里表现得十分明白，例如人名里有“昆图(Quintus)，昆图之子，昆图之孙……昆图氏(Quintier)”，把祖先一个一个地追叙，这是家谱；家

族叙毕，便补叙氏族，表示这些人共同出于一个祖先，“昆图的子孙”之名由他传给一切子孙。

此外，并不属于这种紧密团结的、集合于一个在世的家长统治 76
下的，或由于这样的家族分裂而产生出来的家族和氏族单位的，还有那些虽是宾客，但系另外的相同阶层的成员，他们只是暂居他人之家，也不是奴隶，由法律看来，奴隶被视为家庭的财产，而不是家庭的成员，但大概是门客(*clientes*，源自 *cluere*)，门客虽不是某一民社的自由公民，却在这个民社的保护下享有自由。这种人有些是离开故土的逃亡者，在他乡寻求收容和保护；有些是奴隶，主人对他们暂时放弃权力的行使，给他们以实际上的自由。这种关系就其特有性质而言，与主宾关系或主奴关系不同，并非严格的法律关系；门客仍然不是自由人，只是信义和习惯使他们的不自由得以减轻。因此，一家的门客与狭义的奴隶构成听命于“恩主”(*patronus*，如同 *paticius*)的“仆从”(*familia*)。因此，按照原始的权利，恩主有权收回门客全部或一部分财产，遇有事故时，有权把他重新贬为奴隶，甚至处死；只因事实上存在着区别，所以恩主对门客不行使这种家法，像对待真正的奴隶那样；另一方面，主人在道义上有责任赡养和保护自己的下属，由于门客的地位实际比奴隶为自由，所以恩主对门客的道义责任意义重大，对于奴隶来说，这一意义就较轻微。特别是门客事实上的自由必然接近法律上的自由，因为这种关系已经历过几代。如释免者和受释免者都去世了，释免者的法定继承人要求对被释免者的子孙实施主子的权利，而不能不蒙受大不虔敬的恶名。这样，家庭的内部逐渐造成一群居人篱下的自由人，他们与奴隶不同，与氏族中享有平等权利的人也有区别。

在成分和形式方面，罗马国家以这种罗马家庭为基础。罗马
77 民社总是源于罗米利氏、沃尔提尼氏、法比氏等古氏族的联合（不论这种联合如何形成）。这些氏族的土地结合在一起就是罗马的领域。属于这些氏族的每一个人都是罗马公民。凡在此范围内按常规缔结的婚姻都是真正罗马人婚姻，其子女享有公民权。凡非法婚姻所生的或者非婚生的子女，均被排除于民社之外。因此，罗马公民都称自己为“有父之子”（*patricii*），因为据法律看来，只有他们有父。所有氏族及其所有汇集其中的家族都不改原状地合并成一个国家。家庭和氏族集团永存于这个国家之中，可是，人在家庭和氏族集团中的地位并不只对国家起影响，以致儿子在家听命于父，可是在政治义务和权利上仅次于家父。当然被保护人的地位会发生某些变化，以使每一恩主的释免奴和门客因他的意志而在全民社内得到容忍。他们固然最初仍直接依赖所属家族的保护，但此事的本质说明，民社成员的被保护人当然不得享有公民应有的权利，也不必尽公民应尽的义务，可是却不能完全被摒弃于宗教仪式和节庆活动之外。这道理更可适用于全体被保护人。由此可见，国家如同家族，均由原属于它的人和投奔于它的人所构成，即由“公民”和“客民”所构成。

因为以家族为基础的氏族是国家的组成部分，所以国家这个共同体形式事无巨细无不模仿家庭。家庭有个父亲，他是天然的家长，家庭由父亲而产生，也随他一起消亡。但是，人民的民社却永存于世，在民社中却没有天然的主人，至少在罗马民社是这样，它由自由平等的农人组成，可能为没有天赐的贵族而自豪。因此，

他们当中的一个人成为他们的领袖(*rex*)以及罗马民社这个大家庭的家长,一如后来在其住宅内或住宅附近总见一个长年不熄的炉灶、锁闭严密的民社库房、罗马的维斯塔女神和家宅守护神,所 78
有这些表现了这个至高无上的、包括整个罗马的大家庭的显然可见的统一体。王位一旦空缺,继位人得到指定,君主职权便依法即刻开始履行;但国王召集能服兵役的自由人开个大会,正式要求他们宣誓效忠,然后民社全体才对他负有绝对听命的义务。那时他才有全权在民社中发号施令,一如家长在家庭中那样,并且也一如家长,实行终身统治。他同民社神祇来往,征询神意,平息神怒(*auspieia publica*),指派男女祭司。他用民社名义与异邦所缔结的条约对全体人民具有约束力,可是在其他情况中,民社成员绝无信守同非该民社的成员所订协约的义务。他的"谕令"(*imperium*),无论在平时或在战时,总是雷厉风行,所以,他每次因公出现,便有"扈从"(*lictores*,因荷有束棒,即 *licere*)手执斧钺和笞鞭随处在前开路。他擅自有权向国民讲演,保管公库锁钥的也是他。他一如家父有惩戒之权和审案之权。对于扰乱秩序的人,他处以刑罚,尤其是对于犯兵役罪的人,他必予以鞭笞。他对一切私法和刑事案件一概开庭审理;他可以独断决定生死,一如决定自由权那样,以致他可以将一个公民判给另一个公民,充当奴仆。或下令将此人卖身成为不折不扣的奴隶,驱逐出境。在判处死刑以后,他有权允许诉诸民众请求宽恕,可是他没有必须这样做的义务。他遣使百姓征战,而且他统率军队;但他遇有火警照常必会亲临火场。

家主不仅是家中最大的权威,而且是唯一的权威,所以国王不仅是国家第一位掌权者,而且是唯一的当权者。他可以从特别熟谙教律和政务的人中组成专家小组并要求他们献计献策;为方便行使权力计,他可以将个别职权委托他人,如向公民通告、发布征战命令、审判不甚重要的案件、审理罪状等;如果他不得不离开城区,他可以留下一个“守城使”(*praefectus urbi*),委以全权,代理
79 国王;可是,一切除王权以外的官职都由此而来,任何官吏只有受国王任命才能就职,得国王的欢心才能长期留任。远古时期的一切官吏,特命守城使以及步兵队(*milites*)和骑兵队(*celeres*)的统领(*tribuni*,源自 *tribus*,即部分)都是国王委任官员,不是后来所谓的官吏。王权没有也不能有对外的法律制裁;在民社内部,对民社统治者来说,没有法官,正如对在家庭内的家主无法官一样。他的权力只有死后才宣告结束。新王的选举权在元老院,遇王位空缺时,空缺期(*interresonum*)的王权归元老院执掌。自由民在提名后才正式参加国王的选举。从法律上来说,王权有赖于持久性的父老(*patres*)团,该团通过空缺期权力的执掌者使新王就任其终身职位。“名扬四海的罗马依赖崇高的神佑而得以建立”,于是这一神佑便由第一个接受神佑的国王承继不断地传授其继任人,当权者虽有人事上的变动,但国家的统一却永葆不变。罗马人民表现在罗马狄奥维斯(Diovis)的宗教领域上的这一统一在法律上以君主为其代表,所以国王的服饰与至高无上的神无异;城里人人步行,只有罗马国王单独乘车,他手执象牙鹰杖,脸上涂以朱红胭脂,头戴黄金槲叶冠,这都是罗马神祇与罗马国王所共同的,可是,如果我们因此便认为罗马政体为神权政治,却是大谬,意大利人对神和国王的观念从来不像埃及和东方那样,混为一谈。国王不是人民的上帝,而是一国之主,这才较为允当。所以,人们根本不知有

某一氏族的特别的神恩或有某一种神秘力而使国王据以可能具有不同于凡人的材料。贵家出身，与旧君有亲属关系，固然是可取的有利条件，但不是必要条件。任何罗马人只要成年，身心健全，在法律上便能充当君主之位。① 国王不过是一个寻常公民，只因他有业绩或鸿运，又因一国不可一日无君，如同一家不可一日无主， 80
所以才把他置于他的同辈之上，做他们的主人，如同一农夫位于众农夫之上，一武士位于众武士之上。如同儿子绝对服从其父，但并不自以为卑于其父，所以公民也听命于其王，但并不认其为王优于自己。王权在道德上和事实上所受到的限制就在于此。国王固然可以做出许多不公道的事而不违国法；他可以克扣战友应得的一份战利品，施加过重的徭役于公民，或者以苛捐重税蛮横侵犯公民的财产权；可是他这样做时，却忘了他的全权并非来自上帝，却是在上帝的许可下来自人民，因为他代表人民；如果人民也忘了忠于他的誓言，更有何人保护他？但王权在法律上的限制在于国王仅有权执行法律，而无权改变它；国王每欲偏离法律，必须事先取得人民会议和元老院的赞同，否则，这事便不生效力，以致成为无效的暴政行为。于是，无论从道德和法律看来，罗马的王权与现代的君权根本不同，罗马家庭或罗马国家在近代生活中实无其耦。

罗马公民的划分以族区为基础。族区即 *curia*（此词或与 *currare*＝*coerare*，指亲缘关系），十个族区构成一民社（Gemeinde）；每

① 狄奥尼修斯说(5,25)，跛足者不得居最高职位。罗马公民资格不但是居王位的必要条件，而且是充当执政官的必要条件，这是不可言喻的，因此，对库雷斯(Cures)公民的奇谈，实不值得去明白地予以驳斥。

个族区出步卒一百人（故 *mil-es* 如同 *equ-es*，均有“千步队步兵”之意）、骑兵十人、议员十名。几个民社合并时，每一民社自然成为整个民社（翁布里语和奥斯坎语称之为 *tota*）的一“部”（*tribus*），基数随着各“部”之数目增加而增加。这种分法虽然起先与组成公民的人数有关，但在土地分配时，这种分法也就运用于地界。罗马的区名传到后世的很少，这少数之中有几个似乎源于族名，例如 *Faucia*，另有几个却源于地名，例如 *Veliensis*，所以“部”有地，区也有
81 地，无甚可疑。在公有土地的远古时代，这些区中的每一个都包括若干氏族土地在内，关于这一点上文业已谈过。

这个政制的形态至为简单，[①]它同以后由于受罗马影响而产生的拉丁民社或市民民社的模式不谋而合；这些民社一律各有一百个议员（*centumviri*）。在罗马城三个部的最古老的传统中，拥有三十个族区、三百骑兵、三百元老院议员、三千步卒。这个额定数字是屡见不鲜的。

这种最古老的政制模式并非始于罗马，它是拉丁阖族共有的原始制度，甚至也许在部族分立以前早已有之，这样说是最为准确不过的了。关于此类事情，有关罗马政制的流传史料十分可信；它关于公民团体的其他各种划分法都有史可述，唯独认为区的划分始于罗马建城；与此完全吻合的是，族区体制不但见于罗马，而且在新发现的拉丁民社的政制模式中，也显示为拉丁城市法的主要部分。

---

① 简单的十区体制早已绝迹，可是这一制度即使在罗马也有实际上的应用，而且最惊奇的是，它的应用竟见于盐饼礼（Confarreatio），我们有其他理由认为，在我们法律的史料中所提到过的所有正式仪式中，此典礼最为古老。行此礼时，十证人制与十区制之间的关系似乎确与三十扈从与三十区制之间的关系相同，殆无疑义。

反之，这种模式的核心一向在于区的划分。因此，“部”不能是重要因素了，因为它们的发生和它们的数目纯属偶然。凡有部之处，它们确无其他意义，仅在保存对它们原为整体的一个时代之忆念而已。① 在流传史料中不曾提及每部各有其特殊的办事机关或特殊的集会；极可能说明，为了保持共同体的统一起见，融入此团体的各部实际上不允许继续存在。连在军队里，成双成对的步卒统领之数固然与“部”数相当；可是每一对这种军团保民官并非统率一个“部”的兵卒；而是每一军团保民官同全体军团保民官一道统率全体步军。各氏族分布于各个族区，氏族和家族的界限是由 82
自然界划定的。立法权可以干预这些集团，起到修正的作用；它可以使大氏族分支，把它当作两族计算，也可以将若干小族合并，这种情况在罗马的流传材料中已无影踪可寻。无论如何，这种情况的发生极为有限，氏族亲缘的根本特点并未有所变。因此，不可以认为氏族之数由法律所定，更加不可以认为家族之数也如此。由于区应出步兵一百、骑兵十人，所以每家出一步兵、每个氏族出一骑兵之说既无传闻，也不足信。在最古老的政制机构里，唯一起作用的环节是族区，族区共十个，或者在有若干“部”之处，每“部”分为十个族区。每一个这种“责任区”都是真正的协作单位，它的成员至少要集会，举办共同的节庆；节庆各由一位特设的负责人（*curio*）管理，并且自有祭司（*flamen curialis*）；毫无疑义，征兵和课税也按区办理；法庭开庭审判时，公民也分区集会，分区表决。可是，

① 从他们的名称中也可看出这一点。如法学家所知，所谓“部”（*tribus*）不外是既往的或将来的“整体”，所以现在并无实际意义。

开创这种制度的原意不在于表决,因为,如原意如此,区的分法肯定会用奇数。

公民对待非公民并不友好,但在公民内部各人的权利却完全平等。罗马人严格执行这两个原则,毫不苟且,也许非其他民族所能及。荣誉公民制是一个古老的制度,原意在于调和公民与非公民之间的矛盾,罗马人对这制度的态度也许最足以明白表示他们区别这两者之间矛盾的严谨性。经民社议决,允许一个异乡人加入公民团时,此人虽然可以放弃从前的公民资格,然后完全加入新
83 的公民团,但是新旧公民资格,他均可兼而有之。这是最古老的习惯,在希腊,这一情况始终如一,到后来,同一个人往往同时成为几个民社的公民。但在拉丁姆,发展得更为活跃的民社感情不能容忍一个人同时成为两个民社的公民,所以,一个新选入的公民如果无意放弃他旧有的民社权利,这有名无实的荣誉公民资格的含义仅为殷勤待客的情谊和保护客民的义务,别无其他意义,而对于异邦人的情谊自古就是如此。

可是,在对外人严加限制的同时,成员间的权利不平等却被绝对排除在罗马民社圈子之外。上文已提到,家庭内存在的种种差别当然不能被废除,可是在民社里却至少不被注意;儿子在拥有财产方面从属于其父,但他以公民的资格也会遇到有权支配其父的情况。但罗马没有等级特权;在次序上,替提人先于罗马纳人,这两族又先于卢克雷人,这并不有损于他们在法律上地位平等。当时的公民马队被使用于前线进行单独交战,有时骑马,有时甚至步行,与其说是特殊兵种,不如说是一支精兵或后备军,所以马队兵员总是生活最富裕、器械最精良、训练最熟练,其威望自然高于公

民步兵，但这纯系实际差别；毫无疑问，任何世家出身者皆可参加马队。引起法律差别的，仅仅是依照政制对公民所做的区分。此外，一切民社成员在法律上的平等甚至也显示在外表上。就服装而言，民社的首领诚然与民社成员相同，有从军义务的成年人与不能入伍的童子不同，除此以外，人无论贫富贵贱，出外时须一律穿那白毛料做的朴素长袍（*toga*）。公民权如此完全平等，无疑这起源于印度日耳曼族民社的政制，但了解得这样细致，执行得这样确切，却是拉丁民族最能说明问题和最有影响的特性之一。人们也许还记得，在意大利，我们未尝遇见移来较早、文化较低的种族臣 84
服于后至的拉丁移民，因而也就缺少印度种姓制度、斯巴达的、色萨利的、大概是希腊的贵族，也许还有日耳曼人的等级差别与之相联系的主要机缘。

维持国家财政依赖全体公民，这是不言而喻的。公民最重要的义务是服兵役，因为从军的权利和义务只有公民才有。公民同时又是战士团（*populus*，与 *populari*："破坏"，同源）；在古祈祷文中，人们祈求战神降福于"长矛兵团"（*pilumnus poplus*），这个兵团以及国王向他们谈话时所用的称呼"长矛兵"（quiriten）[①]均被视

① 古人把 *quĭris quirītis* 或 *quirinus* 解释为"长矛兵"，此词源于 *quĭris* 或 *cŭris*（长矛）和 *ire*。就这方面来说，与 *samnis*，*samnitis* 和 *săbinus* 相一致，甚至古人也以为此词源于 *σαύνιον*（希腊文，长矛）。与此相近的有 *arquites*（带弓人）、*milites*（千夫队士兵），*pedires*（徒步兵），*equites*（骑兵），*velires*（无甲可披，只着斗篷的兵），即使词源不确，它却是与罗马对于公民概念的理解密不可分的。同样，*Juno quiritis*，（*Mars*）*quirinus*，*Janus quirinus*，都被设想为"挥舞长矛的神"；*quiris* 用来称呼人的时候，意谓"战士"，就是说，正式公民。这与语言惯用法相符。是凡说到地点，绝不用 *Quritens* 一词，而用 *urbs Roma*，*populus*，*civis*，*ager Romanus*（罗马和罗马人）等词。因为 *quiris* 与 *civis* 或 *miles* 相同，都没有地方含义。恰恰基于同一理由，这些词不能混用。人们不说 *civis*

为战士的标志。作战队即所谓军团(*legio*)的编制如何,已见上文叙述。由三部组成的罗马民社里,一个军团有骑兵(*celeres*,即"快队"或 *flexuntes*,即"包抄队")的三个"百夫队"(*centuriae*),由三个骑兵大队统领(*tribuni celerum*)率领①,还有步兵(*milites*)的三个"千夫队",由三个步兵队长(*tribuni militum*)率领;步兵大概自

(接上页) *quiris*,因为两词虽然观点不同,却表示同一法律概念。反之,在庄严宣告公民葬礼时,说"这个战士已随死神离开"(*ollus quiris leto datus*);同样,国王用这名字称呼集会的公民。他开庭断案时,也按照可执戈防卫的自由民的法律(*ex iure quiritium*,与后世的 *ex iure civili* 完全相同)进行宣判。*populus Romanus*,*quirites*(*populus Romanus quiritium* 一词未有充分证明)意谓"全民社与各个公民",因此,在一句古老的套语(李维,1,31)里,*populu Romanus* 与 *prisci Latini* 相对,*quirites* 与 *homines prisci Lutini* 相对(贝克尔,《手册》第2卷,第20页及下一页)。以上的事实既摆在我们面前,我们如果仍坚持以下说法,仿罗马马民社曾与相似的奎里特(Quirite)民社对峙,在这两个民社合并后,在教仪和法律习惯用语方面,被合并的新民社的名字代替了合并他人的那个民社的名字。那么,除不知语言也不知历史以外,便没有其他原因可寻。

① 狄奥尼修斯(2,64)在列述努马(Numa)的八个宗教机构时,先叙述 Curiones 和 Flamines,然后第三才列出骑兵统领。据普雷内斯特历书,3月19日在大会场(Comifiuvn)举行一个节庆[*adstantibus pon*]*tificibus et trib*(*unis*) *celer*(*um*)。瓦勒里·安提阿斯(Valerius Antias,见哈利卡纳索斯的狄奥尼修斯,1,13;参见3,41)给最古的罗马骑兵指定了一个统领,名为 *celer* 和三个百夫长,而在《名人传》1中,又称 *celer* 为百夫长。此外,布鲁图(Brutus)在罗马诸王被逐时,据说曾充任 *tribunus celerum* 之职(李维,1,59),而且据狄奥尼修斯说(4,71),他甚至利用他的职位,建议放逐塔昆族。最后,庞波尼乌斯(Pomponius)以及可能部分引用狄奥尼修斯之说的利杜斯(Lydus)也说 *tribunus celerum* 就是安提阿斯所说的 *celer*,就是共和时代独裁官的 *magister equitum*,帝国时代的 Praefectus Praetorio。

现存文献中论及 *tribuni celerum* 的只有这些,其中最后一说不但出于晚近甚不可靠的典籍,而且与 *tribuni celerum* 的含义不合,这名词只能有"骑兵队长"的意义。但共和时代的骑兵统领仅首先在非常时期被推举,而且到后来不再被推举了,*tribuni celerum* 每年必须主持3月19日的庆典,所以他的官职是常设的,二者不能混为一谈。彭波纽斯之说显然全由布鲁图逸事而来,此逸事愈久愈失其真,我们可以置而不论;可以得到的简单结论是:在数目和性质上,*tribuni celerum* 完全与 *tribuni militum* 相当,他们是骑兵大队长,所以与骑兵统帅(Reiterfeldherr)大不相同。

始就是民社所征兵丁中的精锐。此外，也许再加若干在行阵以外作战的轻装兵，尤其是弓弩手[①]。国王通常自任主帅。除服兵役外，公民或许还须服他种徭役；如承办平时战时国王交办的事宜，服耕地或兴建公共设施等劳役。试看罗马城垣常名为“徭役”(*moenia*)，即可见建城工程对全民社的负担多么沉重。但罗马没有经常的直接税，国家也没有经常的直接支出。支付民社的必要支出，不必课税，因为国家对于兵役、征工或一切公务一概不给报
酬；就是给报酬，也由直接课税的有关地区或由不能或不愿自服徭 86
役者付给服徭役的人。公祭神祇需用的牲畜祭品由诉讼捐项下筹款购买；普通讼案的败诉人按所争议财物价值的多寡拿出一种所谓“牲畜罚款”(*sacramentum*)交给国家。公民经常送给国王的馈赠未见有记载。此外，向国王却缴纳港口税和领地税，特别是驱牛到公共牧场放牧应交的牧捐(*scriptura*)以及国有土地承租人以其产品的一部分(*vectigalia*)交付的租金。此外，还有“牲畜罚金”、没收财物和战利品。遇有需要，便强行摊派捐款(*tributum*)，可是罗马人把它视为强行借款，以后时局好转时便被归还；该捐是否由公民分担，还是只摊在居民身上，还不能断言，但后者的可能性较大。国王管理财政。据典籍说，罗马最后一家王族塔昆氏的地产极多，可是国王私产必然不断扩大。但是国有财产与国王私产不同，特别是战时夺得的土地似乎永远被认为是国有财产。国王管理公产是否受习俗的限制，多大程度上受到限制，已无可考了，不

---

① 可以对此说明的是如下显然是古远的词组，*velites* 和 *arquites* 以及以后的军团编制。

过,以后的事件发展表明,遇习俗所不容,从不与公民商讨,关于强派捐款额和分配战争所得土地习惯上与元老院磋商。

可是,罗马公民看来不仅纳捐和服役,也参与公务。因此,如果国王召集所有民社成员向他们通报情况(*conventio*,*contio*),或者严令他们在第三周(*in trinum noundinum*)集会(*comitia*),逐区了解情况,那么这时全体民社成员除妇女和不能当兵的儿童外,即所有被称为“长矛兵”(*quirites*)的人都集合在裁判所。这种正式的公民大会由国王指定按期开会,通常每年两次,一次在3月24
87 日,另一次在5月24日。此外,国王认为必要时还可以随时召开。可是他们召集公民,不是为了请他们发言而是让他们听训,不是为了让他们提问,而是要他们答问。除国王或他认为可以允许发言的人以外,会上无人发言;公民发言只是对国王所提问题做简单答复,不做讨论,不陈述理由,不提条件,也不将问题条分缕析。可是,罗马公民团,一如德意志的公民团,或许也如同远古的印度日耳曼公民团,却是主权国家思想的真正的和终极的支柱;但在平时,这主权静止不动,或仅见于公民团自愿表示效忠于其首长。因此,国王即位以后便向集会的各区询问,问他们是否愿对他尽忠效力,是否愿按照常规和他的使者(*lictores*)一样承认他;对这一问题肯定不许有否定的答复,正如与此相仿,一位世袭君主必受崇敬,无人可以拒绝。公民既是执掌主权的人,便不当在平时参与国事,这完全是顺理成章的事。只要公务仅限于实施现行法规,那么至尊的国家权力便不能也不应进行干涉:治国的是法律,而非立法者。现行法规若有变更的必要,或甚至在某一情形中需要稍稍背离现行法规时,那就另当别论了;每遇这种情形,公民按罗马政制采取行动，所以，无上的国家权力的这一种行动由公民与国王或摄政王（Zwischenkönig）之间协作做出。正如治人者与治于人者之间的法定关系以口头问答的契约方式获得认可那样，民社行使领导权的行动也无一不使用发问法（*rogatio*），由国王向公民发问，而大多数区对此给予肯定的答复。在这种情形下，他们无疑也可以不表示赞同。所以，对罗马人来说，法律首先不是如同我们所理解的那样，并非国王对于所有民社成员发布的命令，而首先是构成国家的各权力代表以说明和反驳的方式所缔结的契约[①]。根据法 88
律，凡不合法制常规的事一概需要这种立法契约。依照法律常规，任何人均可将财产任意赠予他所愿赠的人，不过这种方式是以立即移交为条件；财产暂时仍留在财产主手中，死时才转归他人，这在法律上是不可能的事，除非民社许他这样做；关于这事，不但在市场上公开集会的公民，而且列阵临战的公民可得到允许。这就是遗嘱的起源。依法律常规，自由乃是自由人的财产，既不能转让，也不能失去或放弃，所以，谁不隶属于家主的人，谁就不能再隶属于另一家主而居于人子的地位，除非民社予以许可。这就是收养义子（Adrogation）。依法律的常规，公民权只能在出生时获得，既得之，便不可复失，除非民社授予贵族地位或允许放弃这一地位；毫无疑问，起初，若无区的决议，这两者便不能生效。依法律的常规，一个罪人当受死刑，国王或他的代表如果已按判决和法律宣

① *Lēx*，意为约束（源出 *lēgare*，对某事负有义务），如众所周知，一般指契约，可是其附带的含义为，此契约的条件由提议人决定，对方只能接受或拒绝，这种情形正如当众拍卖那样。在罗马社会公约（*Lex publica populi Romani*）里，提议者为罗马国王，接受者为人民；对于后者有限的协作，在文字上也有简明扼要的规定。

判，这人便当处决，毫不容情，因为国王只能裁判，不能赦免，除非被判死罪的公民向民社请求开恩，而审判官给他求赦的机会。这是上诉(provokation)之始，主要指，被认定有罪的犯人若不认罪，便不许上诉；犯人若肯认罪，举出请求宽大的理由，便许他上诉。依法律的常规，与邻国缔结的永久性条约不可破坏。除非是，由于受到损害，全体公民认为不必再受该条约的束缚。所以，要想发动侵略战争，非与他们商讨不可，但是他国如果破坏条约，本国作防
89 御战，或战后媾和，则不必征求他们的意见；然而，遇此类问题，似乎不是径直向寻常的公民大会提出，而是向军队提出。所以，就一般看来，国王每次拟定改革，变更现行国法，皆需征求公民的意见；就此点而论，立法权自古即不属于国王，而属国王和民社。在这一事例和其他类似事例中，国王的行动如果不得民社的赞助，在法律上便不能生效；仅国王宣布某人为贵族，此人仍旧不算公民，这无效的行为仅能产生事实上的影响，而无法律上的效力。在这方面来说，公民大会尽管似乎受有限制，常遭掣肘，可是它自古以来就是构成罗马国家的一个要素，并且在法律上不与国王平行，而在国王之上。

但是，除国王与公民大会外，在罗马最古的民法政制里还有第三个基本权力；它与国王不同，原不为行政而设，也与公民大会不同，原意不在立法；可是它与二者平行而立，而且在它的权限内，位于二者之上。这就是元老院(*senatus*)。毫无疑问，元老院起始于氏族组织：据古代流传材料，在原始的罗马，元老院由所有家长组成，由国家法看来，此说仅在以下情形中有理：后来的氏族只要不是晚近才迁入罗马的，无一不自谓渊源于原始罗马城的家长，并认

此家长为自己的祖先和始祖。罗马或至少拉丁姆可能曾有一个时期，国家的每一基本组成成分，即氏族，与国家无异，即各有一种类似君主政体的组织，各为一个长老所统治，此长老由氏族中的人或由其前任所推选，或由世袭制度而来，因此，在这同一时期中，元老院不外乎是氏族长老的总称，从而成为一个独立于国王和公民大会的机构；而且它与公民大会不同，公民大会由全体公民直接组合而成，元老院却由人民代表组成，略有代议制性质。拉丁民族必在荒古时期已越过每族实际各为一独立国的阶段、由氏族组织发展为民社时，废除族长乃是应采取的是第一个，也是最难的一个步骤；罗马开国前很久，拉丁姆或早已渡过这个难关。据我们所知，90
罗马氏族常无明显的族长，所有氏族中的人均出于或自称出于一个共同的始祖，可是在世的氏族中的人却无人声称代表这个共同始祖，所以，遇继承遗产和监护妇孺的事，若因家长死亡而传袭于氏族，此事就落在氏族全体身上。然而，由于元老会议的原始性质，许多重要的法律后果往往传给罗马元老院。简言之，荷马叙述过，有诸侯和人主在国王的四周坐而议政，昔日的元老院于此并无二致；因此，元老院的地位与纯粹的国务会议不同，而且也高于国务会议，因为此会议不过是若干亲信开会，以备国王咨询而已。只要原始元老院系由全体氏族首领组成，其成员之数就不可能固定，因氏族之数也不固定。因为在远古时，也许在未有罗马之时，元老院成员的数目对于民社来说并不考虑当时实有的氏族数字而定为一百，因此，在三个原始民社合并之后，元老院议席便增至三百，三百便成为固定的正常数额，从国家法来看，其结果乃势所必然。此外，无论何时，元老被召入院，便终身任职；到了后世，此种终身任期多为事实上如此，而不是依法律如此，元老名录时时修改，以便排除不称职的或不受欢迎的元老，这种办法可以证明是逐渐演变而来。自从再也没有族长以后，元老的选择当然权在国王，但在较古时期，只要氏族的独特性仍活生生地存在于人民之中，国王选择元老时通常在一个元老死后，从那个元老的同一氏族里委任一个年高识广的人进行补缺。大概后来随着融合的程度逐渐提高和民
91 社内部的渐趋统一，这种习惯才作废，选择元老一事才悉由国王自行裁决，以致遇有元老出缺，而国王不择人递补，任其空悬，此事被视为有亏职守。

这个元老院的职权所依据的是如下见解：民社由氏族构成，民社的统治权依法应属全体族长，虽然这个统治权按照在院内业已如此明确的君主制基本观念，目前总由元老中之一即国王来执掌。因此，元老院的每个成员在行使权力上不是全国的王，可是在职权上却是如此，所以他的标志虽然亚于国王，却与之相似。国王穿红鞋，他也穿红鞋，只是国王的红鞋略高，也较元老的考究。并且也因为这个缘故，如上文所述，在罗马民社中，王权绝不会虚悬。如果国王去世，众元老便即刻代替他行使王权。可是，依照一时仅能有一人为王的金科玉律，所以此时他们只有一人执掌政权，这种“摄政王”(*interrex*)与选任终身的国王的区别只在任期的长短，而不在权威的大小。摄政王的任期对于掌权者来说规定每人不得逾五天；据此，众元老轮流为王，每位摄政王任期告终时，各按抽签所定的继任次序，将职位移交给任期为五天的继任人，直至终身国王的空缺再有人充任为止。民社不对摄政王宣誓效忠，这是可以理解的。可是，摄政王不但有权力，也有义务去执行平时一切属于国

王的职能,甚至可以推举一位终身任职的国王,不过第一个被他们指定的人例外地没有后一种权利,大概是因为第一人非前任所推举,故被认为其任命欠周。所以,这一元老会议终究是罗马国家统治权(*imperium*)的执掌者和神佑(*auspicia*)的蒙受者,是那万世不绝的罗马国家及其君主制度(但不是世袭的君主制度)的保障。92
所以,据以后的希腊人看来,元老院似乎是众王会议,这实不足为奇,元老院本来就是这样一个机构。

但是,元老院会议不仅是永恒王权的活生生的体现,而且也是罗马民社政制中的一个重要环节。元老会议诚然无权干涉国王的政务活动。国王每逢不能亲自带兵或解决法案时,他历来从元老院中物色自己的代理人,因此高级军职以后常付托给元老,同样也在任用陪审员时优先起用元老。但在带兵和司法方面,元老院却未尝以团体资格受到咨询,所以,日后的罗马元老院并无带兵和裁判权。另一方面,元老会议可以视为现行体制的合适的保护者,甚至可以监察国王和公民的违法事件。对公民应国王提议而通过的一切议决案,元老院都负有审查之责,如果议决案似乎违反现行法律,元老院便不予批准;换句话说,按章需要民社议决时,如每次修改政制、接纳新的公民、为侵略他国而宣战等,元老院对之都有否决权。当然我们不可以为公民与元老院均有立法权,略如现代立宪国家的两院制;元老院是守护法律的机关,不是创制法律的机关;它仅在民社做出的决定似乎超越职权、违反对神祇或对外国的现行义务,或妨害了民社本身的机构制度时才能宣告废止这种决定。但是,最为重要的事情仍然是,例如,罗马国王已提出宣战案而全体公民已将这议案升格为决议时;又如,外国似应支付赔偿而

该要求不能达到时，罗马使者便恳请神灵监察这事的不公平并在
93 结束时说，“可是关于此事，我们想请问国内的元老，我们该怎样才能实现我们的权利”；只有元老会议赞同了，公民团所决定而为元老院所批准的战争才能正式宣布。这条准则的用意和后果肯定不是使元老院永久干涉公民团的议决案，以及用这种监护行动来剥夺公民团的最高权力；可是，正如尊位虚悬时，元老院保持民社政制于不坠，所以，我们从中也觉得元老院此时面对国家最高权力成为法纪的保护机构。

最后，也许与上述做法相联系的，还有一种似乎是很古的做法，君王要提出议案付公民表决，必须事先将议案交给元老院，使所有成员依次对此表示意见。元老院既有权废止已做出的决定，国王当然明白，事前应设法使自己不必担心会被否决。一方面，决定重要的事而不先与他人商讨，也与罗马的习俗不合；另一方面依其组织，元老院应成为民社统治者身边的政务咨询机构。以后元老院的广泛权力更多的是由这种咨询习俗发展而来，而不是由于上文所述的职权。但这一习俗起初原无足轻重，其意义实际等于元老院有咨询之权。遇到既非司法又非军旅的大事，例如，除提交公民大会的议案外，还有课税、服役以及支配征掠所得土地等事，国王也许常先征求元老院的意见，但事先的征询虽习以为常，却非法律所必需。国王可随心所欲地召集元老会议，将问题交付讨论；元老未被询问，不得发表意见，元老不被召集，更不得开会；可是只有一个例外，遇王位虚悬时，他们必须开会，以决定摄政继位的次
94 序。并且除元老外，国王有权任意召请他的其他亲信共商国是，这一点是极为可信的。意见不是命令，国王可不听其言，不从其计，

元老院也就无计可施而实现其意图，只有上述绝不普遍应用的否决权才行。“我选你们，不是叫你们来领导我，而是叫你们听从我的吩咐。”这是后世一位作者假罗慕洛王之口所说的话，这话所表述的元老院在这方面的地位大致上是对的。

现在让我们把以上的结果做一总结。据罗马人的见解，主权天然属于罗马民社，但它绝无单独行动之权，遇有不属成规的事，民社仅与他人通力合作。与民社并立的有任期终身的民社元老会议，这会议俨然具有王权的官吏团，如遇王位出缺，便须以其成员摄政，直至王位有定主而后已。这会议也有权推翻民社做出的不合法的议决案。萨卢斯特(Sallust)说：王权既无限制，又受法律制约(*imperium lcgitimum*)。所谓无限制，指王命无论合乎正义与否，首先必须无条件执行，所谓受制约，指命令如果违反惯例，非经过真正的主权执掌者即人民的核准，便不具有法律效力。因此，罗马的最古老的政制略似倒置的君主立宪政体。在君主立宪政体中，国王是国家全权的执掌者和代表；因此，例如，只有他才能宣告特赦，而治国施政却归于人民的代表和对人民代表负责的官员，所以在罗马政制中，民社行使的职权颇与英王相似：在英国，大赦权是国王独有的特权，在罗马却是民社独有的特权，罗马一切政权都握在民社的首脑手里。

最后，如果我们考查国家及其各成员的关系，我们便得知，罗马国家既远非纯为防卫而结合起来的散漫联盟，也绝不类似近代所谓绝对专制的强权国家。民社在征收赋税和惩罚犯罪行为方面 95
自有统治公民个人之权；不过任何特殊法律对某一个人因其做了并非人人认为有罪的行为而绳之以法或以惩罚威迫之，即使形式上无瑕可指，但对罗马人来说似乎总被认为处置武断和不公。财产权和宗族权更多的是重合，而不是互相关联，民社对它们的干涉更为有限。罗马家族制度还未完全消灭，民社尚未牺牲家族而得以壮大，就会一如在来库古(Lycurgus)[①]的警察国家那样所作所为。国家可以将公民戴上镣铐或绞杀，却不可夺去他的儿子或田地，或甚至不可向他长期征税，这是最古老的罗马政制中的一个最明确和最堪注意的准则。在诸如此类的事情中，民社本身在对待公民方面受到限制，不得侵犯公民的权利，这种法律上的限制不只存在于概念之中，而且在元老院依法行使否决权中有其体现和实际应用，因为它对违反这种基本权利的民社议决案确有加以废止的权力和职责。在自己的范围内，罗马国家的擅权专制绝非他国所能及，但行为无玷的罗马公民在法律上却能享受绝对的安全，对国人的侵犯和国家的干涉皆不足虑，此非他国所能及。

罗马民社就是这样自治其国的：罗马人是一个自由民族，它懂得服从，并明确拒绝一切祭司的神秘骗局，在法律面前和彼此之间绝对平等，有自己的鲜明的民族性，同时却又明智豁达，大开同外国交往的门户(这一点将在以后叙述)。这体制既非人为所造，亦非假自他国，它是在罗马人民之中产生并随着罗马人民共同发展。它当然基于更古的政制，有意大利人的，有希腊意大利人的，也有印度日耳曼人的；但荷马史诗和塔西佗关于日耳曼的纪实中所描写的体制，必曾经过长久绵延的政治发展阶段，才能达到最古老的

① 来库古(约公元前390—约前324年)：雅典政治家和演说家，以理财有方和严惩贪污闻名。——译者

罗马民社制度。希腊人的欢呼喝彩，日耳曼人的敲打盾牌都寓有表示民社主权的意味，但这种形式与拉丁族区会议的那种有条不紊的职权和循规蹈矩的发表意见，相去不可以道里计。还有，罗马 96
国王的紫袍和象牙节杖确实来自希腊，而不是埃特鲁斯坎人，还有他的十二名扈从和其他种种表面排场更多地借鉴于外国。但罗马政制的发展确乎属于罗马，或至少属于拉丁姆，其中仅有些微像借自外国，只看其全用拉丁人所造的词来表示其政制观念，便可显见。

这个政制实际奠定了此后罗马国家长期所根据的基本思想，因为罗马民社只要存在，无论其形式如何变更，可以肯定，行政长官就有绝对号令权，元老会议为国家的最高权威，每一非常议决案必须获得至高无上的统治者即民社的核准。

97

第六章 非公民与经过改革的政制

每一个民族的历史，尤其是意大利的历史，都是大规模“并区为城”的历史。据我们所知，最古的罗马已采取三合一的形式，仅到了罗马精神完全僵化的时候，类似的合并才得以告终。原始罗马纳人、替提人和卢克雷人的合并，我们仅知有其事，详情一无可考。除此以外，丘民的归并于帕拉廷罗马，也是这类合并最古的例子。这两个群落将合并的时候，我们可以想象它们的组织大致相似；由于要合并而产生的问题应做如下设想，它们不保存二元体制，必须废除其中之一，而将剩下的另一组织推行于整个联合民社。关于圣地和祭司团，他们完全采用第一策。自此以后，罗马民社有两个舞蹈团、两个狼神团，因为有两种战神，所以通常有两种为该神祭司的祭司，一种是帕拉廷祭司，以后常称为战神祭司，又一个是山丘祭司，被称为奎里努祭司。罗马的所有古拉丁祭司团，如鸟占团、造桥团、维斯塔团、执法团等，都同样源出于帕拉廷和奎里努两民社的联合祭司团，这是可信的，虽然现在已无法考证。此外，说到地方分区，帕拉廷城原有三区，就是苏布拉区、帕拉廷区以及城郊区，现在又加上奎里努丘城作第四区。说到最初“并区为城”时，加入的民社在合并以后，至少被认为是新公民团的一部分，因此，在政治上一定程度仍然存在;在涉及罗马丘人方面以及在以后的合并过程中,这种做法都没有重现。合并以后,罗马民社仍分为迄今的三个部分,每个部分各有十区;罗马丘人无论以前自分为若干部分与否,当时必曾被安置在已有的部分和区内。其安置办法可能是每个部分和区各容纳新 98
公民若干,可是新公民在这些部分和区内未完全与旧公民相互融合,以后那些部分都分为两级,替提人、罗马纳人和卢克雷人又各分为第一级(*priores*)和第二级(*posteriores*)。罗马民社的机构体制处处都各自成双,也必与此种分法有关。神圣贞女的三对显然表示三"部"的代表,第一、第二级各一人;每条街道崇奉一对守护神(Laren),大概也可以作类似的理解。在军队里,这种安排尤为显著:合并以后,三合民社中每半"部"出骑兵一百,于是罗马公民骑兵增为六个"百夫队",骑兵队长大概也由三人增至六人。关于步兵的相应增加却无遗闻可考;但以后征发军团总是每次两个,大概就是导源于此;指挥军团的分团司令官通常不是原先的三个,而是六个,这也许由这种加倍征兵制而来。元老院的议席确未增加,三百元老的原始数目直到罗马纪元七世纪仍为常额。但是以下假定也是合乎情理的:一批新参加的民社中的显要人物必被接纳到帕拉廷城的元老院。关于行政长官之职也按同样办法,即使联合起来的民社也只有一个国王,他的主要副手,并无变更,特别是守城吏。我们看到,丘城的宗教体制似乎照旧;在军事方面,公民人数加倍,于是兵力也加倍了。此外,奎里努城并入帕拉廷城就等于使前者隶属于后者。我们依理推测,可知起初的时候,帕拉廷旧公民与奎里努新公民的区别等于替提人、罗马纳人和卢克雷人第一级与第二级的区别,所以奎里努城的各族为第二级或称"次等"。

这区别当然更多的是声誉上的优先，而不是法律上的优先，在元老
99 院举行表决时，必先问旧世族元老，而后问“次等世族”的元老。同样，山丘城区的地位甚至在帕拉廷城郊之下，奎里努战神祭司也位居帕拉廷战神祭司之下；奎里努的舞蹈团和狼神团也在帕拉廷的两团之下。因此，通过“并区为城”，帕拉廷民社合并了奎里努民社，故此举乃处于承先启后阶段，即处于罗马先由替提人、罗马纳人和卢克雷人互相融合的最早阶段和以后的其他阶段之间。加入的民社不可再成为这一新的整体中的自己的一部分，可是在每个部分中至少自成一部，其宗教体制不但得以存在（此事以后还续有发生，例如，在攻克阿尔巴之后），而且它上升为联合民社的体制，这种情况以后却未再重现。

两个大致相同的民社合而为一，结果民社的形体增大，可是内在的性质并无多大变更。另有一种合并进行较缓，效果却远为深邃，其初步也可以追溯到这一时期；我们所指的就是公民与客民（*Insassen*）的混合。在罗马民社中，一向除公民外，还有受保护的人，因为他们是个别公民家族的依附者，他们称之为门客（*clientes*），又因为他们没有政治权利[①]，所以贬称为平民（*plebes*，源于*pleo*，*plenus*）。这种人介于自由人与奴隶之间，如上文所述，早已存在于罗马家庭之中；但在民社里，无论就事实和法理而言，这个阶层的地位都渐趋重要，其原因有二。第一，民社本身也可以像拥有奴仆那样，拥有半自由的门客，尤其是一城被征服，城邦瓦解，战胜的民社往往认为不宜将大部分公民正式卖身为奴隶，而允许他

① *Habuit plebem in clientelas principum descriptam*（西塞罗，《论国家》，1，2）。

们依然享有事实上的自由,所以他们仿佛以民社释免奴的资格与家族或者与国王建立门客关系。第二,公民在法律上对门客仍有 100
管辖权,由民社本身的性质和它约束公民的权力看来,门客应受保护,免遭滥用在法律上继续存在的主人管辖权之害。在难以回想的远古时代,罗马法即已创立了一条客民全部法律地位肇源于此的原则:主人在公开从事法律行为,如成立遗嘱、提起诉讼或陈报财产状况时,若言明放弃或默认地放弃他主要的管辖权,此后他本人或他的法定继承人便无权擅自撤销其针对被其释免者本人或甚至他的后裔所做的弃权行为。门客及其子孙既无公民权,也无宾客权,因为他要享有此权,须由民社正式颁予,但他作为宾客必须具有在与罗马民社缔约的民社里原有的公民权。门客所得的是一种有在法律上受保护的自由财产,可是按法律上说仍非永久自由。所以,经历了较长时期以后,他们的一切财产法关系与奴隶的相同,而奴隶则被视为其恩主的法律关系,在程序上恩主必须代表门客;并且恩主遇有必要,可向他们征收捐款,他们如果犯罪,恩主可追究责任。可是,这些客民渐渐解脱羁绊,他们开始用自己的名义买卖产业,不经恩主正式调停,便可向罗马公民法庭提出要求;并获得权利。关于婚姻和继承遗产,法律很早就允许外籍人与公民权利平等,可是对于不属于任何民社的、实际为不自由的人们,法律上的许可却很晚才有;但法律不能禁止后者在自己的范围内缔结婚姻,也不能禁止他们拥有由此而来的法律关系,如夫权、父权、父系亲属(Agnation)权、宗族权、继承和监护权,对于这些法律关系,也都按着公民法来办理。

部分地导致类似后果的就是实施外侨法,外侨得久居罗马,成

家立业。在这一方面，自原始时代以来，罗马所推行的原则必是极
101 为放开。罗马法既不涉及遗产性质的区别，又不涉及地产的查封。罗马法一方面允许一切有能力处理的人在有生之年处置其财产，毫不限制；另一方面，据我们所知，对于一切有权与罗马公民交往的人，甚至对于外侨和门客，也允许他们在罗马获得动产，毫不限制，并且自从不动产可以成为私产以后，又允许他们在某种条件下在罗马获得不动产。正是这样，罗马是一个商业城市，其初期重要性皆赖于国际贸易，所以它对于每个由不平等男女结婚所生之子、每个释免了的奴隶和每个放弃祖国权利而迁至罗马的异邦人一概宽宏地给予居留权。

所以，起初公民实际上是保护人，非公民是被保护人；在所有民社中，只允许外人移入而不开放公民权，这法律关系便很快难以与实际状况相调和，即使在罗马也日益困难。交往日益频繁，由于拉丁同盟的缔结，拉丁人在私法方面都获得完全平等的地位，其中包括地产的取得，随着日益繁荣而解放奴隶之事日多，其结果甚至在太平年代客民的数目也必剧烈增加。邻邑被罗马武力征服，与罗马合并，沦为村落，其大部分人民无论迁入城中或仍居乡间，通常舍弃自己的公民权而换取罗马的客民资格，于是客民之数更多。而且战争义务专由旧公民负担，旧贵族的子孙日益减少，客民却分享胜利的果实，且不必付出流血的代价。

在此种情形之下，奇怪的只是罗马贵族的消亡还并不像实际情况那么快。外国望族离乡背井，迁居罗马，或其城为罗马所克，罗马人便给他们公民权；可是罗马较长时期所以仍是一个人口众
102 多的民社，却不能用此事来说明，因为从一开始这种特许似乎并不

多见，而且罗马公民权以后价值日增，特许就似乎变得更为稀罕。更有力的原因必是倡导世俗婚姻制，男女皆为公民，父母同居虽未举行献糕式婚礼[1]，所生子女也有完全公民权，与经过献糕式婚姻所生的子女无异。世俗婚姻在十二铜表法以前即已存在于罗马，可是确非罗马的创制，其输入罗马或许至少旨在防止贵族的消亡。[2] 又有几种措施与上述的有连带关系，古代罗马最初即加以采用，以使各家子孙繁盛。

可是，客民之数总是有增无减，而公民之数却在最佳年景时不减，所以客民不知不觉地渐渐获得另一种较自由的地位。非公民不再只是那些需要保护的外侨和被释奴隶；其中有在战争中被征服的拉丁民社的旧公民，尤其是拉丁移民，他们在罗马的生活不依赖国王或任何一个公民的恩惠，而以联盟权利为根据。他们在产业上不受法律限制，便可在新的故乡赚钱买地，并效法公民把田园地产传给子孙。投靠一个公民家庭，寄人篱下，原是一件苦事，这种关系乃渐归废弛。被解放的奴隶或移来的外人，如果仍在国家内居于完全孤立的地位，到了他们的子嗣时，尤其到了他们的孙辈时，便不复如是，就因为这种情形，他们与恩主的关系便越来越不如以前。如果说古时门客单单依赖恩主调停以获得法律的保护， 103

---

① 献糕式婚礼系古罗马最隆重的结婚仪式，由大祭司主持，向朱庇特献奉斯佩尔特小麦糕。——校者

② 十二铜表法关于习俗（*usus*）的条款明白表示，那时已有世俗婚姻。从以下事实可以同样清楚看出世俗婚姻由来已久，世俗婚姻与宗教婚姻相同，必须包含夫权。它与宗教婚姻的区别仅在取得夫权的方式不同。宗教婚姻本身作为依法取得财产的必需形式是针对妻子而言，反之世俗婚姻尚有在另一种取得财产的普及方式，即由享有权利的移交或规定时效时，才能成立有效的夫权。

那么以后国家日益巩固，氏族联体和家庭的重要性便日益削减，所以各门客若受损害，甚至无恩主调停，也常可以由国王方面获得昭雪和补偿。很多非公民，尤其是已解体的拉丁民社的成员，如前所述，或许自始就不是国王或其他豪门大户的门客，他们顺从国王，大致与公民相同。归根到底，国王管辖公民的权力须视臣下的善意为转移，因此，他自然乐于从仰赖于他的警卫人员中建立一个更愿顺从于他的组织。

于是，罗马除公民团外，又发展出一个与它平行的集团，门客变为平民。这名称的改变是有典型意义的。在法律上，门客与平民无别，"从属者"与庶民无别，实际上却有很重大的区别，这一名称显示其依赖某一个在政治上具有权势的社会成员的保护关系，只显示其缺乏政治权而已。自由客民既不若从前有特殊依赖的感觉，便情不自禁地感到他们在政治上受到轻视；只是国王对全体一视同仁地进行统治，这就阻止了有权阶层与无权阶层之间发生政治上的冲突。

这两部分人的互相敌对，似乎有酿成革命之势，可是他们由分而合的初步却未用革命方式进行。所谓塞尔维乌斯·图利乌斯国王的体制改革，就其历史的起源而论，诚然暧昧不明，我们所知事件发生的时期，全赖后世制度供我们追溯推测，而无历史遗闻可据，所以，以往的一切自难免隐晦难辨。按其性质看来，可以显见这改革绝不是平民所要求的，因为新体制只给他们义务，却未给他们权利。新体制更可能源于一位罗马国主的明智或公民团的切望，他们不愿再独负兵役的责任，希望非公民都来分担，部分地分
104 担税捐，也就是国家紧急需要时负担捐输（*tributum*）的义务，以及

服徭役，应征入伍。两者在塞尔维体制中都有概述，但是很难同时实行。争取非公民参加也许是由于经济负担所致。这些早就扩大到有地产的业主(*locupletes*)或“恒久”定居者(*adsidui*)，只有完全无产者即“生儿育女者”(*proletarii*，*capite censi*)才可豁免。其次就是让非公民参加服兵役，这在政治上比较重要。这个义务今后不落在公民团而是落在土地所有者(*tribules*)身上。而不问其为公民还是仅为客民，于是，兵役由人身的负担变为地产捐的负担。这一制度的细节如下。每个定居者，凡年在十八岁至六十岁的，包括世居父老的同族子弟，不问其出身如何，都有服兵役的义务；所以就是释免奴，如果例外地拥有地产，也必须服役。拥有地产的拉丁人也要服役，只要他们在罗马定居，毫无疑问，他们多半是这样的，至于其他外国人是不得在罗马取得地产。有战斗能力的人，按照他们所有田地的多寡，分为全服役者或整胡符地产的拥有者(*vollhufener*)，[①]他们必须带着全副盔甲去应征，并且由此看来，作战军队(*classis*)主要由他们构成。以下四级小地主，就是只有农户田产常额四分之三、一半、四分之一和八分之一的地主，也须服兵役，但不必带全副盔甲，也就是说，他们处于全额(*infra classem*)以下。按当时田地分配的情形，拥有整胡符地产的业主几乎占了农户的半数。其余各级业主拥有整胡符地产的四分之三、一半和四分之一的，均不及全数八分之一，而拥有整胡符地产八分之

① Hufe(胡符)，古代面积单位，大小不一，因地而异，据《自然与故乡》(*Natur und Heimat*)一书，Hufe(胡符)的面积相当于一个农夫及其家人所能耕种的土地(转引自《现代德语词典》，柏林，1973年)。——译者

一的业主却占客民的八分之一。所以，国家规定步兵的征发比率，有整胡符地产的业主每人出兵八十名，以下三级须各出兵二十名，最低级出兵二十八名，以此作为定制。骑兵也照此同样办理：骑兵队数字增加了三倍，与步兵唯一的区别即在于原有六队仍沿用旧名（*tities*，*Ramnes*，*Luceres primi und secundi*，即替提-罗马纳-卢克雷的第一、第二队），可是，十二个新队主要由非公民组成。这种
105 区别的原因或在于：当时步兵每次出征辄重行编制，班师以后，即行解散。骑兵则由于军事上的考虑，太平时期也聚集一处，按期操练，这种操练成为罗马骑士的庆典，到最晚时期仍然不变。[①] 所以，骑兵队一旦编制就绪，名目便一成不变，就是经这次改革也沿用旧名。为使每一公民都可参加骑兵，未婚妇女、未成年的孤儿，只要他们拥有田产，便须供给兵士马匹（每兵两匹）和喂马的草料，以代替本人服役。总的说来，骑兵与步兵成一与九之比，可是骑兵不被轻易用于实际作战。

非客户中人（*adcensi*，指名册上仅次于有义务服兵役者）须为军队出工匠和乐师，又须出若干补充兵，补充兵随军出征，并无武装（*velati*），在战场上遇有兵士患病或阵亡，补充兵便补其空缺，使用他们的武器。

为便于征集步兵，罗马分为四部（*tribus*），由此，旧日的三分法至少在地方上就失去意义。所谓四部就是帕拉廷部，包括同名的高地和维利亚（Velia）；苏布拉部，同名的街，以及卡里纳和凯利乌

① 由于同一理由，山丘罗马人加入后，骑兵队征兵额成倍增加，但步兵每次征发两个军团，不是一个。

均属于此；埃斯奎林部；科林部，合奎里努和维米纳尔而成，此乃“山丘部”，以别于卡皮托尔和帕拉廷的“山部”。这几个城区的形成，早在上文已叙述过，并说明了这些区如何由古时帕拉廷和奎里努两城合并而来。至于每个客户公民为何属于其中的一个城区，则就难以说清了，但情况却是如此，四个城区的兵额相同，可见每区人数大致相等。这种划分法最初仅着眼于土地，以后推而广之，只着眼于地主，其用意完全在行政方面，绝不带有宗教意义，每一 106
城区有神秘的阿格尔庙若干座，这城区并不因而变为教区，亦如每街有一守护神祭坛(Larenaltar)，这街并不因此成为宗教街。

这四个征兵区所出的兵各占总兵员的四分之一，因此每区都应提供一些分队，以便每个区在各军团和各百夫队里的兵额一律相等，旨在把氏族和地方性的差别融合在一个共同的全国征兵制之中，尤其要利用军队倾向平等精神使客民与公民融为一个民族。

在军事方面，全国男子能操武器的分为第一和第二类征兵，第一类自十八岁开始至四十六周岁，称为“少壮兵”，这一类大多数用于野战，而“老兵”则用于守卫国内的城垣。步兵单位仍是现在的双军团，每军团六千人，成一密集方阵队，阵势和武装全仿古代多里斯人的形式，纵深六层，以一千重装兵守正面，并附有“徒手兵”(*velites*)二千四百人。每一方阵兵的前四层，即 *classis*，都是一等全副武装的重装兵，都是拥有整胡符地产的业主；第五层、第六层是第二、第三级装备微薄的农人，最后两级或附随于方阵队之尾作为殿后，或作战于方阵队之旁作为轻装兵。方阵队若偶尔有空隙，最为不利，所以需有即刻加以补缺增援的准备。如是每一军团有百夫队八十四队，即八千四百人，其中六千人为重装兵，内有第一级的四千人，下两级各一千人；还有轻装兵二千四百人，内有第四级一千人，第五级一千二百人；每征兵区为每一方阵队提供士兵二千二百人，为每百夫队提供士兵二十五人。这个方阵队乃是用于出征的军队，同样的兵力被留下来当作城市卫戍部队的老人兵。所以步兵的常额共一万六千八百人，分为百夫队，一级的八十队，其次三级的各二十队，殿后的队伍二十八队；又有补充兵两个百人队，以及工匠和乐师数队，姑不具论。骑兵分配在各军团，共一千八百匹马组成，可是出征时，通常每军团仅配有骑兵总数的三分之
107 一。所以罗马第一、二类征兵的常额近二万人，此数将肯定与实行新制时罗马能从军的人的战斗力大致相符。以后人口增加，百人队数目不增，只是各队增加额外兵力，于是兵力加强而不失基本数目。诚然，罗马一切团体都有一定限额，往往借收容额外人员的手段回避它们所受的限制。

同这一新军制相辅而行的，国家较为严格清查地产。地籍册或许这时才实施，或至少这时才规定得较前严密。各地主须将他们的田地及其附属物、特权、奴隶、曳车和负重的牲口都正式登记入册。转让若不在证人之前公开举行，便宣告无效；地籍册同时也是征兵册，规定每四年修改一次。因此，依法购买(Manzipation)和财产登记(Zensus)两种制度都由塞尔维军事体制而来。

这一整个制度显然一开始是具有军事性质的。这在全部详细计划中，凡涉及百夫队使命之处，无不显示其为纯粹军事性质；对于此类事惯于深思熟虑的人，只根据这个理由，便足以断定百夫队经过日后的革新才能说明其政治的用途。很可能，在远古时期，一个人年过六十就可离开百夫队；如果百夫队一开始便与区会相似

和并行，也可代表公民团，那么这就毫无意义了。可是，创建百夫队制度的目的虽然仅在于以容纳客民来提高公民的战斗力；如果说，所谓塞尔维体制实为施财权政治于罗马，此乃莫大的错误，那么居民负担当兵的新义务，反过来却对于他们的政治地位大有影响。有当兵义务的人，只要所在的国家不腐败，必然也有当军官的可能；这时罗马的平民必也无疑能被推任为百夫长和军团司令官。108
此外，区会迄今代表的公民团所独享的政治特权，并未因百夫队制而有所削减，可是公民团迄今不当作区会而是当作公民征募活动去行使的那些权利，现在就不免归于兼有公民与客民的新百夫队。自此以后，国王要发动一场侵略战争，必先征得百夫队的同意。因此我们要了解以后的发展过程，必须注意百夫队参与国事的最初表现，但百夫队初获这种权利，多由于自然结果，并非由于处心积虑，塞尔维改革以后一如其改革以前，区会仍被认为是正式的公民团，公民团对国王表示服从，全民必须向他效忠。与新定居的正式公民并立的，还有来自结盟的拉丁姆的外国居留者，他们也参加公共负担，如兵役、捐输和劳役（因此有 *municipes* 一词），那些不在“部”内的非久居客民，不必服兵役，没有选举权，仅被视有纳税的义务。

如果说，罗马民社成员迄今只分为公民和受保护的门客这两个阶级，那么这时却有了三个政治阶级，它们以后数百年间决定了罗马的国家法。

罗马民社这个新的军事组织何时创立，如何创立，我们仅能加以猜测。这制度创立以前必先有四个区，换句话说，塞尔维城垣必先已建立，然后才有这种改革。可是，罗马领土必已超越古界甚

多，所以它才能有八千个拥有整胡符地产的人和同数拥有部分胡符地产的人或其子孙。我们虽然不知道罗马的完整农户地产的亩
109 积如何，但不能认为它在五十公亩以下[①]。如果我们取最低数，以一万胡符计算，全国应有熟田四百九十二平方公里的地面，这样算来，如果我们适当估计牧场、庐舍占地、非耕地等，上述改革施行之时，全国面积至少达一千零八十八平方公里，或更大于此。如果根据传说，我们假定罗马有八万四千公民为定居者能胜任兵役，因为塞尔维乌斯首次调查户口，据说确得此数。可是我们一看地图，便知此数为无稽之谈；这不是真实的传说，而是揣测性的计算；罗马步兵队正常能服兵役者为一万六千八百人。每户以五人计算，公民数似可达八万四千人，其结果是把此数与能服兵役的人数混为一谈了。可是就按上述的较低标准估计，领土约一万六千胡符，人口中能服兵役的约二万人，妇孺老少和无田的人和奴隶至少三倍于此数，在这种情况下，必然假定在塞尔维体制确定以前，罗马不但已得台伯河和阿纽河之间地区，而且也已经征服阿尔巴地区，这一点与传说相符。至于贵族与平民在军队中的比率如何，我们则

① 在480年前后，已出现接受七摩根（Morgen）（瓦勒里·马克西穆斯，3，3，5；科卢梅拉，1《序言》，14，1，3，11；普林尼，《自然史》，18，3，18；十四摩根；伪奥理略·维克托，33；普鲁塔克，《王政和帝政时代的格言》，第235页，迪布纳版；普鲁塔克的《克拉苏传》2，即据此改正）的无土地者，嫌地少。

以日耳曼的情况与之相比，结果亦同。尤格（Jugerum）与摩根（约合25.53公亩）原来主要是计人工的，不是量面积的，故可以认为二者最初相似。日耳曼人的一“胡符”原等于三十，有时等于二十或四十摩根，农家占地常为一胡符的十分之一（至少盎格鲁-撒克逊人是如此），考虑到气候的不同和罗马世袭地产（Heredium）为两个摩根的永业田面积，故假设一胡符等于二十摩根，与当时情形并无不合。遗憾的是，我们并无流传下来的材料。

无从考证。

总之，一方面显而易见的是，塞尔维体制并非由等级冲突而来。事实适得其反，这制度一如来库古、梭伦（Solon）和查卢库（Zaleukos）的体制，也带着变法家的印记。另一方面，它们是在希腊的影响之下产生的。希腊、罗马个别类似之处，如古人所已强调指出的，可能会贻误别人，例如，在科林多，寡妇孤儿也有提供骑兵马匹的义务；但罗马采用希腊的重装步兵的装备和编制，这当然不是偶然的巧合。在罗马纪元二世纪时，下意大利的希腊各邦自纯 110
粹氏族体制进到经过改良的氏族体制，使有产者取得优势，[①]于是，我们将看到塞尔维乌斯的改革在罗马所引起的推动力，这种变法与希腊人的变法基于同一基本观念，不过罗马国家施行严厉的君主政体，故其体制改变所由之道也略有不同。

① 所谓塞尔维体制与雅典对待客民的办法相似，也值得特别指出。雅典与罗马相同，较早就对客民实行开放，以后也要求客民共负国家重担。我们越是不能设想雅典与罗马与这事有直接关系，就越是可以肯定，无论何地，只要原因相同（人口集中城市和城市日趋发达），必会造成相似的结果。

111

第七章　罗马称霸拉丁姆

意大利人勇敢而有激情，不乏自相寻仇和修怨邻国之事，以后国土繁荣，文明日进，寻仇必然逐渐变为战争，侵袭抄掠逐渐变为攻城夺地，于是政权开始形成。这些最古的械斗和出外行劫足以陶铸和表现民族的性格，犹如儿童的游戏和远行均足以陶铸和表现成人的意向。可是意大利没有给我们留下一个荷马形象，所以这些最古的景象未能流传于后世。拉丁各州邑力量对比的外部消长，我们依据历史传说，连近似正确的判断也不能获得。关于罗马，至多我们只能多少追寻它的权势和领土扩张的状况。罗马联合民社可以查考的最古疆界已详见上文，向内陆方面，这疆界平均距邑城八公里，只是向海岸方面才延伸到台伯河口（奥斯提亚），距罗马城约二十四公里。斯特拉波描写原始的罗马人说："新城四周住着许多部落，大小不等，有些居于独立村落，不臣属于任何民族联盟。"罗马最初开拓疆土时，似乎首先吞并这些同种族的邻邑。

位于台伯河上游以及在台伯河与阿纽河之间的拉丁民社——安登尼（Antemnae）、克鲁斯图美里乌姆（Crustumerium）、菲考尼（Ficulnea）、梅都里亚（Medullia）、凯尼那（Caenina）、考尼库鲁姆（Corniculum）、卡梅里亚（Cameria）、科拉提亚（Collatia）——最靠近罗马城，使它大受威胁。由于远古时罗马人使用武力，它们似乎早就已失去独立。在这个区域，以后能保持独立的只有诺门图姆（Nomentum），它或许是由于与罗马联盟才不致失去自由。台伯河左岸的菲登尼（Fidenae）是埃特鲁斯坎人的桥头堡，拉丁人与埃特鲁斯坎人（即罗马人与维爱人）争夺此地，胜负交替。伽比（Gabii）占据阿纽河与阿尔巴山之间的平原。为争夺该地之战，久久不分胜负，直至后世，伽比服装仍被视为军服的别名，伽比之地 112
被认为敌国的原型。① 有了这些攻占地，罗马疆土可能扩大到约七十二平方公里。罗马人另有一件很古的武功，虽然带有奇谈色彩，却比那些失传的战史更为煊赫，使世人永志不忘：罗马攻克拉丁姆的神圣古都阿尔巴，并把它摧毁。冲突因何而起，如何解决，对此没有什么传说，所谓罗马一胎三兄弟与阿尔巴一胎三兄弟交战只不过是一种拟人之说，用以说明强大而又亲缘关系密切的两邑之间的斗争，两邑中至少罗马是三部合成。我们仅知罗马征服和毁灭阿尔巴的事实本身，但不知其详。②

---

①　诅咒伽比和菲登尼的语词都很有特色（马克罗比乌斯，《农神节》，3，9）。可是对于这两城市是否也像对维爱、迦太基和弗雷格莱（Fregellae）那样，这两城的所在地实际上也在历史上的诅咒之列，这就无法考证了，也似乎是绝无可能。我们可以想见，罗马深恨两城，用旧有的诅咒文来咒它们，后世博古家便以这些诅咒文为历史文献。

②　灭阿尔巴之事实际为罗马所为，古今都有可敬的学者对此表示疑问，但似无确据。诚然，阿尔巴灭亡的详情只是一些荒谬之谈，不足以信，也不可能；但从来每一个与传说掺杂一起的史实也是这样。对于罗马与阿尔巴的斗争，拉丁姆其余各地的态度如何，我们不能置答，但这一问题本身就提得虚妄，因为尚无证明拉丁同盟条约绝对禁止拉丁两民社进行单独的交战。阿尔巴有一批家族被罗马人纳入罗马公民团，我们更不能证明这与罗马灭阿尔巴一事相矛盾。卡普亚既有罗马党，阿尔巴何以不能有罗马党？可是，在宗教和政治方面，罗马声称是阿尔巴的法定继承人，此事似应有决定性意义；因为这种要求不能以几个氏族迁入罗马，只能以征服此城为根据。而实际上也是以此为根据的。

所谓罗马立足于阿纽河畔和阿尔巴山上的同时，后来称霸于邻近八个地方的普雷内斯特以及提布尔等其他拉丁民社也正从事开拓疆土，奠定以后颇为强大的权势，此说纯属臆测。

关于拉丁人远古时征战的史实，我们已感到难以详加考察，关于这些征讨活动的法律性质和法律后果，我们尤其深感缺乏精确
113 材料。整个来说，不能怀疑对待这些攻占地盘的办法必与罗马民社的合三为一的那种合并办法相同，罗马原始三城区新联合成民社以后，各城区仍保持一种相对的独立性，而只是受武力强迫而合并的各城区在新联合的民社里并无独立性，而在整体中消失得毫无踪迹。在拉丁权势所及之处，在最古远时代，它不允许在固有的首都之外再有政治中心，它自己不创建独立的居留地，像腓尼基人和希腊人所做的那样，造成一时仰赖母国保护而将来与母国争雄的殖民地。在这方面，罗马对待奥斯提亚的方法最值得注意，人们不能也不愿阻止一城在此处兴起，可是不许该地有政治上的独立，所以不给移居该地的人以当地的公民权，在他们已经拥有罗马普通公民权以后，允许他们保持这种权利。[①] 有些小郡因迫于武力，或出于自愿而归附大郡，它们的命运也依据这一原则来决定。该郡的堡寨被夷为平地，它的疆域归于战胜国，它的居民和神祇在战胜国的首府里另立乡里。正式将战败人民迁入新都，如同东方建城时通常所做的那样，在这里当然不可以做绝对的理解。那时拉

---

① 由此发展出海上殖民地或公民殖民地（*colonia civium Romanorum*）的国家法概念；这殖民地事实上与祖国分立，可是法律上不独立或没有意志；殖民地与首都融为一体，亦如儿子的财产与其父的财产融为一体，而且殖民地的人是常备军人，所以免在军团服兵役。

丁姆的城镇不过是农人的堡寨和每周一次的市集，所以，只要把市场和裁判所迁到新都，大致便可令人满意。甚至神庙往往仍留在原处，只要看看阿尔巴和凯尼那的例子便可明白，两城灭亡之后，在宗教方面似乎仍然保持表面上的独立。即使被平毁的地方形势险固，非把居民迁出不可，但为耕植土地，也往往使他们仍留原地，114
住在不设防的村落里。可是，被征服者无论全体或一部常被迫迁居新都，罗马国法有一条可为此事充分佐证，故较拉丁姆传说时代的个别故事更为可靠；罗马国法规定，只有曾扩张地区疆界的人才有权扩展城垣（Pomerium）。当然，被征服的人民，无论被迁与否，通常在法律上被迫居于受保护的客民地位①；但个别氏族偶然也有被赠予公民权的，换句话说，被赠予贵族身份。阿尔巴灭亡以后，各氏族加入罗马公民团，到帝国时代时，人们仍能辨认出它们；其中有尤利族（Julier）、塞尔维利族（Servilier）、昆克提族（Quinctier）、克罗利族（Cloelier）、格加尼族（Geganier）、库里亚提族（Curiatier）、密提利族（Metilier）；它们的阿尔巴家祠里还留有对他们家世的纪念，博维拉（Bovillae）地方的尤利族家祠，在帝国时期又享有盛名。

几个较小民社集中到一个较大民社，当然不是罗马人所特有的观念。不但拉丁姆和萨贝利族围绕着全国的集权与地方独

① 十二铜表中有一条无疑是指此而言：*Nex〔i mancipiique〕forti sanatique idem ius esto*，意即，在私法事件中，“好人”与“归正的人”应是权利平等。这里并未考虑拉丁同盟盟员，因为他们的法律地位系同盟条约所规定，十二铜表却只涉及罗马法。所谓“归正的人”就是 *Latini prisci cives Romani*，即被罗马人强迫加入平民阶级的拉丁民社的人。

立之间的矛盾而发展，而且希腊人的发展亦是如是。拉丁姆的罗马和阿提卡的雅典都是由许多区联合而成为国家的；爱奥尼亚诸城的联盟横遭威逼，智慧的泰勒斯(Thales)的联盟建议，为了援救这个民族唯有行合众城为一国的一法。但正是罗马坚守这统一原则，始终一贯，毫不苟且，其成效之卓著非意大利其他州郡所能及。正如雅典的优越地位是它早先实行集权制的结果，所以罗马实行此制的努力更胜一筹于雅典，它的强盛完全由此制所赐。

如果说，罗马在拉丁姆所进行的征服可以大致视为对其疆土
115 和民社采取同样方式直接进行的扩充，那么征服阿尔巴一事却另有其特殊意义。阿尔巴的幅员不明，其殷富亦出于臆测，传说对攻克阿尔巴大书特书，却不仅因为它那可疑的国大民富。阿尔巴被视为拉丁联盟的首府，属于它领导的共三十个有权民社。阿尔巴既被灭，同盟本身当然还未解散，正如底比斯(Thebens)被灭，彼奥提亚同盟也未解散；[①]罗马完全依据拉丁军法的严格私法性质，自以为是阿尔巴的法定继承人，要求充当同盟的盟主。在承认这种要求的前后是否有事变，或者有怎样的事变，我们是无法列举的。就整个而言，罗马在拉丁姆的霸权似乎迅速而普遍地受到承认，即使有个别民社，如拉比奇(Labici)，尤其是伽比，可能暂不承认。甚至就在当时，罗马对于陆地具有海上优势，它对于乡村是个

---

① 博维拉(BovilIae)民社似由阿尔巴领土的一部分所构成，它取代阿尔巴而列入拉丁诸自治城市之中。它渊源于阿尔巴一事，尤利族的祭仪和 *Albani Longani Bovillenses* 这一名称可以作证(奥雷利-亨岑 119，2252，6019)；其自治地位，可以据狄奥尼修斯(5，61)和西塞罗之说(《为普兰齐奥辩》，9，23)为证。

城市，它对于同盟是个统一国，那时，拉丁人唯有与罗马联合，借助罗马才能抵抗迦太基人、希腊人和埃特鲁斯坎人防守其海岸，才能在陆上保持和扩张其疆界，免受好战的邻居萨贝利人的侵犯。罗马征服阿尔巴所得的实利是否大于攻取安登尼或科拉提亚所增的势力，今无查考。罗马所以成为拉丁姆的最强民社并非由于征服阿尔巴才这样，而是很久前早已如此了；可是它通过征服阿尔巴，才得到主持拉丁节庆的地位，从而为罗马民社控制整个拉丁同盟的未来霸权打下了基础。重要的是，对这样具有决定性的关系，必须尽量加以叙述清楚。

就整体而言，罗马称霸拉丁姆所采取的形式；一方面是罗马民社与拉丁同盟结为平等的同盟，另一方面，因此而在全境建立永久和平和永久的攻守同盟。“罗马人与拉丁各部应和睦相处，与天地 116
共存；他们不得交战；不得引敌入境，也不得允敌人假道；对被进攻者应予援助，全力以赴；共同作战所得应平均分配。”关于贸易和交易、商业信用和继承遗产，罗马人与拉丁人一律有经书面确认的平等权利，势必造成繁复的商业往来关系。这些民社已因同语同俗而有联络，现在又加上纷繁的商业关系，使它们的利益交互错综，更甚于以前，因此其结果同现时代破除关税壁垒相似。在形式方面，每一民社当然各自保留其律法，迄至同盟战争，拉丁法未必与罗马法全相一致，例如我们知道订婚申诉权在罗马早已作废，而在拉丁民社内却仍继续执行。但拉丁法的纯朴和保持民族特色的发展，以及力求保持法律权利平等所做的努力，终于使全拉丁姆的私法无论在内容和形式方面基本相同。最明显的是，公民在个人自由的丧失和恢复的条例中，法律上享有平等权利。根据拉丁族一条很古的令人敬重的法律条文，任何一个公民在国内已拥有自由，便不能变为奴隶，也不能在该国丧失公民权；如果他受罚而丧失自由和公民权（自由就等于公民权），他必须被逐往国外，在异邦沦为奴隶。这条法规现在推广到同盟全境，加盟各邦成员不得在同盟境内作为奴隶生存。这一原则的应用可见于十二铜表的条文：无力还债的人，如果债主要卖他，便须把他卖到台伯河界以外，换句话说，把他卖到同盟疆域以外。罗马与迦太基第二次签订的条约内有一条款：罗马同盟国的人若被迦太基人所俘，这人一进入罗马海港，便获得自由。虽然普遍通婚在同盟内部似乎并不存在，但
117 是，如上文所述，不同民社间互相通婚则是经常发生的。每个拉丁人起先只在他加入国籍的所在地行使政治权利，可是任何一个拉丁人可以在拉丁人境内的任何地方居住，或用现代术语来说，除各民社的公民权以外，还有一种在同盟范围内的普遍定居权，这一点在私法上符合权利平等的精神实质。自从平民在罗马被承认为公民以后，对于罗马来说，这项权利就转化为迁徙上的完全自由。可以理解的是，首都只是在拉丁姆必须提供城市交通、城市利益和城市享受，这种情况对首都大有裨益，而且自从拉丁地区与罗马永久和平相处以后，在罗马的客民数字迅速增长。

就法制和行政而言，只要不涉及联盟义务，这些民社就不但仍独立自主，而且更重要的是，三十个民社联盟对于罗马仍保持自治权地位。如果保障了阿尔巴对于联盟各民社的地位居于罗马之上，而且在阿尔巴被灭亡之后，各民社都得到了自治，那么，完全可能的是，由于阿尔巴实质上是联盟成员，罗马就一开始有别于联盟，自成独特国家，而不是处在这个国家之内。但可能是，犹如莱

茵河同盟(Rheinbund)各国都是正式主权国家，而德意志帝国各邦国却有一个君主，所以阿尔巴的盟主地位大概与德意志皇帝相似，实际是一种名誉权。罗马的保护权自始就是一种统治权，很可能与拿破仑的相似。实际上，阿尔巴似曾行使过主持同盟会议之权，而罗马则使拉丁代表在他们当中选出的主席由他领导举行会议讨论，而自己则满足于，在同盟举行节庆为罗马和拉丁姆献祭时，充任名誉盟主，以及在罗马建立第二个同盟圣庙，即阿文廷山上的狄安娜神庙，以致此后在罗马境内为罗马和拉丁姆举行祭祀，也在拉丁人境内为拉丁姆和罗马举行祭祀。罗马人与拉丁姆所订的条约也一样尊重同盟的利益，罗马人自誓不与任何一个拉丁民社单独结盟，从这一条款可以明显看出，同盟各邦对这个强大的盟主怀有 118
疑惧，这并非事出无因。在军事方面，罗马的地位不在拉丁姆之内，而与拉丁姆平起平坐，这表现得极为明显；在后来的征兵方式上无可争辩地表明，同盟的战斗部队由两个势均力敌的集团构成，即罗马队伍与拉丁队伍各居其半。最高统帅永远由罗马人充任。年复一年，拉丁同盟会议先委托罗马人观鸟卜兆并探知神灵所喜悦的统帅人选后，拉丁军队开到罗马城门之前，在那里向被选出的司令欢呼致敬，奉他为本军的统帅。同样，在同盟作战中所得的土地和其他财产，由罗马人估量，并在同盟成员中分配。在对外关系方面，罗马-拉丁同盟只由罗马去代表，这一点还不能有把握肯定。盟约并不禁止罗马或拉丁姆为自己利益而发动侵略战争；如果同盟共同作战，无论系遵照同盟会议的议决或由于敌人的侵犯，关于战争的进行和结束，拉丁同盟的议事机构依法参与。实际上当时的罗马必已是盟主，因为凡是一个统一国与一个联邦发生永久关系时，优势总之归于前者。

阿尔巴灭亡以后，罗马不仅是较大疆域的统治者，它大概也是拉丁同盟的主宰，罗马的直接和间接的领土更为扩大。对此我们已无法查考。与埃特鲁斯坎人，首先是与维爱人发生的械斗，尤其是菲登尼的争夺，始终持续不停。菲登尼位于拉丁方面的河岸，这个前哨距罗马不过八九公里，是进攻罗马的危险根据地。可是，罗马人看来不能永据此地，也不能从这里把维爱人逐出。另一方面，罗马人却似乎未经战斗，就据有雅尼库鲁姆山和台伯河口两岸之
119 地。对于萨宾人与埃奎人(Aequer)，罗马似处于较有利的地位。日后罗马与远方的赫尔尼基人(Herniker)关系这样亲密，至少起始于王政时期。拉丁人与赫尔尼基人联合，两面夹攻其东邻，以制止其活动。但是，南部边疆，即鲁图尔人地区，尤其是沃尔西人地区，都是长久的战场。拉丁地区最早的领土扩展都发生在这一方向，在这里我们首先看到，罗马和拉丁姆在敌境拓土殖民，成立拉丁同盟的自治成员，即所谓拉丁殖民地，最古殖民地似可追溯至王政时期。王政时期告终，罗马人征服的地区幅员多大，无法断定。关于罗马人与邻近的拉丁人以及沃尔西人等的战斗，在王政时期的罗马年鉴里，有不厌其详的叙述，可是确含有史实的，只有几条支离破碎的记载，如夺取彭丁(Pomptine)平原的苏埃撒一事。罗马王政时期不但奠定了罗马的政治基础，而且对外也奠定了它的权势基础，此乃无可置疑；罗马城对拉丁同盟的地位比它在拉丁同盟内的地位更早在共和初期时已很坚定，由此可见，罗马力图向外扩张权势必定早就发生在王政时期。不错，显赫的功业，非凡的胜利已经烟消云散，可是胜利的光辉有如远方的夕照，却仍映射着罗

马的王政时期，尤其是塔昆王室，不过轮廓有欠分明而已。

拉丁人如今正在罗马领导之下走向统一，同时又扩张其疆土于东、南两方，但罗马城本身则因幸运垂青和国民努力，由一个农商兼营的热闹城市变为一个繁盛地区的强大中心。罗马军制的改造和脱胎于新军制的政治改革，即著称于世的所谓塞尔维体制，实与罗马民社的内部变化有密切关系。但是，在外部方面，大量资源流入，需求随之日增，政治视野渐趋扩大，罗马城的性质也不得不因之而变。在所谓塞尔维改革发生之际，奎里努小民社与帕拉廷 120
民社合并一事必已就绪；自从民兵组织在改革中形式上已统一和巩固，各山丘陆续盖满了房屋，公民不复满足于在各山丘建城设防，在台伯河的沙洲和对岸高地上据守，以控制河道。拉丁姆的首都需要另一种完备的防御系统，于是人们便进而修筑塞尔维城垣。新城垣连绵不绝，起于阿文廷山下的河岸，并且将此山圈入，晚近(1855年)在此山的两处，一为西麓临河的地方，一为对面的东麓，发现原始城堡的巨大遗址，断垣之高不亚于阿拉特里(Alatri)和菲伦提诺(Ferentino)的城垣，用凿成大方块的凝灰岩砌成，层次高低不等；这座重见天日的遗址昭示了一个雄伟的时代。这个时代的建筑永存于这些石垣之中，它的精神业绩的影响更加深远，甚至非这些城垣所能及。围垣又进而圈入凯利乌山以及埃斯奎林、维米纳尔和奎利努的整个地区，这里有一段城垣在不久前(1862年)才大规模出土，重见天日。城垣外面是椒色岩砌成的，前有护城河；城垣里面成一向内倾斜的土垒，至今仍是巍巍壮观，这城垣足以弥补天然防御之不足。城垣自此走向卡皮托尔山，以卡皮托尔向练兵场(*marsfeld*)的绝壑构成城垣的一部分，然而又在台伯河沙洲的上流直抵河岸。台伯河沙洲及其木桥和雅尼库鲁姆山不属于罗马城本部，但后面的高地大概是罗马城的外寨。迄至那时，帕拉廷山为罗马的城堡，如今这个山丘已开放，任人建屋；反之，寨山四面孤悬，幅员褊小，易守难攻，罗马人在这山上造一新寨（*arx*，*capi-*
121 *tolium*）①，内有寨泉、精心设计的泉舍（*tullianum*）、府库（*aerarium*）、牢狱和最古的公民团集会场所（*area Capitolina*），以后在这里按期公布月出时辰。古时寨山上不许有永久性的私人住宅②；这山的两峰之间是凶神（*Ve diovis*）的圣地，即以后希腊化时期所谓的避难所。这里满山林木丛生，而且原意可能指：遇有洪水泛滥或战事爆发，农人及其牲畜不能在平原生存时，可以此作为自己的收容之所。卡皮托尔不但在名称上是罗马的“卫城”（*acropolis*），实际上亦复如是。它是一座独立的堡寨，即使城陷，这堡寨仍可防守，寨门大概朝向后建的市场。③ 阿文廷山似乎也同样建有工事，可是不那样坚固，并且禁止人们居住。有一事与此相关联，为处理市政事务，如分配引来的水，罗马居民分为本市居民（*montani*）以

① 两个名称以后用作地方专名。*capitolium* 指临河寨山之巅，*arx* 指邻近奎里努山的寨山之巅，起初却是通名，恰与希腊语ἄκρα 和 κορυφή相当；每一拉丁城各有其 *capitolium*。罗马寨山的地方专名为 *mocs Tarpeius*。

② *ne quis patricius in arce aut capitolio habitaret*（任何公民不得在子城或山寨居住）的规定，大概仅禁止将土地化为私产。住宅的修造却不在禁止之列。比较 W. A. 贝克，《罗马城风土志》（贝克，《手册》1）。莱比锡，1843 年，第 386 页。

③ 因为这里的主要街道即神圣路，它从此通到山寨，那向寨门拐弯处，即这大街向塞维鲁牌楼（Severus bogen）向左拐弯处，至今仍可辨认。后世在克利乌（Clivus）大兴土木，寨门本身必是因此而消失。卡皮托尔山最陡之处也有一个所谓寨门，名为雅尼库鲁姆门或农神门，或名“不闭之门”，在战争时这门须常开而不闭。此门显然仅有宗教意义，绝非真门。

及居住在大城垣内、但并不属于本城的各区居民。① 新城垣圈入之地，除旧日的帕拉廷和奎里努两城外，还有卡皮托尔和阿文廷两座联合城寨，又有雅尼库鲁姆山②；帕拉廷作为原有的最老城市拥有其他山头，山上花团锦簇般地把它围拱起来，城垣便沿那些山头而起，此外尚有两座堡寨使其夹居于其中。可是，罗马人既这样孜 122

① 这种公会(Gilden)有四个见于载籍：1)卡皮托尔公会(*Capitolini*，西塞罗，《致昆图兄弟书》，2,5,2)自有其会长(*magistri*)，(亨岑，6010,6011)和一年一度的竞技(李维，5,50)；对照《拉丁铭文大全》，I,805；2)墨丘利公会(*Mercuriales*)，(李维，2,27；西塞罗，前引书，普雷勒，《罗马神话》，柏林，1858，第1卷，第597页)，也自有会长(亨岑，6010)，公会位于赛马场谷地，该地有墨丘利神庙；3)阿文廷乡民公会(*pagani Aventinenses*)，也自有会长(亨岑，6010)；4)雅尼库鲁姆山乡民公会(*pagani pagi Ianiculensis*)，也自有会长，(《拉丁铭文大全》，I,801,802)。这种公会在罗马只有这四个，可是这四个却隶属于全不在四部落之列，可是却被圈在塞尔维城垣内的两座山丘(即卡皮托尔和阿文廷)以及同属一个防御工事的雅尼库鲁姆山，这绝非偶然；又有一事与此有关，*montani paganive*(山乡居民)一语，用来指罗马的全体城市居民。对照西塞罗《从平民升至大祭司》28,74，特别是关于城市水渠的法律，见费斯图斯，*sifus*，第340页。所谓"山民"(*montani*)原为帕拉廷城三区居民的通称，现在用于此处，系以归纳法表示本城四区的全体居民。所谓"乡民"(*pagani*)必是不包括在各部落内而住在阿文廷和雅尼库鲁姆山的百姓，卡皮托尔和赛马场谷地的两公会的人也在此数。

② "七山城"一词，从其本义和宗教含义来看，始终指狭义的老帕拉廷罗马。七山节(*septimontium*)，甚至在帝王时期，人们仍很热心地举行庆祝，只是到罗马衰微时，七山节才开始被认为全城的节庆。塞尔维城垣所圈入的高地中，究竟哪几个算是七山，很难取得一致意见。古老的作家没有一个曾列举我们所熟悉的七山：帕拉廷、阿文廷、凯利乌、埃斯奎林、维米纳尔、奎里努、卡皮托尔，它们是从关于罗马城逐渐兴起的传统故事中拼凑出来的(约尔丹，《古代罗马风土志》。第2卷，柏林，1885年，第206页以下)，但雅尼库鲁姆山被略而不提，否则就会得出八山，可是最早举出七个山(*montes*)之名的，却是君士坦丁大帝时代的罗马城志。城志列举帕拉廷、阿文廷、凯利乌、埃斯奎林、塔庇乌、梵蒂冈和雅尼库鲁姆山；该志以奎里努和维米纳尔为小丘(*colles*)而置之不论，另以台伯河右岸的两山代之，其中甚至添入位于塞尔维城垣以外的梵蒂冈。塞尔维乌斯(《埃涅阿斯纪》注疏，6,783)，维吉尔所著《农事诗》(2,535)的伯尔尼注释和利都斯(Lydus,mens，第118页，贝克尔)，还列出其他更晚的名单。

孜努力保护其国土，防御外寇，他们如果一日不能排除其水患，他们的工作便一日不能告成。帕拉廷和卡皮托尔之间有连绵不断的积水充塞于谷地，居民常赖渡船往来，故卡皮托尔与维利亚之间和帕拉廷与阿文廷之间，都成为一片沼泽。那些用美观的方块石砌成的泄水阴沟至今犹存，极为后世惊异，叹为罗马王政时期的奇
123 迹，不过这工程应认为后期之作，其所用材料为石灰华，共和时期的新建筑往往可以为此作证；可是它的布局虽或晚于塞尔维城垣和卡皮托尔堡寨的营造，却必属于王政时期无疑。沼泽借阴沟泄水而成为干地，这样得来的公地可供兴建新的大市区之需。罗马各民社人民的集会场所一向在卡皮托尔堡寨内的广场上，如今移到一片平地上，这地由山寨渐向城内倾斜(*comitium*)，从该处在帕拉廷与卡里纳之间向维利亚方向伸展。罗马举行庆典和人民举行集会时，元老院成员和本城的宾客都坐在会场面向堡寨的一侧的荣誉席上，座位都在堡寨的城墙上，高踞于会场之上，有如阳台。后来，在集会场所的原址上建筑了元老院，该院后称霍斯提利会堂。放置法官座椅的平台(*tribunal*)，向公民演说用的讲坛(即以后的 *rostra*)，都设在场地。会场向维利亚延伸的那个部分即成为新市场(*forum Romanum*)。在此市场的一端，在帕拉廷山下，兴盖了民社、屋宇，内有国王的官邸(*regia*)以及全市的公灶，即维斯塔神庙的圆屋。南面距市场不远处又建了一座圆形建筑，附属于前者，这是民社的府库或家神(Penates)之庙，至今犹存，成为圣科斯马和达弥诺教堂(Santi Cosmae Damiano)的前厅。这个新城的结合方式与昔日移居“七山”时大异其趣，它有一个意义重大的特点：帕拉廷罗马仅满足于把那三十区灶集合于一座建筑物之中，而

塞尔维时代的罗马却在这些区灶之外和之上，为全城建立一个统一的市灶。[①] 肉店和其他商贩的摊子沿着市场两侧排列。在帕拉廷和阿文廷两山之间的谷地，有一个用木桩围成的圆圈，供举行赛马之用；以后成为赛马场(*circus*)。牛市设在靠近河岸的地方，以后不久成为罗马人口最密的城区之一。所有山头都建立了庙宇和 124
经坛，最重要的是阿文廷山上的祭奉狄安娜的同盟圣庙，在山寨绝顶之处也建了远近共睹的天父狄奥维斯庙。狄奥维斯已赐给他的人民这一切壮丽的事物，现在罗马人既已凌驾于四周的民族之上，他也与他们共同凌驾于那些战败者的归顺的神祇之上。

指令在罗马城营造这些宏大建筑的人，与那些在最远古的罗马战役中指挥、战斗并赢得胜利的人相同，他们的名字几乎全已湮没无闻。传说故事诚然把每件工程都一一归于历代国王，把元老院会堂归功于图卢斯·霍斯提利乌斯，把雅尼库鲁姆山和木桥归功于安库斯·马基乌斯(Ancus Marcius)，把规模巨大的阴沟、赛马场、朱庇特神庙归功于老塔昆，把狄安娜神庙和城垣归功于塞尔维乌斯·图利乌斯。这些提法有可能是对的，以日期和创始人而言，新城围墙的建筑与新军制并列，实际上新军制与持久防守城垣的考虑有关，这显然不是偶然的。但通盘看来，我们由这些传说能知下列不言自明的事，即可自以为满足；罗马的第二个创举与它准备称霸于拉丁姆和彻底改编民兵有密切的关系。这一创举虽然渊

① 两庙的位置和狄奥尼修斯的明言(2,25)："维斯塔神庙在罗马方城以外"，均足以证实这些建筑与帕拉廷城的创始无关，而与第二次建城(塞尔维城)有关。后世以为这王宫及维斯塔神庙是努马所规制，不过这种假设的由来极为明显，我们不必予以重视。

源于同一个伟大计划,但究竟并非一人或一代人所能完成的业绩。我们毫不怀疑,希腊人对这次罗马民社体制的改造有很大的启发,可是我们同样也不能指明这种作用的方式和程度。上文已经说过,塞尔维军制实质上是希腊式的,后文还要说明赛马场中的竞技均以希腊式作为楷模。新王府连同市灶完全是希腊的城市管理局(Prytaneion),坐西向东的,甚至未经占卜官举行落成礼就启用的圆形维斯塔庙,全按希腊而不按意大利的法式营造。关于这一点,如同流传材料所记述的,小亚细亚爱奥尼亚联盟可以在一定程度上说是罗马-拉丁同盟的榜样,因此,阿文廷山上的新同盟圣殿曾模仿以弗所(Ephesus)的阿尔特米斯神庙似乎绝非是无稽之谈。

第八章　翁布里-萨贝利族萨谟奈人的起源

翁布里人开始迁徙似较拉丁人为晚，这个民族与拉丁人一样，也向南行，可是更多地沿着半岛的中部，偏向东岸。说到此族，令人伤心，因为它的遗闻逸事传到现在，无异一座沉沦海底之城所发出的钟声。据希罗多德说，翁布里人曾扩张至阿尔卑斯山，远古之时，他们或据有整个意大利北部，东部伊利里亚族人之地，西部利古里亚人的居所，也未可知。关于利古里亚人，他们与翁布里人的斗争见于传说，在远古时代他们向南发展，这或许可以从个别地名中得出推论，如岛名（Ilva 伊尔瓦，即埃尔巴[Elba]）与利古里亚语的 Ilvates 相似。波河流域最古的居留地，如阿特里亚（Atria，黑城）和斯庇那（Spina，棘城）等，都显然是意大利语的地名；同样埃特鲁里亚南部有许多翁布里人的遗迹，如翁布罗（Umbro）河，Camars（加莫尔）为 Clusium、Castrum Amerinum 的旧名等。两者或许都起源于翁布里人全盛之时。这些形迹都表示在埃特鲁斯坎人到来之前，这里住的是意大利人，而埃特鲁里亚南部即基米尼森林（在维特尔博的下方）与台伯河之间就有这种形迹。据斯特拉波之说，埃特鲁里亚接近翁布里亚和萨宾国之处，有一座边城，叫法勒里（Falerii），该城的语言与埃特鲁斯坎语不同；晚近又在这里发现了几段铭刻，更可见其说不谬，这语言的字母和语法虽有与埃特鲁斯坎语相近之处，却大致类似拉丁语。[①] 当地崇拜仪式中也显示出一些萨贝利人的特色，属于同一范畴的还有凯雷与罗马的远古
126 宗教关系。埃特鲁斯坎人或许先占基米尼森林以北之地，过了很久才从翁布里人手中夺取那些南方之地；就是在托斯坎人[②]征服此地之后，翁布里人仍留下来。罗马征服埃特鲁里亚以后，其南部迅速拉丁化，而其北部固守埃特鲁里亚的语言风俗不变，这一点也许在此找到它的最终理由。翁布里人经过顽强抵抗之后，从西、北两方被逐出，回窜亚平宁山两支山脉之间的狭隘山地，以后即据有此地，这事可表现在他们所居的地理位置，正如今日瑞士的格劳宾登和西班牙的巴斯克人的地理位置那样表明了他们曾有过类似的遭遇。传说也提到，托斯坎人曾掠夺翁布里人的城邑三百座；此外，翁布里族中的伊古温人(Iguviner)有一种全民祷词，至今仍在。该祷词诅咒与他们相仇的种族，尤指托斯坎人为公敌。

大概就因为受了这种从北方来的侵逼，翁布里人向南挺进，因为平原已为拉丁人占据，他们一般地沿着山脉行进，可是必常掠夺

① 字母表中的 r 特别值得注意，它采取拉丁语的形式(R)，而不是埃特鲁斯坎语的形式(D)，z(⌶)亦复如是；这种形式仅能渊源于原始的拉丁语，且必很忠实地表述了这一点。表达形式也与最古拉丁语相近：*Marci Acarcelini he cupa* 就是 *Marcius Acarcelinius heic cubat*；*Menerva A. Cotena La · f* … *zenatuo sentem* … *dedet cuando* … *cuncaptum*，就是 *Minervae A(uius?) Cotena La(rtis) f(ilius)* … *de senatus sententia dedit quando*(大致等于 *olim*)*conceptum*。除诸如此类的铭文外，同时还有其他不同文字的铭文出土，这必是埃特鲁斯坎语无疑。

② 托斯坎人(Tusker)为埃特鲁斯坎人的别名。——译者

和侵占拉丁人的领土，两族既属同种，那时语言风俗的差异又不如以后我们所见的那样显著，所以更易于互相混合。传说讲到雷阿提尼人(Reatini)和萨宾人侵入拉丁姆，与罗马人相争，就是那一类事；沿着整个西海岸，这种现象必曾屡见不鲜。总的看来，萨宾人占有山中之地，前者达到那个从此因他们而得名并以拉丁姆为邻的地方，以及沃尔西人居住之地，大概因为这里没有拉丁人，或者拉丁人口不如他处稠密；而另一方面，平原人口繁殖，遇到外族侵入，也能更好地抵抗，可是他们遇有孤群散族来居，却不能或不愿一概拒绝如替提人和以后克劳狄人(Claudii)进入罗马。这样，这里的不同种族就到处混居，沃尔西人如何与拉丁人发生纷繁复杂的关系，以及以后这个地区和萨宾那何以那样早和迅速拉丁化，都可以用这个道理来说明。

可是，翁布里族的主支自萨宾那向东迁徙，进入阿布鲁齐山 127
以及毗连的南方丘陵地带。他们在这里也像在西岸那样，占据了山区，该地居民稀疏，遇外族移来，不是忍让，就是臣服；反之，在阿普利亚沿海的平原，古时的土著雅皮基人却大致能自保其地，虽然不时卷入战斗旋涡，尤以在北边卢凯里亚(Luceria)与阿尔皮(Arpi)附近的边界上。这些迁徙起于何时，已无法断言，估计与罗马的王政时代约略相当。据传说，萨宾人受翁布里人侵逼，于是立誓"奉献一个春天"，意即发誓献出战争之年所生的子女，俟他们一旦长大成人，便弃置不顾，把他们遣送境外，由神祇任意毁灭或在外国给他们新的住处。有一伙人由战神的雄牛率领，就成为撒菲尼族(Safini)或萨谟奈族(Samnites)，他们先据有萨格鲁(Sagrus)河畔的山地，后来从那里出发，占住马特斯山以东，蒂弗努河源头附近的锦绣平原。他们无论在旧地新地，都用那引路的雄牛之名“博维亚努姆”(Bovianum)称呼其审判场所，在旧地，那场所在阿尼奥内(Agnone)附近；在新地，那场所在博雅诺(Bozano)附近。另有一伙人由战神的啄木鸟率领，就成为皮塞努姆族(Picentes，啄木鸟族)，居于今日安科纳(Ancona)之地。第三伙由狼(hirpus)率领，进入贝内文托(Benevent)，就成为希尔皮尼族(Hirpini)。其他小支部族也依此例从本族分出。如特拉莫(Teramo)附近的普拉图提族(Praetuttii)，大萨索(Gran Sasso)山附近的维斯提族(Vestiner)、基埃蒂(Chieti)族，阿普利亚边界上的弗伦塔尼族(Frentani)，马耶拉山(Majella)附近的佩利格尼族(Paeligni)，最后福齐诺湖(Fucinersee)畔的马尔斯族(Marser)，他们都与沃尔西人和拉丁人发生接触。据这些传说，以上各族显然表现了他们的相互亲缘的感情，以及祖籍均为萨宾地区。翁布里族既在强弱悬殊的斗争中归于灭亡，其西支亦同化于拉丁人和希腊人，但萨贝利族却在闭塞的僻远山地中日臻繁盛，埃特鲁斯坎人、拉丁人、希腊人都相隔甚远，不至于发生
128 冲突。他们未曾发展到城市生活，即使有也甚微。他们的地理位置使他们不能从事大商业，山巅和堡寨足供防守的需要，而农人则安居在毫无防御的小村落，或者人人所爱的水泉、森林或牧场所在之处。在这种情形下，他们的制度止步不前，一如情形相同的古希腊的阿卡底亚(Arcadia)人，他们的部落永未合成民社，他们至多只能组成松散的联社。特别在阿布鲁齐山中，山谷幽深，各州郡受其阻隔，既与外界断绝交通，亦不能互相往来。因此，这些山间州郡绝少相互连络，永与意大利其余各地完全隔

绝，其居民虽然骁勇，可是在意大利半岛的发展史上，其影响不及其他意大利人。然而，在政治上，意大利东部各族中以萨谟奈人发展最高，一如意大利西部各族以拉丁人为最盛。自古以来，或许自从他们最初迁居开始，萨谟奈民族就有相对坚固的政治纽带，维系着他们的团结，给他们一种力量，使他们以后争霸意大利时得与罗马并驾齐驱。我们不知这纽带何时以及如何缔造，正如我们不了解其联盟政制那样。可是昭然若揭的是，萨谟奈没有一个独占优势的民社，更没有一个阖族共仰、全国团结所系的中心城邑，如罗马之于拉丁族那样，而此国的力量存在于农民大众，政权掌握在农民代表大会之手；这大会遇有急难推举一名联军统帅。由于他们的政制如此，这一联盟的政策不如罗马那样从事侵略，而是限于自卫边境；只有在统一的国家，权力才能这样集中，热情这样强烈，以致才能有计划地开拓疆土。因此，两民族殖民制度的截然相反，预示出他们将来的全部历史。罗马人无论得何利益，受益于国；萨谟奈人的征服所得，归于自愿结合的群伙，他们四出掳掠，他们的吉凶祸福，本国均不闻不问。萨谟奈人征服第勒尼安海和爱奥尼亚海沿岸各地却是后世的事。在罗马王政时期，萨谟奈人似乎才据有他们日后所居之地。129
在因萨谟奈人迁徙而引发的邻近各民族的移动中，有一事件叙述，罗马城纪元 230 年即前 524 年，意北海域的第勒尼人与翁布里人和陶尼亚人（Daunier）袭击了库迈。叙述固然带有很多传奇色彩，假如我们能信以为实，入寇者似乎与被逐者联合为一军，埃特鲁斯坎人与其敌翁布里人联合，那些被翁布里移民逐向南迁徙的雅皮基人又与他们联合，这原是此类远征战中常有的事，这里当然也是如此。然而,这事竟归失败,至少这次因希腊人战术较优,僭主阿里斯托德莫斯(Aristodemos)勇敢善战,终于击退进攻这美丽的海港之城的蛮人。

第九章　埃特鲁斯坎人 130

埃特鲁斯坎人自称拉斯人(Ras)[①],此族不但与希腊人迥异,而且与拉丁人和萨贝利族的意大利人也大不相同。就体格来说,两者也截然有异,希腊人和意大利人身材颀长,体态匀称,埃特鲁斯坎人的艺术形象是短小精壮、头大臂粗。关于他们的风俗习惯,就我们所知,该氏族原与希、意两族具有深刻的和起始上的不同,特别是他们的宗教;托斯坎人的宗教富于混沌离奇的色彩,并且喜欢充满神秘的数字游戏,以及骇人、荒诞的见解和风俗。这宗教既与罗马人的清晰唯理主义相去甚远,也与希腊人那种近人的偶像崇拜大相径庭。由这些事实推得的结论又有最重要的民族性证据为之证明,这就是语言。埃特鲁斯坎语的残余传到现在的虽然很多,能帮助人们理解这种文字的依据亦复不少,可是它却完全陷于孤立,以致迄今无人能确定埃特鲁斯坎语在语言分类里应占的地位,更不用说对其残存部分做出解释。这一语言的发展明显地分为两个时期,最初的时候,韵母完全读音,两声母的相遇几乎一概避免。[②]

---

① *Ras-ennae* 带有下文所提到的异族语尾。

② 例如,凯雷族陶器上的铭文也属于这时期,如:*minice vumamima vumaramlisiaiv ipurenaieveeraisieepan minevunastavhelefu*,或:*mi ramuvas kaiufinaia*。

以后韵母和声母的语尾都被废除，韵母被减弱或略去，这种温柔悦耳的语言逐渐变得佶屈聱牙，生硬难忍。[①] 例如，*ramuvaf* 变为 *ramva*，*Tarquinius* 变为 *Tarchnaf*，*Minerva* 变为 *Menrva*，*Menelaos*，*Polydeukes*，*Alexandros* 变为 *Menle*，*Pultuke*，*Elchsentre*。埃特鲁斯坎人很早不分 *o* 与 *u*，*b* 与 *p*，*c* 与 *g*，*d* 与 *t*，由此可以最明
131 显地看出这一语言的含混重浊。同时它的重音一概前移至第一音节，与拉丁语和较粗鲁的希腊方言相似。关于送气的音母，亦复如是；意大利人除送气的 *b* 或 *f* 外，一概不用送气音，希腊人与意大利人相反，除这些音外，还保存其余的送气音，如 θ、φ、χ 等，埃特鲁斯坎人却废弃其中最温柔悦耳的 φ，仅借用的外来语为例外，而不问其适当与否，极其广泛地用其余三音；例如：*Thetis* 变为 *Thethis*，*Telephus* 变为 *Thelapke*，*Odysseus* 变为 *Utuze* 或 *Uthuze*。埃特鲁斯坎语的语尾和单字，意义已经考定的不多，其中与希意语绝不相似的占去了大半；如用 *al* 语尾表示世系，常常表示母系，例如 *Canial* 一词在丘西（Chiusi）的对照铭文中译为 *Cainia natus*；女名有 *sa* 语尾表示她夫家的氏族，例如 Licinius 氏某人之妻称为 *Lecnesa*。*Cela*（或作 *Clan*）变格为 *Clensi*，意为儿子；*sex* 意为女儿；*ril* 为年；神名 Hermes 变为 Turms；Aphrodite 变为 Turan；Hephaestos 变为 Sethlans；Bakchos 变为 Fufluns。除这些奇形和怪音外，埃特鲁斯坎语诚然还有个别与意大利语相似之处。埃鲁特斯坎语固有词的构造大致与意大利语的普通规则

① 我们由大佩鲁西亚铭文可略知当时埃特鲁斯坎语的发音：*eulat tanna larezu amevaxr lautn velvinase stlaafunas slelevcaru*。

相仿。常用的族名语尾 *enas* 或 *ena*[①] 又见于语尾 enus，后一语尾也是意大利语，尤其是萨贝利语的族名语尾颇常见，如埃特鲁斯坎语人名 Maecenas 和 Spurinna，与罗马的 Maecius 和 Spurius 完全相似。若干神名被认为属于埃特鲁斯坎语，见于埃特鲁里亚碑铭或著述，它们语根的形式全似拉丁语。因此，如果这些名字一开始就是埃特鲁里亚的，那么，这两种语言必有密切的关系；如 *Usil*（太阳和朝霞与 *ausum*、*aurum*、*aurora*、*sol* 等有关）、*Minerva*（*menevare*）、*Lasa*（*lascivus*）、*Neptunus*、*Voltumna*。可是，这些类似之处也许源于日后埃特鲁斯坎人在政治和宗教上与拉丁人的关系，以 132
及这些关系所引起的相互和解和模仿；所以，这些类似点不能推翻我们的结论，我们根据其他观察到的结果，推知托斯坎语与希意语迥乎不同，一如凯尔特语或斯拉夫语与希腊语相去甚远。至少罗马人听来确是如此；"埃特鲁斯坎和高卢语"是蛮族的语言，"奥斯坎语（Oscan）和沃尔西语"只是农人土话。可是，不但埃特鲁斯坎人的语言与希意语相差如此悬殊，连他们的种族也至今无人能说出它与其他已知种族的关系。要发现不同的方言与埃特鲁斯坎语的关系，时而用简单的问题，时而用复杂的问题去提问，但一概都是徒劳的。巴斯克民族的地理位置自然使人首先想到它，巴斯克语与埃特鲁斯坎语是否有决定性的类似之处，却并未证实。利古里亚语流传到现今的残余很少，只是一些地名、人名，同样也说明

① 如 Maecenas，Porsena，Vivenna，Caecina，Spurinna。尾前音的韵母原为长音，但因重音提前，常变为短音，甚至省略。所以，我们是 Porsĕna 与 Porsēna 并用，Ceicne 与 Caecina 并用。

不了它与托斯坎语有何关系。古代托斯坎海中各岛，尤其是撒丁岛，有一种今已绝灭的民族，他们建筑了成千墓塔，名为Nurhagen，至今仍是未解之谜。就是这个民族也不能与埃特鲁斯坎人相联系，因为在埃特鲁里亚没有出现过一个性质与此相同的建筑物。至多仅能说明，由几个似乎可靠的形迹看来，埃特鲁斯坎人大致可以包括在印度日耳曼人种内。因此许多古铭文开端所用的*mi*必等于希腊语的*ἐμί*，*εἰμί*，*rafuvuf*是声母语根*veneruf*的所有格，这词也曾在古拉丁语中有，丝毫未变，与古梵语的语尾*as*相当。埃特鲁斯坎语中的宙斯名为Tina或Tinia，或与梵语的*dina*有关，*dina*意为“日”，希腊语*Ζάν*与其同义词*diwan*有关。可是，即使我们承认这几点，埃特鲁斯坎民族的孤立似乎依然如故。从前狄奥尼修斯早已说过：“埃特鲁斯坎人在语言和风格上与别的民族都不相同。”对于这句话，我们无可补充。

133　埃特鲁斯坎人由何地迁入意大利，同样难以决定。这个问题不能解决，并无大害，因为无论如何，这种迁移必发生在民族的幼稚时代，而这一民族的发展却始终是在意大利。最为人们热心讨论的一个问题就是这样的问题：按着考古学家的那种准则，首先研究既不可知，也不值一知的问题，如提比略皇帝问：“谁是赫卡巴(Hecabe)的母亲？”埃特鲁斯坎人最古、最大的城市位于内地深处，我们实未见埃特鲁斯坎人有一座紧靠海岸的名城，仅波普罗尼亚(Populonia)例外，但我们确知此城不在十二古城之列。此外，埃特鲁斯坎人在有史时期内既是由北而南迁移，所以他们迁入意大利半岛似乎必遵陆路。诚然，我们最初发现这一民族时，他们的文化处在低水平阶段。如果假设他们由海路移来，必与其文化水平不符。甚至在最古之时，各民族渡一海峡等于渡一条河，可是在意大利西岸登陆却是不可同日而语了。所以，我们必须在意大利以西或以北，寻找埃特鲁斯坎人较早的故乡。埃特鲁斯坎人很可能是越过里提亚（Raetia）的阿尔卑斯山而来到意大利的，因为格劳宾登和蒂罗尔最古老的、可考证的居民就是里提亚人，他们至有史时期仍讲埃特鲁斯坎语，并且他们的名称使人想起拉斯人，这种人当然也可能是波河流域埃特鲁斯坎人移民的残部，但至少同样可能是埃特鲁斯坎人留居故乡的一部。

但是，伴随这一简单而自然的见解却又出现一个与此截然相反的故事，埃特鲁斯坎人是由亚洲迁来的吕底亚人（Lyder）。这故事很古，甚至希罗多德的著作里也如是说，后人又有无数的增添和抬高，重见于后世的著作。可是，有几个明察的学者如狄奥尼修斯等已郑重声明并且指出，无论在宗教、法律、风俗或语言方面，吕底亚人与埃特鲁斯坎人绝无丝毫相似之处。也可能是，一群单独行动的海盗从小亚细亚来到埃特鲁里亚，以他们的奇遇同这个故事联系起来；可是，这个故事更可能由于一词之误。意大利的埃特鲁斯坎人，又名 *Turs-ennae*（因为希腊语的 *Τυρσ-ηνοί*、*Τυῤῥηνοί*，翁布里语的 *Turs-ci*，罗马的 *Tusci* 和 *Etrusci* 两词，似乎都源于 *Turs-ennae*）。吕底亚有一城名 *Τύῤῥα*，所以吕底亚民族又名 *Τοῤῥηβοί* 或 134
作 *Τυῤῥ-ηνοί*，*Turs-ennae* 与此名相似。实际说来，这两民族名称的偶合似乎就是那个起源极古、并不格外可信的假设的唯一基础，后世又在此基础上虚构了一座历史的空中楼阁，将埃特鲁斯坎人的远古海上贸易与吕底亚人的海盗活动相提并论；然后又不问是非，将托雷比（Torrhebi）的海盗与在海上四出劫掠并以四海为家的佩拉斯吉人(Pelasger)混为一谈(修昔底德是最初这样做的),于是在历史传说里造成最不能挽救的纷乱。第勒尼人(Tyrrhener)一名,有时指吕底亚的托雷比人,最古的记载如荷马史诗就是这样;有时第勒尼-佩拉斯吉人,指佩拉斯吉民族而言;最后,有时又指意大利的埃特鲁斯坎人,可是埃特鲁斯坎人却与佩拉斯吉人或托雷比人绝无持久的接触,也与他们没有同宗的关系。

另一方面,埃特鲁斯坎人的古代考证的居住地何在,他们离此地后又往何处迁移?解决这两个问题具有重大历史意义。凯尔特人在该地区大举入侵之前,埃特鲁斯坎人居于波河(*Padus*)以北一带,东沿阿迪杰河(*Etsch*,即 Adige)与伊利里亚族(阿尔巴尼亚人?)的维尼特人(Veneti)接壤,西与利古里亚人为邻,这是很可相信的。尤其可以为此作证的是,上文已言及,里提亚阿尔卑斯山中的居民至李维时代仍操一种粗俗的埃特鲁斯坎方言,又曼图亚(Mantua)到很晚时仍用托斯坎语。在波河之南,以及该河口一带,埃特鲁斯坎人与翁布里人混居一起,前者是统治种族,后者则渊源较早,曾创建阿特里亚和斯庇那两座商业古城,而托斯坎人也似曾创建菲尔辛那(Felsina,即以后的博洛尼亚[Bologna])和拉文纳(Ravenna),凯尔特人过了很久才渡过波河,所以,埃特鲁斯坎人和翁布里人很早就放弃了波河左岸,他们在右岸扎下的根远较在左岸为深。可是,亚平宁山以北各地迭为不同民族所据,易手太速,所以,在这里不能有绵延不断的民族发展。

从历史观点看来,托斯坎人卜居于至今仍以他们得名的地方,是一件更重要的事。如果说利古里亚人或翁布里人虽或曾有一时卜居此地,那么他们在此的遗迹却几乎全被后来的埃特鲁斯坎人的占据和文明所磨灭。此地自比萨(Pisae)至塔昆尼(Tarquinii)沿海一带，东有亚平宁山为屏障，埃特鲁斯坎民族得以在这里获得 135 久居之地，他们坚毅不拔地直至罗马王政时代自保其地。托斯坎本部以阿奴(Arnus)河为北界，阿奴河以北至马克拉(Macra)河河口和亚平宁山一带都是争议边区，有时为利古里亚人所占，有时为埃特鲁斯坎人所据，因为这个缘故，那里不能发展成为较大移民区。南界最初成为基米尼森林，绵亘于维特尔博以南的一串小山，以后这界线才移至台伯河。上文已经说过，埃特鲁斯坎人先占领基米尼山脉与台伯河中间地区，包括苏特里乌姆(Sutrium)、尼培特(Nepete)、法勒里、维爱和凯雷等城市，长久以后，很可能在罗马纪元二世纪内才被埃特鲁斯坎人所占据，当作地处较北的行政区。而且原居此地尤其在法勒里一带的意大利人虽处于附属地位，但能坚持下来。

自从台伯河成为埃特鲁里亚与翁布里亚和拉丁姆的分界以后，此地大致太平无事，疆界似无重大变化，至少对于拉丁人是这样。罗马人虽深感埃特鲁斯坎人是异族，拉丁人是同胞，可是他们却不甚畏惧来自右岸的侵犯和威胁，而甚怕其同族，例如，在伽比和阿尔巴等地的人的进攻和威胁；这是当然的，因为罗马人与埃特鲁斯坎人之间不但有宽广河流为天然疆界屏障，而且埃特鲁斯坎人的大城无一直接濒临此河，如罗马城在拉丁沿岸那样，这种情形对于罗马城的商业和政治发展有极重大的关系。维爱人距台伯河最近，罗马和拉丁姆最常与之发生激烈的冲突，特别是为争夺菲登尼。雅尼库鲁姆山既是罗马人在台伯河右岸的桥头据点，菲登尼也是维爱人在台伯河左岸的桥头据点，时而为罗马人所据，时而落

入埃特鲁斯坎人之手。反之,罗马距凯雷较远,两国的关系,以当时邻国的关系而言,总的说来,远为和睦友好。固然也有些远古模
136 糊传说拉丁姆与凯雷之间的争斗之事;例如,凯雷国王梅曾提乌斯(Mezentius)曾大胜拉丁人,向他们强征酒税云云。传说这两城古时交战,但它更明确地昭示我们的,却是拉丁姆和埃特鲁里亚的通商和航海中心曾有过极为密切的关系。所谓埃特鲁斯坎人循陆路渡台伯河一事,无可信的遗迹。在罗马纪元230年即前524年阿里斯托德莫斯在库迈城下歼灭的蛮族大军中,埃特鲁斯坎人诚然名居前列,但即使我们认为此言句句可信,也不过表示埃特鲁斯坎人参加了一次大规模的掠夺远征而已。更为重要的是,在台伯河以南,无法查证曾有沿陆路建立的埃特鲁斯坎人的移民村之存在,也迄未发现埃特鲁斯坎人曾横加压迫于拉丁民族。据我们所知,雅尼库鲁姆山和台伯河口两岸仍握在罗马人之手,无人与之争夺。至于埃特鲁斯坎人成群迁入罗马一事,我们有从托斯坎史书中引来的一段孤立的记载:沃尔西尼(Volsinii)的凯利乌斯·维文那(Caelius Vivenna)率领过一群托斯坎人,他死后由他的忠实伙伴马斯塔那(Mastarna)继续率领,来到罗马。我们可以相信此说并不虚传,虽然这个以凯利乌斯命名的凯利山的由来显然是语言学上的杜撰,而且下文又说马斯塔那做了罗马王,取名为塞尔维乌斯·图利乌斯,这里所添加的只是,考古学家模仿用传说来牵强附会,以至于发生这种荒唐的揣想。帕拉廷山麓有一地名为“托斯坎区”,也表明在罗马有埃特鲁斯坎移民定居。

最后统治罗马人的塔昆王族(Tarquinier)也发祥于埃特鲁里亚,这也是无可置疑的;至于传说称这家族源出于塔昆尼,或者因

为晚近塔克那斯(Tarchnas)家族坟茔发现于凯雷,断定这家族源出于凯雷,我们暂且置而不论。那穿插在传说里的女名 Tanaqil 或 Tanchvil 虽非拉丁文,却常见于埃特鲁里亚。仅有一个相传的故事说,塔昆的父亲是个希腊人,其子由科林斯迁居塔昆尼,以客民的身份在罗马居留:这故事既非历史,又非传说,事件的历史性联系显然纠缠不清,而且全遭割裂。隶籍托斯坎的一个家族竟然 137
握有罗马的王权,这只是个简单的事实,实际上是无关重要的,如果除此以外还要从传说里推测出某种结论,我们认为这个托斯坎籍的人入主罗马,不应视为托斯坎人统治罗马,或托斯坎某民社统治了罗马,也不能反过来认为罗马统治了南埃特鲁里亚。实际上,两种假设的根据都欠不足,塔昆家的历史进程在拉丁姆。不在埃特鲁里亚;据我们所知,在罗马王政时代,埃特鲁里亚不但对于罗马的风俗,就是对于罗马的语言,始终都没有重大的影响,绝未妨害罗马国家或拉丁同盟的均衡发展。

埃特鲁里亚对其邻国拉丁姆抱着比较消极的态度,原因大概一部分是埃特鲁斯坎人与波河上的凯尔特人的斗争,历代罗马诸王被逐出之后,凯尔特人才渡过波河;还因为埃特鲁斯坎人倾向航海和夺取海上和海岸霸权,例如他们在坎帕尼亚开辟的移民地可以说明这种倾向,这事当在下一章中较详尽叙述。

希腊人和拉丁人的政制以向城市方面发展的民社为基础,托斯坎人的体制亦复如是。古时托斯坎人倾向于航海、贸易和制造业,所以在埃特鲁里亚真正的城市共同体似乎发生较早,而在意大利其他地方则发生较晚。意大利的城市见于希腊记载的以凯雷为最先。但是,就总的来说,埃特鲁斯坎人不如罗马人和萨贝利人那样，能战和好战，意大利人没有用雇佣兵代战的习惯，埃特鲁斯坎人却很早就用雇佣兵。各民社最古的政制必与罗马政制大致相似。国王或贵人（Lucumonen）统治国家，其服饰与罗马国王的相似，像罗马国王也执掌类似权力。贵族与百姓之间界限甚严。氏族制度的相似可以人名的类似为证，不过埃特鲁斯坎人比罗马法更重母系的出身。他们的联盟体制似乎很散漫。这联盟并不包括
138 整个民族，而是北部的和坎帕尼亚的埃特鲁斯坎人自行组织起来，建立联盟，一如埃特鲁里亚本部的各民社那样。每一联盟包括十二个民社，他们共同拥戴一个首都，尤其为了祭神的目的，还拥戴一个联盟领袖，或者更确切地说一个祭司长，但是在权利上似乎大致平等，可是至少几个部分非常强大，以致单独一部不能建立霸权，中央政权也不能达到统一。埃特鲁里亚本部的首都是沃尔西尼，关于其余十二城，我们由可信的传说，仅知有佩鲁西亚（Perusia）、维图洛尼乌姆（Vetulonium），沃尔西（Volci）和塔昆尼。可是，埃特鲁斯坎人很少通力合作，拉丁同盟则不然，通常一民社进行战争，竭力鼓动邻社，使他们对战争发生兴趣，有时也有例外，联盟决议作战，属下个别城市竟常置身事外。埃特鲁斯坎联盟似乎自始就缺乏一个强固和有权威的最高领导机关，较之类似的意大利种族同盟尤甚。

第十章　希腊人在意大利　托斯坎人和迦太基人的海上霸权

古代各民族的历史是逐渐明朗起来的；在这方面，黎明也正在东方升起。当意大利半岛处在暗淡的晨曦之中时，地中海东部各地便已扬辉焕彩，各方面已显现出丰富多彩的文化。大多数民族在发展的最初阶段大都注定要找一个出身相同的兄弟，拜他为师，听他号令，意大利各族人民的命运尤其如此。可是，这种影响囿于意大利的地理位置不能由陆路及于半岛。古代曾使用意大利与希腊之间的崎岖陆路，现已无迹可寻。自从邃古之时，或已有由意大利通至阿尔卑斯山外的商道，琥珀贸易的最古路线起于波罗的海，到波河河口与地中海相衔接，因此希腊传说波河三角洲为琥珀原产地；这条路与横越半岛经亚平宁山而至比萨的一条路交叉。可是，意大利人不能从这些地方得到文明要素。意大利古代所吸收的外国文化，都由东方的航海民族带来。

地中海沿岸最古的文明国是埃及，埃及人还没有漂洋过海，所以对意大利并不产生影响。关于腓尼基人，同样也可以这样说，他们源自地中海极东岸的狭隘故乡，在已知的所有民族中，他们固然首先不避艰险，漂泊于地中海，初以打捞鱼贝为生，不久后就从事贸易，首先开辟海上商业，在早得难以置信的时代，他们便已横越地中海，远达极西之端。腓尼基人在地中海沿岸的航站几乎无不早于希腊人，甚至在希腊本土，在克里特和塞浦路斯，在埃及、利比
140 亚和西班牙是这样，在意大利以西的海上也是这样。修昔底德说，在希腊人来到西西里以前，或至少在他们大批定居于此以前，腓尼基人已在该岛周围地岬和小岛上处处建有商馆，其意不在开疆拓土而是在与土人贸易。可是在意大利大陆，情形就不同。意大利大陆是否曾有腓尼基人的殖民地，迄无可靠迹象可考，仅凯雷附近的一座布匿商馆为例外，这商馆未被遗忘，一部分因为凯雷沿海有一小村名叫布匿库(Punicum)，一部分因为凯雷城又名阿吉拉(Agylla)；有人虚构说阿吉拉源自佩拉斯吉人，其实不然，这是一个腓尼基词，意谓“团城”，由海上望凯雷，恰是这样。这腓尼基商馆，以及在意大利沿海可能建立的类似机构，无论如何都不甚重要，而且存在并不久，早已被埋没，几无遗迹可寻。但是，没有丝毫理由可以认为，这种商馆早于同一海岸上的希腊殖民地。至少拉丁姆认识迦南(Kanaan)人，必首先通过希腊人介绍，他们的拉丁文名称 Poeni(Pöner)一词出自希腊语，便是一个不可忽视的证据。诚然，意大利人与东方文明的一切最古关系主要仰赖希腊；关于腓尼基人在凯雷设立商馆，我们不必追溯到前希腊时期，只用后来人所共知的凯雷商业国家与迦太基的关系，便足以很透彻地说明。实际上，我们如果回想到最古的航海主要沿岸行驶，而且历久不变，便可以明白，对腓尼基人来说，在地中海沿岸几乎没有一块地区会比意大利大陆更远的了。他们仅能由希腊西岸或西西里到达此地；非常可信的是，希腊人的航海术发达得很早，他们在亚得里

亚海和第勒尼安海的航海，很可能早于腓尼基人。所以，我们绝无理由假定，意大利人最初受腓尼基人的直接影响。至于以后腓尼基人拥有西地中海的霸权，与居住在第勒尼安海沿岸的意大利人发生的关系，将在以后叙述。

在东地中海居民中沿意大利海岸航行的，看来似乎以希腊船员为最早。可是，希腊航海家何时来自何地，关于这两个重大问题，仅前者可以有稍为精确详尽的答复。小亚细亚的埃奥利亚 141
(Aeolia)和爱奥尼亚(Ionia)沿岸乃是希腊海上交通首先大规模发展之地，希腊人由此出发，一路探测黑海深处和勘察到意大利沿岸。伊庇鲁斯与西西里之间的海域至今仍称爱奥尼亚海，希腊人从前称亚得里亚海为爱奥尼亚湾，这两个地名至今仍是对爱奥尼亚航海家发现意大利南岸和东岸的纪念。希腊人在意大利最古的殖民地是库迈，我们由它的名称和传说知道，创建它的是阿纳托利亚(Anatolia)，海滨的同名城市。据可靠的希腊传说，小亚细亚的福凯人(Phokäer)是最先远航西海的希腊人。小亚细亚人既开路于先，其他希腊人不久便继之于后：纳克索斯(Naxos)岛和优卑亚(Euböa)岛上的喀尔基斯(Chalkis)的爱奥尼亚人，阿喀亚人(Achäer)、罗克里人(Lokrer)、罗德人(Rhodier)、科林斯人(Korinther)、梅加尔人(Megarer)、梅森尼人(Messener)、斯巴达人。美洲发现以后，欧洲的文明国家争先恐后派队远征，在那里殖民定居；新移来的人民住在蛮人之中，他们对于欧洲文明的休戚与共的感情比在他们的故乡体会得更加清楚。向西航行和在西土移居的特权并非是一个希腊人某个地区或某个种族所独有，而是希腊全民族的公产；正如英国人、法国人、荷兰人、德意志人的殖民地互相混杂和渗透而造成北美洲的新世界那样，希腊的西西里和“大希腊”也是希腊各族共有，混合为一体，常常无法辨认。但有些较为孤立的殖民地，如罗克里人的殖民地及其殖民城市希波尼翁（Hipponion）、梅达马（Medama），又如福凯人到这个时期将终时才创立的居留地海莱（Hyele，又作维利亚［Velia］、埃利亚［Elea］），概括地说，可以分为三大组：原始爱奥尼亚组可用一总名，称为喀尔基斯城市，在意大利有库迈和维苏威（Vesuv）、雷吉翁（Rhegion或雷吉乌姆［Rhegium］）等希腊殖民地，在西西里有臧克尔（Zan-
142 kle，即后世的梅萨那［Messana］）、纳克索斯、卡塔那（Katane）、列昂提尼（Leontini）和希梅拉（Himera）。阿喀亚组包括绪巴里斯（Sybaris）和大希腊的大多数城市。多里斯组包括叙拉古（Syrakus）、盖拉（Gela）、阿克拉加斯（Akragas）和西西里的大多数殖民地；可是，在意大利，只有塔拉斯（Taras，即塔兰托）及其殖民城市赫拉克利亚（Heracleia）属于此组。整个看来，在移民中占优势的是那些较早的希腊移民，如爱奥尼亚族，以及在多里斯人迁居以前就已定居在伯罗奔尼撒半岛的民族。在多里斯人中，首先只有民族混杂的民社，如科林斯和梅加拉等参加移民运动，纯粹的多里斯人区域仅居于附属地位。这结果当然在意料之中，因为自古爱奥尼亚人就是经商航海的民族，而多里斯人只是较晚才从腹地山区来到海滨，他们一向从未参加海上贸易。各组移民的区别很鲜明，尤以其货币成色为甚。福凯移民所铸硬币的成色都仿照在亚细亚流行的巴比伦钱。喀尔基斯各城在最古时仿造的爱琴钱币，也就是原来通行于欧陆希腊全境的钱币，也就是我们在优卑亚重新发现的那种经过改造的爱琴硬币。阿喀亚民社用科林斯的标准铸钱；最后，多里斯民社的钱币按照罗马纪元160年即前594年梭伦在阿提卡施行的钱币，仅塔拉斯和赫拉克利亚为例外，这两地的主要钱币均采用邻国阿喀亚人的钱币，而不用西西里多里斯人的钱币。

较早的航程和移民暗昧难知，大概将永无显现之日。我们虽不能认识某种前后次序，但希腊人最古的文献荷马史诗，一如其与西方最古的交通，也属于小亚细亚的爱奥尼亚人所创，在该诗中，眼界几未超出东地中海以外。水手遇暴风雨而漂到西海，回到小亚细亚以后，或许报道西方有陆地，也许还会谈到海中的旋涡和岛上火山喷发的情景；但在荷马史诗时代，就是在希腊最早与西方往来的地区，关于西西里和意大利也无任何可靠的报道；于是东方的 143
故事传说者和诗人便肆无忌惮地把他们的空中楼阁塞进那个空荡无物的西方，犹如那时西方人对荒诞无稽的东方那样。在赫西俄德(Hesiod)的诗篇里，意大利和西西里的轮廓较为明晰；两地的民族、山岭、城市的土名也稍稍为人所知；可是在他们心中，意大利仍旧是一个群岛。反之，在赫西俄德以后的文献中，西西里，以至意大利的全部海岸，至少就一般而言，似乎比希腊人出名。希腊人移居的次第也有一定把握可以得到考证。对修昔底德来说，库迈显然是驰名的最古西方殖民地，他的意见确属不谬。诚然，对希腊水手来说，可以登陆的地点有些比库迈更近，可是要想躲避暴风雨和防御野人，却没有比伊斯基亚(Ischia)岛更好的了，库迈城最初便设在这个岛上。这些考虑尤其在这种移居中起了主导作用，这从嗣后为此目的而在大陆上选择的地点中仍可看到这个设防的陡峭危崖，它至今仍带着阿纳托利亚母城的享有盛誉的古名。意大利各处不乏小亚细亚神话中的古迹，而以库迈一带的最为生动真切；在那里，最早西航的水手一心记着神话中那些西方的奇迹，起初登上传说中的奇境，就把他们意欲漫游于其间的那些神话世界的遗迹留在塞壬岩(Siren enfelsen)和能通向阴间的阿奥诺斯湖(Aornos see)。此外，如果说，希腊人在库迈起初与意大利人为邻，那么不难理解，嗣后几百年间，希腊人何以常用住在库迈周围的意大利人的族名(奥皮克人，Opiker)用来称呼一切意大利人。另有一个可信的传说，希腊人移民卜居库迈，经过相当长时间后才大规模迁入下意大利和西西里，而在后期移民中，喀尔基斯和纳克索斯的爱奥尼亚人又率先走在前面。相传西西里岛上的纳克索斯是为专务殖民而创立的希腊城市，无论在意大利或西西里都以它为最早；阿喀亚人和多里斯人的殖民活动继之而起，可是为时较晚。

然而，要确定这些事件较可靠的年代，即使大致无讹，也似乎
144 不很可能。阿喀亚人于罗马纪元33年即前721年创立绪巴里斯城，多里斯人于罗马纪元46年即前708年创立塔拉斯城，这可能就是意大利史中最古的年代记载，它们的准确性至少可以视为大致可信。但更古的爱奥尼亚殖民地又创立于这时代以前，究竟早若干年，这与赫西俄德的，甚至荷马的诗歌所产生的年代一样，很难加以确定。希罗多德所指的荷马时代如果不谬，则罗马创建以前一百年(前850年)时，意大利对希腊人来说还并不知道。可是这样所定的年代，正如一切其他关于荷马生前时代的所定的年代，并非得到考证，而是一种推测的结论；谁要是考虑到意大利文字母的历史，以及如下令人瞩目的事实，即在古希腊民族上升之前，意大利人就已经知道有希腊民族(Griechenvolk)，以及意大利人对

希腊人的称呼源于古希腊(Hellas)早就灭绝的部族 Grai 或 Graeci①,谁就会倾向于认为,意大利人与希腊人的最古的交往应在更早得多的远古时代。

意大利希腊人和西西里希腊人的历史虽然不属于意大利史,但希腊移居西方的殖民者始终与其祖国保持最密切的关系,参加希腊人的民族节庆,分享希腊人的权利。可是,希腊人在意大利的 145
殖民地性质有所不同,应着重指明;至少希腊殖民化有某些主要特点使它们对意大利产生不同影响,也应予阐述,这对于意大利来说也有重要关系。

在希腊殖民地当中最努力、最闭关自守的,要算产生阿喀亚城市同盟的殖民地,加盟的城市有西里斯(Siris)、潘多西亚(Pandosia)、梅塔布(Metabus,又名梅塔蓬图姆[Metapontum])、绪巴里

① 希腊人(Graeker)这个名称是否最初源自伊庇鲁斯内地和多多那(Dodone)地方,还是相反,属于更早以前,为一直扩展到西岸的埃托勒人(Ätoler)所专用,可姑且搁置勿论。它大概在更远古时,属于一个希腊本土的杰出种族或种族集团所专用,然后才由此推广及于整个民族。这个名字在赫西俄德的漫长时代中,仍为旧日希腊民族的总名,可是作者显然故意把它搁置一边,使它隶于 Hellenes(古希腊)名下。Hellenes 一名尚未见于荷马,可是不但见于赫西俄德,而且还见于大约罗马纪元 50 年前 704 年阿基洛科斯的记载,而且或许还有更早得多的记载(M. L. 东克尔,《古代史》,柏林,1852—1857 年,第 3 卷,第 18、556 页)。所以,此时以前,意大利人对希腊人必已熟悉,以致在希腊早已消灭的名字却在他们那里被用来称呼整个希腊民族,甚至当这个民族走上别的道路时仍然如此。外国人比这些人自己更早也更清楚地认识到,这些希腊民族乃同属一个民族,因此,这个总名称在这里比在他们那里更明确地固定下来,这是合乎常理的。同样合乎常理的是,这个总名称并非假借于那些颇有点名气的邻邦希腊人。但有一说法,罗马建城前一百年,小亚细亚的希腊人仍全然不知有意大利,此说如何与前一说法协调,却是个难题。关于字母,我们在下文中再加讨论;它的历史也产生非常类似的结果。我们如果根据这些理由,扬弃希罗多德关于荷马年代的说法,或许被讥笑为轻举妄动,可是关于这问题,如果我们只听从传说,岂不也是胆大妄为?

斯和它的分支波塞多尼亚(Poseidonia)和劳斯(Laos)、克罗顿(Kroton)、考洛尼亚(Kaulonia)、特梅萨(Temesa)、特里那(Terina)、皮克苏斯(Pyxus)。大体看来,这些移民同属一个希腊民族,他们都坚持其特有的与多里斯方言关系极近的方言,长期固守古老的希腊民族书写方式,不采用他处通用的新字母,并且用联盟体制的坚强有力的约束来保存其特有的民族性,以区别于蛮族和其他希腊人。波利比乌斯论伯罗奔尼撒的阿喀亚军事同盟所说的话,也可以应用于意大利的阿喀亚人。他说:"他们不但友好相处,休戚相关,而且共用相同的法律、度量衡和货币,也共有相同的长官、参议员和审判官。"

这个阿喀亚城市联盟原是殖民地组织。这些城市没有港湾,仅克罗顿有个简陋的碇泊所,也没有自营的商业;绪巴里斯是一个礁湖城,该地的人以终生不越过城桥而自豪,所有买卖都由米勒西人(Milesier)和埃特鲁斯坎人代劳。可是,这些希腊人在这里不但据有滨海的窄地,而且还统治着海上的酒国(Weinland)和牛国(Rinderland),又名"大希腊";土生土长的农民被迫当他们的客民或甚至农奴,替他们耕田,向他们交租。绪巴里斯是当时意大利的最大城市,统治着四个野蛮部落,二十五座城邑,并且能在另一海岸创立劳斯和波塞多尼亚两城。克拉提(Krathis)和布拉达诺(Bradanos)的低地异常肥沃,给绪巴里斯人和梅塔朋提人生产丰足有余的粮食,谷物也许最初是为出口而培植。这些国家在难以置信的极短期间就达到全盛地步,这由他们唯一流传至今的艺术
146 品,即硬币,最生动地予以证明。这些意大利阿喀亚人铸成的硬币,做工严谨,古色古香,特别是在意大利具有艺术和文字的最古

纪念碑，可以查证在罗马纪元 174 年即前 580 年已开始铸造。这些钱币证明，西方的阿喀亚人不但参加当时在母国欣欣向荣发展的造型艺术，而且他们的技巧十分高超。当时希腊本土和意大利的多里斯人所用银币颇厚，往往仅一面刻有花纹，两面大致均无铭文，唯意大利的阿喀亚人以独特的奇技，用两个相似的模型，一面刻成阳文，一面刻成阴文，铸造大而薄的银币，每个均具铭文；当代常有以银箔镶箱的伪造货币，所以，他们在镌刻的方式上精工细作，对赝造甚为防范，这更可显示一个井然有序的文明国的实况。

可是，这迅速开放的花朵却没有结果。希腊人生活不费气力，其生存并未受到当地土人的有力顽抗也未经自己的艰苦劳动而受到了考验，他们的身心很早便失去振作的力量。在艺术或文学方面，意大利的阿喀亚人没有一个为国增光添彩的名人，而西西里却名人辈出，甚至在意大利，喀尔基斯人的雷吉翁也能举出伊比科斯(Ibykos)，多里斯的塔兰托也能举出阿奇塔斯(Archytas)的名字。说到这个民族，他们经常在炉灶里烧烤禽肉，可是，他们从来除拳术外一无所长。严厉的贵族阶级早就在几个民社里掌权，必要时还能获得同盟力量的援助，因此不致有僭主兴起。但是，贤人政治有一变而为寡头政治之虞，尤其各民社的豪门巨族如果联合一致，互相扶助，就会有这种危险。以毕达哥拉斯命名的互相盟誓的“朋友”团体，就为这种倾向所左右。它规定，统治阶级应“受尊敬有如神祇”，奴仆阶级应“服役有如牛马”，这种理论和实践激起一种可怕的反应，结果毕达哥拉斯“朋友会”以毁灭告终，古老的联盟体制得以恢复。可是，仅仅激烈的派系争斗、大规模的奴隶造反、形形色色的社会弊病、不切实际的政治哲学的实施，总之，种种伤风败 147

俗的文明污毒在阿喀亚各民社里猖獗不止，以致政权彻底瓦解。

所以，移居意大利的阿喀亚人对于意大利文明的影响不如其他希腊殖民地，这就不足为奇了。他们本是个务农的民族，传播文明于政治领域以外，他们自不如经商民族那样胜任。他们在自己的领域内则沦土人为奴隶，摧残意大利民族发展的萌芽，同时又不用完全希腊化的政策来为意大利人开辟一条新路。于是，希腊特性虽在别处迭遭政治上的挫折，但仍不失其蓬勃生机，但在绪巴里斯和梅塔蓬图姆、克罗顿和波塞多尼亚却比别处消失得更为迅速、更为彻底、更为威信扫地；以后由残存的意大利土人和阿喀亚人以及祖籍萨贝利族的较晚移民产生出的双语混血民族，却永不能达到真正的繁荣。然而，在时间上说，这场灾难还属于下一个时期。

其他希腊人的殖民地属于另一种类型，对于意大利的影响也迥然大异。他们并非轻视农业，也并非不去掠取领土；希腊人不像腓尼基人那样，在蛮人之国建立起巩固的商馆就已满足，这不是他们的习惯，至少在他们国力已充足的时候是如此。但他们所创立的一切城市都首先以贸易为目的，所以这些城市完全与阿喀亚人的不同，一律建立在优良港口和最佳口岸之侧。这些城市的建立起源各殊，原因不同，时代也各异，可是，他们中间却有某种新式的字母表①，又如他们通用多里斯语言风格，这种语风甚至在一些原
148 用温柔的爱奥尼亚方言的城邑里，例如库迈②，也很早便流行起

① 由于东方旧式的 i(ϟ)，l(Γ)和 r(P)三字母易与 s，g，p 相混淆，早已有人提议用 l V R 三种符号取代；在阿喀亚殖民地仅用或主要用旧式字母，而在意大利和西西里的希腊人却不分种族仅用或主要用新式字母。

② 例如，库迈瓦罐上有如下铭文：*Ταταίες ἐμι λέqυθos Fὸs δ᾽ἂν με κλεφσειθυφλὸs ἔσται*。

来。就其对于意大利的发展而言;这些殖民地的重要程度大小不一:我们现在只要提及那些对于意大利诸民族的命运曾发生过决定影响的地方就够了,如多里斯人的塔兰托和爱奥尼亚人的库迈。

在意大利的一切希腊殖民地中,最光辉的角色曾落在塔兰托人肩上。它的海港极佳,是整个南部海岸唯一的良港,因此该城就成为意大利南部商业的,甚至也是亚得里亚海部分运输的天然仓库。海湾丰产的捕捞业,优质羊毛的加工生产及其染色,所用染料为塔兰托紫螺的液汁,这种紫螺堪与推罗(Tyre)所出产的相媲美,这两种工业均由小亚细亚的米利都(Miletos)引进,所雇用工人以数千计,成为转口和出口商业之补充。希腊人在意大利殖民地以塔兰托造币为最多,而且所铸的钱币中有许多是金币,时至今日这仍是该地商业兴隆发达的证明。当塔兰托与绪巴里斯仍在下意大利的希腊城市中争雄之时,它的广泛的商业网必已形成,但塔兰托人似未模仿阿喀亚诸城的方式,致力于大力开拓疆土,故无持久成效可言。

如果说,意大利最东的希腊殖民地迅速发扬光大,那么最北的殖民地在维苏威附近也日渐繁荣,但略有逊色。库迈人从肥沃的埃纳利亚岛(Aenarlia,即伊斯基亚岛)渡海而至大陆,在近海的一个小丘上建立起第二故乡,又从该地出发,创立了第凯阿基亚港(Dikäarchia,即后世的浦泰俄利[Puteoli])和拿波里(Neapolis)的“新城”。他们的生活,一般与意大利和西西里的喀尔基斯人的城市无异,都遵守卡塔尼的卡隆达斯(Charondas)于罗马纪元100年即前650年所定的法律,他们的政体是民主政体;可是因为有高额

的赋税限制，致政制趋向温和，政权便落在由最富有阶级选举产生
149 的议会之手；这个体制持久存在，而且大体上能使这些城市免于暴君和暴民的肆虐。关于坎帕尼亚希腊人的对外关系，我们所知甚少。无论由于强制或自愿，他们永远局限于一个狭小区域，甚至比塔兰托人的领域更为狭隘，他们由这里出发，本无征服他地和欺凌土著之意，却有与彼辈和平相处、互通贸易之心，所以他们既使自己得以兴旺发达，同时又在传播希腊文明于意大利的民族方面居于最前列。

如果说，在雷吉乌姆海峡两边，在大陆一侧，南岸的全部和北至维苏威的西岸，在另一侧，西西里岛东岸的大半，都是希腊人的领域；那么在意大利自维苏威以北的西岸和整个东岸，情况就大不相同。意大利的亚得里亚海沿岸没有一处是希腊殖民地，在对面伊利里亚沿岸和近海各岛屿上，希腊殖民城市为数较少，意义较小，显然与上述情形有关。罗马王政统治时期，在这海岸距希腊最近的地方，创立了两个商业大城，一名伊庇丹努斯(Epidamnos)或名都拉奇乌姆(Dyrrhachion)，即现在的都拉斯(Durazzo)，创立于罗马纪元127年即前587年，一名阿波罗尼亚(Apollonia)在阿夫罗那附近，创建于约罗马纪元167年即前627年；但更往北些，我们不能指出古希腊的殖民地，仅有无关重要的黑色克尔基拉(Schwarzkerkyra，即库尔佐拉[Curzola]，创建于约罗马纪元174年即前580年)，或为例外。在这方面，希腊的殖民地何以如此贫乏，迄今还没有满意的解释。就天然的形势来说，希腊人似应循此方向发展，而在实际上自古以来科林斯与那里就经常有商业来往。罗马创立后不久(约罗马纪元44年即

前 710 年），希腊人创立克尔基拉（Kerkyra，即科孚[Korfu]），它与那里的商业更繁盛；在意大利沿海，这种商业活动以波河口的斯庇那和阿特里亚为集散中心。亚得里亚海的风暴，至少伊利里亚沿海的荒凉和土人的愚昧显然不足以说明这个事实。可是，东方文明因素并未直接影响到意大利东部地区，而是仅借西部各地为媒介始对东部发生了影响，这对意大利来说都有最深远的后果。甚至大希腊最东边的商业城市，多里斯人的城市塔兰 150
托，与科林斯和克尔基拉一起参与了亚得里亚海上商业来往，该城由于据有赫德拉斯（Hydrus，即奥特朗托[Otranto]）在意大利一侧扼亚得里亚海的入口。因为除波河口的海港外，当时全部东岸无商业中心可言，安科纳的兴起更在以后，布伦迪西乌姆的兴起更在其后，所以可以理解的是，伊庇丹努斯和阿波罗尼亚的水手常在塔兰托卸货。塔兰托人也从陆路与阿普利亚有很频繁的交通，意大利东南所有一切的希腊文明都由他们而来。可是，那种文明当时却仍在初期阶段，到了较晚时期，阿普利亚的希腊文化才发扬光大。

然而，在远古时，意大利西岸自维苏威以北必为希腊人常到之地，并且在那里的海岛和地岬上必有希腊人的商馆，这是毫无疑义的。奥德修斯在第勒尼安海岸航行的神话传说是此种航行最古的见证。[①] 如果说，人们在利帕里（Lipari）群岛重新发现埃洛斯人

① 奥德修斯曾至第勒尼安海航行的神话，在最早的希腊文献中，见于赫西俄德的《神谱》中的一个较晚的断片，然后又见于较亚历山大时代稍早作家的著作，如埃福罗斯（Ephoros），以及所谓斯基拉克斯（Scylax）所著的书。至于所谓斯基诺斯（Scymnos）实取材于埃福罗斯的书。在这些出处中的最早者所属的时代，对希腊人来说意大利仍是群岛，因此这些出处肯定很古；据此，这些神话大致可以确定为罗马王政时期所出。

(Äolos)所居的岛,在拉锡尼(Lacinia)山角指出有仙女卡利普索(Calypso)所居的岛,在密塞努姆(Misenum)山角指出有海妖塞壬所居的岛,在基尔凯(Circeii)山角指出有基尔克(Circe)所居的岛,在特腊契纳(Tarracina)的陡岬辨认出爱尔佩诺(Elpenor)的高冢,巨人莱斯特里贡(Laestrygonus)栖息在凯埃塔(Caieta)和福密亚(Formiae)附近,奥德修斯与基尔克所生二子(一名阿格里奥[Agrios,即"野人"之谓],另一名拉提诺[Latinos])统治着第勒尼人,居"圣岛最深处",或据较晚的说法,拉提诺算是奥德修斯与基尔克所生之子,欧松(Auson)算是奥德修斯与卡利普索所生之子,那么这个爱奥尼亚水手的古老航海的故事表达他们在横渡第勒尼安海时想念自己的家乡,爱奥尼亚人吟咏奥德修斯航海的诗歌,充满了高雅美丽的生动感情,现在将这些诗歌故事流传在库迈水手常到的地方,这种感情也就昭然可见了。

151 属于这些最古老的航海的其他遗迹的,有以希腊语为名的埃塔利亚岛(Aethalia,即伊尔瓦[Ilva]或埃尔巴[Elba]),这岛似乎是希腊人最早占据的地点之一,仅次于埃纳里亚(Aenaria),埃特鲁里亚的海港特拉蒙(Telamon)的名字也许也属于这种遗迹;此外,凯雷沿海两城,一名皮尔基(Pyrgi,在圣塞韦罗[S. Severo]附近),一名阿尔西翁(Alsion,在帕洛[Palo]附近),它们的希腊渊源不但可以由名称上确定无疑,而且皮尔基城墙建筑特殊,与凯雷和一般埃特鲁里亚城市的城墙性质迥异,因此也可见希腊人远古航海的遗迹。埃塔利亚(火岛)盛产铜矿,尤富铁矿。该岛成为这种商业来往的大埠,这里的外国人甚至可以在此聚居,同土人的互通贸易往来成为中心,尤可见于这森林贫乏的小岛,该岛如果不与大陆交通便无法炼矿砂。埃尔巴岛对岸的波普罗尼亚(Populonia)地岬蕴藏银矿,也许早为希腊人所知并被他们开发。

如果说,那时外国人除了从事贸易还在海上和陆上进行掠夺,不失时机地洗劫土人,并把他们俘为奴隶,那么土人也会行使报复之权;拉丁人和第勒尼安人较居住在意大利南部的邻人更加热衷于并更加幸运地实行报复,这不但有传说可据,而且也有实际成果为证。在这些地带,意大利人竟能抗拒外人,不但不失其固有商业城市和海港的主权,而且能保持其控制领海之权,或至少很快恢复了主权。希腊人入侵,南意大利各族被压服,丧失了民族性,中意大利各族却大背其业师的初衷,致力于航海和创立城市。意大利人最初舍弃木筏和小舟而采用腓尼基人和希腊人的荡桨大船,必定是在这个区域。也是在这个区域,最初我们看到大商埠,特别是南埃特鲁里亚的凯雷和台伯河岸边的罗马;如果从这两座城的意大利语名称和距海稍远的位置来判断,它们确非希腊人所创立,而为意大利人所自建,与波河口完全同类的商业城市斯庇那和阿特里亚以及更南的阿里米努姆(Ariminum)殊无二致。我们难以陈
述意大利民族最早对外患的反应的历史进程;可是我们仍然可以 152
想见,这种反应在拉丁姆和南埃特鲁里亚所循的途径,与在托斯坎本土及其邻近各地所见的大相径庭,这对意大利的进一步发展是具有重要意义的。

传说本身以其特有的方式说明拉丁人与野蛮的第勒尼安人不同,台伯河口的平静海滩与沃尔西人的险恶海岸不同。但这不能说明,意大利中部有几个地区容忍希腊人的殖民化而在其他地区是不许可的。在有史时期,维苏威以北绝无希腊人的任何一个独

立民社存在，如果皮尔基曾是一个这样的地方，那么这必是在有史以前回归于意大利人之手，也就是在凯雷人之手。可是在南埃特鲁里亚、拉丁姆、东海岸，同外国商人的和平交往是受到保护和奖励的，这却与他处的情形不同。凯雷的地位尤其令人瞩目。斯特拉波说："凯雷人骁勇正直，虽然十分强劲，却不行劫，颇受希腊人敬仰。"这话绝不是指海盗行为而言，因为说到海盗业，凯雷商人也以此为业，正与他人无异。但是凯雷却是希腊人的自由港，也是腓尼基人的自由港。上文已说到腓尼基人的商站（后世名为普尼库）和希腊人的两个商站，皮尔基和阿尔西乌姆。凯雷人不去劫掠这些海港，毫无疑问，凯雷人就是因为抱这种宽容态度，所以虽然仅有一个劣等的碇泊所，邻近又无矿产，竟能很早达到高度繁荣，而且在最古的希腊商业上具有比位在台伯河口和波河口那些意大利人的天然形成的商业中心更为重要。我们才说过的城市，似乎都曾与希腊有过原始宗教方面的来往。在所有蛮族当中，第一个供献物品于奥林匹斯山的宙斯的，是托斯坎王阿里穆诺斯（Arimnos），此人也许是阿里米努姆的一个君主。斯庇那和凯雷在德尔斐的阿波罗神庙里都自有其库藏，与其他同该庙有经常关系的城邑无异；并且德尔斐圣庙如同库迈的神托所，与凯雷的和罗马的最
153 古传说有着交互错综的关系。这两座城的意大利人和平从政，与外国商人亲睦通商，于是两城昌盛富强，卓绝一时。它们不但是希腊商品的市场，而且对于萌芽中的希腊文明，它也是适当的库场。

"野蛮的第勒尼安人"那里的情形却不是这样。台伯河右岸和波河下流沿岸各地或仅为埃特鲁里亚的藩属，而非狭义的埃特鲁里亚本土的邦国，同一原因在这些地方和拉丁姆能使土人摆脱外

国人的海上霸权，在埃特鲁里亚本土却发展出海盗行径以及独自的海上霸权，不论是出于其他原因，或者出于倾向于诉诸暴力和劫掠的不同民族性。人们将希腊人逐出埃塔利亚和波普罗尼亚仍不甘休；甚至各个商人似乎也不为所容，不久以后，埃特鲁里亚的海盗船便在海上到处横行，使希腊人闻第勒尼安人之名而丧胆。希腊人认为铁爪篙为埃特鲁斯坎人所发明，称意大利的西海为托斯坎海，并非无故。犷悍的海盗船迅猛激烈地在海上四处活动，尤以在第勒尼安海上，这就极明显地表明他们已立足于拉丁姆和坎帕尼亚沿岸。虽然拉丁人坚守拉丁姆本部，希腊人坚守维苏威，但在两地之间，以及在两地之侧，埃特鲁斯坎人掌握着安提乌姆（Antium）和苏伦图姆（Surrentum）的统治权。沃尔西人属于埃特鲁斯坎人；他们的森林为埃特鲁斯坎人的桨船提供龙骨；因为安提乌姆人的海盗活动到罗马占领安提乌姆时才告终，所以希腊水手称南沃尔西人的海岸为莱斯特里贡海岸，这就不难理解了。从高耸的索伦托（Sorrento）地岬以及从那个更高更陡又无港湾的卡普里悬崖俯瞰，那不勒斯湾与萨勒诺（Salerno）湾之间的第勒尼安海一览无余，恰能瞭望海盗船，早被埃特鲁斯坎人所占据。相传他们甚至在坎帕尼亚曾创立自己的“十二城联盟”，并且到史实十分确凿时，在坎帕尼亚内地仍有操埃特鲁斯坎语的民社。埃特鲁斯坎人称霸于坎帕尼亚海面并在维苏威与库迈人争雄，这些殖民地大概就是从称霸和争雄的间接结果而来。可是，埃特鲁斯坎人绝不专事劫掠。至少自从罗马纪元200年即前550年以来，埃特鲁里亚各城，154
尤其波普罗尼亚，都仿希腊式样，按希腊成色标准，铸造金银钱币，这可为埃特鲁斯坎人与希腊城市的和平往来作证。并且这些钱币并非仿照大希腊的模式，而是仿照阿提卡甚至小亚细亚的钱币压印，或许也可表示埃特鲁斯坎人对意大利的希腊人抱有敌对态度。实际上，他们在商业方面处于极为有利的地位，比起拉丁姆居民远为优越。埃特鲁里亚人地跨两海，在意大利西海控制着大自由港，在东海控制着波河河口和当时的威尼斯，还控制着自古以来从第勒尼安海滨的比萨至亚得里亚海的斯庇那的陆路；此外，在意大利南部，他们还控制着卡普亚和诺拉（Nola）的肥沃平原。他们掌握意大利最重要的出口货物，埃塔利亚的铣，沃拉帖雷（Volaterrae）和坎帕尼亚的铜，波普罗尼亚的银以及由波罗的海运来的琥珀。他们的海盗业不啻一张粗陋的航海特权状，在它的保护下，他们的商业自必蒸蒸日上。不足为怪的是，埃特鲁斯坎商人与梅勒西商人在绪巴里斯竞争，以致他们兼营的海盗业与大商业造成淫奢无度的风气，使埃特鲁里亚的元气早就衰竭。

如果说，在意大利，埃特鲁斯坎人抗拒希腊人，部分人视之为仇敌，拉丁人在一定程度上也这样，那么这种对抗势必稍稍影响当时充塞在地中海商业和航业中的争雄，影响腓尼基人与希腊人的争雄。在罗马王政时期，这两大民族如何在地中海的所有海岸，在希腊和小亚细亚，在克里特和塞浦路斯，在非洲、西班牙和凯尔特海岸相互争霸，此处不加详述。这些斗争并不直接发生于意大利本土，可是意大利受它的影响却很深远。后起的竞争者不仅精力
155 充沛，而且富有才干，所以他们起初处处得利。希腊人不但在其欧亚两洲的故乡铲除了腓尼基人的商馆，而且将他们逐出克里特和塞浦路斯，立足于埃及和昔兰尼（Kyrene），并占据了下意大利和西西里岛东部的大半。腓尼基人的小商站无处不为希腊人有力推动

的殖民事业所压倒。塞利努斯(Selinus，于罗马纪元 126 年即前 628 年)和阿格拉加斯(Akaragas，即阿格里根图姆[Agrigentum]，于罗马纪元 174 年即前 580 年)创建于西西里岛西部；骁勇的小亚细亚福凯人已航行到西海的较远之处，马赛利亚(Massalia)已建立于凯尔特岸边(约罗马纪元 150 年即前 600 年)，西班牙海岸已被探测。但到罗马纪元二世纪中叶时，希腊人的殖民事业忽然止步不前。停止的原因必为当时迦太基的骤盛无疑；迦太基乃是腓尼基人在利比亚最强大的城市，希腊人的侵略显然有危及腓尼基各族之势。腓尼基民族曾开辟地中海的航海贸易，独霸地中海的西半，据有地中海东西之间的两条交通线，垄断东西之间的运输业，于是为后起的竞争者所逼迫而丧失了这些势力，可是东方人在撒丁和西西里以西的海上主权至少仍可挽救；阿拉米族素有坚毅不移和慎重力行的特性，迦太基就尽量利用这种特性来保持它在西部的海权。腓尼基的殖民和腓尼基人的抵抗具有完全不同的性质。较古的腓尼基殖民地，如修昔底德所述的西西里殖民地，都是些商站；迦太基所征服的却是臣民众多、城池强固的广大地区。如果说，腓尼基殖民地一直各自对希腊人单独抵抗，那么现在这个强大的利比亚城市却将全族一切兵力集中一处，它的毅力在希腊史上堪称是独一无二的。但是这种反应在后来影响最重大的事件中，莫过于较弱的腓尼基人与西西里和意大利的土人结成亲密关系，用以抵抗希腊人。大约在罗马纪元 175 年即前 579 年，当克尼德人(Knidier)人和罗德人企图在腓尼基人在西西里的殖民地中心利利拜乌姆(Lilybäon，即 lilybaeum)定居后，塞格斯塔(Seges- 156
te)的埃利米人(Elymer)协同腓尼基人将他们再次逐出。大约罗马纪元217年即前537年，当福凯人卜居与凯雷相对的科西嘉(Korsika)岛上的阿拉利亚(Alalia，即阿勒里亚[Aleria])时，埃特鲁里亚和迦太基的联合船队，计帆船一百二十艘，便驶来把他们驱逐出去；虽然在海战(这是有史以来最古老的若干次海战中的一次)中，仅为敌军之半的福凯人的船队取得了胜利，但迦太基人和埃特鲁斯坎人却达到了他们进攻的目的：福凯(Phocaeans)人放弃了科西嘉，而择较有保障的卢卡尼亚海岸上的海莱(维利亚)作为居留地。埃特鲁里亚与迦太基之间签订的一个条约不仅确定了入口货物和权利申诉的条例，而且还包括军事同盟条款，这同盟意义的重大，只要看一看阿拉利亚一战，便可见一斑了。凯雷人在他们城里的市场上投掷石子击打福凯人俘虏，然后又派使者朝拜德尔斐阿波罗神庙，以赎其罪，这事足以典型地说明凯雷人所处的地位。

这些排斥希腊人的敌对行为，拉丁姆并未参加；反之，在很古时候，罗马人与海莱地方和马赛利亚的福凯人互相亲善，据说阿迭亚人(Ardeates)甚至与查金提人(Zakynthier)共同在西班牙建立一个殖民地，即后世的萨贡图姆(Saguntum)。可是，拉丁人更不偏袒希腊人；可以为此作证的是，罗马与凯雷常保持亲密关系，拉丁人与迦太基人古时交往也留有遗迹。罗马认识迦南种族是由希腊人作媒介的，因为罗马人常以希腊名称来称呼他们，已见上文所述；可是，罗马人说迦太基城①既不借用希腊语，也不借用阿弗里

① 腓尼基语为Karthada，希腊语为Karchedon，罗马语为Cartalgo。

(Afrer)那个民族名[①],还有古罗马人称来自推罗的货物为萨兰货(sarrahische waren),"萨兰"一词[②]排除希腊人从中居间的可能;以上种种都指明,古时拉丁姆与迦太基有直接的商业交通,后来缔 157
结的条约也同样证明此事。

意大利人与腓尼基人的联合力量实际上基本保住了他们在地中海西半部的势力。西西里的西北部,连同其北海岸的索卢斯(Soloeis)和帕诺穆斯(Panormos)两大海港,以及位于遥向非洲海角的莫提亚(Motye),也仍直接或间接归迦太基人所有。大约在居鲁士(Kyros)和克鲁索斯(Croesos)时期,智士毕亚斯(Bias)力劝爱奥尼亚人自小亚细亚倾巢出动迁居撒丁(罗马纪元200年即前554年),迦太基的将军马尔库斯(Malchus)乃先发制人,出兵攻占了这个重要海岛的大部分,五十年后,撒丁全部海岸似乎全部毫无争议地归于迦太基民社所有。反之,科西嘉连同阿拉利亚和尼西亚(Nikäa)两城都落在埃特鲁斯坎人手中,土人以其贫瘠海岛的出产——沥青、白蜡和蜂蜜,向他们纳贡。此外,埃特鲁里亚和迦太基的联军称霸于亚得里亚海,以及西西里和撒丁以西海域。虽然希腊人并不放弃这种斗争,但那些被利利拜乌姆逐出的罗德人

① *Afri* 一名在恩尼乌斯(Ennius)和加图(Cato)时已经流行,该词确非希腊语,很可能与希伯来人的名称有亲缘关系。

② 自古以来,罗马人便用"萨兰"这一形容词来表示推罗的紫颜料和笛子;*Sarranus* 也用于姓氏,至少从汉尼拔战争时起是这样。在恩尼乌斯和普劳图斯的作品中出现的城名 *Sarra*,或由 *Sarranus* 变来,而非直接来自其土名 *Sor*。希腊语的 *Tyfus*,*Tyrius*,在阿弗拉尼乌斯(Afranius,见于费斯图斯,第355页M)以前,未曾见于任何罗马人著作。参见F.K.莫维尔斯,《腓尼基人》,波恩/柏林,1840—1856年,第2卷,1,第174页。

与克尼德人定居于西西里与意大利之间的岛屿上并在那里创立利帕拉城(罗马纪元175年即前579年)。马赛利亚虽然处于孤立地位,却很繁荣,不久便垄断自尼斯(Nizza)至比利牛斯山(Pyrenäen)的商业。就在比利牛斯山脚,从利帕拉出发又分建了罗达城(Rhoda,今称罗萨斯[Rosas]);据称查金提人卜居于萨贡图姆,甚至在毛里塔尼亚的丁吉斯(Tingis,即坦吉尔[Tanger]),那里受希腊王朝世代统治。可是,希腊人不再向前发展了;他们创立阿格拉加斯(Akragas)之后,无论在亚得里亚海或在西部海洋,他们的领土都未能再有重大扩张,西班牙的海域和大西洋都没有他们立足之地。年复一年,利帕拉人与托斯坎"海盗"激战,迦太基人与马赛利亚人、昔兰尼人激战,而最重要的是每年与西西里的希腊人激战;但双方都没有获致持久性的重要结果,战事历时数百年,就全部看来,结果只是维持原状而已。

158 由此可见,意大利至少在中部和北部地区即使只是间接地得到腓尼基人之助,不但没有沦为殖民地,而且就在这里,特别在埃特鲁里亚,发展为一个全民族的海上强国。可是,海上霸权常不免引人互相嫉疑,腓尼基人即使不对他们的拉丁盟友表示嫉疑,至少对海权较强的埃特鲁斯坎同盟引以为戒,这是不乏形迹可寻的。相传迦太基人禁止埃特鲁斯坎人殖民于加那利群岛(Kanarische Inselu),是真是假,都足以昭示此事有利害冲突存于其间。

第十一章 法律与司法

民族生活极其纷繁复杂，仅历史本身无法将它叙述清楚；历史只能满足于表述它的总的发展。个人的行事处世和思维创造，无论它们多么受民族精神的倾向所约束，都不属于历史范围。即使是笼统地勾画出这些状况的轮廓的尝试对于那个在历史上几近于湮没无闻的最远古的时代来说，似乎是必要的，因为那个把我们的思想感情同古老文明的民族截然分开的深邃鸿沟在这个领域本身多少可以令人感知。我们时代的传说及其纷繁的民族名称和暗昧不明的神话恰像一堆枯叶，我们难以认识其昔日青葱的状态。我们不去让那枯燥无味的话语穿越这些枯枝败叶低声诉说，也不必对人类中的零星群落细分为寇恩人（Choner）和欧诺特雷人（Oenotrer）、悉库尔人和佩拉斯吉人等，而是提出如下问题也许更加恰当：古意大利在法律交往中的人民的实际生活究竟如何形成，在宗教方面人民的理想生活究竟如何形成，他们如何耕田，如何经商；各民族从何处得来文字和其他文化要素。在这方面，我们所知不多，对罗马人，特别对萨贝利人和埃特鲁斯坎人更是所知很少，可是我们却能借这点残缺不全的少量材料向读者介绍这些民族古代生活的实况，而不是仅仅知道一个空名。姑且在这里先说一下，这种见解的主要结果可以用一句话来概括，意大利人，尤其是罗马人的原始状态所留下的遗迹比其他任何印度日耳曼民族所留下的少得多。弓箭、战车、妇女的产权、鬻买妻室、原始葬式、杀人报仇、氏族体制与民社权力的冲突、活生生的自然象征主义——所有这些和无数类似现象必定被假设为意大利文明的基础，与他处无异；可是意大利文明对我们大白于世的时候，这些现象的陈迹即已荡然无存；我们只能以相近的民族比较，才领略到这类事件的昔日存
160 在。在这方面，意大利史开端时所处的文明阶段远较希腊史和德意志史为晚，它一开始即显有比较近代的色彩。

意大利各民族的法律大半已经沦亡。只有拉丁国家的少许法律材料尚存于罗马法律中而流传到我们这个时代。

一切审判权均操在民社之手，亦即操在君王之手；在“审判日”(*dies fasti*)，君王登上审判场所的“法官坛”(*tribunal*)，坐在“车座”(*sella curulis*)[①]上审判案件或发布命令(*ius*)：他的扈从在他两旁，被告或“两方”(*rei*)站在他面前。虽然裁决奴隶之权直接属于主人，裁决妇女之权属于父亲、丈夫或最近的男性亲属，但奴隶和妇女却都不作为民社成员。遇有从属于家族的子孙，家父权便与君王裁判权并立共存，可是家父权并不是真正的裁判权，而只是父亲对子女所有权派生而来的。至于属于氏族本身的裁判权，或任何不需假君威而行事的任何司法权，都无遗迹可寻。至于自助权，特别是杀人报仇的权利，也许仍然有一条律法在传说中留下回

---

① 车座(wagenstuhl)之名——在语言学上无其他可能的解释(参阅塞尔维乌斯，《埃涅阿斯纪》注疏，1，16)，可最简单地说明如下：只有国王有权在城内坐车，以后每逢大典给予最高长官的特权就源于此，再者最初未有高出地面的讲坛之时，国王原系乘车赴会场，或他想去的其他地点，从车座上居高临下进行宣判。

响，那个规定就是一人被杀，被害者的亲属便可名正言顺地杀死凶手或任何非法保护凶手的人；可是正是这些传说对这条律令加以谴责。① 据此看来，罗马似乎很早就已厉行国法，禁绝杀人报仇。161
同样，据古代日耳曼法，一人被控，同伴和在场的人都有权对宣判施加影响，可是这种影响在最古老的罗马法里并无丝毫遗迹可寻；人只要有意志和能力，便可手执武器维护权利；这在司法上被认为是必要的，或者至少是容许的，这在古代日耳曼法中很常见，但在最古的罗马法中也是一无所见。诉讼程序按国王本人干预还是依据被害人的上诉而分为公私两种。第一种仅应用于破坏公共安宁的案件，即首先是叛国或通敌和犯上作乱等案件。但凶杀犯（Parricida）、鸡奸犯、强奸（处女或妇人）犯、纵火犯、伪证人，还有用妖术摧残禾稼者，或夤夜窃割诸神灵及人民守护的田禾者也都是破坏公共安宁的人，所以也同对待叛国犯那样对待他们。国王宣布审案开始，并主持案件的审理，他在与召来的元老磋商之后进行宣判。可是，国王在提出一案之后，可以将此后处理和判决此案之事交给他的代表，此代表通常选自元老院。后来的特命代表，审判叛逆（duoviri Perduellionis）的两名委员以及后来的常任代表，即"凶手缉捕使"（*qualstores parricdii*），他们的主要任务是缉拿杀人凶

① 如普鲁塔克所述（《罗慕洛传》，23，24，），关于塔提乌斯（Tatius）王之死的故事，说到塔提乌斯的亲属杀了来自劳伦图姆的使者，死者的亲属投诉于塔提乌斯，要求偿命，塔提乌斯拒绝这一权利，于是他们把塔提乌斯处死。罗慕洛认为由于凶杀已被另一次凶杀抵偿了罪行，就开释了杀死塔提乌斯的人；但因神灵对两城同时进行裁判，于是两个凶手在罗马和劳伦图姆事后俱受到应有的惩罚——这故事很像是为了废除杀人报仇而做出来的史话，与贺拉提（Horatii）基于创立清教（Provokation）的神话相似。这故事在别处有几种说法，固然出入甚多，不过它们似乎都混杂不清或经人修正过。

手，即采取一定程度的警察行动，他们都不属王政时期的人，但可能与王政时期的某些机构有联系。通常在预审期间拘留被告，可是被告也可保释。逼供的刑罚只用于奴隶。凡破坏公共安宁业经定性的，都处以死刑。死刑的方式不一，例如犯伪证罪的投诸寨岩
162 之下，盗窃田禾的处绞刑，纵火的被烧死。国王不能赦免罪人，只有民社握有此权，可是准许罪犯请求宽大处理（*prorocatio*），与否之权却在国王。此外，法律还承认神祇有权代罪人居间调停。向朱庇特祭司下跪的人当日不再受到鞭挞，受桎梏的人一入朱庇特祭司之家，便须解其束缚，罪人赴刑场途中，若偶遇神圣的维斯塔贞女，则可免死。

如对国家犯有扰乱秩序或犯违警罪，国王可以量刑课以罚款；罚款不外定数的牛羊（故有 *multa* 之名）。对于鞭笞之刑，国王也有宣判之权。

其他一切案件，如果受害的仅系个人，公共安宁未受破坏，国家只对被害者的申诉受理，受害者强使对方或在必要时扭送对方同见国王提起诉讼。如果双方出庭，原告口头提出要求，而被告也口头予以拒绝，那么国王或审查此案，或委托副手以国王名义办理此事。敦促双方相互妥协乃是弥补过失的常法；如果侵犯者不给被侵犯者以充分补偿（*poena*）而使之满意，如果有人将其财产扣押，或者对他的正当要求不予满足时，那么国家只能补充地出面干预。

在这个时代，失主有权向窃贼要求何物和盗窃何时才可被认为是赎罪，已经无法考证。但失主对于当场抓获的窃贼理应要求的赔偿比对事后的被破案者较重，因为失主所平息的怒气在前一

例中比后一例为盛。如果盗窃行为似乎难以赎罪，或窃贼无力偿还失主的要求和法官所准许的数额，那么法官便将窃贼判给失主作为奴隶。

在人身或财产损害(*iniuria*)的案件中，如果损害情况较轻，受害者便须无条件接受赔偿；但是，如果因此造成伤残，伤残者便可以眼还眼、以牙还牙地提出要求。 163

由于罗马人的耕地久用共耕制，相当晚时才行分田耕作，所以财产并非在不动产上，而最初是只在"奴隶和牲畜"上(*familia pecuniaque*)发展起来的。强者的权力并非是财产的法律依据，反之，一切财产多半被视为民社提供各个公民专门享用的财物；所以只有公民以及民社在这方面认为与公民地位相等的人才能拥有财产。一切财产都可自由易主。自从私有财产的概念扩及于不动产以来，罗马法仍不甚区别动产与不动产，也不承认子女或其他亲属对于父产或家产拥有绝对的既定权利。可是，父亲不能擅自剥夺子女的继承权，因为他既不能取消父权，又不能立一个经过整个民社许可的遗嘱，因为这一许可也会遭到拒绝，而且在这种情况下必然会常常遭到拒绝。在他在世时，虽然父亲可以做出不利于其子女的规定，因为法律对于产业主本人的限制是克制的，而且大致允许任何成年男子拥有自由处置其财产的权利；可是，有规定，如有人出卖其祖产并剥夺儿女对祖产的享用权益，那么官厅方面便视之为疯人而加以监护，这一规定可能起始于分地耕作，从而使私有财产普遍对国家变得较为重要之时。这样，两个对立的原则，一是产业主有无限的支配权，二是家产应保全不散，在罗马法里就尽可能实现结合。对财产的物权限制是绝不允许的，只有耕作所必需的特许权作为例外。永佃权和物权地租依法是不能存在的；不实行抵押，抵押依法也同样不予承认，财产作为抵押品即刻交给债主，只能是把债主视若买主，然后债主担保（*fiducia*）在
164 要求到期以前不得出卖抵押品，并在借款偿清后将抵押品归还原主。

国家与公民所定的契约，特别是承担向国家交款（*praevides*，*praedes*）的担保人责任，都不必再经其他手续，即依法有效。可是，私人之间所缔结的契约一般地无权向国家方面请求法律上的援助；保障债主的唯有欠债人的诺言，而这种诺言依商人的惯例甚被重视，诺言之外又常加上起誓，背誓者害怕神诛，所以畏惧神诛也是债主的一种保障。依法可以诉讼的只有婚约，因此，如父亲许婚后不把已许配新娘遣嫁，他就必须道歉和赔偿，此外购买（*mancipatio*）和借贷（*nexum*）亦然。当卖主将货交给买主（*mancipare*），买主同时在证人面前将议定的价钱交付卖主，那么，买卖依法完结。自从铜代替牛羊成为通常衡量价值的正式本位之后，就出现了公证人执掌天平，以此称出议定之铜量。[1] 在这些前提下，卖主必须保证本人即是物主，此外卖主与买主均须履行一切特别

① 产权转让（Mancipatio）的充分发展必在塞尔维乌斯改革之后，而且为确定农民产权而对可转让物品所作的选择可为此作证，而且传统必是认可的，因为传统使塞尔维乌斯成为天平的发明者。但产权转让的起源必然很古，因为它最初只适用于可以用手握住的物品，而且它源于财产主要由奴隶和牲畜构成的那个时代的最古方式之中。因此，应被转让的物品的点数应是塞尔维乌斯的一项革新；转让本身以及天平和铜的应用却较早于此。无疑转让原是一种普通的购买形式，甚至在塞尔维乌斯改革以后，仍是各种物品的通用办法；后世却误解其意，以为某些物品必须用转让的规则，便认为只有这些物品能转让，而其他的不行。

商定的条款，不履行条款的一方须赔偿对方的损失，一如他盗窃了对方的物品那样。但买卖总是只有在双方一步一步实现时，诉讼才起作用；信用买卖与产权的得失无关，不能作为诉讼依据。借贷也用同法办理，债主在证人面前将商定的铜量交给债务人，债务人 165
必须负偿还之责(*nexum*)。除本金外，债务人必须支付息金，平常年息可达百分之十[1]。那时偿还贷款也采取同一形式。如果债务人对于国家不履行自己的义务，那么国家可径直将他所有的一切卖掉；国家提出要求，足以证明债务属实。反之，如果私人向国王诉告侵犯财产(*vindiciae*)或借债不还，那么，这就需要视情况是否需要确证而定，产权诉讼案通常属于这种情况，或需视案情真相是否已经大白，关于借贷案件，只要通用法律条文由证人证明，起诉依据便不难确定。确定实情，采取赌注的方式，双方各付一笔押款(*sacramentum*)，以备败诉。案情如果重大，所争之值超过十只牛，押款便需五只牛，案情如果较轻，押款只需五只羊。然后由法官裁定谁胜诉，于是败诉一方的押款就归祭司，以供公共献祭之用。败诉一方逾三十日仍不给对方满意答复，而且欠债者的还债义务自始即已确定，又无证人来证明自己已偿还，那么这种人便要受到缉拿(*manus iniectio*)归案的判决，原告在任何地方遇见他，可将他捉拿扭送法庭，以催他偿还业已承认的债务。被捉的人不得辩护，第三者虽可替他说项，并把这种暴力行动说成无理(*vindex*)，从而审讯停止，但是说项人由于出面说项对此负有个人

① 即一年若以十个月计算，息金等于本金的十二分之一(*uncia*)，也就是息金以十月为一年计，等于八又二分之一；以十二月为一年计，等于百分之十。

责任，因此，无产者不可能为纳税的公民去说项。如果既未偿付，又无调停，那么国王便将被捉的人判给债主，债主能把他带走并像
166 奴隶把他扣留。如果六十天后，债主将欠债人三次放在市场上，公开询问有无怜悯他的人，而过期仍无结果，那么众债主有权将他处死分尸，或者将他和他的儿女、财产一齐卖给外国做奴隶，或者把他留在家里做奴隶；按罗马法，只要他仍在罗马民社境内一日，他自然不会成为绝对的奴隶。所以，罗马民社对每一个人的财产都厉行保护，免于偷盗和侵害，免于被人不法占有和被人无力还债夺走。

同样，对于不能从军因而不能自保其财产的人，如未成年的人、疯人，尤其是妇女，其财产得到保护，人们可请最亲近的继承人担任其监护人。

一个人死后，他的财产归最近的继承人所有，凡权利相等的人，包括妇女，均可平分，寡妇及其子女也可按人头分得一份。要免除继承权，只有人民大会可以核准，由于继承权附有宗教义务，所以事先还要征求祭司的意见。可是，自古以来这样一种免除似乎屡见不鲜；如果不得免除，仍可略施补救之法，因为每人在世时都有完全自由支配其财产之权，他可将自己全部财产转交一位朋友，本人死后由他的朋友按照死者心愿将财产加以分配。

解放奴隶未见于最古老的法律。主人当然不禁止行使他的所有权，但主奴之间不能互负义务的状况却不因而废除，奴隶对于民社来说更不能取得宾客或公民的权利。所以解放奴隶起初必只是事实，不是法律，对主人永不能废弃其重新把被释免者任意作为奴隶对待的可能性。然而，如果主人不仅对奴隶而且对民社自告奋

勇地让奴隶保有自由，那就是另一回事了。可是法律对于主人却 167
没有这样一种特殊的约束形式，这充分证明，起初并不存在所谓解放奴隶，而是法律另外提供为此所利用的那些方法，如遗嘱、诉讼和课征重税等。如果主人在人民大会上立遗嘱，宣告他的奴隶自由，或者主人允许他的奴隶当他的面在法庭面前要求自由，或者让奴隶记名于课税名册上，那么这个释免奴虽然不能算作公民，可是对旧主人及其后嗣却可以算作自由人了，以此他起初被认为受保护的客民，然后可被认为是平民。解除父子关系比解除主奴关系的困难更大，因为主人与奴隶的关系是偶然的，所以能任意解决，而父子关系永远存在。因此，后来，为子者要脱离与其父的关系，先置身于奴隶地位，然后从这一地位中谋求解放；但在当代时期，根本还不能存在一种独立解放。

根据这种法律，公民和客民在罗马循此生活。据我们所知，在他们之间自始即存在完全平等的私法权。然而，一个外国人若不投靠一个罗马庇护人，赖以作为门客生活，他本人以及他的财产便不受法律保护。他的财物宛如海滩上任人拾取的无主贝类，罗马公民从他手里夺走任何物件，都算是正当收获。对罗马界外地产，罗马公民虽可实际据为己有，可是，从法律的意义来看，他不能被视为地产主，因为公民个人无权拓展民社的疆界。在战争时，这就另当别论了。凡士兵在招募下作战所得的东西，无论是动产还是不动产，都不能归于士兵所有，而属于国家，所以扩大或归还疆界，也取决于国家。

除这些一般原则外，通过特殊的国家条约也产生特殊情况，条约对外国民社的成员在罗马民社内允许享有某种权利。在罗马与

拉丁姆之间的永久盟约首先声明罗马人与拉丁人所订契约一概在
168 法律上有效，同时规定他们的案件可在宣过誓的“弥补使”（*reciperatores*）面前作为速决民事诉讼案处理。其他案件按罗马习惯都由一名法官裁决，而这种案件却不然，开庭时总有数人同坐，成单数，我们可认为他们是受理商事的法庭，由两国的法官和一名审判长组成。他在缔结契约之处开庭判决，而且最迟须于十日内结案。罗马人与拉丁人相互交往的形式，当然就是一般贵族与平民相互交往的形式，因为转让法和借贷法原不只是官样文章，而是法律概念的具体表现，这些法律概念的势力至少遍及操拉丁语人地区。

罗马人与狭义外国人进行交往形式不同。早在远古之时，罗马人必须与凯雷人及其他友好民族订立通商和诉讼程序的条约，并成立国际私法（*ius gentium*）的基础，该私法渐渐与国法并行发展于罗马。从一种值得注意的变易法（*mutuum*，源于 *mutare*；如同 *dividuus*）可看到这种法律形成的踪迹；变易法（wandel）是一种借贷方式，与借贷法不同，借贷法以借债人在证人面前明言守约为本，变易法却仅以金钱易手为本，借贷法起于国内贸易，变易法则显然起于对外贸易。因此，其特点是，此词重见于西西里希腊语的 μοῖτον；拉丁语的 *carcer* 重见于西西里的 κάρκαρον，也与这有关。由于这二词源自拉丁语，并在语言学上已成定论，所以它们在西西里的方言中的出现是一个重要证据，证实拉丁舟子在此岛交易频繁，交易促使他们在岛上借债，但在古代任何地方的法律对于借债不还的人都处以监禁，所以拉丁舟子当时也有因债务而被监禁的。叙拉古的监狱名为“采石场”，古时罗马扩大的国家监狱借用其名，

称为 *lautumiae*。

我们再来回顾一下这些体制的整体。罗马习惯法记载于王政废除后约五十年间,这些体制便从这些习惯法的最古记录中得来; 169
它们在王政时期的存在虽在个别问题上可疑,但在整体上是不容置疑的。它们堪称既一贯开明而且农商业又颇为先进的城市的法律。就这方面来说,惯用的象征语,例如像德意志法律条文所显示的那样,业已完全绝迹。毫无疑问,这样一种象征语必定也会在意大利人那里出现过。明显的例子如抄家的形式,按罗马人和日耳曼人的习惯,搜索者在抄家时必须不穿上衣,只穿内衫露面,尤其是原始拉丁人宣战的表现方式,其中至少出现两个象征(至少在凯尔特人和日耳曼人那里也这样):一个是"纯种草"(*herba pura*,法兰克语作 *chrene chruda*),象征本土,另一个是略略烧焦的血污棒,象征开战。但有少数例外,其中在宗教上的考虑维护了古代习俗,如婚礼用盐饼和宣战由执法团(Fetialenkollegium)进行。除这些少数例外,据我们所知,罗马法一概彻底和有原则地废弃象征并要求在一切事例中只把意愿充分而清晰地得到表现。交付物体,传唤作证,缔结婚姻,双方只要明示他们的用意便告完成;固然,把物件递交新主手中,传唤证人扯他耳朵,结婚时蒙住新娘的头并在隆重礼仪中将她引入新郎之家,这都是很寻常的;可是,早在罗马人最古的法律里,所有这些原始做法在法律上已是不屑一顾的习俗。与此完全相似的是,罗马在宗教上废弃一切讽寓以及所有的人格化,所以在法律上把种种象征彻底废除。同样,希腊和日耳曼制度所显示那种最古老的状况,即民社权力仍与较小的,已融合于民社的氏族的或州郡社团的权威相斗的状况,已在罗马法中全部

消除;不存在旨在补充因相互攻守而造成不完善的国家救助的国家内部的法律联合体,也不存在报复血仇或限制个人处置家产权
170 的显明痕迹。在昔日意大利人那里必曾有过这种制度,其遗迹或可见于宗教法的个别机构内,例如一人犯了误杀罪,必须以一只山羊赎罪,给予死者最近的亲属;可是,仅仅在我们所知的罗马最古时期,这是一种早已过时的见解。在罗马民社内,氏族和家族虽未消灭,可是在国境内,除国家所给予和保证给予公民的自由之外,国家在理论上和实际上的无限权威却不再受氏族或家族的限制。无论何地,法律的最后基础是国家:自由只是体现最广义的公民权的另一个词汇;一切财产无不奠基于民社向各人的转让,无论这种转让出于明言还是默许;条约如无民社的代表证明便不生效力,遗嘱非经民社批准也不生效。公法与私法的范围相互区别得这样明确而清晰:对危害国家罪,国家法庭须立即判决,而且不免常处以死刑;对公民或客民的侵犯罪,先由罪人向被害者赎罪赔偿或满足要求,经过调解解决,而绝不抵命,至多丧失自由。一方面最大地宽容交往,另一方面执法极严,这两方面结合进行。正如今日在商业国家,人人都有开汇票之权,同时却严格履行汇票手续。公民与门客交往,完全平等;国家条约对客民允有广泛的法律平等权利;妇女在法定资格上同男子完全平等,尽管妇女在买卖方面受到限制;甚至几未成年的儿童对其财产就有极广泛的处置权;而且谁拥有处置权,那么他在自己范围内就如同在国家的公共事业范围内拥有主权地位。最有特点的是信贷制度。以田地抵押债款的事并不存在,债务人不用抵押债务方法而用现代抵押程序的最后一步,
171 即债务人即刻将财产移交债主。反之,私人放款有着最广泛的保

障，保障过分之处姑且不论，立法者允许债主用对待盗贼的手段来对待无力还债的人，夏洛克[①]几乎诙谐地向其不共戴天之敌提出条件，竟以立法从严待人；对于割肉逾量这一点，罗马法却比这位犹太人所做的更加小心地以附加条款予以防止。法律不能明白表示它的用意在于，它想建立独立但又不负债累累的农业和商业信用业，同时想严厉取缔一切冒名的所有权和一切背信弃义的行为。如果我们举出早已承认一切拉丁人拥有的移居权和早已宣布世俗婚姻的合法性，那么我们将认识到这个国家对其公民要求的最高准则和提高个人服从整体的观念，简直是前无古人，后无来者，可是它却这样做了并且能够这样做，因为它自行拆除了交往的障碍，并且解除了国家束缚他们自由的桎梏。法律无论准许或禁止，永远是绝对的。不受保护的外国人犹如被猎的野兽，所以客民与公民是平等相处。契约平常不足为起诉的依据，但只要债主的权利得到承认，权利的力量便莫之能御，以致穷人无处得救，无人对他表示慈悲或为他伸张正义。这好像法律乐于处处显露锋芒，乐于引起极端的后果，乐于逼使最迟钝的人感受法律观念的残酷无情。日耳曼的法令盛行诗歌体，行文明了生动，读之甚为悦耳，对罗马人是陌生的；在罗马法里一切都明晰干脆，不用比喻，没有过多的说教。罗马法并不残忍，它只是完成一切必要的事，繁文缛节一概免去，甚至执行死刑也是如此；自由人不受刑讯，在罗马法内是一条基本条款，其他民族却为之不得不奋斗几千年。可是，这种法律

① 夏洛克(Shylock)，莎士比亚名剧《威尼斯商人》中的一个犹太放债者，以冷酷刻毒著称。——译者

的严酷无情却是可怕，我们通过人类实践不可过于宽容地去想象，因为它确是人民的法律；这种法律比威尼斯的牢狱和刑讯室还要令人胆寒，那是一排排的活人坟墓，身临累累债务中的穷人眼见它
172 们在张开大口。但是，罗马人民自定并忍受一项法制，因为在这一法制中，自由和管辖的、所有制和法律程序的永恒原则曾经不折不扣地、毫不容情地起着统治作用，而且直到今日仍然如此，罗马的伟大正是存在于此并奠基于此。

第十二章　宗教

如前所述，罗马的神祇世界是来自人间罗马在一个更为崇高的和更为理想化的静观境界中的反映，事无大小都精确地重现于这个世界之中。国家和氏族，个别的自然界现象，如同个别的心灵活动、每个人、每一地方和每一事物，甚至罗马法范围内的每一行动，无不再现于罗马的神祇世界之中；正如尘世事物永远来来往往，长流不息，神祇世界也随其变化无常。主宰每一行动的保护神与这一行动共存共灭；各个人的保护神也与人同生同死；同类的行动和同样的人永远生生不已，所以同类的神灵也永远层出不穷；只有这样，这些神祇才总是重现。犹如罗马的神祇主宰罗马民社那样，主宰外国民社的也有其自己的神祇；公民与非公民、罗马神与外国神可能截然对立，所以，外国人和外国神祇经民社决议才能被引进罗马，而且当罗马攻克一城，将该城公民引进罗马居住时，该城之神祇也被引进罗马安置新居。

关于最初罗马未与希腊人有任何接触时的神祇界的情况，以我们所知的材料来自罗马民社的公共节庆日的节日表，这个表留存在历书中，无疑是罗马古代传给我们的最古文献。在节日表中居首位的是朱庇特和战神以及与战神相貌酷似的奎里努斯神。所有月亮满圆之日（*idus*）都是朱庇特神的圣日，此外，一切酒节和其他节庆属于此神，对这些节庆日容后再叙；5 月 21 日祭（*agonalia*）奉献给他的对立面“恶神约维斯”（Vediovis）的。反之，属于战神
174 的有 3 月 1 日的新年节和该月的盛大的战士节，3 月即以此神得名；这个节始于 2 月 27 日的赛马（*equirria*），3 月间，有铸盾节（*equirria* 或 *Mamuralia*，3 月 14 日），审判会场上的兵器舞（*quinquatrus*，3 月 19 日）和击鼓圣仪（*tubilustrium*，3 月 23 日）等隆重节日。倘若作战，开战以此节日开始，至秋季战事结束后，又举行一次战神庆祝，即兵器节（*armilustrium*，10 月 19 日）。最后，对第二战神即奎里努斯的节庆在 2 月 17 日举行。其余节庆日是以有关耕作和种植葡萄为主，畜牧业的节庆居于次要地位。特别是 4 月内，春节庆祝日很多，属于此类的有，15 日的祭司滋长万物的地神特卢斯（Tellus）是为孕牛祭典（*fordicidia*），19 日祭司专为植物萌芽的女神凯雷斯（Cerialia），21 日祭司专为繁殖牲畜的女神帕列斯（Parilia）；23 日祭司朱庇特，因为他保护葡萄以及那天打开的去年收获酿成（*vinalia*）的葡萄酒酒桶；25 日祭司破坏禾稼的蟊贼黑锈病（*Robigus*：*Robigalia*）。同样，在田间工作完毕、作物顺利收获后，便举行成双重节庆，祭司入仓和收获的男神孔苏斯（Consus，源于 *condere*）和女神欧普斯（Ops），第一次在收割完毕后即刻举行（*Consualia* 在 8 月 21 日，*Opiconsiva* 在 8 月 25 日），第二次在仲冬，那时粮食丰收特别明显（*Consualia* 在 12 月 15 日，*Opalia* 在 12 月 19 日）；安排节日的古人思考周密，又在上述后两个节日之间加入一个播种节（*Saturnalia*，源自 *Saëturnus* 或 *Sarturnus*，在 12 月 17 日）。同样，新酒酿成，又有新酒节，人以为新酒有治病功效，所以又名酒疗节（*Meditrinalia*，在 10 月 11 日），祭司酒神约维

斯，而第三个酒节（*Vinalia*，在 8 月 19 日）的起源则不明。除以上节日外，至年终又有牧人祭善神乎努斯（Faunus）的狼节（*Lupercalia*，在 2 月 17 日）和农人的界碑节（*Terminalia*，在 2 月 23 日），还有与林神（*Silvani*）有关的夏季圣林节（*Lucaria*，在 7 月 19 日和 21 日两天），泉水节（*Fontinalia*，在 10 月 13 日）和迎新太阳的最短之日的冬至节（*An-geronalia*，*Divalia*，在 12 月 21 日）。

此外，还有意义不小的节庆，如海神节（*Neptunalia*，在 7 月 23 175
日），港口节（*Portunalia*，在 8 月 17 日），台伯河节（*Volturnalia*，在 8 月 27 日）等海员的节庆，这都是在拉丁姆的港口城市总是期待举行的。然而，在这些神祇界，只有火神兼冶炼神武尔加努（Vulcanus）代表手工和技艺，除以此神为名的节日（*Volcanalia*，在 8 月 23 日）外，击鼓节庆（*tubilustrium*，在 5 月 23 日）第二个节日也是献给这种行业的；或者卡门提斯节（Carmentalia，在 1 月 11 日和 15 日）也代表手工和技艺，卡门提斯原来是司符咒和歌咏的女神，只是后人用以引申而把她尊为保护生育的女神。

代表家居生活的，有家神维斯塔（Vesta）和仓库神佩纳特（Penaten）的节日（*Vestalia*，在 6 月 9 日）；生育女神节（*Matralia*，在 6 月 11 日）[1]，献给利贝尔（Liber）和利贝拉（Libera）的儿童祈神节（*Liberalia*，在 3 月 17 日），先灵节（*Feralia*，在 2 月 21 日）和持续三天的鬼神节（*Lemuria*，在 5 月 9、11 和 13 日）；而有关市民关系

① 这似乎是“晨母”（*Mater matuta*）本身；我们可以忆及与此有关的一事，即晨时诞生被视为吉利，如 Lucius，尤其 Manius 等人名可以为证。*Mater matuta* 可能到了后世受了琉科忒亚神话（leukotheamythus）的影响，才成为海洋和港口女神；然而，尊这一女神的多为妇女，原来她被视为港口女神。

的只有对我们不清楚的两个节日：一是国王出奔节（*Regifugium*，在2月24日），二是黎民出奔节（*Poplifugia*，在7月5日），我们至少只知后者专门献给朱庇特的，还有七山节（*Agonia* 或 *Septimontium*，在12月11日）与此也有关。对于创始神雅努斯（Janus）也专有一个祭日（*agonia*，在1月9日）。其他几个节日，如孚里节（*Furrina*，在7月25日）和献给朱庇特和阿卡·拉伦提亚（Acca Larentia）的拉伦达节（*Larentalia*，在12月23日），后者也许是拉尔神的节日（*Larenfest*，在12月13日），其真正性质，迄今已无法考证。

这表完全是固定的公开节庆；即使自远古以来除例行固定节日以外，肯定还有可以变动的和临时举行的节庆，可是由这文献所谈的，以及它所略而不谈的，我们却能几乎洞察原始时代的机会。
176 这节日表形成时，古罗马民社虽然与罗马丘民已合并，因为奎里努斯和战神同见于此表，但是该表拟定时，卡皮托尔庙仍未存在，因为表中没有朱诺和米涅瓦，阿文廷山上的狄安娜圣庙还未建立，希腊人的迷信概念并未被移植到此。由一切迹象看来，在意大利民族仍独居于意大利半岛时，那时罗马的宗教仪式以毛尔斯（Maurs）或马尔斯（Mars）作为中心，即意大利的一般宗教仪式亦复如是。毛尔斯是杀神[①]，主要被敬奉为市民的保护神，它挥舞戈矛，保卫牲畜，殄灭敌人。当然在方式上，每个民社各有其战神并

---

① *maurs* 是流传下来的最古的字形，由这个形式，u经过种种不同的读法，发展出 *mars*，*Mavors*，*mors*；u过渡到ŏ（似 Paula，Pola 等）也见于复式的 *Mar-Mor*（参见 *Ma-mŭrius*）与 *Mar-Mar* 和 *Ma-Mers* 并行。

被奉为最坚强、最圣明的神灵，所以每个神圣的“献新团”(*Lenz*)在前往建立新民社时，总是在其战神保护下整队前进。罗马的月历几乎没有神祇，但第一个月却奉献于战神玛斯，不但罗马历如此，其他拉丁族和萨贝利族的历法大概也如此；罗马人一般也不以神为名，只有 Marcus、Mamercus、Mamurius 却很古就见于流行的人名；意大利最古的预言与战神及其神圣的啄木鸟相连；狼是战神的神兽，也是罗马公民团的象征。罗马人能以想象力创造出来的神圣氏族传说无不追溯到战神和与他相貌类同的奎里努斯。诚然，在固定节日表中天父狄奥维斯是罗马民社性质的一种较纯粹的、比好战较文雅的反映，所占的地位比战神要大，正如朱庇特祭司位居战神的两种祭司之前，但战神在这个节日表里仍居显要的地位，甚至完全可以相信，在固定次序上，约维斯与战神并列，如同阿胡拉马兹达(Ahuramazda)与密特拉(Mithra)并列那样，而且在好战的罗马民社崇奉宗教的真正中心当时仍是这位尚武的死神及其三月节，而人们同时认为司“增欢酒”的神便是天父约维斯，而不是以 177
后由希腊人输入的“排忧之神”。

详细考察罗马众神非本章课题，可是在历史上也有重要意义的是突出了它们那种独特的、既低级的、同时又亲密的特性。希腊神话以抽象和人格化为本，罗马神话亦复如此；希腊神祇原奠基于一种自然现象或一个概念，罗马神祇亦然，而且无论对希腊人和罗马人来说，任何一个神灵总是作为凡人出现的。可以证明这一点的是，他们认为神祇也有男有女，他们向全然不知的神呼唤：“无论你是男神还是女神，是男人还是女人”，而且为此也能证明的是，他们深信民社自己的保护神的名字绝不外传，以使不会有一名敌人晓得他，呼唤他的名字，将他诱至界外。意大利最古老又最富有民族色彩的战神尤其带有这种感染色彩很浓的见解的残余。但如果说，任何宗教赖以为基础的抽象力图在别处扩展，达到更广泛的概念，总是深研万物本质，那么，罗马的信仰观点却停滞在观察和理解的难以置信的低级阶段上。如果说，对希腊人来说，任何一个重要意向迅即扩大成为群像和内容类同的传说和思想库，那么在罗马，基本思想却停留不前，原形僵直毕露。阿波罗教荣显尘世的道德，狄奥尼修教有神授的陶醉力，冥神（*Chthonos*）教和秘义教寓意深刻，充满神秘，而罗马独特的宗教却对之毫无相似之处。罗马宗教固然也有一个"恶神"，也有种种显灵和鬼（*lemures*），以后又有专司浊气、寒热、疫病或甚至盗窃诸神，可是它对人心所向的充满神秘的敬畏感不能加以激发；它对自然界和人类中不可领悟的和邪恶的东西不去深究，而这些东西对宗教却是不可或缺的，如果整
178 个人要融化于宗教之中的话。在罗马宗教里，除城神和家神之名外，几无秘密，即使这些神祇的本质对于每一个人都是昭然若揭。

罗马的民族神学处处都想使重要的现象和性质弄得清晰易懂，用神学名词来表示它们，有条有理地予以分门别类，最初也以私法为基础来区分人与事，以便以后可以正确无误地祈求诸神或群神，以便能把它正确无误的祈求方式指示（*indigitare*）给庶民。这些概念都由外界抽象而来，极为简朴，有时可敬，有时可笑，罗马神学大体就是由这些概念所构成。播种（*saeturnus*）和耕作（*ops*）、土地（*tellus*）以及界石（*terminus*）等概念都被尊为最古老、最神圣的罗马神灵。在罗马诸神形象中，也许以那双头的雅努斯神最为奇特，罗马为崇拜他构想出一种富有意大利色彩的偶像，可能只此

一例。在他身上又体现了一种观念，就是每一个行动开始应先得唤呼“开幕之神”，罗马人的胆怯的宗教感情由此而来的观念即可显见；而最重要的，此神体现这种深沉的感觉，即把罗马神祇概念非变成群列不可，如同希腊人的较人格化的诸神必须各自独立[①]。在罗马所崇拜的神灵中，最深入人心的神也许无过于管辖家庭和仓库的守护神了，在公共的祈祷仪式中持奉的是维斯塔和佩纳特神，在家庭崇拜中持奉的是林神和田神西尔凡(Silvane)，特别是狭义的家神拉司(Lasen)或拉尔(Laren)，各家定期在开饭时必向他们献祭，甚至到(老加图)[②]时期，家长自外回家的第一件事就想到祭拜这些神灵。可是在群神的位列中，这些家神和田神并不居于前列，被摆在后面；最能强化虔诚之心的不是最广博、最普遍的抽 179
象，而是最单纯、最富个性的抽象，对于一种宗教舍弃一切理想化，这是势所必然的。

罗马宗教漠视理想因素同求实际、重功用的倾向相结合，这正如在以上所讨论的节日表里已经讲得够清楚的了。通过耕田种地、畜牧牛羊和航海、经商以增财富，这正是罗马人对诸神的祈求；信义神(*deus fidius*)，机遇和幸运女神(*fors fortuna*)和商业神

---

① 对雅努斯来说，门户和早晨(*ianus matutinus*)是神圣的，祷告时，它总是在他神之前，甚至在一批钱币里，它也刻在朱庇特等神祇之前，这无疑表明他是开启和发端的象征。面向两边的双头是与向两面开合的门有关。不可把他视为日神和岁神，因为原以他为名的月份原是 11 月，而非 1 月，这月所以得名，似乎因为此时正当仲冬休息已毕，田间工作又周而复始。可是，一岁之始也被列入雅努斯的权限之内，特别自从 Januarius(1 月)居于岁首以后，这就不言而喻了。

② 老加图(公元前 234—前 149 年)，罗马政治家、演说家，第一位重要的拉丁散文作家。他在公元前 184 年当选为监察官，全力维护罗马“古风”，同一切希腊的影响作斗争。——译者

(*mercurius*)均来自日常交往,虽还不见于古时的节目表,却已很早受到罗马人的崇拜,这也与上项见解相吻合。严格履行节约和经商投机在罗马人的本质中太根深蒂固,为了不使其神灵反映也透进最深邃的核心。

关于鬼神世界是鲜有可述的。死人的灵魂,即所谓"善灵"(*manes*),隐隐约约地继续存在,出没于其葬身之地(*dii inferi*),吃饮生人祭品。他们孤独地住在地下深处,自地下到地上人间或上至神境,均无桥梁沟通。希腊人的英雄崇拜对罗马人来说是完全陌生的,虚构创建罗马城的神话幼稚拙劣,罗慕洛王变为奎里努斯神一说就已昭然若揭了。正如提修斯(Theseus)在雅典那样,努马(Numa)在罗马传说中享有最古和最受尊敬的名声,在罗马却未享有作为神的光荣。

最古的民社祭司团都与战神有关:首先是终身任职的民社神坛祭司和"舞蹈僧"(*Salii*),前者因献燔祭而取名为"战神的点火僧"(*flamen Martialis*),后者是一班少年十二人,每年3月表演兵器舞,伴以歌咏,祭祀战神。丘地民社与帕拉廷部民社合并,使罗马的战神祭司倍增,于是又为战神添设一种祭司,称为"奎里努斯点火僧"(*flamen Quirinalis*),以及另一个舞蹈团,即"丘部舞蹈团"(*salii collini*)。上文已详述此事。

180 此外,还有其他公开祭祀,论其起源,其中一部分可能大大早于罗马城的创建,为举行这种祭祀,或延聘祭司,如伺奉卡门提斯神和武尔加努神,以及港口神、河神的祭司,或委托一团体或氏族以人民的名义行祭。十二人的田夫团(*fratres arvales*)可能就是这样一种团体,他们在5月间祈祷获雅女神(*dea dia*),保佑禾苗茁壮成长，该团以后在王政时代特受崇敬，当时是否如此，却是疑问。此外，还有替提兄弟团（Titische Brüderschaft），它继承和举办罗马萨宾族的特殊崇拜，此外，还设三十名“地区点火僧”（*flamines curiales*），专司三十个地区的炉灶。前述的狼神节（*lupercalia*）是在 2 月间奉祭“吉利神”（*faunus*）的，为祈求保护牛羊群，司祭的是昆克提（Quinctier）氏族人和法比（Fabii）人，罗马丘地人进入罗马后，法比人加入昆克提氏族人才共同庆祝；这个节庆纯系牧人的狂欢节，扮演狼的人裸体跳跃，腰束山羊皮，手执皮鞭，遇谁打谁。同样，在其他氏族的祭典中民社也同时被考虑可派员参加。

除这些罗马民社最古的宗教祭典外，后来逐渐增加了一些新的祭祀。新结合起来的罗马城大规模建造城垣和寨堡，实际上无异于第二次建造这座城市，有关新城的祭祀都是其中最重要的。护佑罗马人民的乃是至高无上的卡皮托尔山的约维斯守护神，他在一切罗马神中居首位，自此以后，掌祭此神的点火僧（*Flamen Dialis*）与战神的两祭司合为三位一体的神圣祭司团。对新统的“城灶”即对维斯塔贞女的崇拜，以及与之相关的对全民社家神的崇拜也起源于同时。六位贞洁处女不啻是罗马人民自己的女儿，从事这项虔诚的祭典，她们必须保持社灶的炽烈火苗，使其永远熊熊燃烧不息，给公民们树立榜样，并奉为象征。这种家庭和公共的宗教礼仪在罗马最为神圣，正因为如此，后世基督教禁止邪教时，这种崇拜的消除也排在最后。此外，狄安娜代表拉丁同盟，阿 181
文廷山分属于她，可是也未设特殊罗马祭司团为她执掌祭祀；民社逐渐习惯于采用一定的方式通过一般庆典和特为举行这种祭典而设立的代理祭司来崇奉其他众多的抽象神祇。它对各个祭典，如百花女神（*Floru*）和果实女神（*Pomona*）的祭典，大概也任命专门的点火僧，从而点火僧的数目最终多达十五人。但是，我们在三大点火僧（*flamines maiores*）与众僧之间慎加区别，直到最晚时，三大僧仍只能从老市民当中选出，正如帕拉廷和奎里努的古舞蹈团永远位在其他祭司团之上。如果那些必要的明定祭典，凡社神应享的，民社便一劳永逸地交给指定的祭司团或常任的祀奉者主持；祭祀的费用也许相当可观，部分由拨给各寺庙的地产中筹措，部分由罚金支付。

其他拉丁民社的，甚至萨贝利民社的公共祭典大致都与此相似，这是不容置疑的。无论如何，可以指证的是，点火僧、舞蹈团、狼神团和维斯塔贞女都不是罗马特有的设施，而为拉丁各族所共有，至少前三种团体似乎也见于与之同类族人的其他民社，并非仿效罗马而形成的。

最后，正如国家对其神祇界那样，每一公民可在他自己个人范围内采用类似的规定，对其神祇不仅敬献祭品，也可供奉他们以场所和祭祀者。

于此可见，在罗马不乏祭司团和祭司。可是，有求于神的人们却不找祭司，而径去求神祇。每个祈求者或询问者亲自向神灵祈求，民社当然以国王为喉舌，如同区（*kurie*）以区长（*curio*），骑士团以其团长为喉舌；没有一种祭司的居间可以掩盖或湮没这种原先
182 的简单的关系。同神祇的交往确非易事。神表达自己有其特有方式，这方式只有对神熟谙的人才能懂得。可是，谁若正确了解他，谁就不但探知神意，而且引导神意，甚至在必要时可智胜和强迫

他，所以，拜神者自当常向内行者请教，听其劝告，于是始有熟悉宗教事务者结成的协会，这完全是意大利民族独创的机构，它在政治发展上的影响远远超过各个祭司或祭司团。常被人同这种祭司与祭司团混为一谈，实不公正。祭司团掌有一定神祇的祭祀，这种团体所掌的却是保持普通宗教典礼的成规，典礼举行得正确无讹，需有相当的知识，所以国家为其本身利益计，须设法使这种知识世世相传而不改原状。这种资格严谨的协会，遇有缺额，自行从公民中补充，这样它便成为技艺和知识的储藏之所。按罗马制度和一般拉丁民社的制度，这种团体原来只有两种，一个是占卜团，一个是造桥团[①]。六个“鸟卜者”懂得从观察鸟飞探知神意，这种解释术的推广极为庄重，而且被引入类同科学系统的地步。六名“造桥者”(*pontifices*)的取名来自他们同样神圣的政治意义重要的职
务，即执掌建造和拆毁台伯河桥。正是这些罗马工程师熟谙度量 183
和数目的奥秘，所以由他们负责执掌国家历法，向人民宣告每月的

---

① 此事最明显的证据是：在依拉丁模式组成的民社里，占卜团和造桥团处处可见(例如，西塞罗，《论土地法》，2,35,96，以及许多铭文)，在劳伦图姆的国务使团的 *pater atratus* 也是如此(奥勒里，2276)，可是其他团体则否。前者与十区制、点火僧、舞蹈团、狼神团同为拉丁民族最古老的世袭遗产；其他如两学士院(*Duovirn sacris faciundis*)等团体，如同三十区、塞尔维部和百人队等制度一样，均起源于罗马，所以，始终限于罗马地。只是第一个团体造桥团的名称，如果不是因为罗马的影响而得以进入一般拉丁模式，以代替更老的、也许变化更多的名称，那么就是因为 *pons* 原义不指“桥”，而指一般的“道路”，所以 *pontifex* 意为“修路者”，这种情况在语言中不少。

关于占卜师最初的数目，众说不一。有人说占卜师一定是奇数，西塞罗曾予以驳斥(《论土地法》，2,35,96)，李维(10,6)并未如此说；仅谓罗马占卜师之数应是三的倍数，所以必以奇数为基础。据李维(同上出处)说，迄奥古尔尼立法(Ogulnisches Gesetz)之时，其数为六，西塞罗(《论国家》，2,9,14)也这样说，罗慕洛设四个占卜师，努马设两个。关于造桥团的数字，参见《罗马法》，第 2 卷，第 20 页。

朔望和各种节庆日，他们负责每个宗教典礼或司法事务在恰当日期举行。由于他们对整个宗教典礼较其他人全面了解，所以必要时，如在结婚、立遗嘱、接纳义子等事上，人必先向他们咨询拟议中的事务是否有触犯神律之处；他们规定和公布祭典的通俗戒律（称为“王法”）。这样他们就获得罗马宗教祭祀和与此有关的总监督权，尽管在废除王政以后这种职权才得以充分发展。试想更有何事不与此无关呢？他们甚至把“神和人间事务的知识”称为他们知识的典范。实际上，宗教法学和世俗法学的和史学的初步也源于这个团体，因为撰史不能离开历法和年鉴，所以诉讼案和法律原则，按罗马法庭的学说，都不能渊源于传说，在传统上均必须保存在造桥团，有关开庭日期和宗教法学问题，只有这个团体才有权提出意见。

几乎这两个最古、最有威望的团体由熟谙宗教事务的专家所组织，还有二十个国务使（Staatsboten，拉丁文 *fētiales*，词源不明）组成的团体略可与之并列，该团体的任务是，作为活档案馆把与邻国所订的各种条约保存，永志不忘，对声称侵犯条约权利的行为做出权威性的意见，必要时协助要求赔偿和宣告开战。他们在国际法上的地位与造桥团在宗教法的地位相同，所以他们也与造桥团相似，虽有明示法律之权，但无执法宣判之权。

184 但是，这几个团体名望虽高，所掌职能虽重要而广泛，却从不忘其职责之所在，尤其居于最高地位者更丝毫不忘他们的职责不在于发号施令，而是在于提出专家意见，不直接祈求神灵的回答，而在向询问者做出解释。所以，最高的祭司也不但排位低于国王，而且未蒙垂询，不可向他进言。国王决定是否和何时要观察鸟飞，由他决定；占卜师只站在其侧，必要时才向国王说明天使的示意。同样，除非想起此事的人要求他做，国务使和造桥师不得干预国家法和全国通用法。人们虽然虔诚笃信，但都要严守一项原则，即在这个国家祭司应毫无权力，不得发号施令，无异于每一个其他公民，即使对最低的行政官必须唯命是从。

拉丁人的敬神主要基于人类享有尘世乐趣，而基于对狂暴的自然力的畏惧仅居次要地位；因此敬神活动主要表现欢乐、高歌欢唱和竞技舞蹈，但最主要的还是摆设筵席。各处耕农部族所吃的通常不外蔬菜，在那里杀牲不但供家宴，也供祭祀，在意大利也是如是；猪之所以是祭神的最佳祭品，只是因为它通常用作节日烤肉。但罗马人性格温和有节，一切靡费无度和欢乐过分的事都与他们的性格不合，原始拉丁宗教一个最显著的特点就是对神节约有度。通过这个民族自身律己的道德规范，使想象力的自由驰骋得到严格约束。所以，与这种过分行为相连的种种弊端对拉丁人来说永不沾边。也在拉丁宗教最深的本质里，蕴藏着人的深沉的道德品格，把尘世的罪恶和尘世的惩罚联系至神灵世界，视前者为对神的罪孽，视后者为对神赎罪。对判处死刑罪犯的正法是一种表示一种向神赎罪的祭祀，正如在义战中杀敌一样；贼人夜间窃取田里的粮食，获罪于凯雷斯，须受绞刑以赎罪，正如顽敌在战场上获罪于地母和善神那样也须赎罪。替代的深邃而可畏的观念也见 185
于此：如果社稷众神对无法抓获确定的罪人愤怒，那么，有一个人自愿舍身（*devovere se*），也可平息神怒；平地开裂，毒气外溢，一个勇敢的公民自愿舍身赎罪，跳入深坑而深坑复闭；战事将败，一个勇敢的公民自愿舍身赎罪，冲入敌阵，于是转败为胜。神圣的春神

(*Lenz*)也奠基于类似见解：在定期内所生的子息，无论牲畜还是人，一概奉献诸神。如果这种行为可称为“以人供祭”，这种人祭当然属于拉丁人信仰的精髓；可是我们不得不附带说明，我们所观察的上达远古，这种以人供祭的事，就牺牲性命而言，只限于提交公民法庭受判的罪人，以及无罪而自愿赴死的人。用其他方式以人供祭是与祭祀的基本观念背道而驰的，至少在印度日耳曼氏族各地来说，产生以人供祭之事是在后来较晚时期的蜕化和野蛮化所造成的。罗马人对此从未容许过；这里即使在极为危急的各个时期，迷信和绝望也几未例外地在残暴肆虐中呼救。关于迷信鬼怪、害怕魔力或神秘等事，在罗马人那里所见的遗迹很少。神谕和预言在意大利从未像在希腊那样受到重视，从未能严重左右公众或私人的生活。但从另外一方面看，拉丁宗教不免陷于非常单调乏味之中，很早在祭仪上令人感到枯燥无聊，难以忍受。意大利人敬神，如上文所述，最重要的是以神为工具，达到非常具体的世俗目的，因为意大利人面向明显的和真实的事物，他的宗教观自然也倾向这个方面，而且在意大利人当今的圣人崇拜中显然也有不少表现。神之于人正如债主之于债户；每一个神各有其正当权利，可以要求人们做出某种成绩和贡献，尘世有多少事，天上就有多少神，对任何一神的祭祀和祈求如有疏忽或不当，报应便见于与之相应
186 的事中，所以仅仅领悟自己的宗教义务，也是一件艰难而令人担忧之事，于是熟谙神法的并将其告示他人的祭司，即造桥师，必然能获得非凡的影响力。正直的人以商人恪守信用的态度尽其尘世职责，也以同样态度履行神圣礼仪的规定，而且也做额外的事，如果神那方面这样做了的话。也有人对神从事投机：无论就事实还是

就名义来说，立誓就是人与神缔结的一项正式契约，以此人向神保证，如神在某一件事上给以保佑，他便给神以某一种回报，而且，罗马法有这条原则，任何契约绝不能由代表来缔结，在拉丁姆，人的宗教事务之所以绝不许祭司居间代庖，这未必不以此为重大理由。也如罗马商人受权只按字面履行契约而无损于他那种惯常的合法性那样，人与众神交往，按照罗马神学家的教导，授受不以事物而以模拟物。他们拿葱头和罂粟头供献天神，为的是使神的闪电不射向人头，只射向葱头和罂粟头；对台伯河神须每年祭祀，为交付他所索要的牺牲，每年用灯草编扎成木偶三十个，投入河流。[①] 在这里，神性慈悲和神的和解观念，与虔诚的奸诈之心相混合，难以区分，人的奸诈之心是想用虚假的补偿来抚慰和满足那可怕的天主。所以，罗马对神的敬畏大有影响于人民的心理，可是，为泛神教和一神教教义奠定基础的，绝不是对主宰一切的自然界和万能的神祇的那种恐惧，而是对一种颇为世俗式的恐惧，而且几乎同这样一种胆怯无本质区别，这种胆怯有如罗马债务人接近他的有理的，但十分苛刻的，又很强有力的债主那样的感受。很明显，这样一种宗教仅能窒息艺术的和思辨的见解，而不能培育它们。希腊人把原始时代的单纯思想化为有血有肉的人，这样造成的神的概 187
念不但蔚为造型艺术和诗歌艺术的要素，而且获得普遍性和灵活性，这是人性的最精深的特征，因此也是世界所有宗教的精髓。通过它，人类对自然界的简单见解得以向宇宙观深化，简朴的道德观得以向普遍的人性观拓展；而且经过长期岁月，希腊宗教得以包罗

① 只有不假思索的人才会从中发现古代人祭的残余。

自然的和形而上学的见解，概括民族的全部思想发展，并随着内容在深度和广度上的增长得以扩展，直到幻想和思辨冲破培育它的容器而后已。但在拉丁姆，神的概念的具体表现总是这样明朗洞彻，以致艺术家和诗人没有能因此而造就自己，而且拉丁宗教对于艺术总是抱有疏远的、甚至敌视的态度。因为神祇只不过是，也只能是一种尘世现象的神灵化，所以它在这个尘世的对应图像中找到自己的场所(*templum*)及其影像；人为造成的墙壁和偶像似乎只能约束和扰乱神灵思想。因此，原始的罗马宗教祭祀没有神像，也没有神的居屋；虽然在拉丁姆，可能仿效希腊在古时就有供奉神像并且为神建造一个小屋(*aedicula*)，但是这一图像的表现视为与努马法背道而驰的，简直被视为不纯洁的和异国化的。罗马宗教没有一个表现自己的特有的神像，只有双头的雅努斯神算是例外；甚至瓦罗，还讥笑过渴望偶像和肖像的人们。过去和现在，罗马的诗歌，尤其是罗马的思辨哲学之所以极其贫乏，其根本原因同样在于罗马宗教缺乏所有生产能力。

然而，这种区别也显见于实践的范围。罗马的祭司，尤其是造桥僧，逐步研写了一部道德法典，与律令并行不悖，这就是罗马宗教为民社造成的实利。这道德法典一方面在国家尚不能对公民进行警察监督的时期，起警察法规的作用，另一方面，将违德负义之
188 事诉之于神并使之受到神诛。属于前一类条例的，除了以宗教方式告人谨守节日，并按农技要求耕耘田地和种植葡萄(这在下文将详加叙述)外，还有其他事项，例如与卫生管理的考虑有关的灶神和家神崇拜，尤其是火葬，而火葬很早已为罗马人所采用，其时希腊人却远远还未采用。它是以对生死有一种合理的认识为前提

的，正如它在原始时代，甚至在我们当今这个时代还是陌生的那样。拉丁人的国教竟已能实行这些以及类似的改革，不应予以轻视。可是它在道德上的影响却更为重要。如果夫卖妻或父鬻其已婚之子，如果子殴其父或媳殴其翁，如果恩主对食客或依附者背信弃义，如果非义的邻居擅自移动界石，或者窃贼在夜晚掠取赖公共安宁得以生长的谷物，那么神诛将会降到罪人的头上。这种获罪于神的人（*sacer*）并不会被剥夺公民权；革出社会与所有公民的常规相违背，这样一种革出社会仅在罗马等级交争时期偶尔用之，但较宗教上的革出教门更为严厉。执行这种神诛不在公民个人或毫无权力的祭司的权限之内，被逐者首先不应由凡人去判罪而由神去惩罚。可是这种神诛的基础是人民的虔诚信念，这一信念能够约束轻浮和邪恶的人；可是，惩罚并不以此为限，更确切地说，国王有权而且也有义务执行神诛，而且在把法律据以判定惩罚的那些事实由他凭心深思不疑地肯定下来以后，便把那个损害神祇的犯人，像宰杀一只供祭的动物那样处死（*supplicium*），从而为民社清除各种罪害。如果罪责较轻，犯罪者可以不杀，只需提供一只供祭的动物或类似的供物即可赎罪。因此，归根结蒂，全部刑法都是奠基于赎罪这一宗教思想上的。

但除了这类促进社会秩序和维护道德风尚以外，宗教在拉丁姆没有做出其他成绩。在这方面，希腊不可明言地远胜于拉丁姆； 189
不但希腊所有的精神发展，而且它的民族所能达到的统一都是归功于它的宗教；希腊生活中的一切伟大之处和希腊民族的一切共同财富都是围绕着神的晓谕和神的节庆、围绕着德尔斐和奥林匹亚、围绕着信仰之女缪斯女神运行。然而，正是在这一点，拉丁姆也有优于希腊的长处。拉丁宗教既降至常人所能见闻的程度，人人对之都能完全明了，人人都能与之接触，所以罗马民社能保存其公民平等；而在希腊，宗教已达到优秀者思想的顶峰，它自远古时期起就处在知识贵族的祸福之中。正如任何其他宗教起源于无穷无尽的信仰深化过程那样，拉丁宗教也是如此。只有对于那种因河水清澈而低估河流深度的表面见解来说，才会浅现其清澈可见的神界。这种内心的信仰在时代流逝过程中当然会消失，必如朝露在旭日高高挂起之前必会消失，拉丁宗教在后世也必干枯衰退；可是拉丁人对他们那种单纯的信仰比大多数民族保持得更为长久，尤其比希腊人长久。正如色泽是光照的效果，但它也能使光变暗，艺术和科学不但是信仰的产物，也是信仰的蠡贼；在这种发展同时又毁灭中颇起支配作用的是必然性，可是通过同一个自然规律，对于纯朴的时代来说却也留下了一定的成就，后人却对此着力追求而徒然未得。正是希腊人在智力上的巨大发展造就他们在宗教上和文学上始终并非完美的统一，使他们不能在政治上达到真正的统一；以此他们丧失了纯朴性、顺从性、献身精神和构成政治统一条件的凝聚性。所以，一股脑儿地废弃那种以为欲褒罗马而必贬希腊、欲褒希腊而必贬罗马的幼稚的历史观已是时候了。正如橡树可在玫瑰花旁挺立，人们就不应褒贬古代所产生的这两个
190 雄伟的机体，而应理解它们的长处与短处是相辅相成的。两个民族的不同有其最深和最根本的原因，无疑在于希腊在形成时期适与东方发生接触，而拉丁姆则不然。世界任何一个民族尽管极其伟大，但不可能独自创造希腊文化的奇迹和后来的基督教文化的

奇迹，正当阿拉米人①的宗教思想渗入印度日耳曼人的土壤时，这一闪光才能创造出这一历史。但如果说，希腊因此而成为纯粹的人文发展的原型，那么，拉丁姆也不愧为古今民族发展的楷模，我们后人对两者应一律推崇和学习。

罗马宗教在其纯粹而未受阻碍的、具有彻底的民族特色的发展过程中，它的过去和它的影响就是这样。自从远古以来，便有宗教祭仪方式和制度从国外输入，这并不妨害其宗教之为民族宗教，正如罗马国家把公民权授予个别外国人并不妨害其国家的民族性那样。不言而喻的是，罗马人自古以来就与拉丁人交换货物和神祇。更值得注意的是，非本民族的神祇和祭祀也移植罗马。上文已述及替提人保持萨宾人的特殊祭典之事。是否也有来源于埃特鲁里亚的神祇概念，这还是个疑问；因为护身神旧名拉斯（Lasen，源于 *lascivus*），记忆女神名密涅瓦（Minervu，源于 *mens*、*minervare*），虽有人常把这两神视为原属埃特鲁斯坎人的，但是从语言角度看，他们更多地从属于拉丁姆土著的神祇。希腊宗教信仰在罗马所受到的重视比任何其他外国的宗教信仰较早较广，这无论如何是比较确切的，我们也符合从罗马的交往中所知的情形。希腊神谕所提供的哲言最古。整个来说，罗马神谕仅限于"是"和"否"，至多限于抽签示意，抽签法②似乎渊源于意大利，而自远古以来，较饶舌的希腊神祇虽曾受东方影响，但已道出真正的箴言。 191

① 阿拉米人是古叙利亚闪族人，其语言是古代西亚通用语言。——译者

② *sors* 原自 *serere*。神签（*sortes*）可能是排列在一根绳子上的一些小木片。每次投掷可以造成种种不同的图形，这令人联想起古代北欧的字母。

罗马人很早就已努力储存这些警言，因此，在阿波罗神庙卖卜的女祭司，即库迈的西比拉(Sibylle)记在树叶上的神谕抄本，成为坎帕尼亚的希腊人到罗马做客时，奉为的至宝赠品。为阅读和解释这部天书，罗马很早就设立了一个特殊的祭司团，地位仅次于占卜团和造桥团，院内置学士二人，另由民社雇用两名通晓希腊语的奴隶，供祭司团使用。人们为避免灾祸临头而需进行宗教祭典活动时不知向何神祭祀，应用何种祭礼，他们在疑惑不解时就去询问这些执掌神谕的人。但很早时求神问卜的罗马人也有亲自至德尔斐祈求阿波罗神的。除上文述及这种既往的传说外，还有其他见证：与德尔斐神谕有密切关系的 *thesaurus* 一词，却见于我们所知的一切意大利语言；另一方面 Apollon(阿波罗)这个名字的最古的罗马字形是 Aperta(开启神)，这是多里斯语 Appelon 在语源学上的一种歪曲，该词的粗俗显见其来源甚古。希腊的赫拉克勒斯(Herakles)也很早在意大利作为 Herclus、Hercoles、Hercules 落户并在那里被人以独特方式加以理解，似乎起初把他当作冒险获利之神和暴发致富之神；所以，将帅获得战利品或商人获得财物，常以其十分之一在牛市的主祭坛(*ara maxima*)上奉献给他。因此，他就成为司一切商务合同之神，因为在古时，这种合同常常在这个祭坛上缔结，并立誓为证，而且还把他与古拉丁的信义之神合而为一。对赫拉克勒斯的崇拜很早就流传极广，引用一句古代作家的话，他在意大利的每一地方无不得到崇拜，在城市里弄和乡间道路上无处不设有他的祭坛。此外，水手之神卡斯托尔和波吕丢克斯(Kastor und polydeukes)，即罗马语波律斯(Pellux)，商业之神赫尔默斯(Hermes)即罗马人所谓墨丘利(Mercurius)，医神阿斯克拉皮奥斯(Asklapios 或作 Aesculapius)都早被罗马人知晓,虽然到后来才为公众所崇奉。"善女神"(*bona dea*)的节日名 *damium* 与希腊语的 δάμιον 或 δήμιον 相当,同样可以追溯到这一时代。罗马人 192
的古神 Liber pater 以后被理解为"救星爷爷",与希腊人的酒神"拯救者"(Lyäos)合而为一;还有罗马的幽冥之神,即"施财神"(普路托,Pluto——Dis pater),其妻珀尔塞福涅(Persephone),因词首变音和概念转义而变为罗马的普洛塞庇娜(Proserpina),即滋生女神,这些情况均必基于古代的借用词所致。甚至罗马-拉丁同盟的女神,阿文廷的狄安娜似乎也仿效小亚细亚爱奥尼亚人的联盟女神,以弗所[1]的阿耳忒弥斯(Aftemis)而成;至少此神在罗马神庙中的雕像是仿以弗所的模样而作。东方思想早已渗入阿波罗、狄奥尼索斯、普路托、赫拉克勒斯和阿耳忒弥斯的神话之中,到了这个时代,阿拉米的宗教只有遵循这一途径,通过这些神话才对意大利施以一些遥远而间接的影响。我们清楚地看到,希腊宗教的输入如何首先仰赖于商业往来,以及如何首先由商人和航海者将希腊神祇带到意大利。

因此,个别的从外国的借用只不过居于次要地位,但原始时代自然象征的残余,如卡库斯(Cacus)的雄牛传说也许可以算其中的一例,几乎完全绝迹。整个来说,罗马宗教是罗马民族的有机创造,我们就是在他们那里发现它。

我们从很少材料中判断,萨贝利人和翁布里人的宗教崇拜所

---

① 以弗所系希腊爱奥尼亚城市,故址在土耳其伊兹密尔省塞尔柱村附近,位于欧亚大陆商道西端,主要以阿耳忒弥斯庙著名。——译者

凭借的基本观念与拉丁人的完全相同，只是色彩和形式因地而异。它与拉丁人有别，只看罗马有一个特殊的团体专门保存萨宾的礼俗，这就显然可见了，但是它也给我们一个有教益的例子，说明两者的差别何在。对这两个民族来说，观察鸟飞是通常问卜于神的方式，但替提人观察的是一种鸟，罗马占卜师观察的是另一种鸟。我们无论在何地进行比较，都会发现情况类似。两个民族都把神祇视为尘世事物的抽象，不含人性，所不同的是表现和礼仪。可以
193 理解的是，对于当时的宗教崇拜，这些差别显得很重要。我们对于这种即使存在的一种特有的差别再也不能领悟了。

但是，从埃特鲁斯坎人传到今日的宗教祭礼的残余中所表达出来的是另一种精神，其中占主导地位的是一种暗淡无聊的神秘主义、数字游戏、占卜术以及那种对纯属谬论的大力推崇，后者在任何时代均能找到听众。我们虽对埃特鲁斯坎宗教的认识远远不如对拉丁宗教那样完备和纯粹，但是，即使后人的苦思冥想可能把某些东西掺入其中，可能主要传给我们的恰恰是那些暗淡和想入非非的、多半离拉丁宗教很远的教义，这两点实际上是无可怀疑的，但是，留下来的还不少，足以把这种崇拜的神秘主义和野蛮风尚认定为植根于埃特鲁斯坎人的最深邃的特性之中。

我们对埃特鲁斯坎人关于神的观念的认识很不够。它与意大利人的关于神的观念有何内在的不同，对此无法加以概述；但是在埃特鲁斯坎人的神祇中居于前列的，肯定是心怀恶意和幸灾乐祸的神祇，正因为祭礼残酷，特别是包括以俘虏做牺牲，所以他们在凯雷杀戮被俘的福凯人，在塔昆尼杀戮被俘的罗马人。拉丁人所想的是离世“善灵”居于和平主宰阴曹地府的静谧世界，但埃特鲁

斯坎人则不然。这里出现的是一个名副其实的地狱，可怜的幽灵被勾魂的鬼差带到这里来领受大锤和毒蛇的折磨，鬼差身生双翼，手执巨锤，乃是半人半兽的白发老人形象。以后在罗马举行格斗赛会中，必有一人专从格斗场运走被杀者的尸体，此人衣着模仿这一勾魂的鬼差。地狱的惩罚同鬼魂的这种状况如此密切相关，以致从中甚至有一种解救方法，即做过某种神秘的献祭以后，可怜的幽灵便可升天，与诸神为伍。值得注意的是，埃特鲁斯坎人为充实阴间起见，很早就引用希腊人凄惨可怕的见解，如有关阿刻隆(Acheron)和卡隆(Charon)①的训诫，它们在埃特鲁斯坎人的智育中起了很大作用。

但是，埃特鲁斯坎人特别愿意花心思去解释预兆和奇迹，罗马人大概也在自然界领悟神祇之声；不过，罗马的占卜师仅能解释简单的预兆，只是一般地知晓这一行动是否会带来凶吉或灾祸。自 194
然界所发生的反常现象对他来说被视为凶兆，而且会阻碍这一行动，例如，暴风雨时雷电交加，公民大会便立即散会；他还力图消除反常之事，例如生了怪胎，便赶快杀掉。但在台伯河的彼岸，人们却不以此为满足。深思熟虑的埃特鲁斯坎人能从闪电和献祭牲品的内脏中向善男信女详细道出他们的未来命运；神语越是神奇，征兆和奇迹越是异乎寻常，他就越有把握地宣告神示和得以解脱凶祸的办法。这样出现了闪电学、肠卜术②和析异法，所有这些的扩

① 据希腊传说，阿刻隆是一条冥河。卡隆是引渡亡灵进入冥府的艄公。——译者

② 古代罗马根据祭神牺牲的肠子进行占卜。——译者

展佯以荒唐理智的整套咬文嚼字，尤以闪电学为甚。一名叫塔格斯的侏儒，形同儿童，但白发苍苍，他在塔昆尼附近被一农夫从地里挖出（人们该以为他自身的那种稚气同时又衰老的举止已做了自我嘲弄），所以塔格斯先是向埃特鲁斯坎人现形，然后就立即死去。他的弟子和后继者教导，何神常掣闪电，人们如何按天上的方位和色彩辨认任何一个神的闪电；闪电预示是一种永久状态还是单个事件；如果只指这一事件，此事件是否是一件不可更改的指日可待之事，还是可用人力展期到某种界限；人们如何将击中的雷电导入地下，或者如何强使来势凶猛的闪电劈去，以及诸如此类的神奇法术，从这些法术中有时还可觉察到收取钱财的强烈愿望。这种骗术同罗马人的本性背道而驰，这表现在后世罗马人对之即或利用，也从未想把它移植过来；在这个时代，罗马人大概还是以其本土的和希腊的神谕为满足。

埃特鲁斯坎人从罗马人所全无的东西中，亦即从那披着宗教外衣下的思辨中至少发展出一点萌芽，就这点而论，他们的宗教比罗马人高出一筹。蒙面的神灵主宰着世界及其群神，连埃特鲁斯坎人的朱庇特也要请教他们；但是那个世界是有限的，他既有创始，经过分为若干世（Saecula）的一定时期之后，又会衰亡。对埃
195 特鲁斯坎人的宇宙论和哲学所具有的精神内涵，我们却难以判断；不过，一种枯燥无味的宿命论和一种平庸乏味的数字游戏似乎从一开始就为他们所有。

第十三章　农业、工艺和商业 196

农业和商业与国家的政制和外部历史都有极密切的关系，所以叙述到前两者的时候，必须常更多注意到后者。我们在这里试图要做的是，在概述和补充意大利的，尤其是罗马的经济情况时，将联系到这些观点。

上文已经说过，意大利人迁入半岛以前已由畜牧经济过渡到农业经济。农业始终是意大利各民社的基本支柱，这不但对于拉丁人是如此，就是对于萨贝利人和埃特鲁斯坎人也是如此。在有史时期，意大利没有纯粹的游牧民族，不过各处种族当然多少会因地而异，兼营畜牧与农业。他们每建一座新城时，必先沿着将来城圈的所在地犁出一条田沟，这个美俗说明，人们如何深切地感觉到每个民社的存亡都仰赖于农业。只有罗马的农业情况才多少可以准确地谈及：塞尔维改革最清楚地说明，尤其是罗马最初不但以农立国为主，而且还一向努力确保定居者的整体而使之成为民社的核心。罗马地产大部分随着时间的推移逐渐落入非公民之手，于是公民的权利和义务不复以有定居权为依据。此后，经过改革的政制不但一时而且永远祛除这种不合理状况及由此而面临的危险，同时对民社成员，不论他们的政治地位，只要他们是定居的，都一劳永逸地吸引过来，把服兵役的共同负担落在定居者身上，他们

在事物发展过程中必然接着享有共同的权利。罗马人的战争和征服政策，一如其政制，也以定居权为基础，因为只有有定居者对国
197 家才有价值，战争的目的在于增加定居的民社成员。被征服的民社被迫完全融合于罗马的农民之中，或者，如果事情不至如此之甚，它不必交纳战费或定额的贡献，而须割让领土，通常为可耕边区的三分之一，于是罗马人的农庄就通常在那里出现。许多民族也曾如罗马人那样战胜敌人，掠夺土地，可是没有一个民族能像罗马人那样使其以血汗所得之地据为己有，以锄犁保全干戈所夺来的土地。凡用战争赢得的，可以由战争再次夺走，可是用锄犁赢得的却不然。罗马人打过许多败仗，但他们媾和时却几未把罗马的土地割让给人，所以他们把这点归功于农民坚毅不拔地保住农田地产。人和国家的力量在于对土地的统治；罗马的伟大奠基于公民对土地拥有最广泛而直接的统治权和这些深深扎根的农民的牢固团结。

前已述过，在最古之时，农田实行共耕制，可能以氏族为单位，每一氏族自耕其田，然后将收成分配于族中各户人家。共耕制与氏族社会诚然有着密切的关系，而且在后世，共有产权者共居一处和共同经营在罗马依然屡见不鲜。① 甚至流传下来的罗马法资料还记载过，财富最初不外由牲畜和土地使用权构成，后来才将土地

---

① 日耳曼人共耕制出现的把田分给氏族成员为私产租实行氏族共耕结合，这种结合在意大利是难以存在的。如果说，在意大利也像在日耳曼人那里那样，每一个氏族成员在公田的每一个分割经营的那部分耕地上被视为某一耕地的所有者，那么必会产生以后在被分割地亩上的个体经营。单单这一事实是适得其反；罗马地亩的各个人名表明，最古的罗马个人地产实际上是作为整体的。

分给公民，成为他们的私产①。对此说较好的证据是，财富最初称 198
为“牲畜数”（*pecunia*）或“奴隶数和牲畜数”（*familia pecuniaque*），家庭儿女和奴隶的私产名为“小牲畜”（*peculium*）；最古的财产所得是以“手握”（*mancipacio*）的方式，这只适用于动产；特别是“世袭田”（*heredium*，源于 *herus*，主人）的最古度量单位只有两个尤格（Jugeren，相当于普鲁士的摩根[Morgen]），这只能指庭
园土地而言，不是指耕地。② 耕地何时始行分配，如何分配，现已不 199

① 西塞罗（《论国家》，2，9，14；参见普鲁塔克《罗马论丛》，15）叙述说：那时（在罗慕洛时代）财产是牛羊和土地，所以他们被称为富于牛羊和土地——努马初将罗慕洛所征服的土地分给公民大众（以上原文为拉丁文）。同样，狄奥尼修斯谓罗慕洛曾分地为三十个库里亚区，说努马曾立界石，创界神节（1，7；2，74；据普鲁塔克《努马传》，16）。

② 由于此说还有争议，只以数字来说明。后来的罗马共和国和王政时期的农民都以平均小麦五罗马斗即可播种一尤格罗田地，种一收五。依此计算，如果不计住宅和宅院所占之地，视其全为耕地，并且不计休耕的年数，一块世袭田的产物共计五十罗马斗，除去种子，共计四十罗马斗。据卡托（《论农业》，第56章）估计，一个勤劳的成年奴隶每年吃小麦五十一罗马斗。由此看来，一块世袭田能否维持一个罗马家庭，任何人都能从中做出解答。试用的反证所依靠的材料是，稍晚时期的奴隶较之较早时期的官田农更加单纯依靠谷物为生，而且对于较早时期谷物种一收五的估计过低，两者也许都是对的，但是两者都有一个限度。毫无疑问，尤其是古代，耕地和公共牧场的副产品，如无花果、蔬菜、牛乳、肉类（特别是古代精心从事的养猪业的产品等），都应计算在内，但古罗马的畜牧业虽不很重要，可是仍居次要地位，而且民食总是以谷物为主。此外，人们还可能由于较古的耕作精细，而尤其把纯收获量大大提高，而且这一时期的农民无疑从他们土地取得的收成大于后来的共和时期和王政时期庄园主的收成。但是，在这里也应有度量，因为问题在于取平均值，以及经营农业并不合理，又无巨额资金。假定平均收获量不是五倍，而是十倍，这就是最大限度，而这个限度却是远远不够的。而据这些估价计算，世袭田的产量与一家的需要量相差极远，仅赖耕种法优良，是无论如何也不能弥补这一巨额亏空的。如果能以农业经济为基础，举出一个合理而有系统的计算法，证明以蔬菜为主要食物的人民平均一家人有二摩根耕地的产物就足以维持生活，那么事实上，这一反证才可行。

虽然现在有人说，即使在有史时期创立的无地者的殖民村，每户也有二摩根地的，但仅有此例的是在罗马纪元336年拉比奇（Labici）殖民村（李维，4，47）。此事在学者看来，这肯定不属于详细史载的可靠传闻之列，对于他们是值得认真思考的，这个例子还

再有考证定论。在历史上可以断言的是，只有最古的政制不是以居留权为前提，而是以代替此制的氏族集体制为前提的，反之，塞尔维体制即以所分田地为前提的。由这同一体制中出现了许多中等农庄的地产；它可供一家耕作和糊口，豢养耕畜和使用锄犁是许可的，这种罗马的一整"胡符"土地平常有多大面积，还没有精确的考证，不过如上文所示，绝不能少于二十摩根。

农业经济以种植谷物为主。通常种的谷类是赤小麦（*far*）①；

（接上页）有甚为费解之处。诚然，在给全体公民（*adsignatio voritana*）的非殖民田地指示中，有时只把少量摩根土地分出来，这是对的。然而，这里也绝不是为建立小块土地的新农制，而是通常更多地为从新征服的土地中增加新的小块土地（参见《拉丁铭文集成》，第 88 页）。无论如何，任何其他假设都比福音书中的五块面片和两条鱼相似的凭空假设更好一些。罗马农人远不如他们的历史学家那样谦虚。如上文所述，农人以为，分得七个摩根的土地，或者说年产一百四十罗马斗的粮食，仍不能养活自己。

① 尽管过去的尝试难以找到依据，但最近有人尝试证实二个摩根土地能养活一个拉丁人农家，主要依据是瓦罗（《农村经济》，1，44）计算一摩根土地播种小麦需五斗种子，可是播种赤小麦则需十斗，并依此估计产量，人因而推论种植赤小麦，其产量即使不倍于小麦，至少比小麦高得多。可是，事实却相反，所谓多种多收只因为罗马人储藏和播种的小麦都已经除去外壳，赤小麦却带着外壳（普林尼，《自然史》，18，7，61），用打麦的方法无法分离谷粒和外壳。也因为这个缘故，现今播种赤小麦需比小麦加倍，收成按斗量起来，也比小麦加倍，可是去了外壳，就比小麦少。据 G. 汉森给我的符腾堡统计材料，该地一摩根的小麦，播种四分之一至二分之一斗，可收获三斗，每斗平均重二百七十五磅（等于八百二十五磅）；至于赤小麦，播种二分之一至一又二分之一斗，产量至少为七斗，每斗平均重一百五十磅（等于一千零五十磅），若除去皮壳，降至四斗左右。因此，与小麦相比，赤小麦的总产量倍于小麦，若土壤同样肥沃，或可三倍于小麦，可是以重量计，去壳以前比小麦所多不到一半，去壳以后成为麦仁，却少于小麦之半。上文以小麦为计算的基础，并非如人所说由于错误，而是因为这种几世相传的算法适用于这种计算；这估计可以成立，因为移用于赤小麦，还是大致不差，产量是减少而不是增加。种小麦须慎择气候和土壤，种赤小麦则否，所以种赤小麦所冒的风险较小，可是通盘来看，特别我们计及去壳的费用不轻，小麦的净产量高于赤小麦（按莱茵河上巴伐利亚的佛兰肯塔尔五十年的平均数字，小麦每一马尔特值十一盾三十克罗策）。南德意志土壤适宜，人们愿种小麦，农业愈益进步，小麦有取代赤小麦之势，所以意大利农业从种赤小麦过渡到种小麦，是个进步，无可否认。

但他们也勤于培植种种豆类、萝卜和蔬菜。

培植葡萄并不是通过希腊移民传到意大利的，这只要从罗马 200
民社的节日表便可看出，因为该表是在希腊人来此之前就有了，内有三个葡萄酒节并为“约维斯爷爷”而不是为后来借用希腊的酒神“救星爷爷”庆祭的。依据一个相当古的传说，凯雷斯王梅曾提乌斯向拉丁人或鲁图尔人征收酒税；一个流传甚广并有许多不同说法的意大利故事，说促使凯尔特人跨越阿尔卑斯山的原因是他们知道了意大利盛产珍贵水果，尤其是葡萄和酒；由此可见，鲜艳的葡萄是拉丁人所引以自豪而为邻国所羡慕的东西。古时拉丁的祭司即已普遍教人精心培植葡萄。在罗马，民社最高祭司即朱庇特的点火僧若未予许可，未率先开收，大众便不得收采葡萄；在图斯库鲁姆亦复如是，法令禁卖新酒，俟祭司宣布开坛节以后，始得出卖。属于这一类的证据还有，不但祭礼普遍奠酒，而且罗马祭司宣布作为努马王法的一条规矩，说祭奠神祇，不可用未剖开的葡萄所酿的酒，正如他们为推广有益于人的晒谷习俗，便禁用未干的谷物来献祭。

橄榄树的种植输入较晚，而且首先肯定由希腊人传到意大利。① 据说罗马城在罗马纪元第二世纪末叶首先在西地中海开始
种植橄榄树；的确，在罗马祭礼中，橄榄枝和橄榄比起葡萄汁的地 201
位大大逊色。距库尔特池塘不远之处的城市市场的中央，植有葡萄和橄榄树各一株，可见罗马人对这两种珍贵的树重视到了何等

① *Oleum* 和 *Oliva* 源于 *ἔλαιον*，*ἐλαία*，而 *amurca*（油渣）源于*ἀμόργη*。

程度。

罗马人所植的果树以富于营养的无花果树为主，这树可能土生土长于意大利。在罗马市场上有几株老无花果树[①]，罗马创始的传说与这些树有交互错综的密切关系。

正是农夫及其儿子，他们扶犁耕作，并做各种农活；寻常的田间劳动使用奴隶或自由的短工来做，是不大可能的。雄牛或乳牛曳犁，马、驴、骡则用于负重、运载。为取得奶乳或食肉的一项独立的畜牧业至少在氏族所有制的土地上并不存在，或者只是规模很有限；不过，大概除在公共的牧草地上放牧的小牲口外，农家场院也养猪和家禽，尤其是鹅。一般而论，人们把田地一耕再耕，不感疲惫；一块田的垄沟，若不犁得密切相接而必再用耙破土去草，便视为耕作欠佳；但是，这种耕田法过于精细，而不太明智；犁铧不佳，收割和打谷的方法欠完备，故农耕之业依然不见改进；造成这种结果大概由于合理的机械知识不甚发达，并非由于农人的墨守成规，因为意大利人注重实际，对于那种祖传耕作方式的迷恋是陌生的；农业上的改良是显而易见的，如种植刍秣，灌溉草地，可能很早从邻近民族那里采用，也许由自己发展的；就是罗马的文学也是以论述耕作理论而开始的。继勤勉而适度的劳作之后，带来的是
202 喜悦的休息；甚至在这方面，宗教也发挥其权利，通过休息和较自由的活动间歇，减轻即使是下层人的生活艰辛。农夫每月入城四

① 说农神庙前的无花果树于罗马纪元 260 年即前 494 年被伐去（普林尼，《自然史》，15，18，77），但此说并无史料根据；在一切手抄的精本书中均无纪年 CCLX 字样，这可能是按李维，2，21 插入的。

次，平均每八天一次(*nonae*)，从事买卖和其他事务。但真正的休息仅在各个节庆日，尤其是完成冬播(*feriae sementivae*)后的节庆月；在此期间，依照神命锄犁停止，在节庆期内不但农夫，而且奴隶和耕牛共享闲暇乐趣。

罗马人远古时代习常的农田管理大致这样。对经营不善的继承人，除对所继承的产业任意挥霍的人犹如一名疯子那样使其权利受到管束外，不予其他保护。妇女基本上无亲自处理财产之权；如果她们结婚，通常由别人指定氏族的一个人为其夫婿，以保留财产于本族之中。法律控制地产债台高筑，常用两种方法：如果债款以田产为抵押，便勒令将抵押品的所有权暂时由债务人移归债主；如果是一般借贷，便严厉执行强制手续，迅速导致事实上的破产；可是，如后果所示的，后一方法不能完全达到目的。对于财产的自由分割在法律上是不加限制的。在对遗产实行不分割方式占有的共同继承也受人欢迎，但最古的法律也对任何一个共享者保留随时把这一共同体解体之权；如兄弟和睦共居，固然是好，可是对罗马法的自由精神来说，绝不强使兄弟共居。而且塞尔维体制也表明，在罗马王政时期已不乏园林工人和园林主，他们以鹤嘴锄替代犁来耕地。对地产分割过甚之弊，自有习俗和健全的民智予以防止；在这方面人们未尝有失，田产通常保持完整，这证明罗马的普遍风俗是以固定的个人姓名命名田产。民社只是通过移民垦殖间接地进行干预，这通常导致一批新的全份"胡符"地产(Vollhufen) 203
的出现而且经常也因派小地主去移民垦殖而招致一批小田产归于消失。

要了解较大田产的情形，就困难得多。这样不小的大地产并不少见,从骑士等级的早期发展来看,是毋庸置疑的,而且也不难解释的是,一则氏族地产的分配,因各氏族所有参加分配的人数必不相等,所以它本身必然会造就一个较大的地主等级,二则大批商业资本流入罗马所致。但是所谓大农业依靠为数可观的奴隶等级,我们以后在罗马看到,在这一时期还不能设想其存在。更确切地说,在此所应用的是,按古老定义所称的元老为父将田地分给微贱小民,有如父之于子;而且起初地主把自己不能亲自耕种的一部分田地,甚至全部产业划成小份,分给依附他的属下人耕种,正如今日在意大利仍通行这种做法。受田者可能是出租田产者的同族子弟或奴隶;如果他是自由人,那么他的地位等于后世所谓的“默许占有”(*precarium*)。只要出租者情愿,受田者可以保持这种占有,在法律上却无保障;确切地说,租田者随时可以任意将他驱逐。按这种关系,土地使用者不必向土地所有者交租,但交租却屡见不鲜,而且可能通常缴纳部分收成。这种关系与日后的租佃相近,可是永远与租佃有异,一则因为它没有一个固定的最终限期,二则因为双方均不能起诉,租佃权的法律保障全赖业主有驱逐佃户之权。这办法显然非赖双方互守信义不可,信义关系若无宗教上视为神圣的强有力的惯例予以辅助,便不能存在,但在罗马却不乏这一信义关系。门客制度绝对兼有道义和宗教的性质,归根结蒂,它无疑奠基于这种使用土地的分派办法。
204 这种办法也绝非通过废除共耕制才是可能的,因为共耕制废除后,个人许可属下共用其地,共耕制废除以前,氏族自身也许可其属下共用其地。与此必然有关的是,罗马的门客资格不属个人性质,门客及其氏族自始即仰赖恩主及其氏族的保护,对他们宣誓效忠。罗马大地主中间为何产生土地贵族而不产生城市贵族，可从罗马庄园经济的这种最古形态来说明。由于罗马人对经纪人这种有害制度一直很生疏，所以罗马地主羁身于田地的情形不亚于佃户和农人；他对于一切事务无不照管，亲身参加，所以罗马富人得到的美名叫好庄稼汉，自以为无上荣誉。他的家就在乡间，他在城里只有一处寓所，供自己在城内办事，或在盛暑季节在那里呼吸新鲜空气。然而，尤其重要的是，这种状况在显贵与庶民的关系上建立了一种道义的基础，从而使庶民的危险大为降低。出身于破落农家的、依附者和释免奴的自由的默许佃户构成无产者的主力，他们对地主的依赖程度并不甚于小佃户必然对大地主依赖的程度。无疑的是，为主人耕作的奴隶为数大大少于自由佃户。在迁徙民族来即奴役大批土人的各地，奴隶最初似乎仅居少数，因此自由劳动者在国内所起的作用与我们从中所知的情况完全不同。较古时期，在希腊也反复出现"雇工"[①]，其地位相当于后来的奴隶，而且在一些民社，例如在罗克里人那里，迄至有史时期仍无奴隶制。但奴隶通常出身于意大利人的；沃尔西人、萨宾人或埃特鲁斯坎人的战俘对其主子的关系，必定与后来叙利亚人和凯尔特人的关系不同。对此，他作为佃户虽然在法律上没有田地和牲畜、妻室和儿女，但实际上却一概都有，与地主无异，而且自从有了自由释放办法后，对他来说，取得自由劳动的可能性为期不远 205
了。如果说，最古时大地产状况是这样，那么，它绝不是一种民社裂开的伤口，而对民社却有最大的利益。它不但像中、小地产那

① 指按日计酬的雇工，也有临时工之意。——译者

样，使许多家庭相应筹得他们的生计，即使不很丰裕，而且正是也在位居相对高和自由的地主中，产生出民社的天然领导者和统治者，但在从事耕作的却又无产的默许佃户中，产生出适应罗马殖民政策的材料，没有这种材料，殖民政策必然不能有所成就，因为国家虽可给无田者以田地，但对那些非耕作者不给以运锄掌犁的勇气和力量。

牧场的土地不受土地分配的影响。公共牧场被认为由国家所有，而不是由民族团体所有。牧场的一部分用于国家自身豢养牲口、用于供祭祀和其他目的所需的牛羊，而且通过牧畜捐献常使牛羊养得肥壮；一部分是允许牧主把牲畜赶到公共牧场上放牧，收取微薄费用（*scriptura*）。公地放牧权最初可能与土地占有有过某种事实上的联系。反之各个“胡符”农田（*Ackerhufe*）与公共牧场一定的部分使用之间在法律上存在的一种联系在罗马从未能有过。因为庶民亦能置产，但只有通过国王恩施才会破例地许给庶民使用公共牧场。然而，在那个时代，公地似乎在国民经济中仅居于次要地位，因为最初的公共牧场大概不甚广大，从征服得来的领土可能却大部分立即在各氏族中分配，以后又在个人中作为农田进行分配。

农业是罗马人最早和最普遍的职业，但是其他各业也不少，这是由于在拉丁人的这个商埠中，城市生活早期发展的结果，而且实际上，在努马王的制度下，也就是说，在罗马自远古以来就有的制
206 度下，计有八种手艺行会：这就是吹笛人、金匠、铜匠、木匠、浆布匠、染匠、陶器匠、鞋匠的行会。以此人们在远古时期还不知烘制面包和制药工艺，而家庭妇女自己纺羊毛、成衣，这一为别人

承担风险订货而工作的行会圈子将包揽一切。值得注意的是，铁匠没有自己的行会。这再次证实，铸铁加工业在拉丁姆开始得较晚；所以，迄至很晚时期也在祭礼时（例如为神犁和祭司所用的剃刀）通常只可使用铜器。在最古时期，这些行会对于罗马的城市生活及其对于拉丁地区的态度必然具有重要的意义，远非后世的情形可比：后世成批工匠奴隶为主人制作器具或者替他干活，奢侈品的输入大增，使罗马手工业深受其害。罗马最古的歌曲不但歌颂勇敢无比的战神马默尔斯（Mamers），也歌颂制兵器的巧匠马穆里乌斯（Mamurius）；据说神盾的样品从天而降，马穆里乌斯竟会为国人仿造此盾，与神盾无异；火神和锻冶之神武尔坎已见于罗马古代的节庆表。因此，在最古时期，罗马与他处相同，铸制犁头和铸剑的技术与使用犁头与挥刀舞剑的技艺已并行不悖，以后产生的那种傲然鄙视行会之风当时却从未有过。然而，自从塞尔维制度专使定居者服兵役以后，工匠虽不在法律上，但大概因其通常是非定居者的身份而在事实上排除服兵役的权利，仅由木匠、铜匠和某些乐师中按军事编制，组织一支队伍，附属于军队。后人在道义上鄙视并在政治上歧视行会，或许就导源于此。无疑，行会制度的目的与祭司团无异，两者的名目也相似；专业人才自相团结，以便使传统保存得更为久远，更为牢固。技术欠精的人以某种方式被拒于会外，这是很可能的；然而，垄断的倾向或预防劣质产品的办法却无踪迹可寻。可 207
是，所有关于罗马人民生活各方面的资料，以行会情况最为缺乏。

最古时期，意大利的商业局限于意大利人之间的来往，自不待言。商品交易会(*mercatus*)在拉丁姆历史久远,与寻常每周一次的集市(*nundinae*)有别。它们最初可能与国际间的聚会和节庆相衔接,也许在罗马与阿文廷山上的同盟庙会有联系;拉丁人每年8月13日来赴罗马赶庙会,也许同时乘此机会在罗马办些私事,买些需要的东西。与罗马庙会一样或更重要的,有埃特鲁里亚每年在沃尔西尼境内的沃尔图姆那(Voltumna,也许在蒙泰菲亚斯科尼[Montefiascone]附近)的神庙旁举行集会,这庙会同时也是商品交易会,罗马商贩通常前来参加。但意大利人最重要的商品交易会,却是在费罗尼亚(Feronia)丛林中的索拉克特(Soracte)举行,该地最适于作三大民族交易商品的场所。这座孤独耸立的高山位于埃特鲁里亚与萨宾交界之处,该山似乎大部属于萨宾人,自然界似乎把它立在台伯河平原之中,为旅行者做个目标,无论由拉丁姆或翁布里亚走来,都不难到达此地。罗马商人常常到这里来,他们受到侵犯,屡与萨宾人发生争执。

希腊或腓尼基的第一艘船进入西海以前,毫无疑问人们在这些商品交易会上早已进行过物物交换和买卖活动。收成欠佳时,在这里,各区以粮食相互救济,摆脱困难;此外他们在这里交换牲畜、奴隶、金属以及在那个远古时代认为必要或想要的一切物品。牛羊是最古的交易媒介,十只羊等于一头牛。人们确定牛羊为普遍代表价值的法定物品,换句话说,就是以它为货币;或者确定大小牲畜之间的比值,如同这两者尤其在德意志人那里重现的那样,不但可以追溯到希腊意大利时代,而且还可追溯到纯畜牧经济的

时代。[①] 此外，意大利人制造农具和甲胄，普遍需要大量金属，可 208
是他们只有少数地方出产所需的金属，所以铜（*aes*）很早就已出现，成为牛羊以外的第二种交易媒介；因此，对缺铜的拉丁人来说，估价一物甚至称为“*aestimatio*”[②]。意大利人把铜定为一切物品的等价物，全半岛无不行之有效；下文将详加叙述意大利人所发明的最简单的记数符号以及十二进位法，这些遗迹提供了意大利各民族最古老的、闭关自守地相互来往的情况。

海外贸易以何种方式对依然独立的意大利人发生影响，这在上文做了概述。萨贝利人几乎全不受其影响，因为他们只有一条狭小偏僻的海岸，而且他们从外部各民族传来的事物，例如字母表那样，只有通过托斯坎人和拉丁人媒介才能得到；正因为如此，他们的城市不发达。塔兰托人与阿普利亚人和梅萨皮亚人的来往在这个时期似乎还不频繁。沿西海岸则另当别论，在那里，在坎帕尼亚，希腊人与意大利人和睦共处；大规模的货品交换在拉丁姆成为常事，在埃特鲁里亚尤甚。对最早输入的商品，我们所得知的来源有三：一部分是从极古的坟墓中的出土文物，尤其是在凯雷出土的文物；一部分是在罗马人的语言和制度中所保存下来的遗迹，也有

---

① 如众所周知，牛羊的法定比价是从以下事实中得知的：牲畜罚款改为金钱罚款，一只羊折合十阿司，一头牛折合一百阿司（菲斯图斯，v. peculatus，第 237 页，参见第 34、144 页；格利乌斯，11，1；普鲁塔克，《普布利科拉传》，11）。按冰岛法律，十二只公羊折合一头乳牛，也是依同一规定。不过，德意志法常以十二进位法取代古时的十进位法，此处亦非例外。

在拉丁人和日耳曼人那里，牲畜的名称（拉丁语 *pecunia*，英语 fee）转而表示金钱，已为人所共知的了。

② 拉丁文，意即对财物的估价。作者此处用德文“Kupferung”，意即含铜量。——译者

一部分最重要的是意大利手艺所接受的启示，因为他们当然是长时期来购进舶来品，然后才开始仿造。虽然我们不能确定，在各族分离前手工业已发达到何等程度，而以后意大利在依靠自力的那
209 个时期重又繁荣达到何种程度，同时对意大利的浆布匠、染匠、硝皮匠、陶器匠，受希腊或腓尼基的推动到如何程度和独立发展到如何程度，暂且搁置不论；但是，可以确定的是，罗马自荒古以来就有金匠业，此业在海外商业已经开始以及金首饰已经相当广泛行销于半岛居民之中以后才兴起的。所以，我们也在埃特鲁里亚的凯雷和沃尔西和拉丁姆的普雷内斯特的最古的坟墓中发现印有飞狮图形的金箔以及巴比伦制造的类似装饰品。关于个别的出土文物也许可以争论，究竟是由海外输入的，或是本地的仿制品呢？可是，整个来说，古时意大利西海岸几乎无处不自东方输入金属制品，殆无疑义。意大利在建筑术，如同黏土和金属雕塑一样，很早受希腊影响而有强大的推动，即最古的工具和模型都来自希腊，关于这一点，将在以后谈到艺术运用时将会更清楚地加以阐明。在刚刚提到过的墓室内，除金饰外，还有用淡蓝珐琅或淡绿陶土制成的器皿；根据材料和形式以及在其上压印的古埃及的象形文字来推断，这些器皿必来自埃及[1]；在东方石膏石做的香料瓶中，有几个雕成伊西斯(Isis)女神形象；鸵鸟蛋上画着或刻着狮身人面兽或狮身鹰头兽；以及玻璃珠和琥珀珠。最后几件物品或由北方经陆

① 不久前在普雷内斯特发现一个银质的调合罐，上有一种腓尼基的和一种古埃及象形文字的铭文（蒙森，《铭文集》，X，第32块），这显然说明，在意大利出现的埃及事物，经过腓尼基人的中介，才到达那里。

路而来；但其他物品证明各种香料和装饰品来自东方。麻布和紫颜料、象牙和乳香正是从那里来的；古人用的亚麻带子、紫色王袍、象牙节杖、祭祀所焚的乳香皆可为证；还有古时借用的外国名称（λίνου *līnum*；πορφύρα *purpura*；σκῆπτρου，σκίπωυ，*scipio*；ἐλέφας，*ebur*；θύος，*thus*），也可为此作证。属于这类的同样有一批关于饮食物品的词也是借用的，特别是油和壶罐的名称（ἀμφορεύς *amp*〔*h*〕*ora* *ampulla*；κρατήρ，*cratera*），宴会（κωμάζω，*comissari*），佳肴（ὀψώνιου 210
obsonium），面糊团（μᾶζα，*massa*）和各种糕饼（γλυκοῦs，*lucuns*；πλακοῦs，*placenta*；τυροῦs，*turunda*）；反之，拉丁语的碟（*patina*，πατάνη），猪油（*arvina* ἀρβίνη）则进入西西里的希腊语。后来有一种习俗，人死安葬，必以阿提卡、克尔基拉和坎帕尼亚产的陶瓶置于尸体旁，这证明古希腊陶器很早畅销于意大利，如同这些语言上的证据所证明的那样。希腊皮革制品也输入拉丁姆，至少皮铠甲是如此，拉丁人以希腊语中的皮这个词（σκῦτοs）来称呼盾（*scutum*，如 *lorica* 源于 *lorum*）。最后，由下列种种事实，我们也可以得出同样的结论：拉丁语从希腊语借用了许多航海名词，虽然令人惊讶的是，主要名词如帆、桅和帆桁等都是纯粹拉丁词构成的；[①]

---

① *Velum*（帆）肯定原为拉丁字；*malus*（桅）也是拉丁字，特别是这字不但指桅，而且一般指树而言；*antenna*（帆桁）也源于ἀνά（*anhelare*，*antestari*），*tendere*＝*supertensa*。反之，源于希腊语的有 *gubernare*（κυβερυᾶυ 驾驶）；*ancora*（ἄγκυρα 锚）；*prora*（πρῷρα 船头）；*aplutre*（ἄφλαστου 船尾），*anquina*（ἄυκοιυα 系船桁的绳索）；*nausea*（ναυσία 晕船）。四种主要的风：东北的山外风名 *aquilo*（鹰风），东南风名 *volturnut*（来源不明，或谓“雕风”），西南干热风名 *austez*；自第勒尼安海吹来的西北“顺风”名 *favonius*，以上都是与航行无关的土名；但拉丁其他风名一概是希腊语，例如 *eurus*（东南风）和 *notus*（南风），否则是由希腊迻译的，例如 *solanus*（ἀπηλιώτηs）和 *Africus*（λίψ）。

此外,希腊语中的信札(*ἐπιστολή*,*epistula*)、标记(*tessera*,源于*τέσσαρα*[①]),天平(*στατήρ*)、定钱(*ἀρραβών arrabo*,*arra*)等词都常见于拉丁语;反之,西西里的希腊语采用意大利语的法律名词;还有钱币、度量衡名词的交换,容后叙述。这些借用的名词分明表现其粗俗,而且以目的格为主格的特色尤为粗俗(*placenta*=*πλακοῦντα*;
211 *ampora*=*ἀμφορέα*;以*statera*=*στατῆρα*),这就最明显地证明它们的来源极古。对通商神(*Mercurius*)的崇拜似乎一开始受希腊思想的影响;这神每年的节日,似乎因为希腊诗人歌颂他为美丽女神迈雅(Maia)之子,所以定在5月15日。

由此可见,上古意大利正如帝国时期的意大利,先由东方进口奢侈品,而后按照从那里输入的样品试行仿造。但意大利除所产的原料外,没有可与东方交换的东西;原料尤以铜、银、铁为最著,但奴隶和造船木材、来自波罗的海的琥珀以及海外发生歉收时输出的粮食。

至于意大利的贸易在拉丁姆和在埃特鲁里亚何以采取截然不同的方式,前已从货物需要以及对此应付的等价水平中做了说明。拉丁人缺乏一切主要输出品,所以只能经营消极的贸易,甚至在最古之时,便不得不以其牛羊或奴隶向埃特鲁斯坎人换得他所必需的铜,正如上述古时在台伯河右岸贩卖奴隶那样。反之,在凯雷和波普罗尼亚,在卡普亚和斯庇那,托斯坎人的商业必曾获利甚丰。

---

① 首先指兵营勤房中的标志,*ξυλήφια χαγὰ φυλαχήυ βραχέα γελέως ἔχουγαχαραχγρήα*(波利比乌斯,6,35,7);值夜的四个更次使标志得名。守夜的四分法既为希腊人所有,也为罗马人所有;希腊人的兵法,可能是通过皮罗斯(李维,35,14)而影响了罗马兵营中的安全措施。非多里斯形式的采用说明该词被采纳得比较晚。

所以，这几个地方发展迅速，繁荣昌盛，在商业上实力雄厚，而拉丁姆却始终是一个以务农为主的地区。这些差别也一再表现在它们以下各自的关系方面：在凯雷可以找到古坟墓的构造和装饰是仿希腊式的，只是其穷奢极侈却非希腊人所有的，只有普雷内斯特居特殊地位，是一个例外。它们似乎与法勒里和南埃特鲁里亚有极密切的联系，而在拉丁地区，来自国外的死人饰物却极少，在较古时期简直没有一个真正称得上是奢侈豪华的坟墓。在这里如同在萨贝利人那里那样，通常在尸体身上覆盖草皮而已。最古的钱币按时代来说落后于大希腊钱币并不多，属于埃特鲁里亚，特别是波塞罗尼亚的；在整个王政时期，拉丁姆曾勉力按重量使用铜，甚至并未输入过外国钱币，因为这种钱币（例如，一种波塞多尼亚的钱币）在拉丁姆出土极少。至于建筑、造型艺术和浮雕细工，埃特鲁里亚和拉丁姆受到这些同样的影响，可是只有在埃特鲁里亚资本才同这些影响结合，产生出广大的工场和日益精湛的技术。大概 212
正是在拉丁姆和埃特鲁里亚，人们买卖和制造的商品大致相同，可是说到交往的频繁，南方却远逊于北方。与此相关联的，正是在埃特鲁里亚仿造希腊样品制造出奢侈品也在拉丁姆，尤其在普雷内斯特，甚至在希腊走俏，而拉丁姆却未曾输出过同类商品。

拉丁人与埃特鲁斯坎人在商业上还有一个值得注意的差别，这就是他们通商途径不同。关于埃特鲁斯坎人在亚得里亚海的古代商业，我们只能凭臆测这样说，他们的商业由斯庇那和哈特里亚出发首先到达克尔基拉的。上文已述及，在西边的埃特鲁斯坎人胆敢冒险进入东部海域，不但与西西里通商，而且也与希腊本土贸易。在比较晚近的埃特鲁斯坎人的坟墓里，出土的阿提卡的陶器极多，当时输入此物并非如上文所述作为坟墓饰物之用而有其他用途，这足以证明埃特鲁斯坎人与阿提卡在古代已有来往；反之，第勒尼安的青铜烛台和金盘是古时在阿提卡的抢手货，更明显地表示这种来往的还有钱币。波普罗尼亚银币是模仿一种很古的银币铸成的，其上一面镌着蛇发女妖(*Gorgoneion*)的图形，另一面仅有一个压印的方块。这种钱币出土于雅典和古代琥珀之路上的波森(Posen)地区，很可能就是奉梭伦之命在雅典敲铸的。上文同样已经提过，也许主要从埃特鲁里亚与迦太基发展海上联盟以后，埃特鲁斯坎人与迦太基人就做起交易来。值得注意的是，在凯雷最古老的坟墓里，除了土产的青铜和银质器皿外，主要出土了东方物品，这些物品固然可以认为由希腊商人所运来，但更可能是腓尼基商人的输入品。然而，我们不可过于重视这种腓尼基商业，我们尤其不可忽视如下事实，即字母表和其他促进本地文化而使之得以滋长繁荣的东西，都是由希腊人而不是由腓尼基人带到埃特鲁里亚的。

213 拉丁人的来往却遵循另一个方向。我们对罗马人与埃特鲁斯坎人在吸收希腊文化方面很少去做比较，可是在可能进行的比较中表明，这两个民族相互之间是完全不依赖的。这点在字母表上最为清楚的了。对埃特鲁斯坎人来说，希腊字母表是从在西西里或坎帕尼亚的喀尔基斯人与多里斯人的殖民地那里传入的，拉丁人也是从这方面取得希腊字母表的，可是这两者却相差甚远；所以，这两个民族虽从同一源头汲取文化，在时间和地点上却不尽相同。在一些语词里也一再出现这种同一现象：罗马语的 Poltux 和托斯坎语的 Pultuke 都是 Polydeukes 之讹，但两者互不相干；托斯坎语的 Utuze 或 Uthuze 是 Odysseus（奥德修斯）的变体，罗马语的 Ulixes 正是在西西里常见的人名形式；同样，托斯坎的 Aivas 与此名的古希腊体相符，罗马语的 Aiax 与另一可能也由来自悉开洛语的变形相当；罗马语的 Aperta 或 Apello 和萨谟奈语的 Appellun 都由多里斯语的 Apellon 而来，托斯坎语的 Apulu 却来自 Apolln。因此，从拉丁姆的语言文字看来，拉丁商业单纯面向库迈人和古西西里人。其他由远古时期留下来的痕迹无一不使人得到同一结论：如出土于拉丁姆的波塞多尼亚钱币，罗马歉收时向沃尔西人、库迈人和西西里的希腊人（当然也向埃特鲁斯坎人）购买粮食，而最重要的是，拉丁姆与西西里在币制上的关系。多里斯-喀尔基斯方言称银币为 *νόμος*，西西里的一种量名 *ἡμίνα*；这两词传入拉丁姆变为 *nummus* 和 *hemina*，意义仍旧；反之，意大利的重量名称如 *libra*，*triens*，*quadrans*，*sextans*，*uncia*，在拉丁姆出现时，用来称呼供衡量按重量代替钱用的铜，在罗马城第三世纪时已传入西西里，讹错混杂，以 *λίτρα τριᾶς*，*τετρᾶς*，*ἑξᾶς*，*οὐγκία* 等形式，进入普通用语。诚然，在所有希腊人的衡制和币制中，只有西西里的衡制和币制对意大利使用铜构成的体制确定一种固定比例，不但银价依习惯或也依法律定为铜值的二百五十倍，而且也依此比例敲铸成等于西西里一磅铜（阿提卡的塔兰特的一百二十分之一，罗马 214
磅的三分之一）的对等银币（*λίτρα ἀργυρίου*，意即“一磅铜的银”），古时尤以叙拉古敲铸的为著。据此毋庸置疑的是，意大利的铜条也在西西里代替钱流通，这正好与以下一种假设相符合，即拉丁人对西西里的商业属消极性的，从而使拉丁的钱流向这里。在西西里与意大利之间的古时来往还有其他证据，特别是西西里方言采用意大利语中的商业贷款、牢狱和碗的名称，相反地，意大利语所采纳的西西里名词已见于上文。拉丁人与下意大利的喀尔基斯人的城市库迈和拿波里，以及与埃利亚和马萨利亚的福凯人古时来往也有一些踪迹可寻，尽管它们不很确定。然而，这种来往远不及与西西里希腊人的那样频繁，这有如下尽人皆知的事实为证，就是古代传到拉丁姆的希腊词一概呈多里斯语形式，只要忆及 *Aesculapius*、*Latona*、*Aperta*、*machina* 等词就够了。如果说，同原属爱奥尼亚人的城市（如库迈）和福凯人的移民地的交往与同西西里的多里斯人的交往相等，那么，爱奥尼亚语的形式至少会与其他语的形式并行出现，尽管多里斯语风很早传入这些爱奥尼人的移民地，并且这种方言在此非常不稳定。可是，从一切事实结合起来看，可证实拉丁人一般地与西海的希腊人特别是西西里人的贸易频繁，但对与亚洲的腓尼基人的一种直接交往的痕迹却殊难发现，而且文字材料和出土文物得以充分肯定了他们与非洲的腓尼基人的交往，这种交往对拉丁姆文化状况的影响仅居次要地位。特别可以为此作证的是，如果（把几个地方名称除外）拉丁人与操阿拉米语的民族的古时交往在语言里毫无凭证可考。[①]

---

① 除了 *Sarranus*、*Afer* 和其他地名之外，拉丁语似乎没有一个古时直接从腓尼基语传入借用的词。极少数从腓尼基语的词根起变化的词，特别如 *arrabo* 或 *arra*，以及 *murra* 和 *nardus* 等词，显然最初是从希腊语来的借用词，希腊语里这种源于东方的词相当多，可以证明希腊人与阿拉米人远古时的交往。所谓 *ἐλέφας* 和 *ebur* 同样来自腓尼基语，有时带冠词，有时不带，亦即每一个词均独立构成之说，在语言学上是不可能的，因为腓尼基语的冠词却是 ba，而且也不是这样用。此外，那个东方的原始语词迄未找到。关于那个谜一样费解的词 thesaurus 也是这样；无论它源于希腊语或系希腊人自腓尼基语或波斯语把它借用来的，该词无论如何是从希腊语借用来的拉丁词，它仍保持送气音，可以为此作证。

如果我们继续问到这种商业首先是如何进行的，是否意大利 215
商人在外国经商还是外国商人在意大利经商，那么前一假设最富可能性，至少在拉丁姆是这样。在拉丁语中表示货币和商业贷款的名词，如果仅仅因为西西里商人到了奥斯提亚，并用装饰品换来铜，才进入西西里岛居民的通用语言之中，那就几乎是不可想象的。

最后，说到在意大利从事这种商业的人物和等级，罗马没有发展出一个对地主阶级持独立态度的特殊高等商人等级。这个怪现象的原因是，拉丁姆的批发商业一开始即操在大地主的手里；这一假设看起来并不这样令人新奇。在一个有几条河互相交错的、皆可通航的地方，大地主从其佃户手里收取应得的实物并且很早就占有船只，这是很自然的，而且可以印证。海外商业原为商人所自营，因为只有大地主有船和供出口的物产，所以这种商业势必落入大地主的手中。实际上，较早时期的罗马人不知有土地贵族与资本贵族的对立；大地主一向是投机家兼资本家。在商业十分繁盛时，这种数业兼营就不能行之有效；仅如迄今所示，只要拉丁地区的贸易集中于罗马，那么该地的这样一种商业较旺盛，罗马绝不是一个以商业为主的城市，如同凯雷和塔兰托那样，而是它始终是一个务农民社的中心。

第十四章　度量衡和文字

度量术使人类得以控制世界；书写术使人类的知识不至于像人自身那样，易于泯灭；这两者把自然界不能给予人类的全能和永恒给予人类。历史有权利和义务，也沿着这些途径探索各国人民。

为了进行度量，首先必须阐明时间、空间和重量单位的概念，以及由等分构成整体的概念，这就是数字和数字系统。为此自然界提供了依据，关于时间，有太阳和月亮的周期循环，或称为一日一月；关于空间，有以人足作为长度，以人足度量较以手臂度量为易；关于重量，有以手臂平伸时手能掂其分量（*librare*）的重物，即所谓“砝码”（*libra*）。至于积等分为整体的概念，最易于给人以这种暗示的，无过于一手五指或两手十指这一事实；十进位法便以此为基础。上文已说过，这些计算和度量的要素不但上溯到希腊和拉丁两民族分离之前，而且远及最古的原始时代。以月亮计时的方法存在多久，语言对此做了证明；甚至计算月亮盈亏消长间的日数，不是由其最近出现的月相顺推，而是由预料即将出现的下一月相逆测，这种算法至少起于希腊人与拉丁人分离之前。

所有印度日耳曼语系里的数字，迄至一百的数字而且含一百在内，无不相同，这是人所共知的，这对印度日耳曼人使用十进位法的年代以及最初的专用性提供了最肯定的证明。就意大利而言，十进位法是普遍渗透于所有最古的关系之中：只要想一想这个普通的十数用于证人、抵押品、使者和官吏以及法定一头牛等于十头羊、一个州分为十个区、沿袭的十人长、时效、在献祭和农业上的十分取一、十一税以及姓氏等就够了。对于这种最古的十进位法 217
在度量衡和文字范围内的应用，最初以意大利的数字令人瞩目。在希腊人与意大利人分离时，显然还没有惯用的数码。另一方面，我们看到，I、V 或 Λ、X，用以表示一、五和十这三个符号，显然模仿伸出的手指或者张开的一只手和双手，这是三个最古老和最不可缺少的数码，这并非从希腊人或腓尼基人那里借用来的，而是由罗马人、萨贝利人和埃特鲁斯坎人所共同使用的。正是这些符号是形成意大利民族文字的开端，同时也证明古意大利人最古的、早于海外贸易的内陆交往的兴旺发达。但意大利各族中发明这些符号的究为何族，借用它们的究为何族，当然已无查考了。纯粹十进位法的其他遗迹在这个领域内已很少；属于这方面的有：萨贝利人以一百平方尺的面积为一弗苏斯（*vorsus*）以及罗马人以十个月为一年。另外，在那些与希腊标准无关的并在与希腊人接触之前也许由古意大利人发展的意大利度量衡制方面，通常占主导地位的是把“整数”（*as*）分为十二个单位（*uhciae*）。最古的拉丁祭司团、舞蹈团和田夫团（Arvalen）以及埃特鲁里亚的城市同盟皆按十二数字来组织。这个数在罗马的重量和长度制中也居主导地位，如磅（*libra*）和尺（*pes*）通常分为十二份；罗马的面积单位以一百二十平方尺为一"逐"(*actus*)①,兼用十进位法与十二进位法。在容量单位中,类似的规定已归于消失。

如果说,我们考虑十二进位法以什么为基础,如何会除十以外早从各数的相同序列中普遍出现十二,那么,这种渊源大概只能在
218 太阳运行与太阴运行的比较中才会找到。双手有十指和太阳运行一周约合太阴运行十二周;这两件事,尤其是后者,最先使人类产生合十二为一的深奥概念,于是始有一种数字系统的观念,也就是数学思想最初的开端。这一观念发展成为牢固的十二进位法,似属意大利民族所创,而且产生在与古希腊人最初接触之前。

希腊商人终于开辟了前往意大利西岸的道路,可是面积的度量未受新国际交往的影响,而是长度、重量,尤其是容量受其影响,如果没有这些标准,要进行商业和交往是不可能的。最古的罗马尺已经无影无踪;我们所知道的罗马人最早使用的罗马尺是从希腊借用来的,除了新的分为十二等分的罗马制以外,又有按希腊制分为四掌阔(*palmus*)和十六指阔(*digitus*)的。此外,阿提卡的重量通行于西西里岛全境,在库迈则否;罗马和阿提卡的重量有固定的比例,这是对拉丁人的交往主要转向此岛的又一个重要证明;罗马四磅折合雅典三米纳(*minen*),或罗马一磅折合西西里一利特(*litren*)有半或半米纳。但是最奇特的最庞杂的是罗马的容量,一

---

① "逐"(*actus*)和更为常见的另一词"尤格"(*iugerum*＝25000 平方米——译者)与德文的摩根(*Morgen*)相同,最初不是面积单位,而是劳动量的计算单位,后者表示一日的劳动,前者表示半日的劳动,这考虑到意大利人以农人的午休为一日的明确分界。

方面表现在名称上，这些名称从希腊名称通过蜕变（*amphora* 和 *modius* 仿 μέδιμνος，*congius* 源于 χοεύς、*hemina*、*cyathus*），或通过翻译（*acetabulum*，源于 ὀξύβαφου）而产生的；反之，ξέστης 是 *sextarius* 之伪；另一方面，表现在比率上。两国的度量衡制不尽相同，可是最通用的却完全相同：对于液体有 *congius*（又名 *chus*）、*sextarius* 和 *cyathus*，后二者也用于干货；罗马的 *amphora* 用作液体容量的单位，等于雅典的塔兰特，同时对希腊的 *metretes* 成三与二的固定比率，对希腊的 *medimnos* 成二与一的固定比率。对于一个能善于阅读这种文字的人来说，在这些名称和数字里充分显示了西西里人与拉丁人交往的活跃和重要。

罗马人没有采用希腊数码；不过希腊字母传到他们那里时，他们可能曾加以利用，把希腊字母里对他们所不用的三个送气音用作五十和一千，也许还有一百的数目词。在埃特鲁里亚，至少数目 219
词一百似乎就是这样得来的。以后这两个邻近民族的记数法照例趋于同化，在埃特鲁里亚，大致采用了罗马制。

同样，罗马的历法开始独立发展以后，后来又受希腊的影响，意大利的历法大体上可能都是如此。关于时间的划分，太阳起落和太阴的盈亏都是周而复始，最能直接引起人们注意，所以，日和月不取决于周期的计算，而以直接观察为准则，故日和月久已成为计时的唯一标准。直至晚期，罗马的公共宣告人仍在该城市场上宣告太阳的起落，同样，可以猜测到从前由祭司在发生四个月相[①]

① 月相指人们所看到月亮表面发亮部分的形状。主要的月相有四个，即朔、上弦、望、下弦。——译者

的日子里，每天都宣告月相开始到最近之日的日数。所以，拉丁姆计时的方式是用日数，与此相似的，不仅在萨贝利人那里，而且在埃特鲁斯坎人那里，也是用日数计算，正如上文所述，日数不从发生的月相最近之日顺推，而从预期的下一次月相之日逆测；用太阴周计算，则一周长短不一，在七、八日之间，平均七又八分之二日；用太阴月计算，则一月有时为二十九日，有时为三十日，朔望月平均日数时间为二十九日十二小时又四十四分。对古意大利人来说，日为最小的时间单位，月为最长的时间单位，经若干时期而不改；到了后来，他们才把昼夜各分为四个部分，又到了更晚时，他们才用小时的划分法；一些在其他方面关系密切的民族在规定一日的开始时却用不同的方式，罗马人以半夜为一日之始，萨贝利人和埃特鲁斯坎人却以正午为一日之始，其原因即在于此。至少在希腊人与意大利人分离时，年历尚未编定，因为年和一年各部分的名称由他们各自单独确定。然而，在前希腊时期，古意大利人即使未有固定的历法，似乎至少已进至制定一种双重的、间隔较大的时间
220 单位这一步。罗马人常运用以十进法化繁为简，按太阴月份计时，以十个月为一期，名之曰一“环”(*annus*)或一整年，从一切迹象看来，这种简易算法起源于远古。以后，但也还在很早，而且无疑未受希腊影响以前的年代里，如上所述，十二进位法在意大利得到了发展，因为此法正是由于人类从观察太阳一周期等于太阴十二周期而来的，所以此法必首先用于计时。与此相关联的还有，月名只能在人类以月为太阳年的一部分之后才产生的，而在意大利各族中，各月之名都相似，尤其是三月和五月，但不是指意大利人和希腊人的月名相似，而是指意大利各族的月名相似。制定一种对于

太阳和太阴都能适应的实用历法，这可能是一个难题，就某种意义而论，这是可与圆形求面积相比拟的课题，经过数百年以后，人类对此才认为不能解决而加以放弃；所以，意大利用心解决这一问题，可能在与希腊人接触以前，不过这种仅限于一个民族的尝试已被人遗忘。关于萨贝利人和埃特鲁斯坎人的计时法在各个地方都没有史料流传下来。据我们所知，罗马和其他几个拉丁城市确以最古的希腊的年制为基础。按其原意，希腊年制既欲合于太阴的盈亏，又欲合于太阳年的四季；他们造这一历法基于：假定太阴周期为二十九日又二分之一，太阳周期为十二个太阴月又二分之一，即三百六十八日又四分之三，又假定三十日的大月与二十九日的小月，十二个月的年与十三个月的年，这些都循序更番替换，同时他们又擅自裁减和增添，使历法与实际的天象大致不差。这种希腊年历最初在拉丁人当中原封不动地被应用，这是可能的。可是，有史可考的是，最古老的罗马计年方式却与其希腊楷模迥然不同，其差异不在周期的结果，也不在十二个月的年与十三个月的年轮番更迭，主要在各月的命名和长短。罗马的一年始于早春；其正月 221
是唯一以神命名的月，由战神玛斯（Martius）得名，以后三个月则以发芽（*aprilis*）、滋长（*maius*）和茂盛（*iunius*）命名，自五月以下至十月皆以其在时序中的地位而得名（*quinctilis*、*sextilis*、*september*、*october*、*november*、*december*），十一月以始业（*ianuarius*）命名，可能想到在仲冬休息季节之后农事又周而复始，十二月通常为普通年份中最后的一月，以扫除（*februarius*）得名。以上各月互相衔接，又轮番更迭，此外，在闰年终结即十二月以后，又加一无名的“劳动月”（*mercedonius*），加在二月之后。罗马历的月名可能系采用本民族原有的古名，同样，罗马历各月的长短也各是独立拟定：希腊历以四年为一周，每年有六个三十日的月，六个二十九日的月，每一年加一闰月，二十九日的闰月与三十日的闰月相间（354＋384＋354＋383＝1475 日）；罗马历则不然，也以四年为一周，可是每年有四个三十一日的月——即一、三、五、八月——和七个二十九日的月；此外，三年的十二月各为二十八日，第四年的十二月却为二十九日，每二年加一个二十七日的闰月（355＋383＋355＋382＝1475 日）。同样，一月原分为四星期，一星期有时为七日、有时为八日，也与这历法不同；它规定一年到头，每周八日，并不考虑历法的其他情况，如同我们的星期日那样，把每周的市集安排在它的开始日（*noundinae*）。这历法永久规定，一月若为三十一日，则第一星期定在第七日，一月若为二十九日，则第一星期定在第五日，前者的望月为第十五日，后者则为第十三日。月份的过程既已固定下来，从这时起需要做的只是，宣布在新月和第一星期之间的日数，因而新月之日得名为“宣告日”（*kalenadae*）。一个月的第二个时段一律各为八日，其开始日按罗马将前星期末日并计在内的习惯称为“九日”（*nonae*），望日则仍用旧名 idus（也许即“分界日”之
222 意）。罗马人之所以将历法改得这样离奇，其根本动机似乎主要在于他们相信奇数带来福祉之力[1]；特别以数的神秘而活动的毕达

---

① 由于同一理由，所有的节庆日均为奇数，每月都重现的（初一的 *kalendae*，初五或初七的 *nonae*，十三或十五的 *idus*）是这样，上文已述过的四十五个年节的日数也是这样，只有两个例外，这种情况甚至演变成这样：遇一连多日的节庆时，偶数日暂停，例如，卡门提斯节在 1 月 11 日和 15 日，丛林节在 7 月 19 日和 21 日，亡灵节在 5 月 9 日和 13 日举行。

哥拉斯的学说。当时在下意大利具有强大魅力；如果说，罗马历一般以希腊最古的年历为基础，那么，它与希腊的不同之处肯定是受毕达哥拉斯学说的影响。可是其结果是，这种罗马历本身虽然有明显的迹象，欲兼顾太阳的运行与太阴的运行，但它实际上并未与太阴运行相符，不如它的希腊楷模；希腊历至少尚能大致与此相合。但与太阳周期符合，正如最古的希腊历那样，只能采取擅自削减日月才能办到，而且因为人们对历法的运用很难会比初创时更为明智，至多只能是很不完善的。在坚持以月计年中或者以十月为一年这种算法中，存在对罗马远古太阳年的无规律性和不可靠性的一种可以理解的默认。这种罗马历按其主要模式至少可视为一般拉丁人通用的历法。由于一年之始和月名一般地都易于发生变动，在算法和命名方面的较小偏差与同出一源的假设大致相符。同样，拉丁人既然有这种实际上不顾太阴运行的那种历法，所以他们自易于把大体按年节擅自划分月份的长短，例如在阿尔巴历法中，各月自十六日至三十六日不等。所以，希腊的三年一期制(Trieteris)可能很早就从下意大利传入，至少传入拉丁姆，也许传至其他意大利各族，然后各个城市的历法中也做各种微小的变更。

为了计算几年时期，人们能使用历届国王在位的年数；但在最
古时期，在希腊或在意大利是否出现过这种东方常用的纪年法，这 223
是令人怀疑的。另一方面，似乎与罗马四年一度的闰年和民社与此相关的户口普查和祓除不祥，有密切联系的是一种大祓(*Lustren*)年，论其设置，它与希腊的奥林匹亚运动会的四年一度的计年相同。然而，不久，户口普查受阻，时序混乱，这种计年法早就又失

去了在纪年上的意义。

音标文字晚于度量术。古意大利人和古希腊人本身未曾发展此术，尽管在意大利数字符号中以及在未受古希腊的影响而自发采用的古代小木片抽签中，可以发现这一发展的萌芽。语音的连缀这样千变万化，最初区别语音必甚艰难；唯一的一套字母表由一个民族传至另一民族，由一代传至下一代，已足供整个阿拉米、印度、希腊、罗马和近代文明之用，而且今日仍足供此用，这一事实最能说明区别语音之艰难；而且人类智慧的这个重要产物也是阿拉米人和印度日耳曼人共同创造出来的。闪族语系的元音居从属地位，绝不能居一字之首，正因为如此，闪族语系易于区别辅音；所以，第一个的字母表也就在这里被创造出来，可是这个表的元音尚付阙如。以后阿拉米的辅音文字因通商而传入印度人和希腊人中间，这两个民族最初各自独立地用极不相同的方法加入母音，创造出完整的字母表；其法是加入以希腊人所不用的辅音符号成为 a、e、i、o 四个元音字母，又加入新造的一个 u 的符号，也就是把音节用于文字，代替纯粹使用辅音，或如帕拉米德斯（Palamedes）在欧里庇得斯的剧作里所说的：

在开治疗健忘药方之际，
我把无声和有声的符号添入音节，
于是为凡人发明了书写之术。

这种阿拉米-希腊字母表也传到古意大利人，也就是通过意大
224 利的希腊人，但不是通过大希腊的农业殖民地，而是通过库迈或塔兰托的商人，他们最初把字母表传入拉丁姆和埃特鲁里亚的国际贸易的古商埠，传入罗马和凯雷。古意大利人所得的这个字母表

绝非最古的希腊字母表，这个字母表已屡经修改，尤其是 ξ、ϕ、χ 三字母的增添和 ι、γ、λ 三字符的改变。① 上文曾说过，埃特鲁斯坎文 225

---

① 在古希腊人那里，字母表的历史主要是这样的：对于共有二十三个字母的原始字母表，即既有元音又增加一个 u 音的腓尼基字母表，人们曾提出过种种补充和改进的各种建议，而每个建议又自有其沿革。这些建议中的最重要建议，对于留心研究意大利文字史的人颇有意义，兹概述如下：

第一，引入表示 ξ ϕ χ 等音的特殊符号。这个建议极古，除台拉（Thera）和米洛斯岛（Melos）和克里特岛以外，一切希腊字母表和一切源于希腊语的字母表都显然受它的影响。最初，它甚至把 $X=\xi\tau$，$\Phi=\Phi\tau$，$\Psi=\chi\tau$ 附在字母表末尾。希腊大陆除雅典和科林斯外都采用此式，西西里和意大利的希腊人亦复如此。反之，小亚细亚的希腊人和克里特、多岛海（Archipelago）各岛的希腊人以及大陆上的科林斯人似乎在此建议传到他们那里后，皆已用腓尼基字母表（Samech）的第十五个符号. 来代表 ξτ 一音；所以，在三个符号里，他们用 ϕ 也代表 ϕτ，但用 χ 代表 χτ，而不代表 ξτ。第三个符号原为代表 χτ 而创造的，可能大多被淘汰不用了；只是在小亚细亚大陆上，人们还保留着，可是作为 ψτ。小亚细亚采用的书写方式也为雅典所奉行，只是雅典不但不用 ψτ，也不用 ξτ，而是用双子音的写法，一如过去那样。

第二，如果不是更早，那么人们同样早地努力避免 i ϟ 和 s ƶ 等形式容易产生的混淆情况，因为我们所知的所有希腊字母表均有力图另写和更明确区别两种符号的形迹。但早在远古时，必定有两种修改建议，各有其独自的传播范围。人们对齿音的应用，如腓尼基字母表有两个齿音符号，即应用第十四个符号 M 代表 sch，第十八个符号 ƶ 代表 s，ƶ 在发音上代表齿音较为合宜，较早时期在东方各岛、科林斯、克尔基拉和意大利的阿喀亚人那里就是这样书写的；或者以一竖 | 来代替 i，这在当时极为通行，至少不久以后，就普遍使用起来，以致 i ϟ 在各地消失了，虽然个别民社保留把 ϟ 写成 M 形式，与 | 并行。

第三，以 ↘ 来代替易与 $\Gamma\gamma$ 相混淆的 λ ↾ 则是较晚的事了，我们在雅典和彼奥提亚遇到这种情况，而同时，科林斯和依附科林斯的民社以半圆形 C 代表 γ，而不用那种钩形了。

第四，代表 p 的 r 和代表 γ 的 P 亦很容易混淆，于是把后面的 p 改为 R 以示区别；只是小亚细亚的希腊人、克里特人和意大利的阿喀亚人以及其他少数地区的人对新式字母是陌生的，可是无论在希腊本土和大希腊以及西西里，新式字母都很占有优势。可是在这里，旧式 $\gamma(P)$ 仍不如旧式 ι 那样早已全部消失；所以，这种改革无疑发生在较晚时期。

和拉丁文的字母表不是由互相传授而来，两者都是直接导源于希
226 腊字母表的；就形式而言，传至埃特鲁里亚的希腊字母表与传至拉丁姆的字母表大不相同。埃特鲁里亚字母表有两个 *s*（*s* 和 *sch*），

（接上页）第五，在较早时期，长、短 *e* 和长、短 *o* 之间的区别，仍仅限于小亚细亚和爱琴海各岛的希腊人。

所有这些技术改进各自兴起于一定时间和一定地点，而后各有其传播的方式，各有其特殊的发展，所以这些改进的方式相同，由历史观点看来，价值也相同。对古希腊字母表的历史原甚暧昧不明，赖有基希霍夫（A. Kirchhoff，《对希腊字母表的历史的研究》，居特斯洛，1863 年）的精湛研究，而后真相才大白于世，对于古希腊人与古意大利人最早的关系，他也提供了重要的数据材料，特别是埃特鲁斯坎语字母表的发源地以前未有定论，后来才由他予以肯定，已属无可争辩的了。可是，他过于重视这些建议中之一，不免有偏颇之弊。如果要在这里分立系统，那么人们不可把字母表按 *X* 之读为 ξ 或 χ 而分成两类，而是应区别二十三字的字母表与二十五或二十六字的字母表，或在后者再进一步区别小亚细亚—爱奥尼亚普通字母表与较早的普通希腊字母表，因为较晚的通用字母表是由小亚细亚—爱奥尼亚字母表产生出来的。然而，对于改革字母表的种种建议，各地所循的途径大致可以自由选择，所以一处采纳此种，他处采纳彼种；希腊字母表的历史所以饶有教益即在于它能告诉人们，在手工艺和艺术中，希腊各地区的各集团如何交换革新的做法，而他处则没有这种交换关系。至于专就意大利而言，阿喀亚人的农业城市与喀尔基斯和多里斯人较重商业的殖民地的对立值得注意，这在上文已令人注意到了；前者处处保守原始字体而不改，后者却采纳改良字体，甚至采纳来自各方面的、在一定程度上互为矛盾的字体，如 Cγ 与 ✓ 1 并用。据基希霍夫所示，所有意大利字母表全出于意大利的希腊人所用的字母表，实际上，即由喀尔基斯-多里斯人的字母表而来；但埃特鲁斯坎人和拉丁人却未以字母表相互授受，而是这两民族直接从希腊人那里接受字母表的，只要看一看不同形式的 *r* 就无怀疑的了。上述与意大利的希腊人有关的四种改革字母方案（第五种仅限于小亚细亚），其中头三种在传到埃特鲁斯坎人和拉丁人以前便已实行，当它传入埃特鲁里亚后，*p* 和 *r* 还未有区别，反之，在传至拉丁人后，两字母的区别至少已经开始；所以，埃特鲁斯坎人完全不认得 *R* 体是 *r*；然而，在拉丁人或法利斯克人那里，除了德雷塞尔陶器这个唯一的例外以外，只看到较晚的字体。

仅有一个草写 k[1]，r 则仅有旧式的 p；据我们所知，拉丁文中只有一个 s，可是有两个 k（k 和 q），r 则几乎只有新式的 R。最古的埃特鲁里亚文似不知有行有列，写起来蜿蜒如蛇；较晚时期的行文用平行线断开由右至左的行列。从最古的碑文看来，拉丁文只有后一种平行行列，最初由左至右或由右至左均可随意，但后来罗马人采用由左至右的写法，法利斯克人则用由右至左的写法。传入埃特鲁里亚的标准字母表虽经相当的改造，但仍起源极古，可是究在何时，却无法确定。s 和 sch 两个齿音在埃特鲁斯坎语里常用为两个不同的音，并行不悖，所以，在传入埃特鲁里亚的希腊字母表里，作为活的发音符号，两者并存；可是我们所知的希腊语的铭文中，却无一处同时并用 s 和 sch 的。整个来说，我们所知的拉丁字母表确有出世较晚的特征；但是，可能的是，在拉丁姆不同于在埃特鲁里亚，接受影响不是仅限于一次，而是拉丁人由于他们与希腊人邻 227
居交往频繁较久地与在那里通用的字母表保持平衡并追随它的变

① 埃特鲁斯坎人始终没有 k（$koppa$），似无疑义，因为不仅他处无 k 的踪迹可寻，而且在加拉西（Galassi）陶器的标准字母里亦付阙如。有人要证明它见于这种陶器的拼音表，这无论如何不妥，因为那拼音表只考虑或只能考虑到那个日后通用的埃特鲁斯坎字母的拼音，而 k 显然不在此列。而且置于字母表末尾的记号，由其位置看来，只是相当于 f，而 f 也确是埃特鲁里亚文的末一字母；这拼音表所展示的是埃特鲁斯坎字母表与其标准的差异，绝不能将 f 省略。k 在喀尔基斯 多里斯字母表里保持其地位甚久，而竟不见于传入埃特鲁里亚的希腊字母表，诚属怪事；但情况也许是，其字母首先传至埃特鲁里亚的那个城市才具有这种地方特色。无论何时，字母中冗赘符号的存废都有武断和偶然因素的影响在内；因此，阿提卡字母表失去腓尼基的第十八符号，而保存字母表中其余业已从注音写法中消失的字母。

化。例如，据我们所知，旧式字如/W，P[1] 和 Σ 对罗马人是不熟悉的，可是在通用中却以较晚的 M，R 和ϟ代替它们；可资说明此事的只能是，拉丁人书写本国语言的文字及他们的希腊文字体均使用希腊原有字母表甚久。所以，如果说，我们在罗马所见的那个希腊字母表较新而传入埃特鲁里亚的希腊字母表较老，因而得出结论，认为埃特鲁里亚使用文字早于罗马，这也未免令人怀疑。

获得字母珍宝的人心中会产生多么强烈的印象，他们深知这几个貌不惊人的符号蕴藏着多么大的活力；一件值得注意的陶器对此做了证：凯雷有一座在拱门发明前所建的古墓，墓中藏有一个陶器，上有传入埃特鲁里亚的古希腊标准字母表，也画着埃特鲁斯坎语的缀音表，此表可与帕拉米德斯的相媲美，显然是一件证实拼音文字传入埃特鲁里亚和在那里得到适应的一件圣人遗物。

字母表的借鉴对于历史也同样重要，它在意大利发展的经过甚至更为重要，因为我们可以借此一窥意大利内陆交往的情形，这种交往虽暧昧不明，但它远远超过沿海的对外来往。在埃特鲁斯坎文字的最古时期里，人们主要采用未经更改的传入字母表，其应用似乎只限于在波河流域和今托斯卡纳居住的埃特鲁斯坎人。这个字母表显然来自哈特利亚和斯庇那，随后沿东岸向南传入阿布鲁齐山区，往北传入维尼特人那里，以后甚至到达阿尔卑斯山中和山外的凯尔特人那里，以致它的最后派生物竟远及蒂罗尔(Tirol)

---

① 不久以前才为人知晓的普雷内斯特金发夹(RM2，1887)，在拉丁语和拉丁文的可读的文物里，以它最为古旧。这个发夹显示 m 的较晚形式，暧昧莫解的奎里纳尔陶器(A. 德雷塞尔发表于 Aa I 52，1880)，则显示 r 的较晚形式。

和施泰尔马克(Steiermark)。晚期以改革字母表开始,它主要扩 228
及改行书法,字母 *o* 音的压缩在说话时与字母 *u* 几无区别,以及新字母 *f* 的引入,但在流传下来的字母表中已找不到与它相应的符号。这一改革显然起源于西埃特鲁斯坎人,它虽不为亚平宁山外的人所奉行,却为一切萨贝利族所采用,尤以翁布里人为甚。以后在阿诺河上和卡普亚周围各支埃特鲁斯坎人以及翁布里人和萨谟奈人中间,这个字母表经历了种种不同的遭遇,中介音(*medial*)往往部分或全部消失,而他处又发展出新元音和辅音。可是,那个西埃特鲁斯坎语的字母改革不仅与埃特鲁里亚最古的坟墓同样古远,而且大大远在其前,因上述在古墓中出土发现的拼音表已经是显现出一种大经修改和革新的改良字母表;由于改良字母表本身与原始字母表相比是相对年轻的,所以,这个字母表究于何时传入意大利,几乎无法追溯了。

因此,如果说,字母表由埃特鲁斯坎人在意大利半岛的北部、东部和南部传播的,那么,拉丁字母表相反地只限于在拉丁姆传播,而且整个来说,它在这里根深蒂固,大致无变;只有 γκ 和 ζσ 的发音渐趋一致,于是两种同音符号各有一个(κζ)从文字中消失了。可以查证的是,这种符号在罗马城的四世纪末以前即已作废[①],在

① 十二铜表上的记载留待以后罗马语言学家去研究,我们现在仅有其片断,这些记载应归属这个时期。毫无疑问,这部法典在它产生时,就已被人书写下来,但那些学者并未向原始文本而是向在高卢人焚烧罗马以后才正式书写的抄本去追寻它的原文,这是关于当时恢复铜表一事的叙述所证实了的,由此也可以容易地说明:它的原文根本未显示出他们所熟知的最古老的正字法,尽管在一个这样还被青年用来背诵牢记的文献中,不可能有准确的语言学史料。

我们所有流传下来的碑文和文献中都看不到它们，只有一个例
229 外[①]。我们如果想到，γ c 和 κ k 的区别在最古的简缩词里还经常保持着的，[②]想到这些音发出同音之时以及前述的简缩词定形之时必远在萨谟奈战争爆发以前，最后又想到文字传入以后必然经历很长久时间，简体的惯例才能确立，那么，无论说到埃特鲁里亚和拉丁姆，我们必须将书法开始的时间推到接近公元前 1321 年，即埃及有史以后的天狼星时期之初，而不应推至接近公元前 776 年，即希腊奥林匹亚纪年开始之时。[③] 尚有许多明白的迹象足以证明罗马书法的古老。王政时期已有典籍文献，它有充分的证据：一名塔昆王（此王可能是非同名的末代国王）与伽比订立了特别条约，订约时曾杀一雄牛为祭。该条约书写于牛皮之上，藏在奎里纳尔山丘的圣库斯神庙（Temple des Sancus）。该殿可能未毁于高卢人的兵燹，殿中许多古物收藏得以保存下来。又一证据是，塞维乌斯·图利乌斯国王与拉丁姆缔结的盟约，此约以后为狄奥尼修斯所见，它原刻在铜表上，藏于阿文廷山的狄安娜神庙中。然而，狄奥尼修斯所见的盟约可能是兵燹以后借助一个拉丁范本写成的重

---

① 这是被引用的 1,227 号普雷内斯特发夹上印刻的文字。但是，甚至在菲科隆箱柜上，C 已相当于后来的 K。

② 如 *C* 为 *Gaius*，*CN* 为 *Gnaeus*；*K* 则代表 *Kaeso*。至于较晚的简缩词当然不在此例；较晚时，γ 不用 *C* 而用 *G* 为代表（*GAL*＝*Galeria*），κ 普遍用 *C* 为代表（*C*＝*centum*，*COS*＝*consul*，*COL*＝*collina*），在 *a* 之前，则用 *K* 为代表（*KAR*＝*karmentalia*；*MERK*＝*merkatus*）。人们有一个时期用 *k* 表示 *aeo* 前面的 *x*，用 *C* 来表示所有辅音前面的 *x* 音，反之在 *a* 之前用 *k*，在 *u* 之前用 *koppae* 的旧符号。

③ 如果此说不谬，荷马诗歌的起源（当然未必与我们现有看法相同）必远早于希罗多德所述的荷马创作盛期（约罗马建城前一百年）；因为古希腊字母表传入意大利，如同古希腊人与意大利人的来往开始，都在荷马以后的时代。

抄本，因为王政时期不一定有镌刻在金属的事。王政时期的创立文书，在提到该神庙的创立文书时，把它当成这一类最古老的罗马文书以及各类文书的共同典范。可是在那时，人们刻凿(*exarare*, 230
scribere 与 *scrobes*[①] 关系密切)或描画(*linere*, *littera* 即由此词而来)在叶片(*folium*)、内皮(*liber*)或木片(*tabula*, *album*)之上，以后也在皮革和麻布上。萨谟奈人和阿那尼亚(Anagnia)祭司团的神圣文书都是写在麻布卷上，藏在卡皮托尔的记忆女神(*Iuno moneta*)庙的罗马最古的官员名录也是如此。至于其他证据，如对牧放的牛羊所加的古老印记(*scriptura*)元老院中的称呼："入册父老"(*patres conscripti*)以及邃古的神谕书、族谱和阿尔巴以及罗马的历书等，几乎都不必再去追忆了。如果说，据罗马传说，早在罗马共和国最初时期，市场上已设有课堂，教贵家子女书写读书，那么，这种说法也许是杜撰的，却不能断定其必属子虚。我们丧失了罗马的最古历史的资料，不是因为罗马人不懂文字或甚至缺乏文献而使我们得不到最远古时期的罗马史知识，而是那个时代的历史学家的无能，他们受命研究历史去整理档案史料，他们为写最古远的时代热衷于搜寻有关动因和人物的描述、战役记载、革命故事；而忽略了它们乃属臆测编造，对严谨的学者来说，流传下来的现存史料对此并未加以剔除。

意大利文字的历史首先证明，希腊人的气质对萨贝利人的影响微弱而间接，不同于对更偏西的各族的影响。萨贝利人从埃特鲁斯坎人而不从罗马人那里接受字母表，大概可以从中做这样的

① 正如古撒克逊文的 *writan* 原为"撕扯"之意，以后才变为"书写"。

解释：他们沿亚平宁山脊迁徙之前必已获得字母表，萨宾人和萨谟奈人自祖国出发前往新住地时必曾带了字母表去的。另一方面，文字的历史又含着一种对臆说的有益警告，这种臆说传播了罗马的晚期的、沉溺于埃特鲁里亚的神秘教义和古代文化的陈词滥调的文化教育并使所谓罗马文明的胚胎和核心来自埃特鲁里亚的。现代甚至近代的研究反复加以复述。如果真是这样，那么，这里必会首先显现一种踪迹。可是，事实适得其反，拉丁书法的胚胎是希
231 腊文的，其发展如此带有民族色彩，以致埃特鲁斯坎文中很适用的符号 *f* 也未被采用[①]。诚然，凡是出现借用之处的，如数码，借用者正是埃特鲁斯坎人，他们至少从罗马人接受了“50”这个数码。

最后，别具特色的是，希腊字母表在意大利各族中的发展首先发生在它的败坏的过程之中。例如有声裂音在特鲁埃斯坎人的所有方言中消失，而翁布里人的 γ *d*、萨谟奈人的 *d* 和罗马人的 γ 均告消失，对罗马人来说 *d* 与 *r* 趋于同化。同样，埃特鲁斯坎人早将 *o* 与 *u* 合而为一，拉丁人甚至也犯有同一讹误之势。说到齿音，情形几乎与上相反；埃特鲁斯坎人保存 *z*、*s* 和 *sch* 三个符号，翁布里人不用最后那个 *sch* 而发展出两个代替它们的新齿音；与此同时，萨谟奈人和法利斯克人却和希腊人一样，仅用 *s* 和 *z*，甚至较晚期的罗马人只用 *s*。人们看到，传入字母表的人都是熟谙两种语言的

① 拉丁人为何用希腊文中相当于 *v* 的符号来代替声音完全不同的 *f*，这个谜已为普雷内斯特发夹所解决。它以 *fhefhked* 代替 *fecit*，从而同时证实拉丁字母源自下意大利的卡尔基底人的殖民地。在一个属于同一字母表的彼奥提亚铭文中，在 *fhekad-amoe*（古斯塔夫·迈尔，《希腊文法》，§ 244 a. E）一词中，也有同一的音结合，而送气的 *v* 在发音上可能接近拉丁文中的 *f*。

文化名人，当必深知字音的精细区别，可是在民族文字完全脱离古希腊母体字母表以后，有声破裂音与无声破裂音渐趋一致，齿音与元音便陷于混乱。从它们的辅音转移或语音破坏中，特别是第一种完全是非希腊语的了。变格、变位和派生的形式横遭破坏，与这种语音混乱是同步并进的。一般说来，文字所以变得这样俗野，其原因只能是，任何语言的进展，如果没有文学和理性予以节制，则必然导致讹误层出不穷，任何一种语言就会不断受其侵蚀；他处已无踪迹，独此处尚留了语音中可作考证的踪迹而已。意大利各族受到这种语言俗野化影响的，以埃特鲁斯坎人为最烈，这表现了他们文化素质低下的许多证据。如果在另一方面说，在意大利人中受到同一种语言败坏这一影响的，似乎以翁布里人为最重，罗马人 232
次之，而南萨贝利人最少，之所以出现这种现象可能是那边与埃特鲁斯坎人交往比较频繁而这边与希腊人交往较密切所致。

233

第十五章 艺术

诗歌是激情的语言，声调灵活，独具一格。就这点而言，任何一个民族莫不有自己的诗歌和音乐。但属于具有独特诗才的民族中，意大利民族过去和现在都不在此列。意大利人内心缺乏热情，他们缺乏使人情理想化和赋予无生命之物以人性的渴望，这恰恰是诗艺的精髓之所在。他们的锐敏目光和他们的优雅机智使他们擅长讽刺，具有讲述故事的语调，正如我们在贺拉斯[①]和薄伽丘[②]那里读到的那样；这还使他们富于幽默地谈情说爱和开怀歌唱，正如卡图卢斯[③]的诗和优美的拿波里民歌所表现的那样；这使他们尤其编演粗俗喜剧和滑稽剧。在意大利土地上，古时曾产生过模拟讽刺的悲剧，近代又产生诙谐的英雄诗歌。在修辞学和舞台艺术方面，古今是没有任何一个民族能同意大利人比拟的。可是在完美的艺术类型上，他们很难超过精湛艺术的地步。他们的任何一个文学时代未尝产生出一首真正的史诗或一个地道的戏剧。意

---

① 贺拉斯（公元前65—前8），罗马杰出诗人，著有《诗集》，该著和《论诗艺》对西方诗歌有很大影响。——译者

② 薄伽丘（1313—1375），欧洲文学史上最重要的人物之一，意大利文艺复兴时期人文主义的先驱。著有《田园诗》等重要作品。——译者

③ 卡图卢斯（约公元前84—约前54），古罗马最杰出的抒情诗人。——译者

大利产生的最佳文学作品，如但丁《神曲》一类的宗教诗，如萨卢斯特、马基雅维里、塔西佗和科勒塔（Colletta）的史书，其中包含的修辞多于纯朴的热情。甚至在音乐创作中，无论古今，出现的真正创造性的天才，大大少于技艺，这种技艺迅速升华为高超技巧，并且代替那种真正的内在艺术而把一种空洞无物的、令人心智枯竭的偶像达到登峰造极的地步。这不是艺术的内在领域，如果艺术可以区分内外的话，因为它作为自己的领域已归于意大利人所有；为了使他充分感到美的力量，必须经过他的感官，将它摆到他的眼前才行，只凭观念不能感动他的心灵。因此，意大利人极精于建筑、绘画和雕刻，在古文化时期，意大利人在这些方面是希腊人的高足弟子，到了近代，意大利人成了所有民族的大师。

由于文献残缺，我们不能探求意大利个别民族的艺术观念的
发展，尤其不能再谈论意大利的诗歌，只能谈论拉丁姆的诗歌。拉 234
丁诗歌艺术，有如其他每一个民族，始于抒情诗，或说得更确切些，起于原始的节庆行乐，那时跳舞、演奏和歌咏还融为一体，不可分隔。然而，值得注意的是，最古的宗教习惯以跳舞为主，演奏次之，歌咏则甚少。罗马举行胜利庆典，以盛大节庆游行开始，除神像和武士外，庄严和欢快的舞蹈者居于首位；舞蹈分为成人、青年和幼童三队，一概衣着红袄，束铜带，佩长刀，执短矛，成人戴头盔，披挂全副武装；这些人又分为两组，绵羊组穿绵羊皮，罩有杂色斗篷，山羊组则上身裸露，腰围山羊皮。同样，舞蹈团也许是所有祭司团中最古老和最神圣的，在一切公众的游行，尤其是丧礼中，跳舞队必不可少，所以，甚至在古时，跳舞即已成为一种习常职业，但跳舞队出场之处，也就是乐师或笛人出现之地，最古时乐师就是笛人。笛

人也是祭祀婚丧所必有，于是笛人行会与古老的公共舞蹈团并立，二者同样古远，可是笛人的地位却低得多。笛人实为江湖乐师一类，他们在每年的节日演出中，无论罗马警察如何森严，仍保持他们由来已久的特权，戴着假面具，酣饮甘酒在街头来回游荡。如果说，舞蹈作为高贵行当而演奏居于其次但仍属必要的活动，因而两者都成立了公共团体，那么诗歌的出现，无论是自发产生或者作为舞蹈团跳舞时的陪衬，似乎是一种偶然的，而且在一定程度上是无足轻重的产物。

在罗马人听来，林间万籁俱寂，树叶自吟，乃是最古老的歌曲。孚努斯[①]在丛林窃窃私语，悠扬吹笛，时而大声呼啸，长于谛听的人以铿锵有节奏的语言(*casmen*，后变为 *carmen*，源于 *canere*)重现
235 于人类。与这些为神灵感通的男女们的预言歌同源的，有真正的符咒、消灾治病的咒语，还有止雨息雷或引种子移植的凶歌，不过做这些事时，从一开始就有字诀和音诀并见于世[②]。像舞蹈团和其他祭司团的歌舞连祷，在传说中也一样根深蒂固，由来已久：这种连祷辞只有一种传到现在，这是一首由田夫团歌颂战神的舞歌，为赓唱迭和而作，值得抄录在这里：

Enos, Loses, iuvate!

---

① 孚努斯系罗马的森林和田野之神，畜群和牧人的庇护者。——译者

② 老加图(《农业志》，160)举出一种治疗扭伤筋络的有效咒语：*hauat hauat auat ista pista sista damia bodannausfra*，我们固然莫名其妙，那发明此咒语的人可能也莫名其妙。除此以外，当然还有其他咒语，如有人求助治疗痛风，空腹心想另一人，三番几次地抚摸地面，口吐唾沫，并念念有词："我想你，请帮我治治脚。让灾归于大地，让健康归于我。"(*terra pestem tenneto, salus hic maneto*. 瓦罗，《农事诗》，1，2，27)

Ne velue rue, Marmar, sins incurrere in pleores!
Satur fu, fere Mars! limen sali! sta! berber!
Semunis alteinei advocapit conctos!
Enos, Marmar, invato!
*Triumpe!*①

向众神说{
家神啊，保佑我们吧！
战神，战神啊，千万不要让
死亡和毁灭侵袭万民！ 236
该满足了吧，可畏的战神！
}
向单个的祭司说{跳向门槛，站住，踩它！
向全体祭司说{你们先喊，再喊，一齐喊塞蒙尼！
向神说{战神，战神啊，请保佑我们！
向单个的祭司说{跳吧！

奥古斯都时代的学者们把这首歌和萨利亚人歌谣的同类片段作为他们母语的最古老的文献。这些诗歌的拉丁文之于十二铜表的拉丁文，无异于尼贝龙根(Nibelungen)语言之于路德语言；无论

---

① *Nos, Lares, iuvate! Ne veluem(=malam luem) ruem(=ruinam), Mamers, sinas incnrrere in plures! Satur esto fere Mars! In limen insili! sta! verbera(limen?)! Semones alterni advocate cunctos! NOS, Mamers, iuvato! Tripudia!* 头五行重复三次，结尾的呼声重复五次，译文很没有把握，尤其是第三行。

奎里纳尔陶器上的三行文字是这样的：*ioue sat deiuosqoi med mitat nei ted endo gosmis uirgo sied—asted noisi ope toitesiai pakariuois—duenos med feked(=onus me fecit) enmanom einom dze noine*(可能=*die noni*) *med malo statod*，肯定可以理解的只是个别的词，尤其值得注意的是，以前我们以为是翁布里和奥斯坎语的形式，如形容词 *pacer* 和相当于 *et* 的不变词 *einom*，在这里似乎是古拉丁语。

就其文字还是就其内容来说，这些令人尊敬的连祷文大概可以与印度的吠陀经媲美。

赞颂歌和讽刺歌已属于较晚时期的了。即使没有古代警卫反对讽刺歌的措施来确证此事，但我们从意大利人的民族性可以推知，古时讽刺歌谣在拉丁姆已盛行。但赞美歌却渐臻重要。如果一位公民死后出殡，那么，随灵柩之后有一位女眷或女友在笛人的伴奏下跟随唱着哀悼死者的挽歌。同样，那时外出赴宴时，按当时习俗也有男童随从其父。在宴会席上，男童轮流唱赞歌，时或伴以笛声，时或朗诵歌词，没有伴奏。成年男子在宴会中轮流歌咏的习俗大概是后来从希腊人那里借用来的。关于赞祖歌更详细的情况，我们所知不多；可是不言而喻的是，他们描写叙述，或与诗情要素并行发展史诗，或者从中发展史诗的特色。

237 在原始的、无疑可以追溯到各民族分离之前的万民狂欢节、欢乐舞蹈或称萨图拉娱乐活动中，其他的诗歌因素也起着作用。在这种场合下，总是不乏歌唱；但这些因地制宜的娱乐活动在公共节庆和结婚时和首先在切合实际的欢乐场合举行。在这些场合，几个舞人或几组舞人队在表演，互相交错穿插，边歌边演，其动作不免掺杂一种当然以戏谑为主的并往往带有放荡不羁的色彩。这样不但产生了更番轮唱的歌曲，如后世所谓的菲斯克尼亚诗歌，而且还培植了一种民间喜剧的要素，意大利人对于外在的和滑稽可笑的事物很敏感，而且喜好手势表演和化装舞蹈，所以，民间喜剧在意大利，可谓正是培植在最适宜的土地上。

罗马叙事诗和戏剧的这种萌芽现已荡然无存。祖德诗由历代相传而来，自不待言，只看儿童常朗诵这种诗歌，便足以证明此诗的盛行；可是，即在老加图时代，这种诗和剧也已完全绝灭。但当时和很久以后，喜剧，如果人们可以名之为喜剧，却全是即景之作。因此，除节拍、伴奏的音乐和合歌的舞蹈，或甚至假面具之外，这种民众诗歌和民众乐曲却无一传到后世。

我们所称的韵律是否存在于远古时代，尚存疑问；田夫团祭司的连祷未必顺从于一种由外界所定的诗韵模式，在我们看来，不过是一种生气勃勃的诗歌朗诵。另一方面，我们以后遇见一种很古的格律；所谓萨图拉[①]或孚努斯曲调，这是古希腊人所无，推测这种诗体与最古的拉丁民歌同时兴起的。下列当然属于远为较晚时期的这首诗可令人从中窥其一斑。

Quod ré suá difeidens—ásperé afleicta 238
Paréns timéns heic vóvit—vóto hóc solúto
Decumá factá poloúcta—leíbereís lubéntes
Donú danúnt ◡ Hércolei—máxsumé ◡ méreto
Semól te oránt se vóti—crébro cón ◡ démnes

◡—′◡—′◡—′⏓‖—′◡—′◡—′⏓

唯恐灾难降临——将福祉重重损害，

① 此名大概仅意谓“歌律”，因为 *Satura*（萨图拉）原是万民狂欢节所唱的歌曲。播种之神 *Saeturnus* 或 *Saiturnus*，后改称 *Sāturnus*，其名也出于同一语根；他的祭节名 *Saturnalien*（农神节），确是一种万民狂欢节，滑稽剧原来可能主要在这个节日表演。但萨图拉与农神节的关系无证据可考，把农神诗律与农神直接联系起来，从而把第一音变成长音，大概是到后世才有的。

祖父心忧发誓——誓言如蒙应验，
愿捐什——供祭祀设宴——子孙心甘情愿
奉献赫拉克勒斯——他的劳苦功高；
同时他们恳求你——请你常常倾听他们的禀告。

戏谑歌和颂赞歌都似乎用萨图宁曲调齐声唱出，当然有笛子伴奏，大概唱歌时，每行的停顿都特别明显，在轮唱时，第二个歌手大概在此续唱诗行。萨图宁诗体一如其他见于古罗马和古希腊的诗体，都以声音的长短为基础；可是在远古各种诗律之中，不仅或许以此体为最粗陋，因其大多不拘格律，而且最大幅度地将短音任意省略，其结构不很完美，半行用短长律，半行用长短律，两半对立，极不适于发展一种能满足比较高一级的诗作所需的诗韵体裁。

拉丁姆的民间音乐和合唱跳舞的基本要素必定确立于此时，但现已泯灭无闻；只是我们听说拉丁人的笛子短而细，只有四个眼，如其名称表明，它原是用某种动物的小腿骨制成的乐器。

最后，有人把日后的拉丁民间喜剧或所谓阿特兰那剧（Atellane）的固定角色，如丑角玛库（Maccus）、老饕布科（Bucco）、慈父帕浦斯（Pappus）、智者多塞努斯（Dossennus）等所用的面具均为最古的民间艺术所有；与意大利傀儡喜剧中的两仆潘达龙（Pantal-
239 on）和多托雷（Dottore）相比，既巧妙又确当，但说这些面具属于拉丁最古的民间艺术，自然还未有充分的证明；然而，在拉丁姆，民间戏剧对面具的应用早在荒古时代，而在罗马的希腊戏剧却在建城后一百年才采用，而且这些阿特兰那面具确是起源于意大利，且是即景所作，如没有固定的面具从而给予戏子在全出戏里的长久地位，戏剧的产生也就不可思议的了，这样，我们将固定面具与罗马话剧相联系，或者确切地说，可以把固定面具视为罗马戏剧的开端。

如果说，我们对拉丁姆最古的土著文化和艺术所知很少，那么，我们对最古罗马人最早在这方面受到的外来启示知道得更少，这是可以理解的。在某种意义上说，在此提到的外国语，尤其是希腊语的知识当然对于拉丁人来说一般地生疏的，正如有关西彼拉神谕的指示对此证实的那样；但在商人里却不乏其人，而且与希腊密切相关的写读知识也被拉丁商人同样学到了。然而，古代世界的文化却不是以外国语知识和基本的熟练技能为基础的，比这些传说更重要的是，拉丁人很早从古希腊人得到音乐艺术的基本知识，这对拉丁姆的发展有影响。在这方面，正是古希腊人对于意大利人发生影响，而腓尼基人和埃特鲁斯坎人则否，意大利人在音乐方面所受的激励在迦太基和凯雷都未有其踪迹。腓尼基人和埃特鲁里亚人的文明形式可大致认为是混种型的，因而也就是不能再生育型的[①]，可是希腊的影响却不能不产生结果。希腊的七弦琴， 240

① 说到从前罗马男童曾受过埃特鲁斯坎文化的教育，后来他们又受希腊文化的教育（李维，9，36），此说与罗马青年教育的原始性质不合，也没有看到罗马男童在埃特鲁里亚学的何物。甚至近代最拥护塔格斯教的人士也不承认学习埃特鲁斯坎文当时在罗马所起的作用，犹如我们现代学习法文一样。对一个非埃特鲁斯坎人来说，欲了解埃特鲁斯坎人的占肠术为自己所用，这是可耻的，或者更确切地说，是不可能的（K. O. 米勒，《埃特鲁斯坎人》，布累斯劳，1828，第2卷，第4页）。旧籍载有实用主义式的故事，如说到斯凯佛拉（Mucius Scaevola）与波森那（Porsena）的谈话，便说斯凯佛拉幼时曾学过埃特鲁斯坎文；也许这是罗马共和国末期崇拜埃特鲁斯坎文化的考古家从那些故事编造出来的（哈利卡纳索斯的狄奥尼修斯，5，28；普鲁塔克，《普布利科拉传》，17；参阅哈利卡纳索斯的狄奥尼修斯，3，70）。不过，曾有一个时期，罗马对意大利实行统治时，需要过高贵的罗马人多少能懂些当地语言。

即所谓“弦”(*fides*,源于希腊文的“肠”;又称 *barbitus* 来自希腊文的 βαρβντοs)与拉丁姆土制的笛不同,在那里一向被视为外来乐器;可是,琴的希腊名称横受歪曲,而且琴甚至应用于宗教仪式[①];可见它被拉丁姆吸收必是很早时候了。拉丁人愿接受与其奠基于民族诗库的表现相结合的希腊雕刻作品,可见,在此期间希腊神话早已传入拉丁姆。古拉丁人把 *Persephone* 讹为 *Prosepna*,把 *Bellerophontes* 讹为 *Melerpanta*,把 *Kyklops* 讹为 *Cocles*,把 *Laomedon* 讹为 *Alumentus*,把 *Ganymedes* 讹为 *Catamitus*,把 *Neilos* 讹为 *Melus*,把 *Semele* 讹为 *Stimula*,从这些讹误,可见拉丁人在如何久远之时即已闻听复述这些故事了。但最后特别要说的是罗马的主要节庆即罗马城市节,即使它不导源于希腊,它后来的设置大概也受希腊的影响。作为特殊的感恩节庆,定期以一位将帅出征前向神所作的誓言为依据,并因此通常在国民军秋季回国时向卡皮托尔的朱庇特和与之同置一殿的众神祭祀。在节庆游行中,民众结队前往竞技场,该场位于帕拉廷山和阿文廷山之间,四周竖木
241 桩为界,内有比武场和观众台:整个游行队伍前列是罗马的男童,按国民军骑兵队和步兵队的编制排成队伍,其次是竞技选手和前

① 对祭礼用琴可以作证的有西塞罗《论演说术》,3,51,197;《图斯库鲁姆谈话录》,4,2,4;哈利卡纳索斯的狄奥尼修斯,7,72;阿庇安《布匿战记》,66;以及奥勒里的铭文 2448,vgl 18030;挽歌(*nenien*)也用琴(瓦罗,见于诺尼乌斯,在 *nenia* 和 *praeficae* 项下),可是弹琴仍为无礼的举动(西庇阿,见于马克罗比乌,《农神节》,2,10 等)。罗马纪元 639 年,政府禁奏音乐,只把“拉丁人吹笛人同伴唱歌手”排除在外,而奏琴者却不在此列;筵席上的宾客唱歌只能用笛子伴奏(加图,见于西塞罗的《图斯库鲁姆谈话录》,1,2,3;4,2,3;瓦罗,见于诺尼乌斯,在 *assa voce* 项下;贺拉斯,《歌集》,4,15,30)。昆体良所说的(《演说教育》,1,10,20)却与之相反,他把西塞罗叙述的神宴谈话误用到私人的宴会。

已述过的舞蹈团，每团各有独特音乐；再其次是侍奉神祇的人，手持香炉和其他法器，最后是载着神像的车。献技表演本身与原始时代作战情形一般无二，有乘战车作战，也有骑马和步行的竞赛。首先是战车急驶，每车按荷马所描述的样子，载着一名掌车手和一名斗士，随后斗士们从马背跃下，然后出现骑士们驰骋，按罗马格斗方式，每人骑一马，手牵一马；最后出现的是步兵斗士，束以腰带，上身裸露，相互竞走，相互角逐和斗拳。每一种竞技仅举行一次，而且竞赛者不超过两人。胜者获得花冠，花冠由朴素的树枝编成，法律规定，允许胜者死后将花冠置于灵柩之上，引以为荣。这个节日只有一日即告完毕，除竞技外，大概还有充分时间举行狂欢会，各跳舞队显艺，特别表演他们的滑稽剧，也许还有其他表演，如男童骑术竞赛。[1] 在实战中赢得的荣誉在这一节庆中也起了作用；这一天，勇猛的战士以被杀敌人的装备供人展览，怀有感激心情的民社给戴上花冠，如同对竞赛得胜的人。

这就是罗马胜利节或城市节的情形，我们也可想见罗马的其他公共节庆与此相似，即使规模较小。举行公葬时有舞蹈表演，如 242
果还有其他表演，则是赛马；遇有这种情形，常事前由公共宣告人

① 这个城市节原是只能一日即毕，因为公元前六世纪，该节仍以四日演舞台戏，以一日进行竞技表演（F. W. 里赤尔，伯勒尔加论普劳图斯和泰伦提乌斯，莱比锡，1845年，第1卷，第313页）；舞台戏仅系后来所加，人皆知之。每种竞斗原只举行一场之说出自李维，44，9，如果说，竞赛一日多达二十五对车相继驰骋（瓦罗，见于塞尔维，《农事诗》，3，18），那么，这是一项单新。罗马任何时代举行赛车，参赛的车数常与所谓“帮”（Faktion）数相等，而最初的帮只有两个，一为白帮，另一为红帮；由此可知竞赛的车只有两辆，而且骑手和角力士也各有两名。竞技表演中有贵族青年的骑术比赛，即所谓Troia，后为恺撒所恢复，这是人所熟知的；这种游戏无疑必与狄奥尼修斯所述（7，72）男童国民军马队的表演有关。

特邀各界公民前往参加。可是，这种城市节虽与罗马人的风俗习惯关系密切，但在基本上却与希腊人的民族节庆相符；尤为重要的是，宗教大典与战士的角力表演合并举行这种基本思想；所选择的各种竞技相同，据品达(Pindar)的见证，奥林匹亚赛会一开始就有竞走、扭斗、拳斗、赛车、投枪、掷石；胜利获奖情况也相同，无论在罗马还是在希腊民族节庆时，花冠不奖给车夫，而奖给畜力车主；最后，一般的爱国举动及奖赏也列入普通的民族节庆活动之中。这样的吻合绝非出于偶然，而是远古时代民族共同体的一种残余部分，或是最古时期国际间相互交往的一种结果；后一种假设的可能性较大。我们所知这样一种形式的城市节绝不是罗马最古设施之一，因为竞技场本身是王政时代后期所营建；正如当时罗马改革宪法是在希腊的影响下进行的，所以同时在城市节中，希腊的各种竞走与旧式娱乐一并举行，如跳跃(*triumpus*)或甚至秋千(秋千在意大利渊源久远，在阿尔巴山的节庆里仍长期沿用)，以致在某种程度上有将旧式娱乐排挤之势。此外，用战车实际作战，在希腊还有些踪迹可找，但在拉丁姆却已没有了。最后，希腊名词竞走场(多里斯语为 *σπαδιον*)很早就传入拉丁文，成为 *Spatium*，意义相同；甚至对此还有一个明显的见证，罗马人的赛马和赛车从图里(Thuriner)人那里借用来的，反之，还有说法，是从埃特鲁里亚那里传来的，这样，除音乐和诗歌受古希腊人的启示外，罗马人似乎也在体操竞赛上获得希腊思想的教益。

243　因此，在拉丁姆不但存在希腊文化和艺术赖以成长的同一基础，而且它们本身很早大大影响于拉丁姆。拉丁人不但懂得体操锻炼的基础知识，因罗马男童都像每个农家子弟那样，学会骑马、驾车、狩猎，罗马每位民社公民同时又是战士，而且舞蹈艺术自古为公众所重视，以后随着古希腊的竞技传入，很早就获得有力的推动。在诗歌方面，古希腊的抒情诗和悲剧从类似歌谣中成长，如同罗马节庆歌曲的表演那样；颂祖歌含有史诗的萌芽，面具滑稽剧含有喜剧的萌芽，这两者均不乏希腊的影响。

更值得注意的是，这些种子不都能萌芽滋生或变得衰败。拉丁少年的体育始终是茁壮而熟练，但是距离古希腊体操追求体格健美培养的思想很远。古希腊人的公众竞技传入意大利以后，并未改变它的规程，而改变了它的本质。竞技应是公民参加的竞技，而且最初在罗马必也如此，但以后却变成了特技骑师和特技格斗者的竞赛；如果说，参加希腊节日竞赛的首要条件是证明其出身于自由的希腊人，那么，罗马的节日竞赛却不久便落入释免奴和外国人之手，甚至落入奴隶之手。因此，参与竞赛者变成了旁观的观众，而得胜者的花冠原来被称为希腊的真正标志，而以后在拉丁姆却几乎无人再提起它了。

诗歌及其姐妹的遭遇亦类似。只有希腊人和德意志人拥有自发流淌的诗歌泉源；但缪斯女神金瓶里的水却只有几滴洒到意大利的绿色土地。在意大利没有创造出真正的神话。意大利的群神都是而且一直是抽象的观念，从未升华到真正人化的形态，或者可以说，从未隐形于人。同样，对意大利人来说，人即使是最伟大和最高尚的，但总是凡人，毫无例外；他们不像在希腊那样，在眷恋的回忆和挚爱缅怀的往事中，升华为民众心目中神化了的英雄。但 244
是最重要的是，民族诗歌在拉丁姆没有得到发展。文艺，尤其是诗歌，能打破各民社之间的隔阂并从各部落中缔造出一个民族，从各民族中缔造出一个世界，这就是它们最深厚和最高尚的效用。正如当今在我们的世界文学中和通过它能消灭文明民族之间的差异那样，同样，希腊诗歌艺术也曾将家族狭隘自私的观念化为希腊的民族意识，并将它化为人文主义。可是，在拉丁姆却没有发生类似的事情。在阿尔巴和罗马也有诗人，但没有产生拉丁史诗，甚至更可想见的，并未出现像赫西俄德[①]的《工作与时日》一类的农人问答诗。拉丁联盟节很可以变成希腊人的奥林匹亚赛会和地峡赛会[②]那样的民族艺术节。正如围绕征服伊利昂(Ilion)展开许多传说的话题那样，与阿尔巴的沦亡相关的传说大概也会是这样；拉丁姆的每一个民社、每一个望族无不可以从中重新发现自己的发祥故事，或将此故事编入这些传说。但这两种情况都未发生，意大利始终没有民族诗歌或民族艺术。

从中势必得出推论，拉丁姆艺术的发展是一种枯萎，而不是一种繁荣，这已由流传下来的史料确定无疑地证实了。无论何地，诗歌多为妇女所开创，而不是男子；符咒歌和挽歌首先属于她们的创作，无怪拉丁姆的诗歌女神加斯美内和卡门提斯，一如希腊的缪斯女神，也被目为女性。但是，在希腊有过这个时期，诗人代替女歌手，阿波罗成为缪斯女神之头目；拉丁姆却没有出现过民族的诗歌之神，古拉丁文也没有代表诗人这个名称。[③] 在拉丁姆诗歌的势

① 赫西俄德(创作时期公元前8世纪)，希腊最早的史诗诗人之一。著有《神谱》等，后来成为诗人歌手。——译者

② 地峡赛会系每五年在科林斯举行的敬神竞技会。——译者

③ *Vates* 一词初时或指“领唱者”而言(因为舞蹈团的 *Vates* 应如此理解)，以后在古老的语言用法中与希腊文的 *πρoφητηs* 相近，此词属宗教礼仪中所用的词，后来用它来指诗人时，始终保存其附带的意义，即“充满灵感的歌手”，亦即缪斯女神的祭司。

力相当薄弱而且很快萎靡不振。音乐艺术的运用在这里很早只局限于妇孺以及行会内外的手工艺匠。上文已经说过，妇女唱挽歌，男童唱酒宴歌。宗教连祷也多半由儿童朗诵。乐师属行会职业， 245
而舞蹈者和受雇哭灵的妇女则属非行会职业。如果说，在希腊，跳舞、演戏和歌唱始终是受人尊敬的行当，它为公民和其所属的民社增添光彩，在拉丁姆原先也是如此，那么，以后在拉丁姆多数公民认为这些艺术乃空洞无益之事，日甚一日地疏远它了，艺术愈是公开表演并受外国影响愈深，这种状况也就愈烈。吹土著的笛子尚为人所容，可是弹希腊竖琴则遭歧视，民族面具戏是容许的，但外国的扭斗比赛似乎不但被人漠视，而且被认有伤体面。正当希腊艺术逐渐成为希腊每个人的和希腊人全体的共同财富，因而从中发展为一种普遍教育，但在拉丁姆，艺术却在全民族意识中逐渐幻灭；它们既沦为各方面微不足道的手艺，同时在这儿也未发展出一种传教青年的普遍的民族教育思想。青年教育始终仅限于最狭隘的家庭生活。男童不得离开其父而陪伴他手执锄犁镰刀在田间作业，而且如父被邀做客或去元老院，随他到朋友家或同去会议场所。这种家庭教育大概适合于完全为家为国培养人。父子长久共同生活，成长中的青年敬畏成熟的长者，成熟的长者敬重天真烂漫的青年，在这些基础上建立家庭和国家传统的牢固性、家庭关系的亲密性，罗马生活殷实的严肃态度和守礼重德的性格。实际上，这种青年教育也是一种创制，含有平凡质朴而几乎不是自觉的智慧，既单纯而又深邃。可是，这种创制尽管令人欣羡，但不可因此忽略这一点：只有牺牲本来意义上的个人修养和完全放弃缪斯女神的既可爱又危险的秉性，这种做法才能实行和办到。

246 对于埃特鲁斯坎人和萨贝利人的音乐艺术的发展，我们所知很少。[①] 至多只能提及埃特鲁里亚的跳舞者（*histri*，*histriones*）和笛人（*subulones*）很早（也许比罗马还早）从自己的艺术中发展为职业，他们不但在本地演出，而且还到罗马公开献技，所得报酬甚微，所得荣誉更少。更值得注意的是，埃特鲁斯坎人举行的民族节系由一名联盟祭司代表全部十二个城去筹办，竞赛与罗马城市节的无异；然而，由此提出的问题是，即在达到一种民族的、凌驾于几个民社之上的音乐艺术上，埃特鲁斯坎人在多大程度上优于拉丁人。对此，我们不再能得到答复。另一方面，大概在埃特鲁里亚已在较早时期就已奠定了深奥的，特别是神学和占星术方面的废弃物的基础。以后托斯卡人通过这一基础在腐朽学说从全面衰败中盛行起来时竟与犹太人、迦勒底人和埃及人一起把这种学说奉为神明智慧的原始渊源而引以为荣。

至于萨贝利人的艺术，我们所知的也许就更少，可是由此推论说萨贝利人的艺术同其邻近各族的艺术相近，这当然不妥。可是相反地，就我们一向所知的意大利三大民族的性格而言，我们可以推知，在艺术天才上萨谟奈人与希腊人最相近，埃特鲁斯坎人可能距希腊人最远；对这一假设有如下事实为证，罗马诗人中最为重要和最富有特色的，如奈维乌斯、恩尼乌斯、卢奇利乌斯和贺拉斯都生于萨谟奈人所居之地，而在罗马文学里，有阿勒提人迈凯纳斯，此人在所有心智衰退的、玩弄词藻的宫廷诗人中最令人作呕；还有

① Atellanen（阿特兰笑剧）和 Fescenninen（菲斯克尼亚诗歌）不属于坎帕尼亚和埃特鲁里亚艺术，而属于拉丁艺术，我们将在适当时候展示。

沃拉帖雷人佩尔修斯，此人十足狂妄自大，意志薄弱，是热衷于作诗的青年。除他们外，几乎无人能代表埃特鲁里亚了。

如前所述，建筑艺术的初步知识乃是各族的古老的共同财富。建筑术是以营建住宅为开端，在希腊人和意大利人那里并无二致。一个四方形居室以木材建造，上盖一个茅草的或木板条的尖顶，屋 247 顶开一孔(*cavum aedium*)，以泄出烟气，并引进阳光，这孔正对着地上一个盛雨水的洞。在这个"黑屋顶"(*atrium*)底下，一家做饭吃饭；家神也在这里祭祀，合婚床和棺架也都放在这里，主人也在这里会客，主妇也坐在这里纺织，未婚女儿环绕着她。屋无门廊，除非我们把屋门与街道之间的无遮蔽的地方当作门廊，称之 *vestibulum*，这是穿衣处，之所以得名，因人在室内走动时常穿衬衣，只在外出时才披上长袍。住室四周或有寝室和储藏室，除此以外，宅内没有分隔房间，更没有楼梯和楼层。

是否和多大程度上从这些开端中兴起一种意大利民族的建筑，对此我们不能断言，因为在这方面，希腊影响在最早时期即很强大，而且，即使以前已有初步的民间建筑，也几乎全被压倒。据我们所知，最古的意大利建筑，其所受希腊建筑的影响也不亚于奥古斯都时代的建筑。凯雷和阿尔修姆的原始坟墓以及最古老的、不久前才发现的普雷内斯特坟冢，恰似奥科美诺斯和米凯奈的宝库，坟顶也以逐层渐进的石块砌成；而以一块大石封顶。在图斯库鲁姆城垣边，有一座古色古香的建筑，其屋顶亦属此类，卡皮托尔山麓的井舍(*tullianum*)，原来也是这样，后来它的屋顶由于在上面修造建筑物而被拆。阿皮努姆(Arpinum)和米凯奈的城门建筑方法相同，形式也相似。阿尔巴湖的排水渠与科派湖的极为相似。

所谓凯克罗普式的环城常见于意大利，尤其常见于埃特鲁里亚、翁
布里、拉丁姆和萨宾等地；虽然现存的城墙大半也许是很晚的建
筑，有几座确是罗马纪元七世纪所建，可是按其设计，这种环城必
为意大利最古的建筑物。它与希腊的无异，有时用未经加工琢磨
248 的大石块极粗糙地砌成，镶以小石块以填补空隙，有时以正方石块
横砌累层①，有时以琢磨过的多边形石块互相密砌。至于选择哪
种方式，大概通常要视材料而定，正因为如此，在罗马未有过多边
形建筑，因为最古之时罗马建筑只用凝灰岩作建筑材料。第一、二
种较简单的方法很相似，对此，我们推断其所用材料和建筑目的；
可是，尚很难被认为属于偶然的是，多边形石墙的工程精美，城门
一概有向左转弯的门道，以使进攻军队没有掩护的右侧而暴露于
守军的攻击之下；这两点均为意大利和希腊的城堡所共有。又有

---

① 塞尔维城垣就是这种形式。它一部分由加固的山坡构成，在它的前面筑有一堵四米厚的挡土墙；另一部分由在中间空间地区内修筑的一堵土墙构成，尤其是在维米纳尔和奎里纳尔两山丘一带，在那里从埃斯奎林城门至科林尼城门并无天然屏障。此土墙外侧以一道类似的挡土墙隔开。据古人的可靠记载，壕沟深三十尺（长度），宽一百尺，在土墙前延伸，挖沟的土就用来筑墙。胸墙已没有一处保留。挡土墙则在后世已被发现有广泛的遗迹。火山石块凿成长方条石，平均高和宽六十公分（等于二罗马尺），长则从七十公分至三米不等，未使用灰浆，交替地一层长边向外，一层仄边向外，多行平行累砌。

1862 年在内格罗尼别庄发现了塞尔维城垣接近维米纳尔门的一段，它用大块火山石作基础，每块长、高和宽约为三至四米，外墙就是在这样的根基上耸立。墙后所筑的土墙，顶面宽约十三米，足有四十罗马尺。它的材料是同类质地和同样大小，如同筑墙时所通用的。整个墙的防御工事，连用方石块修筑的外墙计算在内，宽度达到十五米或五十罗马尺。用铁钩钉连起来的椒色岩块，是后来维修时添加的。与塞尔维城垣很相似的是，在帕拉廷山坡向卡皮托尔山一侧的 *Vigna Nussiner* 以及帕拉廷山其他地方发现的城墙，据约尔旦（《古罗马城的地貌》，第 2 卷，柏林，1885 年，第 173 页）所说，这是帕拉廷罗马的寨墙的遗址，大致不错。

一个重要暗示寓于如下事实之中：在意大利，只有在既未为希腊人所征服、仍同他们交往频繁的地方才有这种石墙工程；在埃特鲁里亚，多边形石头建筑仅见于皮尔基以及距离它不远的科撒（Cosa）和萨图尼亚（Saturnia）两城；皮尔基城垣的营造法式，尤其是它那有意义的名称"谯楼"，正如梯林斯（Tiryns）的城垣，均可确切地归 249
功于希腊人；这座城垣至今仍屹立于我们面前，意大利人学造城墙，十之八九是以这种城垣为模式。最后说到庙宇，庙宇在王政时期称为托斯卡尼式，而且是被认为在格局种类上与希腊各种庙宇结构相协调的。不但大致与希腊庙宇相似，而且也是一块通常由方形墙围绕着的空间（*cella*），其上覆盖着一个由围墙和柱子支撑着的、向下倾斜的屋顶；而且在各细节上，特别是柱子的本身及其建筑特点，也完全依从希腊模式。根据这一切，有可能而且本身可信的是，在意大利与希腊人接触以前，其建筑术原仅限于木棚、鹿寨和土石堆砌的假山，以后仅因效法希腊人的榜样，并有希腊人的精良工具，罗马人才用石建筑。几乎无可怀疑的是，意大利人从希腊人那里才学会用铁，也由希腊人那里得到制造灰浆法、机械、测量杆和精巧的格子细工。所以，我们几乎不能说意大利特有的建筑术。但在意大利住宅的木工建筑中除了接受希腊影响而产生的变动外也保存和发展出许多特色，而这些住宅建筑又复影响于意大利的庙宇建筑。但意大利的房屋建筑的发展源于埃特鲁斯坎人。拉丁人，甚至萨贝利人，仍固守其祖传的木棚房和一种很古的习俗，即仅给鬼神一块圣地，而不给他们建一间圣所，但那时埃特鲁斯坎人已开始用艺术方式改造其住宅，然后按照人类住宅的模式为神修庙，为鬼建立墓穴。拉丁姆受了埃特鲁斯坎人的影响才

迈向这种豪华奢侈的建筑；最古的神殿建筑格式和最古的房屋建
250 筑格式均称为托斯卡尼式[①]，这就是明证。至于说到这种转借性质，希腊神庙可能也模仿帐篷或住宅的一般轮廓，但它是主要用细方石建造成，上盖瓦顶；在使用石料和陶土所决定的比例中，为它发展出必然和美的规律。另一方面，在木造的人类住宅和石造的神庙之间的这种希腊式的明显区别，对埃特鲁斯坎人来说，始终是生疏的。托斯卡尼式神庙独具的特色是，平面布局接近正方形，山墙较高，各圆柱间的距离较大，特别是屋顶坡度增大，屋梁显然突出于支柱以外，在总体上，这都是由于神庙较近似住宅和木建筑的特性所致。

造型和绘画艺术的起源比建筑为晚，房屋必须先造，而后进行装饰山墙和四壁。在王政时期的意大利，这些艺术大概还没有真正兴起，只有在埃特鲁里亚，由于那里商业和海盗业早已积累了巨大财富，故艺术，或者说是手工艺（如果你愿意这样说）极早就得以立足。希腊艺术曾影响到埃特鲁里亚，它那时仍处于颇为原始的阶段，正如当时仿希腊艺术的作品证明了这一点，埃特鲁斯坎人可能在不很晚的时期就向希腊人学到制陶冶金之术，他们那时还从希腊人那里借用字母表。可确定为此时期作品的，只有波普罗尼亚的银币，这种银币给人的印象是，当时埃特鲁斯坎人的艺术技巧似乎不很高超。然而，在埃特鲁斯坎人最佳的青铜作品中为后世艺术行家所极为推崇的，正是属于这个原始时期的；还有埃特鲁斯坎人的赤土陶器也不可小视，因为罗马神庙中所陈列的最古陶制

① *Ratio Tusanica*；*Cavum aedium Tuscanicum*.

品均为维爱人所造，如卡皮托尔山的朱庇特神像和庙顶的四驾马车；此类置于庙顶的大装饰品被后世的罗马人通称之为“托斯坎作品”。

另一方面，那时意大利人的土著雕刻和图案还只是初见于世，不但萨贝利人的如此，拉丁人的也是如此。最重要的艺术作品似 251
乎都是在异国制造的。前已述及所谓在维爱制造的陶像。据最近的挖掘表明，埃特鲁里亚所造的青铜器，刻有埃特鲁里亚铭文，即使不在拉丁流行，但至少在普雷内斯特流行过。阿文廷山上罗马拉丁盟庙里的狄安娜像被认为是罗马最古的神像①，酷似马赛利亚地方厄斐索斯的阿尔忒米斯女神像，或许也是埃利亚或马赛利亚的作品。罗马自古以来就有陶工、铜匠和金匠的行会，这几乎是唯一证明罗马人自己的雕刻和图案的存在；但关于他们的艺术观点，今天再也无法具体说清。

如果我们要从最古老的艺术史料和艺术实践的档案材料中取得合乎历史的结论，那么，首先最明显的是，意大利的艺术，如同意大利的度量衡和意大利的文字，显然不是在腓尼基人的影响下，而是在古希腊人的影响下发展的。意大利艺术的各个方面，无一不是以古希腊艺术为其明确的楷模；就此而论，制作彩陶像必是意大利最古的艺术无疑。它始于三位希腊艺人，雕塑家欧克尔（Eucheir）、装修家狄奥普斯（Diopos）和绘图家欧格拉摩斯（Eugram-

① 如果瓦罗（见于奥古斯丁，《上帝之城》，4，31，参见普鲁塔克，《努马传》，8）说，一百七十余年之间，罗马人敬神未曾用过神像，那么，他显然想到的是这种远古的雕像，因为据惯常的编年史推算，这种雕像奉献于罗马纪元176年和219年即前578和前535年之间，而且瓦罗手头的典籍说到奉献第一个神像之事，此神像无疑应是第一个神像。

mos)，此传说可谓完全有据；不过，这种艺术是否从科林斯直接传来，是否直接传至塔昆尼，仍是非常可疑。对独立发展的艺术形式固无踪迹可寻，对直接模仿东方模式也无从考证。如果说，埃特鲁里斯坎人石工原先墨守埃及的圣虫或甲虫模式，但在埃及，这些圣虫在很早时期是被模仿雕刻的，因为在埃吉纳就有这样一种刻有极古希腊铭文的石甲虫出土，所以，这种圣虫很可能经希腊人之手传到埃特鲁斯坎人那里。意大利人或许从腓尼基人那里买来，但他们只是向希腊人学习。

252 最初传给埃特鲁斯坎人的艺术模式，究竟从哪一个希腊种族来的，这是另一个问题，对此还没有肯定的答复，可是埃特鲁里亚艺术与最古的阿提卡艺术之间存在着值得注意的关系。埃特鲁里亚的三种艺术，即墓画、影像画和石刻，至少在后世的埃特鲁里亚流行甚广，但在希腊却流行得极为有限，迄今受到重视的只在希腊本土的雅典和埃吉纳。托斯坎的神庙既不与多里斯式的，也不与爱奥尼亚式的完全相似；但在重要的特点上，如庙内四周的柱列以及每一柱下置一基脚，埃特鲁里亚式却仿效较晚的爱奥尼亚式。正是这种还充满多里斯色彩的爱奥尼亚—阿提卡式的建筑风格，就一般营造法式而言，在一切希腊建筑风格中与托斯坎建筑风格最为相近。对拉丁姆来说，在艺术史上肯定的交往踪迹几乎是没有的。但确切地说，不言而喻的是，如果一般通商往来的关系也对艺术模式的输入有决定性作用，那么，就可以确认，坎帕尼亚的和西西里的希腊人，在字母表方面，而且也在艺术方面，都曾是拉丁姆的导师；阿文廷山的狄安娜女神与厄斐索斯的阿尔忒米斯女神的相似，至少与这个假设不相矛盾。此外，埃特鲁斯坎人较早的艺术自然也是拉丁姆的楷模。但对萨贝利各族来说，希腊字母表以及希腊的建筑艺术和造型艺术也很熟悉，虽然它们只经过更西边的意大利民族的中介才得以传来。

但如果最后要判断意大利各民族的艺术才能，那么，这里可以看到，当然在艺术史较后的各阶段上突出地显示出埃特鲁斯坎人虽从事艺术实践较早，有过较大规模和较富有成果的劳动，但他们的作品在目标正确性和有用性上、不少也在心智和审美上，都不及拉丁人和萨贝利人。诚然，时至今日，这种情形仅见于建筑。多边形石墙工程既合用而又美观，实常见于拉丁姆及其内陆，而在埃特鲁里亚却很少见，甚至凯雷的城垣也非多边形石块砌成。拉丁姆 253
的宗教拱门和桥梁为人所推崇，在艺术史上也为人值得注意①，可以预料罗马的水道和罗马的执政官大道于是出现了。另一方面，埃特鲁斯坎人既仿效希腊人的瑰丽建筑，同时也败坏其风格。他们既借用石料建筑的成规于木材建筑，又没有变通使用的完美技巧。他们的低屋顶和间隔很宽的柱列，引用古建筑家的话来说，使他们的神庙具有一种“沉重、鄙俗、散漫、笨拙的气象”。拉丁人讲究彻底的现实主义，在希腊丰富的艺术宝库中投其所好的很少，可是一经他们采纳，他们便切实诚恳地取为己有；就多边形石墙建筑的发展而言，他们也许是青出于蓝。人以机械的方式获得技巧，又以机械的方式保守它，埃特鲁里亚艺术就是这种情形的一个显著的例子；可是，这艺术与中国的艺术一样，都不是善于博收众长的

① 到此处，德文版已结束，以下文字至本卷结束据英译本校补。——校者

证明。学者既久已不再从埃特鲁里亚艺术中汲取希腊的艺术，所以，他们无论如何不愿意，也不得不决意将埃特鲁斯坎人的艺术从意大利艺术史上的首位降至末位。

第二卷

自罗马废除王政至意大利统一

历史学家不应以恐怖故事震惊读者

——波利比乌斯

第一章　政制改革
行政长官权力的限制

在一切民社事务中，民社要团结一致，无所不能，这一严肃概念是意大利政制的首要准则；它把令人畏惧的权力赋予个别终身任职的元首，国家的仇敌必然感受到这一点，可是公民却也同样深切感受到这一点。于是暴虐和压制就势不可免，其必然后果是，有人会致力于削弱这种权力。可是，罗马的这些改革尝试和革命的伟大之处在于，罗马不想限制民社本身，或者仅仅夺去其相应的机构；罗马人未尝向民社争所谓个人的天赋权利，而是把攻击的矛头完全指向那代表民社的政体。自塔昆氏时代起至格拉古时代止，罗马进步人士所呼吁的，不是限制国家的权力，而是限制官吏的权力；同时，罗马人从未忘记，人民不应进行统治，而是应当接受统治。

这种斗争是在公民内部进行的。与此并行的，还发展着另一种运动，这就是非公民要求政治平等的呼声。其中包括着平民、拉丁人、意大利人和其他被释奴的鼓动，他们不论是被称为公民的平民和被释奴，还是未被称为公民的拉丁人和意大利人，都缺乏政治平等，都要求这种平等。

第三种矛盾更为普遍：这就是富人与贫人的矛盾，特别是富人与财产被夺者或财产受威胁者的矛盾。罗马的法律和政治状况造成为数众多的农人的兴起，其中部分是仰赖财主恩赐的小业主，部分是仰赖地主恩赐的小佃户。这些关系还常常夺去个人或整个民社的田产，但不侵犯个人自由。因此，在很早之时，农业无产阶级已经甚为强大，以至于能大大影响民社的命运。城市无产阶级则到了很晚的后世，才在政治上取得重要地位。

258 这些矛盾不但决定罗马的内部历史，而且也同样决定意大利其他久已湮没无闻的民社的历史。在享有充分特权的公民内部发展着的政治运动，排斥者与被排斥者的斗争，有产者与无产者的社会冲突，凡此种种虽然多方相互交错，相互纠缠，并且往往导致离奇的联盟，但有着性质上和根本上的差异。

塞尔维乌斯改革使客民在军事上处于与公民平等的地位，其改革似源于行政上的考虑，而非本于政治上的党派倾向，所以我们可以假定，这些矛盾中那首先造成国内危机和政制改变的矛盾，可以视为是导致限制行政长官权力的那种矛盾。这一罗马最古的反对派运动的最早成绩是废除国家元首的终身任期制，即废除国王。这就是一个令人信服的证据，说明在意大利人和希腊人世界的范围内如何进行着相似的体制改革，事物如何必然顺应自然的规律发展下去。不但在罗马，而且在其他拉丁民族，以及萨贝利族、埃特鲁斯坎族、阿普利族，而且一般而论，在一切意大利人的民社中，我们都发现，如同在希腊人的民社中那样，终身在位的人后来无不被每年一任的统治者所取代。例如卢卡尼亚的镇邑确有在平时实行民主政治的证据，只在战时众长官才任命一个国王，就是说，任命一个类似罗马独裁者那样的官吏。同样，萨贝利人的城市民社，如卡普亚和庞贝的城市民社，也听命于一个年年更换的“国主”(*medix tuticus*)，我们又可以假定，其他意大利民族的和城市的民社也有同类的设置。所以，罗马的国王何以变为执政官，其理由无须解释。古希腊和意大利的政治机构，出于某种自然的必需，自动地演变，对元首的终身任期制施以限制，任期普遍缩短，多半缩短为一年。然而，这种改革的原因虽甚简单，途径却不一而足：在一个终身国君去世后，人民决定不再另选一个，相传罗慕洛死后，罗马元老院曾试图如此；或一个国君自动退位，据说这正是塞尔维乌斯·图利乌斯的用意所在；或君王暴虐，人民起而造反，将他逐出。 259

罗马王政正是以最后一种方式结束的。塔昆王家的末主“高傲者”被逐的故事，无论穿插着多少逸事，发挥成多少传奇，它的主要轮廓却无可置疑。据可信的传说，人民造反的原因在于：国王应与元老洽商而不洽商，应补缺额而不补；不与顾问商议便宣判极刑，籍没财产；他的仓廪积谷如山，他还额外要求公民服兵役和工役。人民的愤怒可以种种事实为证：他们相互庄严宣誓，为自己，也为子孙，嗣后再也不容有国王，从此罗马人一提起国王的名字便火冒三丈，但是最重要的规定是：“献祭王”不可充任其他职务，在罗马官吏之中，此人虽然地位最高，权力却最小，人们相信应当立这样一个王，以免诸神失去他们常有的居间人。王族所有的人与末主同被逐出，当时氏族关系的密切可见于此。塔昆氏迁居凯雷，这也许就是他们的故乡，他们的族茔晚近就在这里出土。罗马人废除了一个任期终身的统治者，另立两个每年一任的执政官，来领导罗马民社。

260 关于这件大事，可认为史实的已尽在于此。[①] 我们不难想象，在一个像罗马这样统治地域辽阔的民社里，王权，尤其是累世握于一家的王权，必比在小国里更有抵抗力，因而斗争比在小国里更加激烈，这是可以理解的，但没有迹象表明外国曾对此干涉。罗马与埃特鲁里亚的大战，由于罗马编年史上的时序混乱，被排列在紧挨着塔昆氏被逐之后。此战不能认为是埃特鲁里亚见其国人在罗马受害，便实行干涉，去援助他们；此说有充分的证据，因为埃特鲁斯坎人虽然大获全胜，可是既没有恢复罗马王政，也没有把塔昆氏带回罗马。

我们虽然无从知悉这件大事的历史联系，但对于政制中所做的改革，我们幸而有比较清楚的了解。王权绝未作废，可以为此作证的是，遇有遗缺时，仍旧推举一个"临时国王"(*interrex*)，这只是以两个"一年王"，来代替一个终身王。后两王自称将军(*praetores*)、法官(*iudices*)，或仅称同僚执政官(*consules*)[②]。同僚性和年度性的原则乃是共和与王政的区别所在，也是我们在这方面首次碰到的。

后来那第三个最通用的名称，实起源于同僚性原则，但在此却

---

① 这个著名故事大部分自相矛盾，它大部分由关于别名(Brutus，Poplicola，Scaevola)的说明编造而成。但仔细看来，甚至似属信史的成分显然也是伪撰。属于这方面的有，据说布鲁图曾任骑兵统领(*tribunus celerum*)，并以这个资格提出人民放逐塔昆氏的决定；因为据罗马政制，区区一个军官召集区会是绝不可能的。人们假造此说的用意，显然全在给罗马共和一个合法的基础，而且设想得极不高明，因为他把 *tribunus celerum* 与全不相同的 *magister equitum* 混为一谈，然后又将地方长官(*praetor*)才有召集百夫会之权，转而应用于召集区会方面。

② *consules* 意指一起跳跃者或跳舞者，正如 *praesul* 指跳跃于前的人，*exul* 指跳出者，*insula* 指跃入，最初指一块落入海中的岩石。

以一种特殊的形式出现，最高权不是一起移交给两位长官，而是每一执政官均完全而充分地拥有和行使最高权，与国王无异；当然职权从一开始就可能有分工，如这一个执政官带兵，另一个执法，但 261
这种分工绝没有约束力，每一执政官权限以内的事，另一执政官依法可以随时任意干涉。所以，有时最高权与最高权对抗，一个执政官发号施令，却被另一执政官所禁止，于是两执政官的号令便互相抵消，这种相互竞争最高权力的制度，即使非罗马人所特有，也是拉丁人所独具；在罗马国家中，已证明它是大致实际可行的，但在其他比较大的国家里，却难见其匹。这制度的渊源显然在保存王权，使之在法律上保持完整无缺，因此，王权不可割裂，不可以把它由一个人移交给一个团体，只是可以倍增成双，以便在必要时，使王权自发地抵消。

对于规定期限，过去的五日制临时王位可以作为法律依据。正式的民社元首，自其就职之日算起①，在位不得超过一年；随着一年期限的终了，如同临时王那五天期限终了时那样，他就不再任职；由于规定了最高期限，故国王事实上的不负责现象，对于执政官来说，已不复存在。在罗马国家内，国王固然一向服从法律，并不凌驾于法律之上，可是据罗马人的见解，最高法官不能在自己那里受到控告，所以，国王若有犯罪的事，既没有审判他的法庭，也没

① 就职之日不在岁首(3月1日)，并且绝不固定。卸任之日以就职日期为转移，只有一个执政官出缺，另选一个执政官取代其位时(*consul suffectus*)为例外；此时他继承原执政官的权利，所以也继承他的任期。可是在早期只有两位执政官之一出缺时才选代理执政官。到了共和末年时，才有代理执政官团。一个执政官的任期在两个日历年内所占的两部分往往不一样长。

有惩治他的刑罚。至于执政官，如果他犯了杀人或卖国之罪，只是在任职期间受其职位的保护，他一旦离职，便与寻常公民无异，也受寻常刑律的追究。

除了这些主要的和原则性的改革以外，另有一些次要的，更多
262 地属于外部的，可是有些还是颇深远的限制。国王用公民劳力耕其私田之权，全体客民对于国王所依附的特殊受保护的关系，现在由于既无终身职，这两者也就随之自然消灭。

迄今为止，在刑事诉讼中，涉及罚金和体罚时，不但案件的侦查和裁判属于国王的权限，就是决定是否允许被判罪的人上诉求宥，也在国王的权限以内。此时（罗马纪元245年即前509年），按瓦勒里法律规定，宣判极刑或体罚若不以军法从事，则执政官须允许罪人上诉；后来又有一条法律（日期不明，但颁布在303年即前451年之前）将瓦勒里法律推广到重大的财产罚金。从前执政官的扈从手持斧钺，原表示执政官握有刑事裁判权。现在作为象征，执政官以法官资格而不是以将军资格出场，他的扈从不持斧钺。然而，如果长官不许罪人上诉，法律对他的惩处不过是加以恶名，而按当时情况而论，恶名不过是道德上的污点，至多只能使蒙恶名的人不得为证人而已。在这里，作为基础的是如下见解：在法律上旧日的王权不能削减；掌握最高政权的人在革命后所受的限制，严格说来仅具有事实和道德上的价值。因此，执政官如果行事不超越旧日国王的权限，他可能犯错误，但不算犯罪，所以不受刑事裁判。

民事审判也发生了一种趋势相同的限制。很可能的是，执政官甫一就职，就被夺去据自己的权衡去决断私人间的诉案的权力。

刑事诉讼和民事诉讼的改革同有关将职权移交副手或继任人的一般规定联系在一起。如果说，昔日国王有委任代理人的绝对自由，而未尝被迫为之，那么，现在执政官行使转移职权的方式却根本不同于往昔。最高官员离城时，为执法计，他应指定一名法官，这个规定对于执政官也是有效的，同僚地位并不扩大到代理人，相反，最后离城的那位执政官负有这种指定权。执政官在罗马 263
城期间，委托权很可能在设置这一职位时，立即受到限制，也就是，执政官在某些情形中有委托权，而在其他未规定的一切情况中，就无此权。如前所述，整个司法制度都是按照这个原则规定的，执政官在极重大的诉案中可以如此行使刑事审判权：他可将他的判决呈交给公民，由民社肯定或否定。但就我们所看到的，他从未行使此权，也许不久就再也不准行使，也许只是在由于某种原因不必诉诸民社时他才进行刑事判决。人们避免民社最高官员和民社之间发生直接冲突，并对刑事诉讼做如下的安排：民社的最高职务是理论上有权为之，实际上始终由必要的代理人为之，虽然此人乃是他所任命。属于这一类的有两人专门审理暴动和叛国案的非常设审判官以及两个常设的缉凶使。在王政时期，当国王派人代表他审理这种讼案时，类似的情况也可能发生。但后一设置的常设性，以及在两者中实行的同僚性原则，无论如何，应属于共和时期。在这方面，后一安排较前一种情形显得颇为重要：第一次在两位常设的高级官吏之旁出现两个助手，他们是每一高级官吏在就职时任命的，理所当然地，在他退下来时也随同他退下，此人的地位，如同那个高级职位，也是按常设性、同僚性和一年性原则确定的。这还不是低级行政官吏制本身，至少不是共和时期与行政官地位相联系的那种意义下所指的，在这方面特派员不是由民社选派的。但这大概就是以后发展成多种多样的低级官吏体制的出发点。

按照类似精神，高级职位也被夺去民事诉讼决断权，而国王派
264 代表审理个别讼案之权则改变为执政官的职责，这就是说，在当事人的身份和控告的对象确定以后，为解决此控告，指派一个由他遴选并由他叙用的私人。

同样地，执掌国库和国家档案库的大权虽然也留给执政官，但是，也许是立即，至少是很早就把常设的助手，以及那些缉凶使分配给他们，在这个活动中缉凶使自然绝对听从执政官。没有他们的预知和参与，执政官无法审案。然而，在没有这一类规定时，在首都的民社首脑就必须亲自参加；例如，在开始审理案件时，他无论如何不能指派别人代替他。

对于执政官的委托权的这种双重约束存在于城市管理之中，首先是司法和财务方面，然而，作为高级统帅，执政官有权将全部或个别归他管辖的事务移交给他人。对于民政和军政权力的转移的不同处置乃是决定下述情况的原因：在纯属罗马民社的事务中，代理职权绝无可能，纯粹的市政官吏永不能由非官吏所取代，但是，军事代理人（*pro consule*，*pro praetore*，*pro quaestore*）则被排除于一切纯民社事务活动之外。

又，国王绝对拥有指定其继承人的权利，该权绝对没有从新的民社首领的手中收回；但他被限于任命民社指定给他的人。通过这种约束建议权，对正常行政长官的任命在某种意义上实际落入
265 了民社手中；然而就事实而论，建议权和正式推举权仍有大不相同之处。执政官主办选举时，他绝不单纯是一位选举主持人，由于他

握有实际上与昔日的国王相似的特权，他可以拒绝某些特定的候选人，不理会他们赢得的选票；他甚至可能一开始就把选择限制在由他所拟定的候选人名单中；而且更重要的是，在执政官将由下文即将提到的独裁官补充时，进行补充并不征求民社的意见，而是执政官可以随意任命同僚，一如昔日临时王任命国王那样。

昔日推举祭司之权操于国王，现在却没有移归执政官；而是男祭司团遇有缺额，自行补充，但维斯塔贞女和个别的祭司均由祭司团推举；民社对维斯塔女祭司那种有如家长那样的裁判权也移归祭司团掌握。这些事要处理得当，非由一人独做不可，因此祭司团大约在此时期开始推举一位团长，名为大祭司长（*Pontifex maximus*）。宗教的和民政的最高权的这种分离——但前述的“献祭王”仅有其名，既无国王的民政权，又没有国王的宗教权——以及大祭司长那种与罗马祭司团的其他特性迥然不同的半官方地位，这都是政治革命的最有意义和最有影响的特色之一，政治革命的目的在于以贵族阶级的利益为重，故限制行政长官的权力。

前面已经说过，王者威风凛凛，令人敬畏，执政官既无王号又无圣职，他的侍从又不执斧钺，故他的外表和排场远不及国王；另外，国王身服紫袍，执政官只在外衣上镶一紫边，以示其与普通公民有别；国王因事外出，经常乘车，执政官都不得不遵守普通规定，与其他公民无异，也在城内步行。

然而，这种职权上的限制，仅适用于正常的民社元首。我们已 266
经说过，遇有非常情势，两元首之旁便出现一个独一的元首，在某种意义上由这独一的元首代替那两个由国家选举的元首，此人就是“陆军统领”（*magister populi*），又称“独裁官”（*dictator*）。选独裁官时，绝无人民参加，他纯粹是由一位当值的执政官推举的，对此他的同僚或其他官府都无法阻挠。他的判决无可上诉，与国王的无异，除非他有意让步。他一被任命，依法其他官吏便须一概受他管辖。另一方面，独裁官的任期受着双层限制：第一，他既是两执政官的同僚，而且是其中一人所推举的，所以他在位的期限不能超过他们的法定任期；第二，他的任期依规定以六个月为最高限度。独裁官制还有一条特殊规定，“陆军统领”须即刻自选一位“骑兵统领”(*magister equitum*)，他是陆军统领属下的官佐，与他合作共事，其地位略如执政官之与缉凶使，并且与他同进退，大概因为陆军统领统领步兵，所以依制度不得乘马，这必与上述条件有关。由这些章程看来，独裁官制可以视为与执政官制起于同时，其特殊用意在于一旦有战事，可免除分权之害于一时。王权也暂时恢复，因为尤其在战时，两执政官权力平等乃是令人担忧之源。最初的独裁官主要负军事使命，这不但有确凿的文献可考，而且这个官职及其佐理的最古名称，他的仅限于夏季一次出征的任期，以及对他的判决不服上诉的排除等，均是以此说明。

所以，通盘看来，执政官是最高的行政官、裁判官和统帅，一如过去的国王；甚至从宗教的观点来看，那为民社祈神和献祭，并以民社名义，借助精通神学之人，去探求神意的，是执政官而不是献
267 祭王，献祭王只是因为要保存这个名称才任命的。此外，为应急起见，人们还保留这样的可能性：无论何时均可事先并不征求民意，便充分恢复毫无限制的王权，以便祛除同僚制和特别削减权限所引起的弊端。这样，那些缔造这次革命的无名政治家，以纯粹罗马人的方式，既精明而又简易地解决了在法律上既能保存王权而在

事实上又加以限制的任务。

这样，由于政制改革，民社便获得最重要的权利，即有权每年决定民社的元首，以及最后决定公民的生死。可是，那时的民社却不能这样做，因为元老事实上已变为贵族阶级。人民的力量在于平民，平民中已有甚多的知名人士和富有资财者。这群民众虽然分任公家的负担，却仍被摈于公民大会以外，这一事实会得到容忍，只要公民大会本身基本上不干预国家机构的运行，只要王权因其崇高和自由的地位，仍使公民几与客民同畏其威，从而使法律上的平等在全国得以保持。可是，民社本身若须负按期选举和裁判的责任，其元首实际上由它的主人降为它的定期受托者，这种状况便不能再长久保持；在革命之初，国家尚在重新进行改造时，只有公民与客民合作才能济事。于是，民社的扩大必不可免。而此事的完成系用最广泛的方式，全体平民，即所有非公民，均被纳入公民阶级之中。非公民指既非奴隶又非只依客民法卜居于罗马的域外民社的公民。旧公民的区会，无论在法理上或事实上，一向是国家的最高权威，此时在法制上的特权却被剥夺殆尽。在纯属形式的行动或涉及民族关系的文件(例如，执政官或独裁官就职时人民对他们亦如从前对国王那样宣誓效忠，以及收纳义子或立遗嘱所需要的法律特许)中，区民大会仍保持其旧日的权力，可是自此以后，区民大会不再执行任何纯属政治性质的决议。不久，甚至在区 268 里，平民也有了投票权，从此全体旧公民根本丧失了集会和通过决议之权。因为区民大会实基于氏族组织，而完全纯粹的氏族组织只见于旧公民之中，所以政制一经改革，区的制度便形同无本之木。平民既得加入区会，他们自必可以在法理上自立宗族和氏族，这是他们以前仅能在事实上所做的事。平民从事自立氏族的却仅占其中的一部分，这不但见于古籍，此事本身也可想而知。于是，新区民大会与其最初性质相反，包含许多不属于任何氏族的分子。

公民大会的一切职权——不但推举行政长官，表决法律的可否，而且遇有刑事案件上诉时予以决定，当然刑事案件绝大多数是政治诉讼——均移归那应服兵役者的集会，或则为他们所取得。百人队以前仅负公共的负担，现在也得到公共的权利。于是，塞尔维乌斯体制中规定的微小开端，例如，尤其是将赞同为侵略而宣战之权给予军队，现在却达到很大的发展，以致百人队大会完全而永久地夺去区会的尊显地位，于是人民习惯于把百人队会看成是寄托着人民的主权。百人队会没有辩论，只有主持此会的长官欲亲自发言或令人发言时为例外；遇有上诉案件，当然要听取双方的陈述。一事只要在百人队会里取得大多数，便算决定。

在区会里，有表决权的人一概立于完全平等的地位，所以，在一切平民加入区会以后，人们就会达到成熟的民主政治，因此，不让区会有议决政务之权，就可以理解。百人队会虽然不使贵族握
269 举足轻重的大权，却把它置于有产者手里；重要的往往实际起决定性作用的优先表决权，却置于骑士亦即富人手中。

元老院没受政制改革的影响。迄今存在的长老团不但是清一色的贵族，它还保持其主要的特权，如摄政的任命权，以及视民社所通过的议案是否符合政制而决定取舍之权。就事实而言，这些职权却因政制改革而进一步扩大，因为以后民社官吏的任命更受制于民社的选择，也要听贵族阶级的元老院来批准或驳回。据我们所知，只有关于上诉的事，不必由元老院批准，因为这种事件所

争取的是赦免罪人，拥有主权的人民大会若准许赦免，理所当然地，这决定便谈不上被任何人取消。

但王政既遭废除，虽则贵族的元老院的法制权利反而扩大，不是缩减，可是因为其他事务要在元老院中讨论，而且可以用较为自由的方式来处理，所以，据流传下来的史料，紧跟王政废除之后，元老院便扩大了组织，平民也能加入元老院，结果这整个团体完全改观。从较早的时候起，元老院兼为国务枢密院，可是不专为此，也不主要为此。甚至在王政时期，遇到这种情形，如有非元老参加会议，可能也不得视之为违宪；此时则订定办法，举行这种讨论时，应有若干非公民，即所谓“在册者”(*conscripti*)参加贵族的元老院的会议。但两者绝不因此而处于平等地位。平民在元老院并不成为元老院议员，而仍属骑士阶级，不称为“元老”而只是“在册者”，不得用紫边袍、赤履等象征元老地位的标志，此外，不但元老院主管的权限绝对不许他们行使，仅在征求意见、依次询问贵族时，他们也不得不自安缄默，仅在分组表决，即，如骄傲的贵族所说的在“举 270
足表决”时，表示他们的意见，以增加票数。然而有了新法制，平民不但能走入罗马广场，而且进入元老院，于是权利平等这一最困难的第一步，在这方面也做到了。

此外，与元老有关的制度没有重大的变化。不久以后，贵族成员的等级地位上的区分逐渐明显起来，尤其是在普遍征求意见时，以致元老有即将被选为民社最高职务的，或曾任此职的，在登入名单时，都列于其他人之前，表决时先问他们的意见，然后才问其余的人。他们中为首的，即元老院首席元老(*princeps senatus*)的地位不久就成为极受艳羡的尊位。另一方面，昔日国王不在元老之列，现今在任的执政官也是如此，所以表决时，不把自己的一票计算在内。选择元老院成员，既包括狭义的贵族元老，也包括在册者，现在是执政官的事，正如往日是国王的事；如果说昔日国王对于使氏族在元老院里各有代表一事仍稍为顾及，现在对于平民而言，已经完全没有这个考虑，因为平民的氏族组织没有完备的发展，于是元老院与一般氏族组织的关系日益疏远，此乃在事物常理之中。我们未见执政官从平民中选任元老时，有不得超过某一定额的限制，其实也没有立这规程的必要，因为执政官本人即属于贵族。可是因为执政官所处的地位，他任命元老时，可能自始即实际远不及昔日国王那样自由，他受本阶级的意见和惯例的束缚远较国王为甚。特别有一条规则，如果执政官被选时仍未为元老，这种情况在当时可能会有，那么，他出任执政官以后必然随之进入元老院，成为终身元老；这条规则大概在很早时就已在习惯法上成为定规。同样，有一种习惯似在早年即已成立，元老出缺以后，不即刻予以递补，元老院的名录要等到税户调查时，才予以修改和补充，
271 因而通常每四年才举行一次。对于操选举权的当局，这惯例也是一种重要的限制。元老的总数依然如故，虽然入册者也包括在内，由此我们可以推知贵族元老数目的减少。①

显然，甚至由君主制改变为共和制以后，罗马国家的情况尽可能照旧保持。如果一场国体的变动能够是保守性的，那么，这一次

① 最初几任执政官许平民一百六十四人进入元老院，此说不可认为是史实，却可证明：后世的罗马考古家所能指证的罗马贵族不超过一百三十六家（《罗马研究》，第1卷，第121页）。

就是如此;构成国家的成分竟无一真正为革命所推翻。这一点足以昭示全部运动的性质。据有些可怜深陷谬误的记载说,塔昆氏被逐是那些激于同情和酷爱自由的人民所为,其实不然,这是两派人所做的事。一派是旧公民,一派是平民,他们已从事斗争,并且深知彼此的斗争将继续不止。他们也像1688年英国的辉格党和托利党那样,看见共同的危险势将把国家变为一个暴君掌握下的专制政府,于是暂时联合一致,危险一旦过去,又复意见不合。旧公民没有新公民的合作不能铲除王政,但新公民若想自旧公民之手一举而夺其政权,却绝无充分的力量。这种交易自必用迟缓的讨价办法,得到的只限于微小的相互让步,至于哪一派终占优势,两派将和衷共济抑或仍相敌对,则留待将来解决。所以,仅注目于直接的改革,或可能仅注目于最高官吏任期的改变,便不啻完全误解罗马第一次革命的广大意义;这次革命的间接效果最为重要,而且甚至缔造者亦必未尝预料会如此伟大。

总之,这个时代乃是后世所谓的"罗马公民团"肇始的时代。 272
平民阶级迄今一直是客民,他们须分担纳税和服役的责任,可是在法律看来,实际只是被收容的外国人,他们的范围与真正的外国人之间似乎不必划分明确的界限。现在他们以应服兵役的公民的资格列名于册籍。他们虽然还远未获得法律上平等的地位,虽然旧公民仍独掌法制上属于元老会议的威权,而且仍独具充任民政长官和祭司的资格,甚至得以优先分沾公益,分掌公共牧场。可是,自从平民不再仅有被征从军的义务,而且在民社大会和民社议会里,遇征询意见时他们也有表决权,最贫苦的客民的头颅和脊背现在也受上诉权的保护,与最高贵的旧公民无异,从此走向完全平等的最艰难的第一步就算已经迈出。

贵族与平民融合为新的共同的罗马公民团，其结果之一是旧公民变为氏族贵族，因为贵族已失去其在公共的大会通过法令的权力，而新的家族更不能通过民社的决定就加入贵族之中，所以氏族贵族甚至不能自行填补。在王政时代，罗马贵族界并不如此孤立和封闭，许可新氏族加入之事屡见不鲜。现在这些贵族的真正特征才出现，这就足以预示贵族不久将失去其政治特权及其在民社中所独占的威势。平民虽可以做军官和元老，却被排除于一切民社的官职和祭司职之外，在法律上旧公民不得与平民通婚的规定又被顽固地保持着！两事均足以证明贵族自始就排斥他人而又荒谬地享有特权。

273 公民的新结合的第二个结果必然是，对于拉丁盟友和其他国的人的居住权规定得更为明确。获得平民权利的条件必须规定得更为确切，扩大了的公民团与此时的非公民的界限必须划清，此种必要主要不是起于百人队会议的选举权，因为这项权利仅属于定居的居民(Ansässigen)，而是起于上诉权，上诉权是许给平民的，而不是许给寄居者或外国人的。所以，贵族与平民之间那种令人憎厌的区别，以及罗马公民与外国人那种傲慢和严格的划分，都可以追溯其源，即此时人民的见解和感情。可是，前者的公民区别系暂时性质，后者的政治区别却系永久性质。政治统一感和开始日臻伟大之感，既这样培植在民族的心胸之中，它们具有足够的扩大趋势，足以先破坏那些委琐狭隘的区别，而后以其雄伟的潮流，将它们扫荡无遗。

更有进者，法律与政令的划分也起于这个时代，这种区别实基于罗马国家的精髓，因为在罗马甚至王权也受法律的支配而不凌驾于法律之上。可是，任何有政治能力的民族无不深切而实际地尊敬权威，罗马人也是如此；这种敬畏产生了罗马公法和私法上如下值得注意的准则：长官并无法律根据的命令至少在他任期内有效，虽然任期一满，这命令立即失效。显然可见的是，依这见解，只要长官任的是终身职，法律与政令的分别实际上必然近于消失，公民大会的立法活动也不能得到发展。反之，长官改为一年一换之后，公民大会的立法活动便有了广大的活动场所。下述情况此时也绝不是没有实际意义的：执政官决断的讼案如无法律效力，其继任者可下令复审此案。

最后，民权和军权的分野也起于此时。在前者中法律为尊，在后者中斧钺至上；在前者方面，起决定性作用的是上诉权，以及有 274
控制的委任权，在后者方面，统帅像国王一样握绝对的威权①，有一个既定的原则：统帅和军队平时不得开进罗马城。另一规定即使不见于法制的条文，却包含在它的精神之中，就是只有在民政当局的监督下才能定出具有永久效力的组织条例。固然也偶有统帅不顾这个原则而在军营中召集部队开公民大会的事，而且此时通过的决定也不是于法无效，可是这种做法不为惯例所许，于是不久便中止，形同被禁。正式公民与兵士的区别在公民心中根深蒂固，日甚一日。

① 下面的话说来也许并非多余：*iudicium legitimum*，如同 *quod imperio continetur* 一样，均以主管长官的号令权（*imperium*）为基础，所不同者仅为在前一情形中，号令权受制于 *Lex*，而在后一情形中，号令权是不受约束的。

然而，新的共和政体尚需时间发展，才能看出结果。后世虽深切地感受到它们，但在当时的人乍看起来，这革命或许不是这样。非公民诚然由此获得公民权。新公民团在民社大会中获得广泛的特权，但贵族元老院那坚固紧凑的阵势，恰像一个上议院，与*Comifia*（大会）对峙，等于取消他们的行动自由。元老院虽不能阻挠公民大会的真诚意志，但仍能以其干涉实际造成纷扰和迟宕。贵族阶级既放弃其独自代表民社之权，在这方面如果所失不致过多，在其他方面确实也有所获。固然，昔日的国王当然是贵族，如同执政官那样，国王有推举元老之权，执政官也有此权，可是国王的特殊地位不但使他位居平民之上，而且也位居贵族之上。他有时不得不依靠民众的支持来抵抗贵族；现在的执政官则不然，他治国的时间甚短，在任期前后他只是一个贵族，明日即须服从他今日所命令的公民贵族，所以他所居的地位绝未脱离他的等级，他内心中的贵族意识必大于他的长官意识。如果有时一个厌恶贵族阶级
275 专政的贵族分子竟然破例地被推举出来主持国政，那么，满腔抱着强烈的贵族精神的祭司团，必与他的同僚共同干涉他的职权，使他无能为力，而且不难用独裁制来中止他的职权。更为重要的是，他缺乏政权的第一要素——时间。一国的元首无论受有何种全权，如果他不能长期主政，便不能取得政权，因为任何统治权无不以时间为必要条件。因此，终身任职的元老院，即并非狭义的贵族元老院，而是贵族与平民合组的元老院，以其处处备长官顾问的职权，必然获得极大的势力，而任期一年的长官却与之相形见绌，以至于恰好颠倒了他们的法律关系，元老院实际上自擅政权，迄今的摄政者却沦为替它主事和执行的长官。每要提交民社表决可否的建

议，按惯例应先向元老院全体咨询，得其许可；这事在法制上虽然并非必要，可是在习惯上已非此不可，所以，人们轻易也不愿意将它忽略。关于重要的国家条约，公地的管理和分配，以及其后果超过一年任期的每一项行动，都依此法办理；于是执政官除处理日常事务，民事诉讼的初步手续或战事的指挥外无事可为。又有一种改革，其结果尤为重要：即执政官，甚至在其他情况下拥有绝对权威的独裁官，若无元老院的许可，未经元老院示意，绝不许动用国库的款项。昔日国王亲自管理国库，或至少可以亲自管理，现在元老院却使执政官必须将管理国库之事委托两个常任属员，两人虽为执政官所推举，听命于执政官，可是我们不难想见，两人依赖元老院的程度必远较依赖执政官为甚。这样元老院就把财权揽在手里。罗马元老院对于钱财的审核权，就其效果而言，可以与今日君主立宪政体的赋税审核权等量齐观。

结果是不言而喻的，一切贵族政治的首要条件，都是国家全权不寄托于个人，而寄托于团体。现在一个贵族占优势的团体，即元老院，已据政权为已有，同时执行权不但仍操在贵族之手，而且完全受统治团体的支配。许多不属于贵族的人固然列席于元老院，但他们既不能充任长官，甚至不能参加辩论，因而绝无实际参政的机会，他们在元老院势必处于附属地位；而且还由于存在着经济上甚关重要的公共牧场用益权，因而在经济上也依附于这个团体。贵族出身的执政官至少每四年修改元老院名单一次之权渐为人们所承认，此权对于贵族影响甚小，却很可用来为贵族谋利益，应用此权可阻拦人所不喜的平民进入元老院，或将他们从中排斥出去。 276

所以，这次革命的直接后果是确认贵族统治；这完全是实情，只是并非实情的全部，当时的大多数人可能以为革命仅使平民遭受更顽固的虐政，我们生在后世的人却认为，自由的嫩芽即在这次革命之中。贵族所得到的并非民社所失去的，而是长官在权力上所失去的，固然，民社仅取得少量范围很窄的权利，远不如贵族所得的那样切实和明显，千人之中可能无一人认识其价值，可是这些权利却成为未来时代的保证。迄今，客民在政治上一无所能，旧公民却无所不能，现在客民也加入了民社，旧公民便归于失败，因为当时的情形虽距民权完全平等甚为遥远，可是决定一座堡垒的陷落的，不是占领最后一个据点，而是打开第一个缺口。所以罗马人民谓其政治生活始于初行执政官制度之时，实属正确不误。

共和革命尽管首先促成了贵族政治，但仍可称为迄今客民或
277 平民的胜利；然而甚至就后者而论，这次革命也绝不带有我们今日所惯称的民主的特征。一人不假门第和财富之力，仅凭个人的才具之长，或能在国王统治下较易得势和受到敬重，但在贵族统治下则较难。在王政时代，法律不禁人加入贵族，现在平民最高的志愿却在于进入元老院，做一个哑口无言的附属品。合乎事物情理的是，据统治权的贵族等级即使容许平民加入，但允许有权列席元老院的当然不是最贤能的人，而大半是有钱有势的平民家族中的为首人物，这样得入元老院的平民家族又就谨守其议席，唯恐为人所夺。所以旧公民团里虽有法律上的完全平等，但新公民团或旧客民阶级从一开始就分成一些享有特权的家族和一群受轻视的人。此时依照百人队会的制度，民社的权力归于这样一个阶级：它自从塞尔维乌斯改革兵制和税制以来，即主要肩承国家的负担，这阶级就是定居的居民（Ansässigen），而且握政权的竟不是大地主或小

村民(Instenleure),而是中农等级,此时老一辈的人仍享受特权,人数虽少,拥有的投票表决份额却与年轻的一样多。当旧公民团及其氏族贵族根本灭绝,一个新公民团的基础已奠定时,此公民团中田产和年龄举足轻重,于是一个新贵族阶级的端倪业已在望,这阶级最初以家族的实际名望为基础,这就是将来的贵族。这次共和的国家变革,同时为新的、同样保守的、也同样贵族性的政体勾画出最初的轮廓,显示罗马国家的守旧根性,没有比这个说明得更清楚的了。

第二章　平民保民官和十头政治

通过新的民社组织，旧公民已循合法途径完全掌握政治权力。长官既降为贵族的仆役，贵族借长官之力统治国家，在元老院占有优势，垄断一切官职和僧位，独具神学知识和人间知识，熟谙全部行政惯例，由于为数众多的不同家族的忠诚党羽的支持而在公民大会中富有影响，最后又握有每一公民大会法令的核夺权。贵族能久守其统治实权而不失，正因为他们适时地在法律上放弃单独掌权的要求。平民虽然不免痛感自己在政治上受到轻慢，但民众所要求的不过是公正的统治和实际利益的保障，毫无疑问，只要贵族懂得如何使他们置身于政治斗争之外，便不必对于一个纯属政治性质的反对党多所畏惧。实际上，国王被逐以后，我们首先见到的种种措置都是有意或至少似乎有意争取，尤其是从经济方面去争取庶民对于贵族统治的欢心：港口税降低了；国家在谷价昂贵时收买大批谷物，并且将盐业作为国营专卖事业，以便用平价的粮食和食盐卖给公民；最后，将全民节庆延长一日。属于同一类措施的还有前已言及过的财产罚款条例。该条例的用意不仅在普遍限制可怕的长官罚款权，而且主要在于保护贫苦小民。长官在一日内，对于一个人的处罚，不得超过两只羊或三十头公牛，而不许他上诉。这种比率甚为稀奇，其唯一理由或在对于仅有几只羊的贫人和拥有几群牛的富翁，须规定两种不同的最高限额；这条例照顾到受罚人的贫富，近代立法者可以从 279
中学习。

可是，这些法规仅系表面文章，主要的趋势却正与之相反。由于政制的改革，罗马的财政和经济的关系发生了全面的革命。昔日国王政府可能有原则地不去助长资本的势力，却尽量提倡农庄数目的增加。新的贵族政府似乎自始即有意破坏中产阶级，尤其是中、小地产，一方面有意发展地主和财阀的统治权，另一方面造就一个农业无产阶级。

降低港口税虽然一般地是人民所欢迎的政策，最蒙其利的却是大商人。然而，更足以大增资本势力的，实为间接管理财政的制度。造成此事的根本原因何在，不易断言，不过可以追溯其起源于王政时期；自从创行执政官制度以来，一方面因为长官更动频繁，一方面因为国库的财政事务扩大到买卖谷物和食盐，所以，私人的中介活动必然更加重要；因而为承包财政制度奠定基础，以后这种制度的发展对于罗马国家关系极大，为害极烈。国家渐将一切间接税，以及一切繁复的付款和交易交给中间人，中间人缴纳或领受一笔整款，然后从事这种业务，以自谋私利。当然，只有大资本家才能参加这种承包，并且因为国家对实物的担保严加注意，参加者必以大地主为最多，于是兴起一班包税人和承办人。这些人财富激增，表面似为国家的奴仆而实有左右国家的力量，其金钱势力的基础既不近情理而又于国无补——从这几方面看，他们与今日证券交易所里的投机家完全相似。

一致商定的财政措施最先和最深切地显示于公地处理中，这

些措施简直可以说就是力求造成中产阶级在物质上和精神上的
280 毁灭。就其性质说来，公共牧场和国有土地的使用权一般都是公
民的特权，正式法律不许平民使用公家的草地。然而，除变公地为
私产或把公地让给私人外，罗马法不承认公民个人拥有应如同财
产那样受尊重的固定使用权，所以公地一日仍为公地，则共享公地
的允准和限定，完全随国王的意愿而定；毫无疑问，他常利用他的
权利或至少他的权力，来做出有利于平民的决定。可是，共和创立
以后，人们又严守一个原则，即公共牧场的使用权依法应专属最有
资格公民，换句话说，应专属贵族；元老院虽仍旧允许有例外，以博
得那些在院中有代表的平民富家的欢心，可是平民阶级的小地主
和短工最需要公共牧场，但在共享此权一事中却受到不公平的抑
制。此外，迄今人们驱牛到公共牧场放牧的须缴纳放牧税，费用轻
微，足以使人仍认为使用牧场是个特权，但却给国库收入可观的款
项。现在贵族阶级的财务官征收这种捐税，常抱怠忽宽容的态度，
使其逐渐沦于作废。迄今为止，特别是因征略而得到新领土时，照
例要分配土地，贫苦公民和客民均由此得到照顾，只有不适于农业
的土地才归并于公共牧场。现在人们不敢完全废弃这种分配田地
的办法，更不敢偏袒富人；可是，分田之事日少，所分之田日小，而
代之以有害的占田制。所谓占田制就是将土地让给最先占用土地
的人及其法定嗣续，不给他所有权，不按正式定期的租借办法，而
只给他一种留待后命的特种使用权，所以国家随时有权收回这种
土地，占田的人须向国库缴纳所收谷物的十分之一，或所产油、酒
的五分之一。这只是将上文所述的“许占”法（*precarium*）应用于
281 国有土地，这制度在较早时或已应用于公地，作为实行分配土地以

前的暂行办法。然而，到了现在，不但这种占用权成为永久，而且除特权者或其受宠者而外，当然无一能分享此权，并且什一税和五一税也征收不力，与征收放牧税的情形无异。这样，中、小地主便遭到三层的打击：他们失去公民的共同享益权；因为国有土地的赋税不再按时流入国库，故赋税负担加重；昔日分配土地的办法停用，它略如今日定期的大规模移民，给农业无产阶级打开一条长久的出路。此外，又开始出现大农庄，它赶走小农业客民，用农奴取代客民，来耕作大农庄的田地；一切政治上篡夺平民权利的做法总合起来，都不及这种打击的难于抵挡和为害之烈。战争使人困苦难堪，或遭败劫，过重的捐税和劳役由此而生，平民的不幸无以复加，于是有田的人或直接失去其田园，即使不变为债主的奴隶，也成为他的仆役，或因为负债累累实际降为债主的临时佃户。这种情形给资本家的投机事业开辟了新的用武之地，这里获利甚丰，既无烦恼，又无危险。资本家有时由这方法广增田产，又有时债务使农人的人身和地产落入他们的掌握，他们把业主的名义和实际占用权留给农人。后者可能是最通行、也是最有害的办法，因为这种办法虽使个人免于完全倾家荡产，却也使农人居于朝不保夕的地位，无时不处于债主的掌握之中。他们所处的地位，使他们不知所有权为何物，而仅见所有权的重累，还使整个农民阶级都情绪低落，以及在政治上有受到毁灭之虞。昔日立法者不许人抵押财产而规定即刻将财产移交于债权人，意在防止无力还债，并将国家负担转移给土地的真正拥有者，可是严厉的私人贷款制度竟能规避立法者的本意，这制度对于商人或许甚为适宜，用在农人身上，便
把农人毁掉。土地可以自由分割，这一情况始终助长一个债台高 282

筑的农耕无产阶级出现的可能性，处此情形之下，一切的负担有加无已，一切解救的途径都闭塞不通，于是忧愁和绝望蔓延于中产阶级，如火燎原。

由这些关系而起的贫富之分，绝不与贵族、平民之分全相一致。殷富地主虽在贵族中占绝大多数，平民当然也不乏富家巨室；那时平民在元老院里也许已占大多数，而且监督财政也由元老院负责，甚至贵族出身的长官也不得参与，贵族滥用特权得来的一切经济利益，使全体富人都蒙受其利。所以，当最富才具和最能反抗的人都入了元老院，由被压迫阶级转入压迫他人的阶级之时，落在平民身上的压迫就变得更加沉重，这就可以理解了。

可是，贵族阶级的政治地位所以不能长久保持，正因为这种情势。贵族阶级如果能克己自制，公平为政，保护中产阶级，如同来自他们当中的个别执政官曾试图做过的那样，但由于长官地位低落未能行之有效，那么，他们还可以长期独占这些官职。贵族如果愿把完全平等的权利给殷实和知名的平民，例如，将进入元老院与获得贵族资格结合起来，那么，两阶级都可以安然无虞地长期掌握政权和经营投机。可是，这两种方法都未被采用，心胸狭窄和眼光短浅，乃是一切真贵族政治不可移易的特有本色，在罗马是明显可见的，它们使这个强大的国家分崩离析，陷于既空虚无用，又不光彩的纷争之中。

然而，眼前的危机并非来自那些在等级中受到冷遇的人们，而是来自困苦的农夫。修正过的编年史把政治革命确定在244年即前510年，社会革命在259年即前495年和260年即前494年，这两次革命确似紧相衔接，不过相隔的时日可能较长。据说，当局厉行债务法，激起广大农民的公愤。259年即前495年，战争危急，国家征兵，那些有当兵义务的人不肯应征。执政官普布利乌斯·塞尔维利乌斯乃暂停债务法的施行，下令释放因债务入狱的人，又禁止再行逮捕。于是农人纷纷入伍，助战获胜。他们努力造成和平，自战场归来以后，和平却又为他们带回牢狱和枷锁。第二执政官阿皮乌斯·克劳狄乌斯严峻无情地执行债务法，他的同僚有自己以前统率过的士兵前来求援，他不敢起来反对。同僚制的创行仿佛不是保护人民，而是便于背信和施行虐政，然而此事不可移易，人们竟耐心忍受。可是，次年战争又起，执政官的谎言不再生效。马尼乌斯·瓦勒里乌斯被举为独裁官后，农人对他顺服，一方面因为独裁官位高权重，使他们产生敬畏，又一方面因为他们深信此人对人民有同情心，瓦勒里氏在老贵族中是一个以掌政为特权和荣耀，而不想从中取利的氏族。胜利又属于罗马军旗，可是，战胜者归国后，独裁官把变法建议提出于元老院，遭元老院顽强反抗，使他的建议受到挫折。此时军队照例仍在城下列阵。消息传来，酝酿已久的风波便爆发起来，因为有义气和严密的军事组织，甚至气馁和冷漠的人也被带动参加于其中。军队遗弃了他们的将军和营垒，由大多数为平民出身的军团保民官率领着，军容严整，开赴台伯河与阿纽河之间的克鲁斯图美里亚乌姆一带，在该地占据一座小山丘，准备在罗马这块最肥沃的地方创立一个新的平民城。军队这次开拔行动昭然若揭，使最刚愎的压迫者见到，这种内战也可能以他们在经济上破产告终；于是元老院做出让步。独裁官促进了协议；公民回到城垣之内，表面上恢复了统一。自此以后，人民称马尼乌斯·瓦勒里乌斯为“伟大的人”，称

阿纽河彼岸的山为“圣山”。这次革命是群众自发的，没有固定
284 的指导，由偶然产生的将领指挥，又不曾流血。所以，它自有其伟大与崇高之处，罗马公民每回忆及此，都有愉快和自豪之感。革命的效果历数百年尚存在人们心中，平民保民官就始于这次革命。

除临时性法令，尤指为消除最沉重的欠债之苦的法规以及为救济一批农人而在各处建立殖民地的法令以外，独裁官又通过法制手续通过一项无疑旨在使公民违背军中誓约之罪得蒙赦免的法律，为此还使每一民社成员都宣誓遵守，然后藏之于神殿，并由平民中任命两名官员负监管该法律之责，名为“神殿主持”。这项法律于两名贵族执政官之外，又设置两名平民保民官，由按区集合起来的平民来选举。保民官无权反对军中的号令权，就是说，绝不能反对独裁官的权威，也不能反对执政官在罗马城以外的权威，可是，保民官能独立自由地对抗像执政官所行使的那种寻常民政权力，但权力并未因此而分散。保民官获得一种执政官用来针对执政官，但更多地用来针对较低官吏的权力，也就是这样一种权力：一长官发出命令，若蒙其影响的市民自以为受了损害，经他提出，保民官即可及时亲自提出抗议，取消该命令；同样，对于官吏向公民大会提出的每一动议均可斟酌情形予以阻止或取消，这就是干预权，或所谓保民官否决权。

处于保民官的职权范围内的，首先是以下之权：随意阻挠行政和司法工作，使应服兵役的人不听召集而能免受处罚，阻止或取消对欠债者的起诉和对已定罪者进行的刑事起诉及预审羁押，以及诸如此类的特权。为使这种法律援助不致因援助者不在而无法求得，又规定保民官不得在城外夜宿，他的门户须昼夜不闭。此外，

处于平民保民官职权范围内的还有:对于民社的决议,保民官只一句话就可予以限制,否则民社就可根据自己的最高权力,收回它直 285
接颁给自由民的特权。

但是,对于忽视这些权利的人,尤其对于违法乱纪的行政官,不给保民官以一种立即生效和不可抗拒的强制权力,那么,这些权利就会不起作用。这些权利在形式上都给予了他:对于行使自己的权利的保民官的违法行事,尤其是侵害他的人身,应为死罪,在圣山上,每一个平民都曾一个一个地为本人也为他的后代发过誓:无论现在还是将来,都要坚决保卫保民官,使他免遭一切损害。这个刑事审判权并不交给民社的行政官,而是交给平民去处置。依其司法职权,保民官得追究每一公民,甚至在位的执政官的责任,他如果拒不从命,便把他逮捕,在预审期间把他监禁或许他交保释放,然后判他死罪或罚款,为达到此目的,同时任命两个平民为助审官员(Ädilen)[①],充保民官的随员和助手,以便执行逮捕,为此平民也对他们的安全做了宣誓保证。这两名官也有司法权,与保民官无异,不过他们处置的只是一些可用罚款了事的小案件。如果对他们的判决不服,提出上诉,但上诉并非诉诸公民全体,因为平民官员不得在各处与公民全体交涉事件,而是诉诸平民全体,遇这种情形,平民分区集会,以多数票最后裁决。

这种处置确乎多含暴力解决的意味而缺少依法裁判的意味,

---

① "Ädilen plebis",这种官职原管理档案,后帮助保民官从事审判工作,有审判权,最后成为管营造的市政官员,由于职权历代有变迁,故难以用固定不变的词去译它。——译者

尤其是对于非平民是如此，事实上这种处置法必常用于非平民。保民官不是管公民团的官，而是管公民团内一个团体的官，贵族由这种官追究责任，而且不得上诉于公民团而是上诉于这个团体，这
286 种做法既与法制的条文不合，又与法制的精神相左。起初，这毫无疑问是私刑裁判，但是，自古以来，擅自处置都是以合法形式实现的，自从平民保民官制获得法律承认以来，它就被看成是已获法律许可。

保民官和助理官的这种新裁判权，和由此而起的平民大会裁决上诉案之权，原意必是要他们遵守法律，与执政官和缉凶使的裁判权以及百夫会判决上诉案之权无异。可是，叛国罪和扰乱治安行为的法律概念被民社及其行政官运用于平民及其首领。当时这些概念本身极少定论，对它们给出法律界说非常困难，甚至于不可能，所以，在这两者所实施的司法行政难免带有武断的形迹。自从这时起，法律观念在等级斗争中日趋隐晦，自从双方在法律上的党派首领都有平行并立的裁判权以来，司法审判权必定日益接近纯粹的武断警察行为。这对于长官尤有特殊的影响。到那时为止，依罗马国家法，长官在职一日，便一日可不受任何审判，甚至他退职以后，即使他从前以长官资格在其权限内所行的事应予追究责任时，他也可不受审判。这样，执法权掌握在与他同等级的人手里，最终掌握在他们所属的整个公民社团手里。可是，这时在保民官的裁判权中出现了一种新的权力，这种权力一方面可以在任期内对最高官吏进行干预，另一方面，它完全由非贵族公民对贵族公民予以运用，由于罪恶和惩罚在法律上没有正式规定，这种权力就更为暴厉难堪，就实情来看，因为平民和民社的审判权平行并立，

公民的产业、人身和生命都听任两派大会的随意摆布。

只是在平民十分重视的自由被侵犯的讼案中执政官才被剥夺任命陪审员之权时，平民的创制才对民事裁判权进行干涉，于是此时判决由特别为此指定的十人法官（*iudices decemviri*，后称 *decemviri litibus*，*iudicandis*）做出。

除了这种相互竞争的审判权以外，在立法动议中也存在着竞争。这一权利以光彩的方式颁给他们，即，平民的独立的集会权和议决权受到法律妥善的保护，不怕民社的行政官的干涉，亦即，不怕民社的干涉。平民取得法律承认的必要先决条件当然是：保民官有权不受阻碍地让平民大会选举产生他们的继任人，并让大会认可他们的刑事判决；召集成员并使之做出决定之权，只是在没有此权时，任何结合均不可想象的情况下，保民权才拥有这种权。伊西利乌斯法（262 年即前 492 年）特别保障这种权利，该法以重罚禁止人打断保民官的发言或令大会解散。显然在这种情形之下，人们不能阻止保民官除了将选举继任人和认可他的判决两事以外，还将其他动议付诸表决。严格说来，这种“民众议决案”（*plebi scita*）诚然不是人民制定的有效法令，起初不过相当于我们近代群众集会的议决案。可是，人民大会和群众会议的区别更多地具有形式的性质，至少平民方面认为这种议决案是民社独立自主做出的决议，即刻主张使其发生效力，例如伊西利乌斯法规就是这样立刻通过的。 287

如是，人民任命保民官，意在使他们保护个人，也领导众人，使他们在审判棘手的刑事案件中拥有无限的权力，以便能令出如山。最后，他们的身体也由明文宣布为神圣不可侵犯。任何人如向他们动手逞凶，都被视为不仅当受神诛，而且也被依法判处死罪。

平民保民官导源于军事保民官，其名称也由他们得来，不过在法律上保民官与他们不再有任何关系。然而，就职权而论，平民保
288 民官与执政官不分轩轾。执政官上诉于保民官，保民官对执政官得施否决权，如前所述，完全同于一执政官上诉于其他执政官，以及一执政官对另一执政官得施否决权，两者都不过是如下法律通则的应用：即在两个平等者之间，禁止者优先于命令者。此外，原设员额（固然不久即有增加）、一年任期（保民官于每年 12 月 10 日更换），这些都是保民官与执政官共同之点。他们又都有特殊的同僚制，因而每一执政官和每一保民官都有职有权，同僚中若有冲突，便不计票数而使否决居于可决之上。因此，保民官若禁止一事，不管他的同僚如何反对，一个人的禁令便足以济事；反之，保民官若提出控诉，他的任一同僚均可以把他阻住。在刑事方面，执政官和保民官都有充分和对等的审判权，不过说到行使此权，执政官取直接方式，保民官取间接方式。执政官属下有两员缉凶使，保民官也有两名随员辅佐他。[①] 执政官非贵族不可，保民官也非平民不可。执政官的职权较为充实，保民官的职权则较不受限制，因为执政官须受保民官的禁制和裁判，保民官却不受执政官的支配。因此，保民官的职权乃执政官职权的翻版；但是，两者仍迥然不同。

① 平民助审官以同样方式仿贵族缉捕使设置，正如平民保民官仿贵族执政官设置，这一点无论对于刑事审判，还是对于档案管理事务，都是很明白的。在刑事审判中，不同的似乎只是两位行政官的倾向，而不是职权。凯雷斯神庙之于助审员，犹如农神庙之于缉捕使，他们从前者得名。饶有意义的是，305 年即前 449 年的法律（李维，3，55）规定，元老院决议应送凯雷斯神庙，由助审官来保管，而按旧有的、后来在等级斗争解决后又重占上风的惯例，如众所周知的，这些决议案送交缉捕使，保存在农神庙。

执政官的职权本质上是积极的，保民官的职权本质上却是消极的。只有执政官是罗马人民的长官，保民官则不是，因为执政官是全体公民选举的，保民官只是平民团体选举的。为表示这种情形，执政官出临公众，必用民社官吏应有的服饰和侍从；保民官坐在凳子上而不是坐在“轮座”上，没有官属侍从，没有紫边长袍，没有长官的 289
一般标志，甚至在元老院，保民官既没有主席座，也没有陪席座。这个奇特的制度以最严厉而粗暴的方式，使绝对的禁令去抗衡绝对的命令，解决争端的手段是法律承认贫者和富者的不和而加以节制。

可是，人们打破了全国的一致；全体官吏都受制于一个变化无常而且往往一时感情用事的监察机关；在危急存亡之时，反对党的一个领袖若居高位，即可稍一示意而使行政机关陷入僵局；一切长官都握有执掌刑事的对等权限，不啻将刑事审判权由法律范围放逐到政治之中，将来不免使之腐化；这样做有何裨益？保民官制即使不直接有助于各等级在政治上的和解，也可用为平民手中的有力武器，留待不久以后平民愿意参政时使用，这却是真实可信的。但却不是保民官制的本意。这种制度不是从享有政治特权的阶级而是从殷富的地主和资本家那里夺来的；它的用意在平民得有公正的司法保障，也在于促进实际可用的财政管理。这种目的，保民官制没有达到，也不可能达到。保民官可以制止个别恶劣的弊端，消除个别触目惊心的苦难；可是症结不在公平的法律做出不公平的事，而在法律本身就不公平，保民官焉能时常阻挠司法的正常运行？即使他能为此，也无济于事，除非能杜绝致贫的渊源，即无理的税法、可恶的贷款制和卑鄙的夺占公地。可是，没有人敢做这种事，显然因为这些弊害不但有利于贵族，而且也有利于殷富的平民。所以，人们设立了这个奇怪的官职，它的明显的救助作用，平民不难懂得，可是它不能实行必要的经济改革。这不是政治上真知灼见的明证，而是殷富贵族与群龙无首的平民之间的拙劣的妥
290 协。有人说，平民保民官使罗马免于僭主政治。如果这是事实，这也无关轻重；政体的改变本不足为人民的祸害，事实恰恰相反，罗马人的不幸就在君主制行得太晚，而且是在民族的物力和智力耗竭以后。可是，这话甚至也欠正确，如已证明的：意大利人国家经常没有僭主崛起，希腊人国家则经常有僭主崛起。其理由不外僭主制度无处不是实行普选的结果，而意大利人比希腊人更长久地把无田产公民排除于民社大会之外。罗马一改变这一政策，君主政治便不免出现，而且与这个保民官职相关联。保民官制度曾起有益作用，其作用在指示反对党采取的合法途径，以及防止许多不平之事，这是无人不承认的；可是在它显示出有用之处，它却被用于与设立这制度的本意无关的其他事情之中，这也是明显的事实。这个鲁莽大胆的试验，即给反对党一种法制上的否决权，并许他们可以不顾后果而运用此否决权，已证明是个足以扰乱国政的策略；用无效的和缓方法来治理社会弊病，这弊病将缠绵不去。

现在内战既已部署好，便继续进行下去。两党各在其领袖之下，屹然对峙，宛如列阵备战。一方力图限制执政官的职权而扩大保民官的职权，另一方必欲消灭保民官职位。平民的武器是使法律不惩抗命之罪；拒绝为保卫国家而入伍；长官如有侵犯平民权利的或仅使平民不悦的，处以罚款或绳之以刑法。贵族对付平民的方法是暴行，并与国家公敌私相勾结，有时也利用刺客的匕首。肉

搏战起于街衢，双方不顾长官身体的神圣而加以侵犯。据说许多公民都举家迁往邻国，以求安居乐业，我们当然可以相信这话。足以证明公民具有强烈的公民精神的，不是他们为自己制定了法制，而是他们能忍受法制的拘束，而且尽管有极剧烈的变乱，民社仍能团结一致。

等级冲突中最著名的事件是盖乌斯·马尔西乌斯的故事。他 291
是个勇敢的贵族，以攻陷科里奥利而得其称号。百人队会不许他做263年即前491年的执政官，他很愤怒，有些人说他提议停止出售公仓里的谷物，直至饥民放弃其保民官而后已，另一说是他径直废除保民官制。据说他离开罗马城，然后带着沃尔西军队回来，因受保民官的弹劾，生命恐将不保；他正要替全国公敌攻下他的故乡之城时，他母亲义正词严的劝告打动了他的良心，于是他以第二次叛逆来补偿第一次叛逆，两次均冒死从事。我们不能断言这事有几分真实；可是，罗马编年史家却把这个古老的故事，写得很单纯，很虚伪，竟从中引出爱国光荣来，由这故事我们可以窥见这些等级冲突在道德和政治上如何深切地可耻。又有一件类似的事，294年即前460年有一个萨宾首领，名叫阿庇乌斯·赫尔多尼乌斯，率领一群政治逃亡者袭击卡皮托尔山；他们号召奴隶起事，经过激烈的战斗，又有图斯库鲁姆人急速来援，罗马市民军才战胜“喀提林”乱党。这时代中的其他事件也带着这种急怒欲狂的特色，各族的族谱里有很多虚妄之谈，我们不再能领略其历史意义：如法比氏的得势，269—275年即前485—前479年间，其族人常为两执政官之一，以及由此引起的反动，即法比氏迁出罗马，277年即前477年他们在克雷美拉被埃特鲁斯坎人所灭。更骇人的是保民官格涅乌斯·盖努基乌斯的被杀，他胆敢问两执政官的罪，定期提出弹劾，就在控告那天(281 年即前 473 年)的早晨，他被发现死在床上。这个罪行直接的效果便是普布利乌斯法，这是罗马历史上影响最为深远的法律之一。两种最重要的措施，一个是创立平民的部民大会，另一个是使平民的议决与全民社核准的正式法律有条件地平等，前者肯定可以，后者大概可以溯其源于 283 年即前 471 年保民官沃勒罗·普布利乌斯的动议。迄今为止，平民按区通过议决案，结果在这平民阶级自开的特别大会里，表决只问人数而不问财
292 产多寡或是否久居；又因为区民大会即含有氏族人志同道合的意思，故贵族巨室的门客在平民大会里都同气共求。这两种情形给贵族种种机会来左右平民大会，特别是依照他们的意见来操纵保民官的选择；从今以后，行按分区表决的新办法，于是这两种流弊都被祛除。为征兵计，塞尔维乌斯政制成立四个区部，城市和乡村都包括在内，以后或者是在 259 年即前 495 年，罗马境内分为二十个区域，头四个区域包括罗马城及其近郊，其余十六个区域则为乡村地方，以最古罗马领土内氏族所居的州邑为基础。除此而外，或仅因为有了普布利乌斯法，以及为使投票组的总数成奇数，以便于表决起见，又加了第二十一部落，即克鲁斯图美里亚部，此名源于地名，即昔日平民阶级组织起来及保民官制度建立的地方；自此以后，平民的非常大会不按区而按部落来举行。这些分组全以地产为根据，其中有表决权的只有不动产业主，不过他们的表决没有地产大小的分别，全因他们聚居在大小村落之中。因此，这个部民大会在其他方面都仿效按区成立大会的形式，其实却是独立自主的中等阶级的大会，这个会一方面排除了大多数释免奴和门客，因为

他们不是不动产业主，另一方面大地主不像在百人队会里那样占优势。这种“民众大会”不是全体公民大会，它不如平民的区会，因为它不但像后者那样不许贵族参加，而且也不许无不动产的平民参加。可是民众势力强大，竟能贯彻他们的主张，规定民众大会的决定，只要元老院先全体赞成，在法律上便应与百人队会通过的决定有同等效力。最后这个规定，在十二铜表法颁布以前，已具有法律效力，这确系实情；这个规定是否直接始于普布利乌斯公民投票 293
时，抑或先由现已失传的其他章程而来，只是到现在才应用于普布利乌斯公民投票，今已无法查考。这种法律是否把保民官由两人增为五人，或以前已有这种增加，至今也不能确定。

比所有这些派性措施都更为明智的是斯普里乌斯·卡西乌斯的尝试，他想打破富人对财政的垄断，从而堵塞罪恶的真正源泉。他是个贵族，以身份和名望而言，本等级没有一人在他之上。在两次凯旋之后，在他第三次任执政官期间（268 年即前 486 年），他向民社提议清查公地，以一部分出租，以租金入国库，另一部分则分给贫民。换句话说，他想由元老院手里夺去公地的支配权，借公民的扶助，消灭那自私自利的占田制度。他或许以为他个人名望很高，这措施又公平明智，甚至在那群激愤和各有偏好的风波中也可以贯彻。可是他错了。贵族一致奋起；殷富的平民附和他们；因为斯普里乌斯·卡西乌斯要按联盟法和公道，将拉丁盟友应得的土地分给他们，平民也对他不满。卡西乌斯只有死路一条。人们加以篡取王权的罪名，并非全属诬枉，因为他诚然像国王那样，想保护自由的平民，使他们不受贵族侵犯。他的法律与他一同入了土，可是自此以后，那法律的鬼魂连绵不绝地出没于富人眼前，再三从地下起来对他们作祟，直到国家在因此引起的斗争中沦亡而后已。

人们还试过以另一种方法去解除保民官的权力，就是循较为规则而有效的途径，使普通人得享平等权利。292 年即前 462 年，平民保民官盖乌斯·特伦提利乌斯·阿尔萨提议任命一个五人委员会来起草一项通用法，以便将来执政官行使司法权时有所遵守。
294 可是，元老院不肯批准这种提议；十年以后这个动议才得以实现，这样各等级斗争甚烈，战争和内乱使全国骚然。贵族方面顽强阻止元老院对这项法律让步，平民方面也一样顽强地再三让当时的保民官连任。人们屡次想用其他让步来平息这场斗争。297 年即前 457 年，允许保民官由四人增至十人，此举是祸是福尚未可知。伊西利乌斯公民投票法案被视为民社誓守的特权。翌年，通过公民投票，将迄今仅有庙宇和丛林、并无人居住的阿文廷山分给贫苦的市民，作为他们建筑房舍的地皮，可以传给子孙，永久占有。给予民社的，民社接受了，可是他们始终坚持要制定一部普通法典。到了 300 年即前 454 年妥协终于达成，元老院在主要方面做了让步。起草普通法典的事议决了，为此，作为一种非常措施，百人队会选出十人，一方面来修订法典，同时又代两执政官充任最高长官，而且不但贵族可被选任此职，平民亦然。规定平民可以做官，这还是第一次。虽然只是做非常任的官。这是进到政治上完全平等的一大步骤，至于十人政治存在期间，平民保民官和上诉权在十人执政期间一律停止，十人仅限于不侵犯平民的誓守自由权，也不是太贵的代价。然而，在此以前，罗马已派使者往希腊，把梭伦的法律和其他希腊法律带回本国，他们回国之后，十人才被选为 303 年即前 451 年的长官。虽然可以自由选举平民，可是因为贵族的势力仍旧很大，人选却只落在贵族身上。到 304 年即前 450 年又有第二届选举的必要，几个平民才得当选。他们便是罗马民社首次选出的非贵族长官。

人们考虑这些措置，其用意无非要用成文法来限制执政官的权力，以代替保民官的援助。当时的情况不能继续下去，长期的无 295
政府状态既致国于危亡，实际上就对任何人无益；这是双方都深信不疑的。保民官干涉行政，他们行监察官的事，凡有见识的人无不认为绝对有害。有了保民官，平民所得的唯一真正利益便是在其保护之下不致受司法行政偏袒一方之害，他的作用有如复审法庭，能制止长官的任意胡为。无疑的是平民要求成文法典的时候，贵族必定回答，若有法典，保民官的法律保护便属多余，后来双方似曾互相让步。法典修成以后应行何事，则无明文可考，或许双方没有具体协定；对于平民最后放弃保民官制可以不必怀疑，因为平民由于有十人政治，就等于可以通过非法手段重新恢复保民官制。不侵害平民自由权的诺言也可应用于不受保民官影响的平民权利，如同上诉权和阿文廷山的占有那样。那用意似乎是，十人在退休时，应向人民建议，此时不再任意武断，而是本于成文法来进行宣判的执政官应予重新选出。

这计划若能成立，那就是一个明智的计划。双方都义愤填膺，一切都要视他们是否接受这种和平解决而定。303 年即前 451 年的十人政府将他们制定的法律提交人民，得到人民的认可后，就刻在十块铜表上，铜表竖立在罗马广场上的元老院前面的讲坛旁。由于还要做些补充，于是在 304 年即前 450 年又任命十人，他们又增加两块铜表；罗马最早的也是唯一的法典于是肇始，这就是“十二铜表法”。这法典起于党派妥协,因此并不包含对于现行法律做次要的、仅仅是实用性的决定范围以外的深刻改动。关于贷款制度所创行的从轻办法不过是,定出大概是很低的最高利率(百分之
296 十),以及对盘剥重利的惩罚重于窃盗罪,这是很独特的。严厉的债务诉讼程序,至少在主要方面依然如故。我们可以想见,关于各等级的权利,更无人想加以改革。相反地,拥有不动产的公民与无产业公民在法律上的区别,贵族与平民结婚于法无效,又在罗马城的法律中重新得到认可。同样,为限制长官的任意胡为和保护市民起见,明文规定较晚的法律一概居于早先的法律之上,以及不得颁布反对任何公民的人民决定。最可注意的是死刑案件不得上诉于部民会议,可是上诉于百人队会议的权利却得有保证。这事或可这样解释,刑事审判权事实上已为平民及其首领所篡夺,十执政官认为,在不伤及其盟誓自由的前提下,他们至少可以废除保民官审判死刑案件的权力,这是这类案件中最严重的。这办法在政治上的真实意义大部分不在判例的内容如何,而在于现今正式确定的执政官责任,即依照这些诉讼形式和法律规程进行裁判,而且还在于法典的公开展示,因此司法事务必须成为众所周知的事,执政官自当有所顾忌,乃不得不对于人人都施以平等而完全相同的裁判。

十人政治的终局甚为不明。据说,十人未了之事只余公布最后两块铜表,然后就让位于正式的行政官。可是他们把此事搁置;借口法律尚未完成,他们于一年任期届满之后,自行延长任期,这只在以下情形中才有可能:依罗马国家法,为修改宪法而特别委任的长官在法律上并不受对他们规定的最后期限的约束。据说,以

瓦勒里乌斯和霍拉提乌斯为领袖的贵族温和派想在元老院里强迫十人政府退位，可是他们的首领阿皮乌斯·克劳狄乌斯原是一位顽固的贵族，现在一变而为煽惑人心的说客和暴主，在元老院里占了上风，人民竟然顺服。征发两支军队的事居然未遭反对而告成，于是对沃尔西人和萨宾人同时开战。不久，前平民保民官卢奇乌斯·西奇乌斯·邓塔图斯被人发现死在营前。他是罗马勇冠全军 297
的人，曾作战一百二十次，全身有四十五处光荣负伤，现在竟被人谋害，据说系十人政府所主使。这时人们心中酝酿着革命，阿皮乌斯由于审判不公，于是革命急速爆发。百夫长卢奇乌斯·韦吉尼乌斯的女儿是前保民官卢奇乌斯·伊西利乌斯的新娘。此案是关于她的自由问题，阿皮乌斯的判决把这姑娘从她的亲属手中夺去，意欲使她失去自由而为法律所弃，促使其父在公共市场上亲手用匕首洞穿其女的胸膛，使她免受耻辱。民众见这种空前的事，惊以为异，团团围住这美女的尸体，同时阿皮乌斯命他的差役把女父和新郎带到他的法庭，立即治他们反抗他的权威的罪，而他的判决又没有上诉的余地。此时事情已达忍无可忍的程度。群众愤怒欲狂，女父和新郎凭着他们的保护才逃出暴主捕役之手；元老院正在战栗和踌躇之际，两人和许多目睹那可骇事件的见证者现身于两军的营垒中，对这闻所未闻的事做了报道。一切人都觉悟到没有保民官的保护，法律的安全便有缺陷，父辈做过的事情，儿辈又会重复。军队再次遗弃其统帅，列着作战的阵势，穿罗马城走过，再次开到圣山，在这里他们再次任命自己的保民官。十人政府仍不肯放弃他们的权力，军队和他们的保民官来到城里，在阿文廷山上扎起营垒。内战迫在眉睫，巷战无时不可发生，然后十人政府才放弃那篡夺来的无光彩可言的权力。卢奇乌斯·瓦勒里乌斯和马尔库斯·霍拉提乌斯商定第二次妥协，依约恢复平民的保民官制。十人受弹劾，两个罪魁阿皮乌斯·克劳狄乌斯和斯普里乌斯·奥皮乌斯终于都在狱中自杀，其余八人则被放逐，财产充公。平民保民官马尔库斯·杜伊利乌斯为人谨慎稳重，适时地运用他的否决权，阻止司法机关对这事进一步追究。

298 这是罗马贵族记下来的故事，不过，即使置种种附带事件于不论，十二铜表法所源自的重大危机的终局绝不能是这样荒唐的奇事和无法索解的政治疑团。废除王政和设立平民保民官以后，十人政治是平民阶级的第三个大胜利；反对党对这个制度及其首领阿皮乌斯·克劳狄乌斯的切齿痛恨不难领会。凭借这个手段，平民已取得充任全国最高长官的资格和一部普通法典，他们并无理由来反叛新长官和用武力恢复那纯属贵族的执政官政府。这只能是贵族所追求的目标，如果贵族与平民合组的十人政府想在任满以后仍保住其职位，首先起来攻击他们的当然是贵族；贵族乘此机会必不免力主缩小那明文规定给予平民的权利，尤其是保民官一职。如果不久以后，贵族竟能取消十人政府，那就可以理解，在十人颠覆以后，平民又武装集会，从事巩固以前290年即前493年的革命和最近的运动所收的效果；我们仅能认为305年即前449年瓦勒里乌斯-霍拉提乌斯法律是这个冲突的一个妥协。

自然，这个妥协确实对于平民很有利益，对于贵族的权力再次加上明显的限制。平民保民官一职恢复原状，从贵族手争得来的城市法应永远固守，执政官应遵照此法办理，这是不言而喻的。由于城市法，部民会固然失去其篡夺来的死罪案裁判权，可是保民官却重新获得此权，找到一种途径，使他们遇到这种案件时，有可能同百人队会谈判。此外，他们仍有权，在罚款方面可任意判决而不受限制，并将裁决提交部民会议，这种做法，足以消灭贵族反对者的公民资格。此外，百人队会根据执政官的建议，规定将来任何行政长官，所以连独裁官也包括在内，在任命时，应承担义务，允许人 299
们享有上诉权，任何人违反此条件推举执政官，他便须以一死抵罪。在其他方面，独裁的权力仍旧，特别是他在职务上所做的事与执政官的不同，保民官不能将他的作为取消。

对执政官的全权还是有一层限制，人民由民社选出两员财务官管理军费金库，首次的推举在 307 年即前 447 年举行。两位管理军费的财务官，以及两位管理市库的财务官现在却仍由民社任命；执政官不去选任，而是领导选任工作。选出军事财务官的大会由贵族和平民中的有不动产者参加，按分区投票；这办法也是对平民中的农人的让步，因为他们控制这种大会的力量远胜于其控制百人队会的力量。

后果更加深远广泛的是，允许保民官参加元老院的讨论。容许保民官进入元老院会议厅，在元老院看来，似乎是自损其威望；所以在门口给保民官设了一条长凳，使他们从那里听取正在讨论的事情。可是，自从元老院从一个咨询机构变成一个议决机构以后，保民官的否决权就扩大到全元老院的任何决议，这种情况最初发生在公民投票对全民社都有约束力之时；自此以后，保民官可以参加区民会议中的讨论。元老院的决议的效力与最为重要的公民投票的效力相联系。为确保元老院的决议不致受人篡改或伪造，又规定这些决议不但应由贵族的财务官负责保管，藏之于农神庙，而且还应由平民的市政官负责保管，藏之于凯雷斯庙。这场斗争原为取消保民官权力才开始进行的，结局却再次明确承认了他的权力：他不但能受理含冤人的上诉而取消个别官府的文书，而且能斟酌情形取消国家任何机关的决策。人们以最神圣的誓约和宗教所能呈献的敬畏心，也同样以正式的法律，来保障保民官的人身安
300 全，以及他的同僚的任期永不中断，其人数永无缺额。自此以后，罗马不再有人试图裁撤这种官职。

第三章　等级平等运动和新贵族政治

保民官运动似乎主要起因于对社会状况的不满，而不是对政治状况的不满，我们若假定那些已入元老院的殷富平民同贵族一样反对这种运动，实有其正当的理由，因为这运动所大加攻击的特权正是有利于他们的特权，他们虽在其他方面受人贱视，但是他们似乎以为，当整个元老院的财政特权面临威胁之时，他们不当在此时争官做。共和政体最初五十年间未曾采取直接的步骤，来促进各等级的政治和解，就是因为这个缘故。

可是，贵族与平民的这种联合绝不是永久联合的保证。无疑地，从最初起，平民中的巨室即有一部分附和革命党，部分原因是出于对本等级的人富有正义感，另外还因为一切受贱视的人之间存在着天然纽带，最后还因为他们认识到这事结果必不免对民众让步，如果善为利用，这种让步势必会导致革除贵族的特权，而平民巨室即可在国家里占有决定性优势。当这个信念不可避免地日益流行，而且平民巨族领导本等级起来与贵族斗争时，他们以保民官为合法的内战工具，又以社会疾苦为武器，来进行战斗，以便迫使贵族接受和约条款，然后居两派调节人的地位，为自己争得做官的权利。

十人政治倾覆以后，各派地位就发生了这种转变。平民保民官的不能废除，现已成为昭然若揭的事实；平民巨室的良策无过于取得这强有力的工具，用它来消除本等级在政治上所受的歧视。

302 氏族贵族与联合起来的平民对垒之时，最足以昭示贵族不能自保的，莫过于下列事实：革命一举推翻十人政治以后，不到四年，这个高贵等级的基本原则（即贵族与平民通婚姻无效），就不堪一击。309 年即前 445 年，卡努莱公民投票法规定，贵族与平民的婚姻应视为真正的罗马婚姻，由这种婚姻产生的子女应从其父的身份。同时又通过一个议案，百人队会应选举军事保民官，在军队未划分为军团以前，其数目为六人，在以后，这种官的数目也以此为准，以代执政官，他们有执政官的职权[①]，任期也与执政官相同。

---

① 假定在法律上全面号令权属于贵族的具有执政官权力的军团长官（*imperium*），只有军令权才属于平民的具有执政官权力的军团长官，这样的假定不但引起许多不能回答的问题——例如，人选如果完全落在平民身上，这在法律上是可能做到的，那么将会发生什么情况呢？——而且首先还与罗马国家法的基本原则相冲突，这原则就是号令权，即所谓以公民社团的名义号令公民之权，在性质上不可分割，除地域上的限制外，不能受任何限制。城镇法有城镇法的领域，军法有军法的领域。在军法的领域里上诉权和其他城镇法中的规定都不适用；有些长官，如代执政官之类，仅可在后者中任职，可是从法律的严格意义来说，既没有仅操司法号令权的长官，也没有仅操军令权的长官。代理执政官在他的领域里与执政官无异，既是最高的司令官，又是最高的审判官，不但可派人审理非公民与士兵间的诉讼，而且还可派人审理公民与公民间的诉讼。甚至随着将军一职的设立，产生了大长官职权的概念，这概念具有更多的实际意义，而不是严格的法律意义；市行政长官诚然原是最高裁判官，可是他也能召集百人队会，至少在某些情形下可以这样做，并且能指挥军队；在城市中，执政官原操最高行政权和最高兵权，可是遇有解决奴隶和收纳义子等事，他也充审判官，所以即便在这两方面也严格遵守那最高长官职务不可分割的原则。军权和裁判权，或者不用本时期罗马法所无的抽象名词而径直称之为职权，似乎都不但属于贵族具有执政官权力的军团长官，而且也属于平民具有执政官权力的军团长官。但，如贝克尔（W. A. Beclcer，《手册》，第 2 卷，第 2137 页）所设想的，很有可能，由于同样理由，以后除公共的执政官以外，设立了实际上比较长期地专属贵族的将军职。在具有执政官权力的军团长官任职期间，同僚中的平民分子实际被排除于裁判权之外，专就这点而论，具有执政官权力的军团长官确为以后执政官与将军的实际划分权限做了准备。

其次，原因是军事方面的，那时战争频繁，需要最高将帅的数目超过执政官的体制的准许；但是，这变动对于等级斗争具有重大意 303
义，也许就这种安排来说，那个军事目的更多的是借口，而不是理由。按古代的法律，每一个有服兵役义务的公民或客民皆可达到军官的地位；平民在十人政治时期曾暂时得任最高长官，现在借此原则，范围加广，一切自由出身的市民一律有出任最高长官的机会。问题很明显，贵族现今不得不放弃其独占最高长官之权，又不得在此事上让步，他们仍不肯给平民以最高长官的名义，仍用这种奇怪的方式把执政官职位让给平民，这对于他们究有何益？① 可是，最高长官之职连带着荣誉的权利，这些权利有些是属于个人的，有些是世袭的；如凯旋礼的荣典，依法须视一人是否曾居最高长官之位以为条件，官吏未尝亲自掌过这种职务的，绝不能得到此荣耀；显贵长官的子孙可随意在家堂上立起这个祖先的像，而且在相当时机供众展览，而对其他祖先则否。② 握政权的贵族宁可许人夺去其手中的政权，而不肯给人那与之相连的荣誉权利，尤其是世袭的荣誉权利，实不难索解，可是难以为之辩护。所以，当他们

---

① 有人为贵族辩护，说贵族所以固执地排斥平民，实因宗教上的成见。这种人误解了罗马宗教的基本性质，把教会与国家的近代分别移到古代。在笃守正统的罗马信徒看来，使非公民参加公民的宗教仪式，当然不得不谓为罪孽；但是，许非公民参加公民社会，纯属国家权衡范围，这样做也会获致宗教平等，对此连最严守正统的人也毫不置疑。一有适当时机就把贵族资格大批地许给平民，所有良心踌躇就会消除，其诚意不容置疑。只有下列一说也许可以为贵族解嘲，王政废除时是实行此事的正当时机，贵族忽略这个时机以后，自己便不再能弥补那次疏忽。

② 贵族当中有“显贵家族”与他种家族之分，这种区别是否曾有严重的政治意义，我们既不能稳妥地承认，也不能稳妥地否认；至于本时期，是否真有很多尚未成为显贵家族的家族，我们也同样毫无所知。

不得不与平民共掌政权之时，他们对于事实上的最高长官，不给以
304 车座长官的法定资格，而仅给以僚属资格，其殊荣纯属个人性质。然而，在政治上有比拒受祖荫之权和凯旋荣典更为重要的，就是出席元老院的平民不得参加辩论，原来的情况是，平民中如有选定为执政官的，或曾任执政官的，必属于被优先咨询的元老之列。由此观之，贵族仅许平民任执政官之职而不许其居执政官之位，确是极关重大。

可是，尽管有些可恼的歧视现象，氏族的特权，只要是有政治价值的，仍为新制度所代替。罗马贵族如果名副其实，他们必放弃这种斗争；可是他们竟不这样。自此以后，合理合法的反抗虽不可能，施展小权术、刁难和诡计以进行隐蔽的反抗却大有余地。这种反抗虽不光荣，在政治上也欠明智，可是就其某种意义而言，却颇有成果。这种情形固然使平民取得一些让步，团结一致的罗马贵族并未轻易就范，反而使内战又延长一百年，又使贵族无视那些法律，继续实际独揽政权，再历几个世代。

贵族所使用的手段，随政治卑鄙伎俩而异。他们不即刻一劳永逸地决定平民可否参加选举的问题，只对于目前即将举行的选举做不得已的让步。如是，关于应推举贵族等级的执政官，或是从两等级中任命拥有执政官职力的军事保民官问题，这种无意义的斗争年年发生，周而复始，这种使敌党疲惫厌烦从而克敌制胜的方法，在贵族所用的战略中证明是颇为有效的。

更有甚者，他们把那一向并未分割的最高职权搞得支离破碎，
305 以便增多攻击的目标而延缓他们的失败。每四年循例确定预算、公民册和税册一次，这一向是执政官的事，到了 319 年即前 435

年，把这职务委给两个监察官(*censores*)掌理，这两个官由百人队会从贵族中推举，任期至多不得超过十八个月。这个新职逐渐成为贵族的护身符，他的财政势力关系尚小，与之相联系的权却关系重大：他有权补充元老院和骑士团的缺额，在确定名籍时，可将个人从元老院、骑士团和公民团的名册中删去。然而，监察官之职在当时绝没有它后来才具有的那种崇高意义和道德权威。

然而，333 年即前 421 年关于财务官的重要改革足以抵偿贵族的这种胜利而有余。贵族与平民合组的部民会议能够做到允许平民求职者参加财务官的选举，因此是军官，而不是平民首次获得被选出任正式官职的资格和选举此官的权利，其所依据的理由是，至少那两个军营主会计官事实上主要是武官而不是文官，就这一点来说，平民似乎既可出任军事保民官，也可出任财务官。他们觉得自此以后，对于军事财务官或城市财务官，贵族和平民都有选举和被选举权，无怪乎一方以为这是一场大胜，而另一方以为这是一个惨败。

贵族尽管做极顽强的抵抗，只是连战连败，他们的权力愈减，他们的愤怒愈增。无疑地，他们仍有人试图直接侵犯那些平民依协定而取得的权利，不过这些企图多是渴望报复的软弱行动，而不是深思熟虑的党派策略。如同显然不十分可靠的流传史料所记载的，斯普里乌斯·迈利乌斯一案特别是这样。他是个殷富的平民，315 年即前 439 年荒灾惨重，他出售谷物，售价使贵族的仓廪官盖乌斯·密努奇乌斯惭忿交集。盖乌斯控告他意欲谋取王权，这究竟有几分理由，我们不能断言，可是一个连保民官都未尝做过的人真想僭越王权，未免使人难以置信。然而，官府竟认真受理此案， 306

王政的呼救声对于罗马群众所发生作用总是与教皇的呼救声对于英国大众所发生的相似。当时提图斯·昆克提乌斯·卡皮托利努斯第六次为执政官，他推举年已八旬的卢奇乌斯·昆克提乌斯·辛恩那图斯为不许上诉的独裁官，公然违反那郑重誓守的法律。迈利乌斯被他传唤，似有不理传唤之意，独裁官手下的掌马官盖乌斯·塞尔维利乌斯·亚哈拉便亲手把他杀死。死者的房屋被拆毁，仓里的存谷被散给人民，不取分文，人有扬言替他报仇的都被戕害。这个可耻的滥杀案未受到应有的惩罚，这实为盲目轻信的民众的耻辱而非阴狠毒辣的贵族党的耻辱，不过贵族党如果想用这种手段破坏上诉权，他们徒然违法，徒然残杀无辜，却无济于事。

选举的阴谋和僧侣的欺诈证明是贵族手里最有效的武器。选举舞弊的事必很流行，322 年即前 432 年似有颁布禁止选举舞弊的法律的必要，最足以见此风之恶劣；这法律当然无济于事。选举人如果不受贿买和威吓，主管选举的长官便干其余的种种勾当，例如允许极多平民进入候选人名单，使反对党的选票分散，或由候选人名单上删去大多数人所要选的人。如果尽管如此，他们所不喜欢的人选竟被通过，他们便向祭司询问，当时占卜或他种宗教仪式中是否有不祥之兆，他们总不免寻出几个这类的征兆。人们不考虑后果，不顾祖先的高明先例，竟确立这样一个原则：即关于飞鸟示兆和灾异等，长官依法须服从专家祭司团的意见。后者有权以不合教式为理由，取缔国家的任何行动，无论是奉献神殿或其他行政事务，无论是法律或选举。这样一来，平民才可能有被选为财务官的权利，虽在 333 年即前 421 年已为法律所规定，而且此后仍继续受法律的承认，可是到了345年即前409年，第一个平民才达到财务官之职；直至359年即前400年贵族几乎完全独占具有执政 307
官权力的军团长官之职，显然，法律取消贵族的特权，平民巨室却绝不因此而真正事实上与上流贵族处于平等地位。这事原因甚多：贵族不屈不挠地反对，在群情激昂时刻，在理论上固然极易让人夺取其位，却极难任人在每年一度的选举中永久把他们压倒。可是主要原因却在于：平民巨室的领袖与农民大众不能在内部团结一致。中产阶级所投的票在大会里起决定性作用；只要他们的要求一概被贵族和平民置之不理，他们就觉得自己不宜优先奉显要的非贵族为领袖。

在这些政治斗争期间，社会问题冥然潜伏，或者没有人努力讨论它们。平民巨室既已获有保民官一职可为己用，公地问题或贷款制的改良问题便无人认真议论，可是不乏新得之地，也不乏贫穷或败落的农人。这时固然也举行分配田地之事，特别是分配新征服的边疆地域，如312年即前442年分阿尔迪亚的公地，336年即前418年分拉比西的公地，361年即前393年分维爱的公地，可是这种分地起于军事原因，而不是为了救济农人，而且其程度绝也不足敷需要。无疑，有几位保民官曾试图恢复卡西乌斯法律：例如，斯普里乌斯·迈奇利乌斯和斯普里乌斯·密提利乌斯于337年即前417年提出一个分配全部公地的建议，可是却遭到自己同僚的反对，也就是遭到平民巨室的反对。这正是当时的情况，他们遭到了失败。有些贵族也想解除共同的苦难，可是其成效并不优于以前的斯普里乌斯·卡西乌斯。马尔库斯·曼利乌斯与卡西乌斯同为贵族，又同以武功和骁勇著名，高卢人攻打罗马的时候，他是卡皮托尔城堡的救星;据说他曾为那些受虐待的人民而冲锋陷阵,把他同他们维系在一起的是战友情谊,以及,对于他的政敌、贵族方面的名将和首领马尔库斯·弗里乌斯·卡米卢斯的刻骨仇恨。一
308 位勇猛的军官因债务将被送入狱,曼利乌斯替他斡旋,用自己的钱财把他赎出;同时他表示要出卖自己的田地,他大声疾呼,只要他有一尺土地,便不使这种不平的事发生。他的话足以使政府党,无论贵族还是平民,一致反抗这危险的改革家而有余。曼利乌斯以叛国罪受审,这就是他意欲对王政施行改革所得的罪名,这个叛国案以其由于阴险的魔力而形成的党派性陈词滥调,影响了盲目的群众。群众判决他死刑,他的威名也对他毫无裨益,只是人们以为宜使投票人在不见城寨所立的危岩之处集合,未开这个血腥法庭。这块巨岩无言地提醒人们,使他们忆起他们现在所要交给刽子手(370 年即前 384 年)的那个人,曾如何在千钧一发之时拯救过他们的祖国。

于是改革的企图方在萌芽时即被摧折,同时误解也变得更为昭著;一方面因为屡战屡胜,公有地产日益扩大,另一方面,尤其是因为受了 348—358 年即前 406—前 396 年与维爱苦战和 364 年即前 390 年高卢人入寇焚烧罗马城的影响,债务和穷困在农人中间蔓延日广。固然,当维爱战事期间,兵士入伍的期限需延长,他们以往至多在夏天不卸武装,此时整个冬天也得如此,当时农人自料不免完全倾家荡产,正欲表示不赞成宣战,元老院恰好决定做重大的让步。迄今为止,各区以捐款支付兵饷,现在元老院决定兵饷由国库负担,换句话说,由间接税收和公地进款来负担(348 年即前 406 年),只在国库暂时空虚时,国家因为要支付兵饷,才使全国认

捐人认为这种捐输乃是强迫借款，以后须由国家归还。这办法实为公平明智，可是，它并无根基，即未能用公地于正途，以裕国帑，于是除兵役的负担渐次加重以外，捐输也层见累出，并不因为官方认为这是借款而非赋税，捐输就不会同样使财力薄弱的人倾家荡产。

在这种情形之下，平民巨室眼见贵族反对和人民淡漠，使他们 309
实际上不能在政治上得享平等，痛苦的农人又无力反对团结一致的贵族，他们当然用双方妥协来互相扶助，抱着这种见解，平民保民官盖乌斯·李锡尼和卢奇乌斯·塞克斯提乌斯向人民大会提出下列的建议：一方面，取消具有执政官权力的保民官，规定至少两执政官之一应为平民；而且，许平民加入三祭司团之一，即保管神谕的祭司团，其员额增至十人；另一方面，关于公地，一个市民不得在公共牧场上养牛一百头和养羊五百只以上，自由占有的土地不得拥有五百尤格（相当于四百九十四普鲁士摩根）以上；此外，地主须雇用若干自由的劳工来做田间工作，其数额须与务农奴隶成比例；最后，已付利息应从本金中扣除，规定过期未还的款项的偿付期限，以减轻债务人的痛苦。

这几条法规的意向不言而喻。它们意在剥夺贵族垄断法官任职之权，以及随之而来的贵族世袭尊荣。为了达到这个目的，人们以为尤其须用法律排斥贵族，使其不得居第二执政官之职。因此，它们意在把元老院中的平民议员从低微的地位中解放出来，使他们不再仅仅缄然无言地列席，至少那些曾充任执政官的平民就因此与有执政官资格的贵族一样，在其他贵族元老之前可以同样发表意见。此外，这些法规还意在撤销贵族对于神职的独占权，人们由于明显的理由，把拉丁古代的鸟占祭司团和最高祭司团留给罗马市民，可是老市民须对新市民开放第三个起于晚近而原属于外国宗教的祭司团。最后，这些法规意在使贫寒平民得以分享平民
310 共有的用益权，为债务人减轻痛苦，为失业的短工找到工作。废除特权，平均民权，改良社会。是为三大理想，意在使人承认它们。贵族用尽他们所能运用的一切手段，来反对这些法律建议，可是终不济事，甚至独裁官和年迈的战争英雄卡米卢斯也只能延缓，而不能阻止这些建议的实行。平民百姓情愿把这些建议拆散，只要债务的负担减轻，公地放开，执政官和保管神谕的职位与他们有何相干！可是平民巨室以人民的事为己任，并非毫无所求；他们把各条建议一概包罗在一个法律草案之内，相传在十一年的长期奋斗以后，元老院终于同意，这几个建议便在 387 年即前 367 年通过。

第一个当选非贵族执政官的是发起这次改革的人，前任保民官卢奇乌斯·塞克斯提乌斯·拉特拉努斯，此人一当选，无论在事实上和法律上，氏族贵族即不再属于罗马政治制度范围。这几条法律通过之后，诸氏族的前列战士马尔库斯·弗里乌斯·卡米卢斯，在卡皮托尔山麓，在一块高出旧日公民齐集聚会之地，即会场的所在地，也就是在元老院昔日时常集会的高坛上，建立起和睦圣殿。于是人们欣然相信，这个既成事实使他看出这业已迁延过久的争吵将告结束。这个宿将兼老政治家的最后公事，他那长久的光荣生涯应有的结局，便是以宗教的方式把人民的新和睦供献于神。他并不完全错误，自此以后，氏族中较有远见的人显然认为，他们独有的政治特权从此失落，乃安于与平民巨室共掌国政。然而，在大多数的贵族中，那种不可救药的贵族精神依然未改。古今

维护法庭的人总主张他们自有特权，法律合于他们的党派利益，他们才服从法律。罗马贵族即倚仗这种特权，竟敢屡次公然违反约定的办法，推举两个贵族为执政官。可是作为对于411年即前343年的这种选举的报复，人民于次年正式决定，两个执政官职皆 311
得由非贵族充任，贵族懂得这意在言外的警告，他们固然仍愿染指于第二执政官之职，可是不敢再贸然行动。

同样，在李锡尼法律通过时，贵族试图在政治上采用修补的办法，至少保全其旧有特权的残余，可是却损害了自己。在只有贵族才知法的借口下，执政官一职既须对平民开放，他们便使司法与执政分离，因此推举出自己的第三执政官，通称副执政官（*praetor*）。同样，又推举两个新市政官掌监督市场和与之有关的违警法庭，以及举办罗马城的节庆，因为他们有经常的审判权，故为牙座市政官，以区别于平民的市政官。可是，牙座市政官转瞬即变为平民也可担任的职位，以致由贵族与平民每年轮番担任。此外，386年即前368年，即李锡尼法律通过前的一年，掌马官已经可由平民充任，398年即前356年，允许平民任独裁官；在403年即前351年，监察官允许平民充任，417年即前337年，副执政官一职也对平民开放，约在同时，即415年即前339年，法律规定两监察官之一应为非贵族，亦与往日执政官的情形相同。427年即前327年，在选举一个平民独裁官时，有一位贵族鸟占官查出一些外行人所不见的隐蔽破绽，并且直至此时期之末（474年即前280年），贵族的监察官在民情调查结束时竟始终不许其同僚献祭，这是毫无意义的，这种狡猾的伎俩于事无补，仅足以证明贵族阶级的心绪不佳而已。对于平民参加元老院的辩论一事，元老院的贵族议长动辄诉苦抱怨，也无济于事；相反地，以下的办法却变成了定规：不是请贵族元老，而是请那些已达到执政官、副执政官、牙座市政官三个最高正职之一的人，依此次序无分等级差别地发表意见，而那些未曾出任这三种职务的人则甚至到此时仍仅参加分组表决。最后，贵族元
312 老院所拥有的判定民社决议不合政制而予以否决之权——这权大概是他们所不敢贸然行使的，被415年即前339年的普布利乌斯法，以及在罗马纪元五世纪中叶以后才颁布的梅尼(Maenische)法的如下的方式予以撤销：在提出候选人名单或法律草案时，贵族元老在政制上如有异议，他们应即明白提出；其结果就等于事先表示同意。这样，直至共和政治晚年，民社决议的核准权，贵族始终拥有。

氏族保持其宗教特权较久，这是可以理解的。诚然，有几种特权在政治上不关重要，也未尝受人干涉；如唯有贵族才有资格充任三个最高点火僧(Flaminataen)，以及入选神职界，如参加舞蹈团。另一方面，祭司团和占卜团对于法庭和平民大会有巨大影响，极其重要，所以不能仍由贵族独占。454年即前300年的奥古尔尼乌斯法律也把这两院向平民开放，最高祭司团由五人增至八人，占卜官由六人增至九人，两院中的位置由贵族与平民平分。

独裁官霍腾西乌斯颁布的法律(465—468年即前289—前286年)终于结束了两百年的斗争。这法律系因一次危险的民变而起，它宣布了平民的法令应与全民的法令立于绝对平等地位，而两者以前的平等地位只是有条件的。当时情势大变，以致此后，市民中的一部分曾单独握有表决权的，不再参加那对于全体市民都有约束力的普通表决方式。

于是，罗马氏族与平民之争大致告一结束。贵族原拥有广大的特权，现在在事实上仍占有两执政官和两监察官职位之一，可是法律又不许他们充任保民官，平民的市政官，第二执政官或第二监察官，也不许他们参加在法律上等于全体市民投票的平民投票。313
贵族那种乖张而又顽强的反抗，现在受到应有惩罚，他们往日的特权一一变为他们的挫折。然而，罗马的氏族贵族绝不因其徒拥虚名而绝迹于世。贵族的地位和权力愈趋缩小，他们的贵族精神就愈趋纯粹和狭隘。“罗马纳”人尽失其等级特权以后，他们的傲气历数百年仍然存在；他们在坚毅地“力救执政官一职于污秽的平民之手”，以后终于厌恶地认识到这个业绩无法达到，可是，他们至少仍旧粗鲁而顽固地表现他们的贵族作风。要正确了解罗元纪元第五和第六世纪的罗马史，我们切不可忽略这种忿懑的贵族态度；它充其量不过是自寻苦恼和惹人苦恼而已，可是它却是尽力而为的。奥古尔尼乌斯法律（458 年即前 296 年）通过以后，过了几年，便发生一件这类的事。一位贵族妇人与一曾居国家最高官位的显要平民结了婚，因为她下嫁，贵族社会不容她，不许她参加贞节女神的节庆。由于她被排斥，此后罗马贵族和平民各奉一位贞节女神。无疑地，这种躁妄举动毫无重要关系；对于这种可怜的下策，氏族中较有善心的人士完全避而远之，可是这种举动给双方留下了不平的感觉；平民对氏族的争斗，本是一种政治上甚至道德上的必要，可是，这种殿后部队在胜负已决定之后的无谓战斗以及关于身份和地位的无谓口角，这种持续很久的动乱，却使罗马人民的公私生活受到不必要的阻挠和骚扰。

然而，387 年即前 367 年平民两派所达成的妥协的目标之一，

即排除贵族，在主要之点上已全部达到。又一问题继之而起，这妥协所要达到的两个积极目标究竟达到了多少？新秩序是否真正制
314 止了社会困苦，奠立了政治平等？二者有极密切的相互关系；如果经济困难毁灭中产阶级，把市民分裂成少数富人和广大受苦的无产阶级，这种情形必致民权平等的消灭，实际破坏共和政治。所以，中产阶级，尤其是农民阶级的保全和增殖，在罗马每一爱国的政治家眼中，不但为一重要问题，而且是一个最重要的问题。更有进者，平民阶级中新近被邀参政的人士，由于他们的既得权利大部为那受苦受难的并希望他们给予援助的无产阶级所赐，所以无论就政治或道义而言，只要用政府措置可以达到救济无产阶级，他们就有循此途径来救济他们的特别义务。

让我们首先看看 387 年即前 367 年的法律中与此有关的部分，究竟包含多少真实的救济。自不待言，那为自由短工所规定的条款不可能达到它的目的——即制止那使用奴隶去从事的大规模农业，至少为自由的无产者取得一份工作。关于此事，如果不用一种高瞻远瞩的方式，使当时的社会秩序根本动摇，立法律就无济于事。又关于公地问题，立法者有可能进行变革，可是当时的作为显然不够。关于公地，新办法许人驱大群牛羊到公场去牧放；又关于未辟为牧场的公地，新办法规定了许人占有公地的高标准的最高限额；它允许富人先得公地产物中颇大的或是大得不成比例的一份；根据较晚的规定，保有公地虽然仍须缴纳什一税而且可以随意撤销，因而不啻使占田制得到法律上的认可。更可疑的是，新法律既不以更有效的强制办法去取代征收牧捐和什一税那种显然不充分的现行规定；又不对公地占有权的彻底改革做出规定，也不设立

一个官府专门掌执新的法律。分配现存的有主公地,一部以公平的最高额分给执有者,一部则分给无产的平民,二者皆有完全的产 315
权;将来取消占地制;设立一个对将来获得的领土有权立即可以分配的官府,以上都是当时情势所要求的办法,彰彰明甚;而这几个彻底有效的办法竟为人所中断,其原因不在缺乏真知灼见。我们不由得想起,建议这新办法的人士正是平民巨室,换句话说,正是那有公地使用权的特权阶级的一部分,而且这办法的发起人之一的盖乌斯·李锡尼·斯塔洛,即因为田地越过最高限额而成为首先被罚者中的一个。我们不禁要问,这些立法者是否以光明正大的态度从事于此,他们是否恰恰相反,明知公地这不幸的问题若得解决,可以为公众谋福利,却故意规避解决。然而,李锡尼条约的条文,就当时的情形而言,可以而且确实大有利于小农和短工,却是我们不想质疑的。此外,我们不得不承认,该法通过以后,当局即刻至少以较为严厉的态度对于最高定额条例的遵守实行监督,而且以重额罚金惩治那牛群过大和占有公地的人。

在税收和贷款制度方面,那时也做了空前绝后的努力,尽可能地利用解放奴隶须按其身份抽百分之五的税,除了不愿释免奴增加这一点以外,它确实是罗马加在富人身上的第一种税。同样,人们又努力解救贷款制度的弊害,惩治重利盘剥的法律原为十二铜表所制定,现在被恢复起来,渐加严密,一年十二个月最高的利率,陆续由百分之十(397 年即前 357 年实行)降至百分之五(407 年即前 347 年),终至(412 年即前 342 年)完全禁止取息。后面这条不明智的法律在形式上始终有效,不过实际上当然没有实施;以后惯常的利率,例如月息百分之一,或按普通民历,年息百分之十二(以 316

古时的金融状况来计算，这利率约等于近代的百分之五至百分之六），在此时前后概已定为法律许可的最高利率。较高款额的讼案必被驳回，通过法庭追回借款也许是许可的；而且以盘剥重利而臭名远扬的人被人民法庭传讯，部民会（*Quartieren*）即刻课以重罚之事，亦屡见不鲜。更重要的是波埃特科法（428 年即前 326 或 441 年即前 313 年）对债务诉讼程序的改革。一方面只要债务人宣誓声明他无力还债，这法律便许他割让财产，以保全他的人身自由；另一方面，迄今因借款欠债未还而实行迅速扣押抵债的规定被取消，另规定罗马市民除非受陪审人员的判决，不得被牵走为奴。

显而易见，这些措施或可在某几点上减轻当时经济上的混乱，却不能将它铲除。困苦仍继续不已。402 年即前 352 年设置了一个银行委员会整顿贷款状况，并负责国库预付款的支付，407 年即前 347 年颁布法定期限付款的规定，尤其是 467 年即前 287 年前后有一次危险的民变，人民因在还债方面不能得到的新减免，成群结队开赴雅尼库鲁姆，只是因为国外敌人适于此时前来侵犯和霍腾西乌斯法中包含的让步，社会才得恢复安宁。然而对于遏止中产阶级的贫穷的认真尝试，若因其有不足之处而横加指责，实欠公允。有人认为，用局部的温和剂去医治顽疾，实属无用，因为它们仅能解救其中一部分；这种信条是卑鄙之徒对愚憨者百试不爽的福音，可是仍然难以理论。我们可以追问，这事是否那时就已为阴险的煽惑家所利用，当时是否真正需要那样猛烈而又危险的措施，例如从本金中扣除已支付的利息。我们所有的文献不能决定这里
317 的是非曲直。可是，我们明白看到，在经济上，有恒产的中产阶级仍处于令人忧虑的危险局面；当权的人多方努力想用禁令和展期

来解救这种局面，自然徒劳无功。贵族统治阶级支配本阶级各分子的能力长期软弱无力，为本阶级自谋牟利之心仍很重，所以不能用政府的唯一可以运用的有效方法来救助中产阶级，这种方法即是完全彻底地取消公地占有制；尤其是，使人们不致责备政府利用人民的痛苦处境去谋自己的利益。

由于罗马在政治上获得了成功，罗马对意大利的统治渐臻稳固，中产阶级因此得到的补救比政府愿给或能给的更为有效。为保全统治计，罗马不得不建立许多大殖民地，大多数殖民团都在第五世纪派遣出去，农业无产阶级的一部分因此得到自有农庄，而留在本国的也因为人口外流，痛苦得到减轻。间接和非常的收入增多，罗马的财政欣欣向荣，政府不必以强制借款的方式向农人征收捐款。较早的小产业或一失而不可恢复，可是由于罗马的福利状况普遍与日俱增，从前较大的土地拥有者就沦为农人，使中产阶级增添了新的成员。贵族主要在新取得的地方占有土地；大量财富由于战争和商业而流入罗马，利率必因此而降低；都城人口增加，使全拉丁姆的农人均得享其利；明智的合并政策使若干从前附属于罗马的邻国与罗马合并，尤其使中产阶级得到增强。最后，光荣的胜利及其伟大成果足以使党派之口趋于沉默。农人的痛苦虽然绝未解除，痛苦之源更未杜绝，可是，到了本时期末年，罗马中产阶级所受的压迫，整个看来，却比国王被逐后第一世纪的压迫要少 318
得多。

最后，387 年即前 367 年的改革及其势所必然的发展，就其某种意义而言，使民权的平等得以获致，或者更确切地说是得以恢复。从前公民事实上全由贵族构成，公民在权利和义务上与贵族立于完全平等的地位,现在与从前一样,用法律的眼光来看,扩大的公民团里并无武断的差别。年龄、智力、教育和财力的不同在公民社会中必然造成不同层次的等级。这种不同层次的等级又必然支配着公共生活,可是公民的精神和政府的政策稳定地产生作用,使这些分野尽可能显露得少些。整个罗马体制都在于把市民都训练成中等人才,而不想让上智的天才得到发挥。罗马人的文化水平的增长与其民社的发展壮大未能齐头并进,而且当局对文化的增长常施以任性的压制而不加以提倡。人有贫有富,这是无法抑制的,可是在一个真正的农民社会里,农人和短工亲自手扶犁掌锄,而且无论贫富都应用一条经济规律,生活无时无处不尚节俭,而最重要的,不可在家里收藏不生利的资金,除盐罐和祭器外,当时罗马家庭不见有何银器。这事并非不关重要。自维爱战事至皮罗斯战争,这一百年间,罗马对外立下赫赫武功,我们在这些胜利中看到,农人今已取贵族的地位而代之;平民出身的德基乌斯之死为平民贵族所同哀,即使贵族出身的法比氏辞世,全国的哀悼也不过如此;执政官之职并未自动地落在最富的贵人身上;萨宾的一个贫寒农人马尼乌斯·库里乌斯竟能在战场上击败皮罗斯王,把他逐出意大利,可是他仍旧是一纯朴的萨宾农夫,自己种烤面包用的粮食。

然而,说到这种堂皇的共和平等,我们切不可忽略一种事实,
319 即所谓平等大事仅系形式上的平等,自最初以来,即有一个特色鲜明的贵族阶级由此而生或包孕在其中。非贵族的富家高门早已自平民阶级析出,与贵族阶级联合,共享元老院的权力,共行与平民阶级不同而且常常与之反对的政策。李锡尼取消了贵族阶级内部的法律差别,改变了妨碍平民参政的壁垒,使之从不可逾越的变成

可以逾越的法律障碍，可是障碍事实上却仍是难以逾越的。两个途径都使新鲜血液流进罗马统治阶级，可是政府本身仍是贵族政府。在这方面，罗马是一个纯粹的农人社会，拥有整份胡符地产的富人在外表上与住小茅舍的贫农无甚差异，而且与他们平等地互相交往，可是贵族阶级仍有极大的势力，以至于没有财产的人在城市里升为市长较易，但在乡里升为村长则较难。据新法律，甚至最贫穷的市民也可以充任国家的最高官吏，这固然是重要而有益的收获，可是一个社会下层的人能达到这种位置的[①]，却是一个罕有的例外；不但如此，而且这事至少在本期将近终了时，当反对派选举获胜时才有可能。

每有一个贵族政府，必有一个与之相当的反对党自行起来同它作对；各阶级的形式平等只改变了贵族，新统治阶级不承继旧贵族，而且与它成为连理枝，最密切地生长在一起，所以反对党便得以继续存在，而且在各方面无不遵照统治阶级的办法行事。现在
被贱视的不仅是平民阶级本身，而是普通黎民，所以新反对党自始 320
即自命为微贱小民的代表，尤其是小农的代表；新贵族依附旧贵族，所以新反对派最初的活动即与反抗旧贵族特权的最后几次斗争纠缠在一起。新的罗马人民领袖辈出，最先的有一个名叫马尼乌斯·库里乌斯，他是 464 年、479 年、480 年即前 290 年、前 275

① 关于当时执政官如何清苦，在以后劝世从善的故事书中颇占重要地位，这些说法大半由一种误解而起，一方面，人误解了古代勤俭持家的风气，勤俭持家与家道殷富并不矛盾，另一方面，人还误解一种优美的古风，即一人生前有功于社会，死后每人出一钱的醵资为他丧葬，这绝不是一个贫人的丧葬。用字源学的猜测来解释姓名的办法，给罗马史添加了不少荒谬的泛论，对泛论也起了促进的作用。

年、前274年的执政官，482年即前272年的监察官；又有一个名叫盖乌斯·法布里基乌斯，他是471年、476年、481年即前282年、前278年、前273年的执政官，479年即前275年的监察官，两人既无门阀，又无资财；两人都违反贵族的原则，即国家最高长官不得连任的原则，三次经公民投票选举而成为首席长官；两人作为保民官、执政官和监察官，都反对旧贵族的特权，代表小农阶级反对豪门大族逐步萌发的骄横。将来的党派现已判然划分，可是双方面临公众利益的问题时，仍将党派的利益问题暂时搁置。旧贵族阿皮乌斯·克劳狄乌斯和农夫马尼乌斯·库里乌斯，都是势不两立的私仇，却以他们的智谋和果敢行动共同击败皮罗斯王；盖乌斯·法布里基乌斯任监察官时，虽因普布利乌斯·科尔涅利乌斯·卢菲努斯有贵族思想和贵族习惯而予以惩罚，这事却不妨碍他认为卢菲努斯有将帅之才而帮助他出任第二执政官。鸿沟已成，可是两敌党仍隔着鸿沟握手。

新旧公民斗争的结束、种种比较有成效的救济中等阶级的尝试、一个新的贵族党和一个新的民主党在新获得的民权平等中业已开始创建，上文都已论述过。其余有待叙述的，还有新政府在这些改革中所采取的形式，以及贵族阶级在政治上废除后，共和国的三要素——公民、长官和元老院的相互地位。

公民在他们的正式大会中，仍旧是共和国的最高权威，法定的全国主宰。只是法规规定，除永久由百人队会决定的事务，如执政官和监察官的选举以外，按区表决应与按百人队会表决具有同等
321 效力。关于贵族和平民的联合大会，该规定原为305年即前449年的瓦勒里乌斯·霍拉提乌斯法所引入，又为415年即前339年

的普布利乌斯法所扩充，可是关于平民单开的大会规定，却是约
467 年即前 287 年的霍腾西乌斯法所做，前已着重提到，总的说
来，同一些人得在两个大会里投票，可是除贵族不得参加平民单开
的大会外，在普通的各区大会里，一切有表决权的人都立在平等地
位。而在百人队会里，表决权的效力却按投票人的财力分为等级。
所以，就这点而论，前一改革诚然是一个削平阶级而趋向民主的改
革。还有一件远较重要的事，这一时期将近终了时，开始有人对最
初以自由产业为条件的表决权表示怀疑。阿皮乌斯·克劳狄乌斯
是罗马史上勇猛的改革家，442 年即前 312 年他为监察官时，不与
元老院或人民洽商，便调整公民名籍，使无田产的人愿入何部即归
属何部，然后按照他们的财产，把他们归入相应的百人队会。但这
种改革超越时代精神太远，所以未能长期实行。紧跟着接替阿皮
乌斯的人当中有一个曾征服过萨谟奈人的名将，昆图斯·法比乌
斯·鲁利阿努斯，450 年即前 304 年他任监察官时虽未全部废弃
改革，却加以限制，结果市民大会的实权仍操在殷富地主的手里。
他将一切无田的人都纳入四个城市部落，于是市区四部不居首位
而居于末位。另一方面，乡村各部落自 367—513 年即前 387—前
241 年间，由十七个渐增至三十个，这样，从一开始就占优势，此后
始终占优势的大多数选区，按法律规定，即为全体有自由产业的公
民所保留。在百人队会里，有自由产业与无自由产业的公民仍然
平等，不改阿皮乌斯创制时的原状；这样，就确保了有自由产业者
在部民大会中的优势，而在百人队会本身，有产者就起决定性作
用。一个因武功，更因平时政绩而无愧于“伟大”称号的人，由于这 322
种明智而中和的办法而得到了安排，把当兵义务理所当然地扩充

到无自由产业公民身上，同时又保证了在区大会中，对他们的影响，尤其是对大部分并无地产的奴隶的影响得到抑制，在一个认可奴隶制的国家里，这种抑制竟然是必不可少的。资产调查和编造公民名册渐与一种独特的道德法庭形成连带关系，这种法庭将一切臭名昭著的不肖公民开除名籍，以保护公民在道德上和政治上的纯洁。

平民大会的职权有逐趋渐长的倾向，可是增长得很缓慢。由人民选举的长官增多，大体上也属于此类；有一件具有特征意义的事，即自 392 年即前 362 年以后，关于军团的军事保民官，从 443 年即前 311 年起，头四个军团中每一军团的四个军事保民官，都不再为统帅所推举，而为公民所提名。在本期内，通盘看来，公民并不干涉行政，他们仅力争宣战之权，这是合乎情理的；在其他事件中，如与外国不结和约而长期休战，休战期满，虽依法理不得谓为新起战争，而事实上却是如此（327 年即前 427 年）。此外，只有官厅间发生冲突，其中之一征求人民对此事的意见时，行政问题才提交人民。这种冲突屡见不鲜：305 年即前 449 年，贵族温和派领袖卢奇乌斯·瓦勒里乌斯和马尔库斯·霍拉提乌斯以战功应受凯旋荣典，元老院不许；398 年即前 356 年，第一个平民独裁官盖乌斯·马尔奇乌斯·鲁提卢斯也以战功应受凯旋荣典，元老院又不许；459 年即前 295 年的两执政官对于各人的权限问题意见不合；364 年即前 390 年，一个使臣不尽其职，元老院议决把他弃给高卢人，一个行执政事的保民官便把这事移交人民解决。元老院的法令为人民所废除，以此为第一次，人民因而曾付出重大的代价。又有政府因问题难以解决，而请求人民决定的事例：起初，人民已对凯雷宣战，战事尚未实际开始，凯雷求和（401 年即前 353 年），后来元老院欲不听萨谟奈人卑辞乞和，断然拒绝，于是将这事委诸人民 323
（436 年即前 318 年）。到本时期将近终了时，我们才见区民大会对于行政事务的权力大加干涉，特别因为媾和结盟也照例征求他们的意见；这可能始自 467 年即前 287 年的霍腾西乌斯法。

然而，尽管市民大会的权力如此扩大，他们在国事上的实际影响，尤其是到本期将近终了时，却渐趋衰退。首先，罗马疆域的扩张使原始大会失其应有的依据。民社自由业主的集会，以前很可能有足数的全体参加，甚至可以不用讨论，即自知其意欲何为，可是罗马的市民团现在已成为国家，不复为一民社。住在一起的人往往情投意合，至少在按地区投票时，当然会把内聚力带给罗马的平民大会，处处带来活力和独立；可是，在寻常情形下，人民大会的构成和决定却取决于主持者的为人或偶然事件，或听任家住首都的市民一手处理。所以下列的情形极易理解：共和政治最初的二百年间，民社有切实而巨大的重要性，以后却逐渐成为主持长官手中的工具。当然，它也是一个颇为危险的工具，因为受命主持会议的长官为数不少，民社的决议又无一不被视为合法民意的终极表示。可是，市民既实际上不及以前那样能自具意志，自取行动，当时罗马既未有名副其实的蛊惑民心的运动，市民宪法权利的扩大自无关重要。罗马当时如果有这种运动，它必不试图扩大市民的权利范围，而会试图铲除那在市民团面前禁谈政治的种种限制；可是，只有长官可以召集市民开会，只有他有权排斥一切讨论和一切关于修正案的提出，像这样的古老规定依旧原封不动。当时政制已 324
萌瓦解之兆，这主要见于下列情形：原始大会根本上采取消极态度，就通盘看来，它们对政府不加干涉，既不予以推动，也不横加阻碍。

长官权力的削减并非新旧市民进行的斗争的目标，但无疑却是这一斗争的一个最重要的结果。等级斗争开始时，换句话说，执政官权力的争夺开始时，执政官一职仍是混一不可分的长官职，具有君权性质；执政官与国王无异，仍有自由选择一切下级官吏而加以任命之权。到了这斗争结束时，执政官的最重要职务——裁判权、街市警察权、元老和骑士的选举权、资产调查和财政管理权都自执政官职中分出，转移到另外几个长官，这几个长官与执政官同，也是人民所推举，他们的地位与他对等而不附属于他。执政官从前是国家平时的唯一长官，现在甚至不复居绝对的首席地位。在新排定的官职等级和普通名次中，执政官诚然高于副执政官、市政官和财务官，可是低于监察官，监察官除掌最重要的财政事务外，又负有确定市民、骑士和元老名籍的责任，因此他对全国和每一市民，无论最尊贵的和最卑微的，都实施一种完全武断的道德控制。限制长官的职权或职责的概念，自原始的罗马国家法看来，似乎与最高官职的概念不合，现在却渐渐有了地位，使“号令权混一不可分”的旧观念遭到破坏，残缺不全。平行常任官的设立，尤其是财务官的设立，是朝着这方向迈进的第一步；李锡尼法（387 年即前 367 年）把此事完全付诸实行，该法律规定三种国家最高长官的职务，头两个负责行政和率兵作战，第三个管理司法。但改革却不止于此。两执政官虽然在法律上地位完全平等，无处不平等，可是自远古以来，他们即在事实上分理不同部门的职务。这在最初
325 只由双方自由协议，或不能协议时，则由抽签决定，可是，其他国家机关对于实际职权的划分渐加干预。元老院常每年确定各种职务

的范围，它虽不把职务直接分配给两个平行的长官，却以忠告和请求的形式，对于人事问题，发挥决定性的影响。遇有非常情形，元老院自可取得民社决议，对职权问题做出最后的解决；然而，政府罕用这种危险的办法。再者，最重要的事务，如缔结和约之类，不复属于执政官的权限。遇有这种事务，他们须仰赖元老院，按元老院的训令行事。最后，遇有非常情形，元老院可随时停止执政官的官职，因为有一种习惯在法律上虽没明文规定，可是在事实上却常不违反，依照此习惯，独裁制的设立仅视元老院的议决为转移，人选的决定虽然依宪法应归于推举事务的执政官，可是在寻常情形之下，实属于元老院。

最后，长官职又受其他严谨的限制：412 年即前 342 年出令禁止正式牙座长官的连任，同年又规定同一个人在寻常情形下须隔十年才得再任同一官职，以后又规定一个人不得两次连任实际最高长官，即监察官之职（489 年即前 265 年）。可是政府仍甚强大， 326
不畏其所用的人，也不因此而不用最有用之才。骁勇的军官不受这些规则所约束[①]；而且这类事情仍时有发生，如昆图斯·法比乌斯·鲁里阿努斯曾在二十八年内五任执政官，马尔库斯·瓦勒里

① 只要把 412 年即前 342 年，以前和以后的执政官名录做一比较，关于重选执政官确有上述的法律存在一事，当无可置疑；因为在这一年以前，重任原职，特别是相隔三四年以后复职，很是常事；以后相隔十年或十年以上复职也是常事。然而，例外却也很多，特别是战局严重的 434—443 年即前 320—前 311 年之间。此外，人们也严守不许兼职的原则。正牙座职（李维，39，4）三种（即执政官、副执政官和牙座市政官），没有一人身兼两职的实例；不过，他种兼职的实例，如牙座市政官兼骑兵统领（李维，23，24，30）、副执政官兼监察官（朱庇特神殿年历，a，501），副执政官兼独裁官（李维，8，12）、执政官兼独裁官（李维，8，12）等，确有其事。

乌斯·科尔夫斯(384—483 年即前 370—前 271 年)曾为六任执政官,第一任他二十三岁,最后一任他七十二岁,贯穿三代,他始终是本国人的护卫者,敌人的大患,到一百岁时才进坟入土。

罗马长官的地位这样日益彻底而又日益明确地有所变化,由专制君主变为受有约束的受托者和承办人。与此同时,与长官对立的平民保民官也正经受相似的变迁,不过其变迁在内容,而不在外表。在公共制度中,这个官职有两种功用。设保民官的原意在通过其多少具有革命性的援助,来反对长官的粗暴和骄横,以保护位卑力弱的人;以后又用保民官来铲除庶民的受轻视和氏族贵族的享特权。后一目的已达到。最初目的本是民主理想,政治上是不可能的;这个目的为必然且事实上掌握着保民官的氏族贵族所深恶痛绝,这个目的也与新的产生于等级妥协的民社制度全不相协调,后一民社制度比迄今具有贵族色彩的民社制度似乎更为坚决,正如这个目的为氏族贵族所仇视,以及它不见容于贵族的执政
327 官体制那样。可是,他们并不废除保民官,宁愿使他由反对党手中的武器一变而为政府的工具;保民官原来被排斥于政府之外,既不是长官,又不是元老院议员,现在却被吸收入政府当局之列。就裁判权而言,保民官自始即与执政官居于平等地位,在等级斗争的最初阶段中,保民官获得与执政官相同的创制权,对于实际执政当局而言,亦即对于元老院而言,此时他们也取得与执政官平等的地位,但我们不确知其究在何时,大概在等级平等运动之时或在其后不久。迄今以前,他们坐在门旁的木凳上出席元老院的会议,现在他们亦如其他长官一样,在元老院里平起平坐,也取得参加讨论之权。他们没有表决权,那是因为罗马国家法有一条原则,即只有不

必行事的人可以献议，一切行政长官在任职的一年内，在民社议事会里仅有出席权，并无表决权。可是让步尚不止此。保民官得到最高长官独有的特权，寻常长官中仅执政官和副执政官有此特权，即召集元老院，与之商议并使颁法令之权[①]。这只是理当如此：当政权一旦由氏族贵族移到联合贵族之手时，元老院里平民贵族的首领自当与旧贵族的首领居于平等地位。这个原来不得参加国政的反对党，现在尤其是在市政事务方面，竟成为第二个最高行政长官，并且成为最常用和最有用的政府工具之一，换句话说，他们成了元老院的工具，用来操纵市民，尤其是制止长官的不法行为，因此，就其原来性质而言，保民官之职诚然是被吸收了，在政治上被消灭了，可是这个办法实是迫于必要。罗马贵族的缺点虽昭昭在人耳目，贵族优势的蒸蒸日上之势虽必然与保民官的实际废除相连，可是不可不看到政府里竟有一个当局，它不但毫无目的，实际 328
想用那骗人的空洞援助来敷衍受苦的无产阶级，但同时它确是坚决革命的，它还拥有一种足以阻碍长官权威，乃至阻碍国家权威的无政府主义性质的职权，因此它终究不能长期执政。可是，民主政治的万能和无能都基于笃信一种理想，在罗马人心中，这种笃信与平民保民官之职结合得至为密切。我们不必回忆科拉·黎恩济，便可知保民官给民众的利益虽然空洞无物，却不能把它废除而不致使国家遭一次可怕的变乱。所以，他们出于真正政治家的明虑谨慎，以最不惹人注意的方式，使它成为无用之物，便心满意足。

---

① 因此，对元老院的行文乃写给执政官、副执政官、平民保民官和元老院（西塞罗，《致友人书》15，2，等等）。

在这贵族专政的国家里，这原有革命性实质的长官职仅存其名，这个空名在当时是个矛盾现象，在日后它是未来革命党手中的危险利器。然而，在当时和以后的长期内，贵族阶级空前强大，完全支配着保民官，所以我们不见有保民官全体反对元老院的形迹，偶然有单独的保民官做绝望的反抗举动，政府不难把他压倒，通常是以保民官压制保民官。

实际统治国家的是元老院，自实行等级平等以来，它的统治几乎无人反对。就是元老院的结构也已非复旧观。氏族代表制废除以后，最高长官有自由行事权，至元首终身制废除之后，此权已受到很大的限制。

元老名册的确定权自最高国家长官移至比其低级的官吏，即自执政官移至监察官，于是元老院脱离长官控制的事又进了一步。诚然，无论在当时或在不久以后，负拟定元老名册之责的长官，有
329 权把那身有污点的元老从名籍中除去，从而把他们逐出元老院，这权力即使不是初创，至少也有了更明确的规定[①]；特殊的道德裁判

① 这个职权，以及诸如拟定骑士和公民名册的职权，法律也许没有正式授予监察官，可是自古以来实际处在监察官的权限以内。给予公民权的不是监察官，而是民社，不过，监察官造名册时，如对一个人在名册中不给予应有的地位或只给予较差的地位，这人虽不失其公民权，却不能行使或者仅能在较低微的地位上行使公民的特权，直至新名册造成为止。元老院中的情形亦复如此，一人如被监察官除名，在名册有效期间，不再出席于元老院，除非主持院务的长官将此名册作废，复用旧册。所以，在这方面，重要问题显然不在于监察官在法律上有何特权，而在于长官既须依他们造定的名册召集人，监察官的权力对于长官有何等效果。因此，我们不难明白，这特权如何渐臻重要；如何由于贵族地位日益巩固，这种除名的事实际成为法官的判决，而且实际被视为法官的判决。至于元老院名册的确定，奥维尼平民法的规定确乎大有影响：监察官应许“各等级最贤明的人”进入元老院。

权就是这样建立起来的，监察官的崇高名望大半就是以这种道德裁判为基础。可是，这种谴责，尤其当两个监察官对此意见必须一致时，虽可排除那些有碍元老院名声或反对其主导精神的人士，却不能使元老院本身听长官的号令。

可是，长官自行组织元老院之权，受到奥维尼法的断然限制，该法律的通过似乎在李锡尼法顺利通过后不久，大约在本时期中叶。对于曾任牙座市政官、副执政官或执政官的人士，该法律都即刻在元老院给他一个临时议席和表决权，并且下属监察官须正式将这些候补者列入元老院名册之中，否则至少举出足以罢免一个实任元老的理由，不许他们列入名册。然而，曾任长官的人数绝不足以维持元老院三百人的常额，如果不足此额时，就不可以把他裁减下来，尤其是因为元老院名册同时也是陪审员名册。监察官的推举权常饶有行使的余地；但这些并非由于曾任官职而是由于监察官推举而得任元老的人，往往就是那些曾任非牙座公职
的，或以个人骁勇著称，曾在战场杀死一个敌人或曾救一个公民 330
的性命的公民，他们参加表决，可是不能参加辩论。这样，按奥维尼法，元老院的核心，该院总揽政府和行政的那个部分，其组织基本上不再仰赖于一个长官的武断意志，而是仰赖于人民的间接选举。由这个途径看来，罗马国家并未达到近代的伟大制度即人民代议制，但却有其近似之处，同时那些不参加辩论的元老则可以成为一个统治团体所必须建立，却又难以建立的紧密团体，其成员能形成意见，并有权将它发表出来，可是在表决时默不作声。

元老院的职权在形式上毫未改变。元老院避免由于做出

不受欢迎的修改宪法或彰明较著的违反宪法，而贻反对党或野心家以可乘之机；它虽不提倡扩大市民政权的民主，却准其如此。可是市民只是外表上得到政权，元老院却在实际上得到政权，它对于立法和官吏的选举有决定的影响，对于国政有支配的全权。

每种新法律草案都必须在元老院先行讨论，一个建议，如未征求元老院的意见，或为元老院所反对，长官很少敢于把它提交给人民。如果他敢于为此，元老院手头也有一套方法，如通过长官的调停和祭司的翻案，趁其所恶的建议方萌时就把它毁掉，或在以后把它除去；遇有极端的情形，元老院既是最高行政当局，便不但掌握着执行人民法令之权，也掌握着拒不执行人民法令之权。在人民的默许下，元老院又主张在情况紧急时，可以不受法律约束，不过以人民须核准此事为保留条件，这个保留条件自始即无关重要，以后渐渐全成具文，到了后世，他们甚至不耐烦向人民提出核准此事的法令。

331 至于选举，它以前是长官们的事，而且在政治上关系重要，实际上却转入元老院掌握之中。这样，如上文所述，元老院获得任命独裁官之权。对于人民，它诚然须表示更大的尊重；人民有民社官职授予之权，它不能予以撤销；可是上文也曾说过，人们小心翼翼地预防，不使这选举转变为明确职责的授予，战争迫在眉睫时对于最高统帅之职尤其是如此。此外，一方面由于有新起的职权观念，另一方面又由于有元老院实际享有不受法律约束之权，所以一部分重要官吏任命仍落入元老院手中。对于执政官权限的确定，元老院尤其具有影响，这事前已说过。特免权的用处很多，一个最重要的应用是长官可以免受法定任期的约束，因为此事违反国家的基本法律，所以依罗马的国家法，不许在罗马城区内有此事发生，可是在市区以外，至少下列事例可以发生：已延长任期的执政官或续任副执政官在期满之后仍续任其职，是为"续任执政官或续任副执政官"(*proconsule*, *pro praetore*)。当然，延长任期之权，本与推举之权基本上相同，依法仅属于人民，起初实际上操在人民手中，可是在447年即前307年及其以后，照例仅元老院做出决定，将帅的兵权即可延长。最后，除此以外，贵族又用其所占优势和巧为联合的力量影响选举，使之选出政府合意的人，虽不能每次必成，却常常如愿以偿。

最后，关于行政方面的事，宣战、媾和，以及结盟、建立殖民地，分配土地、营建房舍，总之，每一件永久而有深刻重要性的事，尤其是整个财政系统，都绝对属于元老院。元老院每年对各长官发布训令，规定他们的职责范围，指定归每一长官支配的军队和金钱；遇有要事，均需向元老院求教。掌国库的官，如事先得元老院法令的许可，除执政官外，不得向任何长官或任何私人付款。然而，对于日常事务的处置以及司法和军事的特殊管理， 332
这最高统治机关却不加干涉；罗马贵族在政治上极有见识和策略，不愿使领导国家的工作变为对各个官吏的监护，也不愿使工具变为机器。

很明显，尽管一心要保存现状，这个元老院的新政府仍不免彻底改变旧国家制度。市民的自由活动因此竟告停顿，陷于瘫痪。长官竟降为元老院的议长和决议执行专员；一个专司进言的机关竟夺去这两个法定官员的遗产，虽然外貌至为谦卑，却成为全国的中央政府，凡此种种都是革命性和篡夺性的。可是，站在历史法庭的面前，如果单纯的治国能力似可为革命或篡夺辩护的正当理由，甚至铁面无私的历史也不得不承认，这个机关已及时了解其伟大的任务，而且体面地完成此任务。元老院起而当权，不是偶因门第的虚名，而主要是人民自由选择的结果；他们每四年一次由庄重可敬的人进行严厉的道德评判；他们终身任职，所以不受任期届满或民意摇摆不定的影响；他们自从等级趋于平等以来，始终保持紧密团结；人民所有的一切政治才智和实际治国本领，都无所不包于其中；处理一切财政问题，支配对外政策，他们都拥有绝对权，因为行政官任期短促，又因保民官在等级争吵结束后其干预权为元老院所用，他们遂完全控制行政官，所以，罗马元老院实为这个国家最高的表征，因其坚定如一和明达治道，因其团结一致和爱国心切，因其权势强盛和勇敢坚强，罗马元老院实为冠绝古今的政治机构，甚至那时，它仍然堪称“群王会议”，它懂得如何使专制政体的奋发有为与共和政体的舍身为国结合起来。从来没有一个国家能像全盛时代的罗马那样，由元老院作为代表，在对外
333 方面表现得那样坚强而庄重。在内政方面，我们诚然不能讳言，在元老院中充当代表的有钱和有地的贵族，遇到有关其特殊利益的事务时，未免有利己徇私的行为，这个机构的智慧和精力往往未能用在有利于国的方面。尽管如此，那个伟大的在艰苦的斗争中确立的原则：即在权利和义务中，罗马市民在法律面前一概平等，以及由此原则产生的结果，即政治生涯的开辟，也就是允许人人得以进入元老院，除获得灿烂的武功和政绩以外，还获得国家和民族的和谐，使等级差别不致像贵族与平民斗争时那样剧烈和凶狠。由

于对外政策的成功，结果在一百多年间，富人有足敷其用的活动余地，不必压迫中产阶级，所以，罗马人民竟能在一个民族所不能得享的长久期间内，在元老院中实现人类最宏大的事业，即明智幸运的自治。

334 第四章　埃特鲁斯坎人势力的衰亡 凯尔特人

前已叙述共和国最初两百年间罗马政制发展的梗概，罗马和意大利的外部史又把我们召回本时期的开端。大约在塔昆氏被逐出罗马前后，埃特鲁斯坎人的势力业已登峰造极。托斯坎人和与之密切联合的迦太基人在第勒尼安海上掌握霸权，所向无敌。马赛利亚在持续的苦战之中，虽能屹立不败，但坎帕尼亚和沃尔西地区的海港，以及阿拉利亚一战后的科西嘉岛，却都为埃特鲁斯坎人所有。在撒丁岛，迦太基将军马哥的几个儿子完全征服该岛（约260年即前500年），为其家族和城邦的伟业奠立了基础；在西西里，当希腊各殖民地从事内争，腓尼基人拥有其西半，并无遇到重大反抗。在亚得里亚海，埃特鲁斯坎人的船只同样占据优势，即使在更东的海域，他们的海盗也为人所畏。

在陆上，他们的势力似乎也方兴未艾。只因拉丁人夹在中间，埃特鲁里亚不能与其属地沃尔西各城相连，也不能与其在坎帕尼亚的领土相接，所以，埃特鲁里亚最有决定性的要事就是取得拉丁姆，迄今为止，罗马的势力有如一座坚固的屏藩，足以保护拉丁姆。它扼守着台伯河边界，使之免受埃特鲁里亚的侵犯。可是，罗马逐出塔昆氏之后，国内混乱，国势衰微，现在整个托斯坎同盟在克卢西姆国王拉斯·波尔塞纳领导下，趁机发动较前更为激烈的攻势，竟不再遇到惯常遇到的抵抗。罗马投降，在和约（据说订于247年即前507年）中不但把台伯河右岸的领土一概割给托斯坎各部，也放弃了它独占的制河权，而且还把它所有的兵器悉数交给战胜者，并立誓此后只用铁去铸造犁头。意大利在托斯坎人主宰之下归于一统的局面，似已为期不远。

埃特鲁斯坎人与迦太基人有联合起来征服希腊人和意大利人 335
之势，幸而原属一家、又同遭患难的希、意两民族互相团结，竟能免遭征服。罗马陷落以后，埃特鲁里亚军队已深入拉丁姆，攻抵阿里西亚城下，库迈人派兵及时赴援，阻遏了他们的胜利进军（248年即前506年）。我们不知战事如何结束，也尤其不知罗马是否撕毁了那脆弱的辱国和约。我们确知的只是托斯坎人这一次也未能永久保持台伯河的左岸。

但不久以后，希腊民族不得不对东西两方的蛮族进行更有决定性的战争。那时正处于波斯战争前后。推罗人与波斯大王的关系，使迦太基遵循波斯的政策，甚至有迦太基与薛西斯结联盟的可信传说，而埃特鲁斯坎人又与迦太基人一致行动。一个最为宏伟的政治联合把亚细亚大军投入希腊，把腓尼基大军投入西西里，意欲把全世界的自由和文明一举毁灭无余。胜利仍归希腊。萨拉米一战（274年即前480年），救了希腊本土，报了希腊之仇；据说，就在同日叙拉古和阿克拉斯的城主格伦和特隆也在希梅拉地方击败马哥之子、迦太基将军哈米尔卡的大军，大获全胜。战事结束，当时腓尼基人并无自取整个西西里全岛的计划，于是又恢复他们迄今采取守势的做法。因为这次战争，格伦之妻妲玛雷塔和叙拉古的其他贵妇捐其首饰来铸造钱币，所造的银币至今仍有留存；到了极晚之时，仍有人感念那高尚而又英勇的叙拉古王，以及西莫尼德斯笔下所歌颂的光辉胜利。

迦太基的屈辱，其直接影响便是与它结盟的埃特鲁斯坎人海上霸权的没落。雷吉乌姆和臧克尔的城主安那西拉斯已派常备舰
336 队封锁西西里海峡，使埃特鲁里亚的私掠船不能通过（约 272 年即前 482 年）；不久以后（280 年即前 474 年），库迈人和叙拉古的希耶罗，在库迈附近与第勒尼安舰队作战，取得决定性胜利，迦太基人来援，亦属徒劳。这就是宾达罗斯在皮提亚赛会第一首放歌行中所歌颂的胜利；至今仍有一顶埃特鲁斯坎人的头盔，是希耶罗送到奥林匹亚的，上面铭文："希耶罗，戴诺米尼斯之子，与叙拉古人敬献于宙斯，第勒尼安战利品，得自库迈。"①

因为这几次对迦太基人和埃特鲁斯坎人所取得的非常胜利，叙拉古遂成为西西里岛希腊各城的领袖；阿喀亚人的绪巴里斯在罗马驱逐塔昆氏诸王时（243 年即前 511 年）灭亡，以后多里斯人的塔兰托兴起，在意大利的希腊人中居无可争辩的优越地位。后来塔兰托军被耶皮基人打得大败（280 年即前 474 年），这是希腊军迄今所遭受到的最惨重的败仗，结果也像波斯人入侵希腊那样，只是使民族精神获得充分的发扬，使民主得到蓬勃的发展。自此以后，迦太基人和埃特鲁斯坎人不再称霸于意大利的海域；而是由塔兰托人统治亚得里亚海和爱奥尼亚海，马赛利亚人和叙拉古人统治第勒尼安海，特别是叙拉古人日益限制埃特鲁斯坎人的海盗

① *Fιάρον ὁ Δεινομένεος καὶ τοὶ ∑ υρακόσιοι τοὶ Δι Τ ύραν' ἀπο Κ υμας.*

活动范围。库迈之战得胜以后,希耶罗就占据埃纳里亚岛(Aenaria,即伊斯奇亚[Ischia]),因而坎帕尼亚与北埃特鲁里亚的交通为之截断。大约在 302 年即前 452 年,为彻底制止埃特鲁斯坎人的海盗活动,叙拉古派出一支特别远征军,抄掠科西嘉岛和埃特鲁里亚海岸,并占领埃塔利亚岛(即埃尔巴[Elba])。埃特鲁里亚和迦太基的海盗虽未完全扑灭,例如,直至罗马纪元五世纪初年,安提乌姆(Antium)似仍为私掠船出没之地,可是,强大的叙拉古却成为一个坚固的屏障,足以抵御结盟的埃特鲁斯坎人和腓尼基人。诚然,在伯罗奔尼撒战争(339—341 年即前 415—前 413 年)期间,雅典派海军远征叙拉古,埃特鲁斯坎人是雅典商业上的老友,出动五十桨战船三艘为雅典助战,这种攻势一时似必能打破叙拉古的势力。可是,无论在西方和东方,胜利却属于多里斯人,这是人所共知的。雅典的远征惨败以后,叙拉古遂成为希腊人的头等海权国,无与抗衡,所以在那里当权的人竟欲称雄于西西里和下意大 337
利,以及意大利两侧的海域;另一方面,迦太基人此时看见他们在西西里的统治岌岌可危,乃也不得不以征服叙拉古和平定西西里全岛为其政策的目标,而且确实也这样做了。西西里中等国的衰落,迦太基人在岛上势力的增进,都是这些战事的直接结果,我们不能在这里叙述,仅叙述他们及于埃特鲁里亚的影响。叙拉古新王狄奥尼修斯(348—387 年即前 406—前 367 年在位)攻击埃特鲁斯坎人,使其遭受惨重的损失。这位勤于远略的君主特别在意大利以东的沿海奠立了他的新殖民地的根基,该处北部受希腊海权的支配尚以此为首次。大约在 367 年即前 387 年,狄奥尼修斯占领伊利里亚沿岸的利索斯港和伊萨岛,以及意大利沿岸的安科纳、努马那和阿特里亚等码头。叙拉古统治这一带偏僻地方的遗迹至今犹存，不仅波河口有一条"菲利斯都运河"，它必定是与狄奥尼修斯友善的那位著名历史学家所修造，此人被放逐时曾在阿特里亚居住多年（自 368 年即前 386 年起），而且意大利的东海也因此改变名称，自此以后，这海不用爱奥尼亚湾的古名，而另用至今通用的"亚得里亚海"一名，这可能与此事有关①。但仅在东海攻击埃特鲁斯坎人的领土和商业交通，狄奥尼修斯尚不以为足，他又直捣埃特鲁里亚势力的中心，攻陷凯雷人的海港皮尔基（369 年即前 385 年），并加以劫掠。受了这种打击，埃特鲁斯坎人的势力一蹶不振。狄奥尼修斯死后，叙拉古城内内乱继起，使迦太基得有较自由的活动余地，其舰队又在第勒尼安海重占上风，自此以后，他们保持优势，甚少间断。可是这种压迫，不但希腊人觉其沉重难堪，
338 即埃特鲁斯坎人也有同感，所以到了 444 年即前 310 年，叙拉古的阿加托克勒斯准备与迦太基开战，甚至有托斯坎人的十八艘战船与他会师。当时埃特鲁斯坎人可能仍据有科西嘉岛，或恐其为他人所夺。托斯坎人与腓尼基人的攻守同盟至亚里士多德时（370—432 年即前 384—前 322 年）仍然存在，却因此而解散；可是托斯坎人的海上势力以后从未恢复。

正当西西里希腊人在海上攻击埃特鲁斯坎人时，后者如果在

---

① 赫卡陶斯（Hekatäos，卒于 257 年即前 497 年以后）和希罗多德（270—345 年即前 484—前 409 年）仅知阿特里亚为波河三角洲以及冲刷该三角洲的海（K. O. 米勒，《埃特鲁斯坎人》，布累斯劳，1828 年，第 1 卷，第 140 页；《小希腊的地理学家》，第 1 卷，第 23 页）。亚得里亚海一名，就其广义来说，首次见于罗马城纪元 418 年即前 336 年前后所谓斯基拉克斯（Skylax）的书。

陆上并未四面受到极沉重的打击，他们海权的瓦解便很难予以说明。在萨拉米、希梅拉和库迈等战役前后，据罗马编年史记载，罗马与维爱鏖战多年（271—280 年即前 483—前 474 年）。在战争进行期间，罗马屡遭大败。法比氏的惨祸（277 年即前 477 年），至今记忆犹存。法比氏因受内乱的影响，自愿离开首都，保卫边疆，抵御埃特鲁里亚入寇，阖族能手执兵器的人竟在克雷美拉小溪上被杀得片甲不留，靡有孑遗。可是，四百个月的休战协定，代替和约结束了战争，对于罗马却是有利的，它至少恢复了王政时期的状态，埃特鲁斯坎人放弃菲登尼和他们在台伯河右岸所取得的土地。这次罗马与埃特鲁斯坎人的战争，与希波战争以及西西里与迦太基的战争究竟有多少直接关系，我们无法考知；可是，无论罗马人是否为萨拉米和希梅拉的战胜者的盟友，利害关系和战争后果无论如何还是一致的。

如同拉丁人一样，萨谟奈人也猛扑埃特鲁斯坎人；库迈一战之后，他们在坎帕尼亚的殖民地与母国的联系即被切断，他们再也不能御山中萨贝利人部落的攻击。其首城卡普亚于 330 年即前 424 年陷落，该地被征服以后，所有埃特鲁斯坎人旋即被萨谟奈人消灭或逐出。诚然，坎帕尼亚的希腊人也势孤力弱，在这次萨谟奈人入侵时受害也很重；就是库迈也于 334 年即前 420 年为萨贝利人所征服。可是，希腊人也许赖叙拉古人的援助，仍能保持其地位，特别是在拿波里，而埃特鲁斯坎人之名却在坎帕尼亚绝迹于历史，只 339
有几个零碎和被遗忘的埃特鲁斯坎人的群落在这里苟延残喘。

然而，与此同时，更为重大的事件起于意大利北部。一个新民族正在击叩阿尔卑斯山的门户；这便是凯尔特人，首当其冲的是埃特鲁斯坎人。

凯尔特族又名加拉提族和高卢族，与意大利族、日耳曼族、希腊族本是同母姐妹，可是所得的嫁妆却与她们的迥异。凯尔特人虽饶有精明能干的资质，更饶有灿烂的才华，可是人类发展中一切良善伟大的成就都本于道德和政治上的深厚基础，这却是凯尔特人所无。据西塞罗说，一个自由的凯尔特人，以亲自耕田为耻。他们喜过游牧生活，而不喜务农，甚至在肥沃的波河平原，他们还是大半以养猪为业，食所养牲畜的肉，昼夜与所养牲畜同居橡树林中。依恋故土是意大利人和日耳曼人的特征，却不见于凯尔特人；可是另一方面，他们却喜欢群居于市镇和村落，所以在凯尔特人中间，市镇和村落之蔚为广大和重要，似乎比在意大利更早。他们的政治组织甚欠完备。不但民族的统一仅有一个薄弱的纽带赖以维系，事实上一切民族初时都是如此，而且各个部落也缺乏协调一致，以及固定的制度，缺乏真诚的公德心和始终如一的努力。他们所适应的组织只有军事组织，军纪的约束可使个人免去自我抑制的烦劳。他们的历史撰述者提里说："凯尔特民族的特长是个人的骁勇，在这方面他们冠绝一切民族；他们有豪爽而热烈的性格，能感受每一个外来的印象；智力非凡，不过同时又极为喜怒无常，缺少恒心，不耐纪律和秩序，好夸耀自己，永远不能与人和睦相处——这都是无限虚荣心所造成的结果。"老加图论到他们时，话语简洁，意见并无二致："凯尔特人颇重视两事：刀剑格斗和智慧相
340 比。"这些品质——以之当兵则为良兵，以之作公民则为恶公民——可以说明一件历史上的事实，即凯尔特人曾震撼一切国家，但却没有创造一个国家。我们处处看见他们准备漫游，换句话说，

准备进军；喜动产而不喜田产，爱黄金甚于其他一切；他们当兵，以之为有组织的劫掠方法，甚或以之为获取佣金的职业，而且成绩卓著，甚至罗马的史学家萨卢斯特也承认凯尔特人在兵戎方面夺去了罗马人的锦标。他们是古时候真正的雇佣兵，正合于图画和记载所表述的形状：身体魁梧，可是筋肉不甚发达；头发蓬乱，髭须甚长——与修剃胡子的希腊、罗马人大异其趣；身穿五光十色的绣衣，在战斗时常将它脱掷一旁；颈上围着宽大的金项圈；不戴头盔，并无任何投射的武器，可是携带绝大的护身盾牌，锻炼欠佳的长刀、匕首、长枪，这一切全部用黄金装饰，因为他们并非不精于冶金。一切事都用于夸耀自己，甚至受伤以后也往往扩大创口，为了能以较大的创痕来夸耀。他们通常徒步作战，但个别的部落骑马作战，如果骑马，每一自由人后面必有两个侍从也骑马跟随着；在太古时代利比亚人和希腊人已用战车，凯尔特人也在早年即用战车。种种特征使我们忆及中世纪的骑士，特别是希腊人和罗马人所无的单骑决战。他们不但惯于在战时先用语言或手势侮辱敌人，向他挑战，而且在太平时，也穿上成套的鲜明衣甲，互相搏斗，拼个你死我活，随后往往摆酒设宴，也就不言自明。这样，无论在本族或外族的旗帜之下，他们总是过着一种不安定的戎武生涯；自爱尔兰和西班牙，以至小亚细亚，这种生涯使他们散处各地，无日不从事于战斗和立所谓英雄业绩。可是，他们的一切作为都像春雪一样消融；他们没有在任何地方缔造出一个大国，或发展出一种自己特有的文化。

以上就是古人笔下所描述的这个民族。它的渊源，我们仅能猜测。凯尔特人与希腊人、意大利人和日耳曼人同出一个发祥地，自必也与他们一起从东方的故乡迁入欧洲。他们在欧洲很早就达 341

到西面的海洋，在现今的法国建立起他们的总根据地[1]，然后北渡不列颠群岛，南越比利牛斯山，与伊比利亚各族争夺那半岛的所有权。这是他们的第一次大迁徙。他们沿着阿尔卑斯山前进，以后才分成许多小群由西方各国出发，取相反的方向行动。由于这些迁徙行动，他们渡越阿尔卑斯山和赫穆山(Haemus)，甚至渡过博斯普鲁斯海峡，并成为古代一切文明国家的大患，历数百年不息，直到恺撒的胜利和奥古斯都所部署的边防才把他们的势力永远打破。

他们本族关于迁徙的传说大半因李维的书而得以传世；其所
342 记载的较晚的逆行运动如下。[2] 当时高卢联盟与恺撒时代无异，

---

① 语言学专家近来主张，凯尔特人与意大利人的亲属关系甚至比意大利人与希腊人的关系更为切近。换句话说，他们以为人类譬如一棵大树，西欧和南欧的印度日耳曼种族先从该树的一个枝中分出希腊人与意大利-凯尔特人，以后很晚又从后者分为意大利人和凯尔特人。由地理观点看来，这个假设颇有可采取之处，现存的历史事实或许能与之相合，因为迄今被认为希、意两族的文明的，也很可能是希腊凯尔特意大利文明，我们对于凯尔特文化的最早阶段实无所知。然而，语言的研究似尚未达到充分的进步，还不宜把它的结果插入各民族的原始历史之中。

② 这传说为李维(5,34)和查士丁(Justin,24,4)所传述，恺撒也有意(《高卢战记》,6,24)于此。可是，贝洛维苏的迁徙与马赛利亚的创立相联系，因此将贝洛维苏迁徙的时期定为罗马纪元二世纪中叶，这显然不属于本族固有的传说，因固有传说当然不记年代，而是属于后世编年史的研究，所以不可凭信。个别的入寇和迁徙可以很早就有；可是凯尔特人涌入意大利一事不能置于埃特鲁里亚势力衰落以前，即不能置于罗马纪元三世纪后半叶以前。

同样，有魏克哈姆和克拉默的精细研究以后，我们不能怀疑，贝洛维苏前进的路线与汉尼拔的相似，不越科特阿尔卑斯山(Kottisshe Alpen，即 Mont Genèvre)，假道于陶里人(Taurini)境内，而是越格赖阿尔卑斯山(Graischen，在小圣贝纳山口处)，假道于萨拉西人(Salssi)境内。李维取这山名未必以传说为根据，而是仅凭他自己的猜测。

一说以为意大利的波伊人系经较东的潘尼阿尔卑斯山的隘口而来，此说无论是根据真正传说中的回忆，还是只根据波伊人居于多瑙河北这种假定联系，始终是一个永不能解答的问题。

也是以比图里吉人的地区(今布尔日四周)为首,在安比阿图王在位时,该地派出移民两批,由此王的两个侄儿率领。一个侄儿名西哥维苏的,渡莱茵河,向黑森林方向前进;另一个侄儿贝洛维苏,翻越格赖阿尔卑斯山(在今小圣伯纳德山口处),下行至波河流域。前者创立多瑙河中游的高卢殖民地,后者在近代伦巴底创立最古的凯尔特殖民地,即印苏布雷人地区,首府为梅迪奥拉努姆(今米兰)。不久以后,又有一批继至,创建塞诺马尼人地区,有布里克西亚(今布雷西亚和维罗纳两城)。自此以后,凯尔特部落川流不息地渡过阿尔卑斯山,进入那锦绣平川,逐利古里亚人,裹胁他们同行,于是埃特鲁斯坎人的领地相继被他们夺去,以至于波河左岸之地尽落他们掌握。已卜居波河河谷的凯尔特人与新来的部落合攻(358 年即前 396 年)埃特鲁里亚的殷富城市美尔彭(可能在米兰境内),美尔彭陷落以后,凯尔特人又渡该河右岸,开始在翁布里人和埃特鲁斯坎人的老家压迫他们。做这事的主要是波伊人,据说他们由另一条路进入意大利,即翻越潘尼山(今大圣伯纳德山口);他们卜居于今罗马格那,将境内埃特鲁斯坎人的古城菲尔辛那改名波诺尼亚,定为首都。最后来了塞农人,他们是凯尔特人中最后翻越阿尔卑斯山的较大部落;他们卜居于自里米尼至安科纳一带的亚得里亚海沿岸。可是凯尔特人零星的移民群必曾向翁布里亚方面深入很远,直抵埃特鲁里亚的边界,因为凯尔特文的刻石甚至出现于台伯河上流的托迪。埃特鲁里亚的北界和西界日蹙,到了罗马纪元四世纪中叶时,托斯坎民族的领土大致仅限于此后和现今仍用其名的疆域。

这些很不相同的民族,叙拉古人、拉丁人、萨谟奈人,尤其是凯

尔特人，仿佛是约好了似的，同时攻击埃特鲁斯坎人。这个民族不久以前在拉丁姆和坎帕尼亚以及意大利两侧的海洋骤然得到极大
343 的发展，现在却遭到更迅猛和更暴烈的崩溃。他们海上霸权的失落，坎帕尼亚的埃特鲁斯坎人的被征服，与印苏布雷人和塞诺马尼人定居于波河畔属于同时；不多几年以前，罗马市民曾受波尔塞那的极端挫辱，几乎被奴役，到了这时，才对埃特鲁里亚采取侵略行动。按照280年即前424年与维爱缔结的休战条约，罗马恢复了它失去的疆土，两国大致回到王政时代的原状。309年即前445年，休战期满，战事又起，但所谓战事不过是边境冲突和入境劫掠，双方均无重大损失。当时埃特鲁里亚仍甚强大，罗马无力对它发动认真的进攻。以后菲登纳特人叛变罗马，逐出罗马的戍兵，杀害罗马的使者，纳降于维爱王拉尔斯·托卢尼乌斯，终于引起较大的战事，结果对罗马人有利；托卢尼乌斯王于战斗中死于罗马执政官奥卢斯·科尔涅利乌斯·科苏斯（326年即前428年）之手，菲登尼被攻陷；至329年即前425年又缔结了两百个月的休战新约。在这次休战期间，埃特鲁里亚的忧患与日俱增，凯尔特人的武功已达到向来得免于难的波河右岸的垦殖地。至346年即前408年，休战期满，罗马人方面决计对埃特鲁里亚发动一次征服战争；这次进行的战争不但要击败维爱，而且要把它打垮。

历史叙述罗马攻击维爱人、卡本那人和法利斯克人，并围攻维爱，据说这次围城与希腊人围攻特洛伊相同，也历时十年之久；维爱战史所述不尽可信。传说和诗歌已利用这些事件，而且不无理由；因为这次空前努力的斗争所要达到的是一个空前的目的。这是罗马军队第一次在战场上历夏过冬，年复一年，直至达到其目的

而后已。这也是国家用兵第一次由国库支付兵饷。可是这也是罗马第一次想消灭一个异族国家，用兵于拉丁地区的北方边界以外。344
战况激烈，但战局却无可置疑。拉丁人和赫尔尼基人也畏惧其邻国维爱，维爱若遭覆亡，他们所得的满足和利益殆不亚于罗马人；所以罗马人得到他们的支援。维爱却为本民族所弃，仅有附近的城市卡本那、法勒里以及塔昆尼派偏师来援。与此同时，埃特鲁斯坎人受凯尔特人的攻击，仅此一事即足以说明北方各国何以不加干涉；然而，又有一说，而且此说毫无可疑之处，谓埃特鲁斯坎人其他各部所以坐视维爱危亡而不救，实直接因为埃特鲁斯坎城市同盟内部存在党争，尤其因为维爱人保存或恢复王政，为其他城市的贵族政府所反对。如果埃特鲁斯坎民族能够而且情愿参加这次战争，罗马人便绝不能成就那硕大无朋的事业，无法攻陷一座坚固的大城，因为当时攻城术极不发达。但维爱虽孤立无援，却仍英勇抵抗至灭亡（358 年即前 396 年）；攻克维爱得力于马尔库斯·弗里乌斯·卡米卢斯的勇毅精神，他最先为其国人征服外域，开辟出一条灿烂之途。罗马这次大获全胜，全市欢腾，其遗响犹见于传到后世的罗马习俗之中；每逢罗马节庆赛会必有“卖维爱人”的戏，以假战利品供拍卖，其中有一个最不幸的残废老人，使他身穿紫袍，佩戴金饰，扮作“维爱王”，为诸戏做个结束。维爱城被毁，其地永沦于荒芜。法勒里和卡本那迅速讲和；当维爱处于垂死挣扎之际，强大的沃尔西尼与之有盟约关系，但迟疑不决，到维爱陷落后才起兵作战，几年以后 363 年即前 391 年也同意言和。埃特鲁斯坎民族的两座堡垒同日陷落，美尔彭亡于凯尔特人，维爱亡于罗马人，这也许仅仅是一个悲痛的传说，但无论如何含有历史上的至理。南北两面的夹攻，两座边疆重镇的沦陷，就是伟大的埃特鲁斯坎民族灭亡的开始。

然而，有一瞬间，这两个民族似将互相残害，他们的合作曾使
345 埃特鲁里亚的生存受到威胁，而罗马的新兴力量似将受野蛮异族的蹂躏。罗马妄自尊大，眼光短浅，时势的转变竟与政治的自然趋势相违反，实为罗马人所自招。

凯尔特大军既攻陷美尔彭，渡过波河，不久即涌入意大利北部，不但达到波河右岸和亚得里亚海沿岸的无险阻地带，而且也达到亚平宁山南的埃特鲁里亚本土。几年以后（363 年即前 391 年），埃特鲁里亚腹地克鲁西乌姆（今丘西[Chiusi]，在托斯卡纳和教皇国交界之处）为凯尔特人的塞农部所围攻；埃特鲁斯坎人现已饱经凌辱，以致托斯坎人的城市在患难中竟求救于维爱的毁灭者。明智的办法或为允其所请，即刻对高卢人用兵，使其成为罗马的藩属，同时保护埃特鲁斯坎人，使他们也成为罗马的藩属；不过这种干预，目标过于远大，必致强使罗马人在托斯坎人的北疆认真作战，当时罗马的政治眼光尚未及此。所以除了绝不干涉，并无他途。然而，他们却愚蠢地谢绝发兵，贸然遣使。使者更为愚蠢，竟欲以傲慢的言辞压服凯尔特人，既归失败，他们又以为对蛮族可以违犯国际公法而无患惩罚；他们加入克鲁西乌姆人的队伍，参与一次小战，作战时罗马一使者刺中一个高卢军官，军官坠马。蛮族这次取温和而谨慎的做法。他们先派人到罗马，要求将违犯国际公法的罪犯交出，元老院也准备听从这合理的请求。可是群众方面对本国人的同情重于对外国人的正义感；人民拒绝赔罪；而且据几种记载说，他们甚至推举这几个为祖国作战的勇士为 364 年即前

390 年[①]知执政事的保民官，这年便成为罗马纪年史上极不幸的一年。于是布伦努斯，即高卢人的“军王”撤克鲁西姆之围，据说有七万人之多的凯尔特全军便转向罗马进攻。高卢人在行军时，不啻 346
是成群结队的武装移民，不耐烦顾及掩护或退路，因这种出征陌生遥远的地域，在他们乃司空见惯，不足为奇；不过在罗马，显然无人料到，在如此突兀又如此猛烈的袭击中，究竟蕴藏着何种危险。高卢人已向罗马挺进，罗马的军队才渡过台伯河阻挡他们的来路，在离罗马城不及十九公里之处，正当阿利亚小溪流入台伯河之处，两军相遇，于 364 年即前 390 年 7 月 18 日发生战斗。甚至此时，他们仍很骄傲而鲁莽，出战时不视敌人为军队，而视之如盗匪。他们的将领缺乏经验，卡米卢斯因受等级间的不和，已退隐不问国事。他们要与之作战的不过是蛮族，何必扎营，何必保全退路？然而，这些蛮族却是英勇无双，全不怕死，他们的战术在意大利人看来，不但新鲜别致，而且凶猛可怖；凯尔特人手执刀剑，向罗马的密集队形猛冲，一举把他们击破。罗马军惨败。背水而战的罗马人大部分试图渡河逃跑，沉沦于渡河之际。逃脱者都取道旁侧，奔向附近的维爱。获胜的凯尔特人就把残兵败将同首都隔断。于是，绝望的首都就被放弃，一任侵略者处置；留驻或逃回后方的兵力甚微，不足以守护城垣，战后三日，战胜者即由敞开着的城门进入罗马。他们如果起初便进入罗马，不但罗马城不保，而且罗马国也会灭亡；这短短的时间给罗马一个机会把神器运走或埋藏，更重要的

① 按通行的算法，这是公元前 390 年，可是依事实说，罗马陷落应在希历奥林匹亚年 98，1 年，即公元前 388 年，只因罗马历法的混乱，才有所推迟。

是，占据卫城，在其中将就囤积粮食，以应急需。凡是不能手执戈矛的人一概不许进入卫城，因没有足供全部人马吃用的粮食。那些失去保护的人大部散往邻近城镇，但许多人，尤其是若干有地位的老人不愿生存于城亡之后，他们留在家里坐等敌人的杀害。敌人到来，见人就杀，见财物就抢掠，终于在卡皮托尔山的罗马守军
347 眼前，四面八方地纵火焚城。可是他们不知道攻城术，卫城设在陡峭危岩之上，封锁它是一件迟缓而又困难的事，因为这大军的赡养仅仅仰赖武装劫粮队，而附近的拉丁城镇人民，特别是阿迭亚人，常常奋勇攻击劫粮队，成效卓著。然而，凯尔特人竟不顾其境遇的困难，以无限的毅力，在危岩下坚持了七个月。守军在一个黑暗的夜间遭敌人袭击，只因卡皮托尔神庙里的神鹅鸮鸮而鸣。英勇的马尔库斯·曼利乌斯偶然惊醒，守军才得幸免于难，可是已渐感乏食断炊之虞。正在这时，凯尔特人听到威尼斯人已侵入波河畔他们塞农人领土，罗马人又愿付赎款以求退兵，他们于是接受了罗马的赎款。高卢人以傲慢的神情掷下他们的刀剑，使罗马付出重于刀剑的黄金，这真足以表示当时的情形。蛮族的铁血业已战胜，可是他们却把胜利卖掉，他们既卖了胜利，便失去胜利。

这次惨败和大火，7 月 18 日和阿利亚小溪等可怕灾难埋藏神器以及击退敌军偷袭卫城的地点——所有这些闻所未闻的事件的细节，由于时人的记忆而激起后世的想象；那些驰名世界史的神鹅显出比站岗的守兵还要警醒，我们实不觉其为两千年前的事。可是，罗马虽然有一条法规，规定将来遇有凯尔特人侵入时，任何法定特权均不得使人免去兵役；纪年虽然由罗马城被陷时算起；这事虽然哄动当时整个的文明世界，甚至见于希腊人的编年史，但阿利

亚溪畔一战及其结果却不能算在影响深远的史实之数。此役没有
改变政治形势。高卢人既挟着黄金弃城而去；有人说英雄卡米卢
斯将黄金夺回罗马，这只是后世捏造的无聊传说。难民既已重返
家园，有些远虑和胆怯的政客提出民社迁往维爱的丧心病狂的议
论，卡米卢斯一番立意高远的演说打消这种谬见；庐舍从废墟中潦 348
草而纷乱地建立起来，罗马狭窄曲折的街道即导源于此时。于是
罗马城又立在它那形势雄伟的旧址之上。诚然，这件事可能大有
助于减少罗马与埃特鲁里亚的仇隙，虽然未收立竿见影之效。最
重要的是，使拉丁姆与罗马的团结更为密切。罗马与埃特鲁里亚
或罗马与萨谟奈的战争是互相制约和互相影响的两个政权间的冲
突，高卢人与罗马人的战争则否，这战争有如天灾，有机体遭天灾
之后，只要没有灭亡，即刻恢复它的平衡。以后高卢人常常回到拉
丁姆：例如，387 年即前 367 年卡米卢斯击败他们于阿尔巴——这
是他最后一次的胜利。这老英雄曾六度出任具有执政官权力的军
团长官，五度出任独裁官，四度举行结队开赴卡皮托尔山的凯旋
礼。至 393 年即前 361 年，独裁官提图斯·昆克提乌斯·彭努斯
在距城不及八公里之遥的阿纽河桥与他们对垒，但未交战，高卢大
军即行开拔，奔坎帕尼亚而去；394 年即前 360 年，高卢人归自坎
帕尼亚，独裁官昆图斯·塞尔维里乌斯·阿哈拉与他们交战于科
林努门之前；390 年即前 358 年，独裁官盖乌斯·苏尔皮西乌斯·
佩提库斯大败高卢军；404 年即前 350 年，高卢人甚至驻营越冬于
阿尔巴山，并向沿海的希腊海盗争夺赃物，至翌年名将之子卢奇乌
斯·弗里乌斯·卡米卢斯才把他们逐走，同时代的亚里士多德
（370—432 年即前 384—前 322 年）在雅典得闻此事。但这些以劫

掠为事的远征虽或可畏和可厌，却是无妄之灾，而非重大政治事件；它们的主要结果是使外国人日益视罗马人为意大利文明民族抗御蛮族进攻的长城，罗马人也日益以此自命——这种见解对于促进其日后建立世界帝国一事，有出乎寻常意料的助力。

托斯坎人曾趁凯尔特人讨伐罗马之际，攻打维爰，因为所出兵
349 力不足，没有成就；然而蛮族尚未离境，托斯坎人就遭拉丁姆重兵的攻击，其兵力不减于前。埃特鲁斯坎人既屡战屡败，南埃特鲁里亚全部，远至基米丘陵地，均为罗马人所据。罗马人把维爰、卡本那和法勒里所辖领土划成四个新区（367 年即前 387 年），建苏特里姆（371 年即前 383 年）和内培特（381 年即前 373 年）两座要塞，以巩固北疆。这个肥沃的区域处处有罗马的垦殖者，于是很快地完全罗马化。大约在 396 年即前 358 年，最邻近的埃特鲁斯坎城市塔昆尼、凯雷和法勒里先后奋起反抗罗马人的侵略，只见首次战役中被俘的三百零七名罗马人全被杀害于塔昆尼市场，可见这种侵略在埃特鲁里亚如何惹人深恨；不过这种愤恨只是无能为力的愤恨。在 403 年即前 351 年的和约中，凯雷由于距罗马人最近，所受的惩罚也最重，被迫以其领土的一半割让给罗马，所余的残破的领土退出埃特鲁斯坎同盟。成为罗马的属国，这种附属关系最初依附个别的拉丁区镇。把依附的拉丁区镇仍享受着的地方自主权给予这些遥远的异族区镇，似乎并不相宜。所以，罗马不给凯雷人以这种罗马公民权：他们不仅没有选举和被选举权，而且被剥夺自治权，在司法和税收方面，他们没有自己的官吏，而是由罗马人越俎代庖，这是在这里首次出现的一种政治上的从属制度，一个迄今独立的国家变为一个在法律上依然存在，但被剥夺了一切行动自

由的社团。法勒里原属拉丁民族，在托斯坎人治下仍保存其民族性。不久以后411年即前343年，脱离埃特鲁斯坎同盟，与罗马结成永久同盟，因此南埃特鲁里亚全境都以某种形式归罗马统治。对于塔昆尼，而且一般地，对于北埃特鲁里亚，罗马人满足于只用一个为期四百个月的和约来长期约束他们（403年即前351年）。

在意大利北部，那些曾经相激相荡的民族也渐渐永久定居于 350
明确疆界之内。越阿尔卑斯山而来的迁徙活动告终，一部分原因是埃特鲁斯坎人拼命死守其穷蹙的本土，以及强大的罗马人的认真抵抗，另一部分原因是阿尔卑斯山北面发生了人所不知的变化。当时在阿尔卑斯山与亚平宁山之间，南至阿布鲁齐山，凯尔特人一概是统治民族，他们尤其主宰着平原和沃野；可是他们的定居方式松散而肤浅，因而他们的统治在新略得的土地上并未根深蒂固，而且绝未采取独占的形式。阿尔卑斯山中的情况如何，凯尔特人与先来的埃特鲁斯坎人或其他民族在该地混合的程度如何，我们无法考知。因为关于后世阿尔卑斯山各民族的民族性没有充足的资料。只有在现今格劳宾登和蒂罗尔地方的里提亚人（Räter）或许可以视为埃特鲁斯坎人的一支。翁布里人保有着亚平宁山的山谷。与他们言语不同的威尼斯人据有波河流域的东北部。利古里亚各部落在西部山区中站住了脚跟，他们住在南至比萨和阿雷佐一带，从而把凯尔特地区本部与埃特鲁里亚隔开。凯尔特人仅住在中间的平坦地带，印苏布雷人和塞诺马尼人在波河以北，其南住着波伊人，在亚得里亚海沿岸，自阿里米努姆到安科纳，即所谓“高卢地区”，住着塞农人，较小的民族就不提了。可是，即使在此处，埃特鲁斯坎人的居住地至少仍有一部分存在，略如以弗所和米利都在波斯人治下仍为希腊人所居。曼图亚位于岛上，易于防守，它至少在帝国时期仍为托斯坎人的城市；波河上的哈特里亚，即许多酒罍的出土地，似乎也保持其埃特鲁斯坎人的本色；418 年即前 336 年前后，在斯基拉克斯名下编纂的《海岸志》称哈利亚和斯庇那区域为托斯坎人之地。只有这样才能说明，埃特鲁斯坎海盗何以到罗马纪元第五世纪已深之时，仍骚扰亚得里亚海，何以不仅叙拉古的狄奥尼修斯在亚得里亚海沿岸处处设立殖民地，而且据晚近发现的一种值得注意的文献所示，甚至雅典也于 429 年即前
351 325 年前后决定在亚得里亚海设立殖民地，保护商船，使之免受第勒尼安海海盗的侵掠。

可是，这些地方虽仍存有或多或少的埃特鲁斯坎特色，这只不过是他们故国盛况的残余而已；私人仍能在这里的和平经商或海战中获利，但埃特鲁斯坎民族却不能再受其益。另一方面，我们日后所见凯尔特人的，以及一般地，阿尔卑斯山各族的文明的萌芽，可能即起源于这些半自由的埃特鲁斯坎人。引用所谓斯基拉克斯的话，凯尔特部众在伦巴底平原放弃其行伍生涯，始行永久定居，其部分原因即在于此，更有进者，伦巴底的凯尔特人，甚至连现今施蒂里亚阿尔卑斯山各族人民的粗浅技术、艺术以及字母表都是经过埃特鲁斯坎人的媒介才学到的。

于是埃特鲁斯坎人失去其坎帕尼亚领土和亚平宁山以北、基米尼森林以南的全部土地以后，疆域就极其局促，他们持强权抱大志的时期已一去不返。该民族的外部衰微与其内部腐败有极密切的相互关系；诚然，它内部的腐败可能已在极早之时种下根苗。当时希腊作家无不连篇累牍地描写埃特鲁斯坎人奢侈无度的生活；

在罗马纪元五世纪，下意大利的诗人歌颂第勒尼安酒，同时代的史学家蒂迈欧和提奥彭普都描绘埃特鲁斯坎人的淫乱以及他们的美酒，这些较之拜占庭或法国最甚的伤风败俗毫不逊色。这些记载中的个别细节虽未经证明，至少下列一说确有根据，就是穷凶极恶的角斗堪称罗马末年的，以及一般地，古代末期的积弊，它最早在埃特鲁斯坎人中间流行。大致看来，这些记载至少使人对于这民族深陷腐败一事无可置疑。这腐败甚至蔓延到政治状况。就我们所有的区区资料看来，该国的贵族倾向占优势与同时代的罗马情形无异，不过更为酷烈，更为恶毒。大约在维爱被围之时，埃特鲁里亚各邦似乎皆已废除王政，有几个城因此产生了贵族政府，埃特 352
鲁斯坎联盟的约束素来松弛，自不能制约它们。联盟的约束很少能把所有埃特鲁里亚的城联合起来，甚至为保卫国土计亦不可能；沃尔西尼徒拥盟主的虚名，与拉丁民族由于罗马的领导而获得的伟力，实不可同日而语。罗马对外获得的胜利，如果不能以损害异族为代价，以稍满足那困苦受压的无产阶级的要求，给他们的虚荣心开辟其他出路，则反对旧市民垄断一切官位和享受一切公共权益的斗争，必至陷罗马国家于灭亡；在政治、经济和道德方面毁灭埃特鲁里亚的，就是这种反对氏族贵族独掌政权，以及反对在埃特鲁里亚尤其突出的垄断僧职的斗争。硕大无朋的财富，特别是地产，集中于少数贵族之手，而人民大众却因此陷于贫困；由此而起的社会革命原要解救灾难，却更加深灾难；因为中央政权无能为力，遭难的贵族，如453年即前301年在阿勒提乌姆，488年即前266年在沃尔西尼，终于别无他法，只好求救于罗马人，于是罗马人平息动乱，可是同时也消灭了残剩的独立。自维爱和美尔彭陷落之日起，这个民族的精力即已崩溃。埃特鲁斯坎人仍有一两次确想脱离罗马的统治，可是当事情发生时，激励是来自外面，来自另一意大利民族，即萨谟奈人。

第五章 罗马征服拉丁人和坎帕尼亚人

罗马以霸权方式建立的统治乃是王政时期的伟大业绩。至为明显，罗马宪法的改变不能不大有影响于罗马国家对拉丁姆的关系，以及拉丁姆各邦本身的内部组织；以流传下来的史料看，也是如此。罗马的革命使罗马-拉丁同盟发生动摇，一个非常绘声绘色的传说可以为此作证：据说独裁官或执政官奥卢斯·波斯图米乌斯（255 年或 258 年即前 499 年或前 496 年）得狄奥斯古尔兄弟的援助，击败拉丁人于雷吉卢湖；一个更具体的证据是斯普里乌斯·卡西乌斯第二次任执政官时（261 年即前 493 年），恢复罗马与拉丁姆的永久同盟。然而，两段记载没有将重要的事实昭示我们，即新罗马共和国与拉丁联盟曾有法律关系；对于这种关系，我们由其他史料所得的知识又没有年月，故只能按其近似的可能性，把它安插在这里。

霸权依赖形势的内在因素逐渐演变为统治权，此乃霸权的性质使然，罗马对于拉丁姆的霸权也不例外。这种霸权基于罗马与拉丁联盟在权利上的完全平等；不过，这种一方面为统一国，另一方面为邦联的关系，实际上本身就包含霸权的因素。至少在战争和战利品的处理上如此。按同盟原来的章法，不但罗马而且拉丁同盟的个别城邦很可能都保有对外国作战和缔约之权，即保有政治自决的全权，而且共同作战时，罗马所出的兵额要与拉丁姆的相等。按通例，各方应提供两支八千四百人的“军队”[①]；但是，总司令由罗马统帅担任，然后参谋将校，以及军团长官（*tribuni militum*）则由罗马统帅自行选择。战事若获胜利，战利品中的动产和所征服的领土由罗马和同盟均分；如果决议在所征服的领土修建堡垒，则堡垒的戍兵和人口应一部分为罗马移民，一部分为同盟移民；不但如此，而且新成立的区镇为拉丁同盟所接纳，成为同盟中的一个独立国，可在拉丁会议中占一个议席，投一票。

354

这些条款，大概在王政时期，肯定在共和时期，逐渐变得越来越不利于同盟，而使罗马的霸权得到进一步的发展。毫无疑问，同盟对外作战和缔约之权必在最先作废之列。[②] 决定宣战和缔约之权最终必归罗马。拉丁军队的参谋将校在较早之时也同样必为拉丁人；不久以后，参谋将校即使不全为罗马市民，至少也大部为罗马市民。[③] 另一方面，与从前无异，向整个拉丁联盟所要求的兵力不得超过罗马国家所供给的兵力，罗马元帅也不得分散拉丁各国

① 两军原属相等，可见于李维（1,52;8,8,14），以及哈利卡纳索斯的狄奥尼修斯（8,15）的书，但在波利比乌斯的书中最为彰明较著。

② 狄奥尼修斯明言（8,15）：罗马与拉丁姆后来的盟约明文禁止拉丁各区镇私自征兵和单独派兵出战。

③ 所谓拉丁参谋将校指参将十二名，后来随着古老的方阵队改编为军团和侧翼队，各六人指挥同盟部队的一个侧翼队，正如罗马军队的十二个军团司令官，各六人指挥两个军团。波利比乌斯（6,26,5）说，执政官原仅推举前者，以后也推举后者。今按古法，无论何人有当兵义务即有做军官的机会，依照法律，将帅可任命一拉丁人为罗马军团长官，亦可任命一罗马人为拉丁军团长官，这实际上便造成一种结果，军团司令官全是罗马人，参将至少通常也都是罗马人。

所派出的队伍，每国的援军应视为特派队伍，由本国所派的将军[1]率领。拉丁同盟与罗马平分战利品中的动产和所征服的土地之 355
权，在形式上依然存在；然而，在实际上，战争的实利，甚至在早年时，即已归于居领导地位的国家，这是不容置疑的。甚至在修建同盟堡垒或所谓拉丁殖民地时，罗马人通常可能占移民的大半，占其全部者亦非罕见。他们经此移动；虽然由罗马市民一变而为盟国社团的公民，新设市镇却很可能对他们的实际母国经常保持一种无上的忠诚，这事对于拉丁同盟很有危害。

盟国市民移居同盟所属各城时，从原籍同盟条约中得有的种种权利并未受到限制。属于这方面的尤其是权利平等，如不动产和动产的获得，通商和交易，婚姻和遗嘱，以及迁居的无限自由，所以在一同盟城市中取得市民权的人，不但依法得在任何另一城市居住，而且无论他居住何处，他总能以同享权利者资格，除消极选举权以外，参加一切公私的权利和义务，甚至至少在按地区召开的区大会上享受有限的投票权。[2] 在共和初期，罗马与拉丁同盟的关系很可能如此，然而，何种成分应追溯较早的条款，何种应追溯

① 这些军官便是 *decurionos turmarum* 和 *praebecti cohortium*（波利比乌斯，6，21，5；李维，25，14；萨卢斯特，《朱古达战争》，69 等）。罗马执政官通常依法也是元帅，国家元首在属国里，如果不是绝对地，至少也是常常统率国军（李维，23，19；奥雷利 7022）。拉丁长官常用的名称 *praetores* 实表示他们是武官。

② 这种客民和真正的市民不同，他们不被分派到一个特定的选区而从此不变，而是在每次投票以前用抽签的方法决定他们这次应属于何选区，他们就在那里投票。实际说来，罗马人不过是特许拉丁人在罗马部落大会上投一票，如此而已，客民不能在百人队会里投票，因为他们先要在某一部落里占有一席之地，而后能在百人队会里有投票权。我们不知这些客民是否曾参加百人队会议的投票，如果曾参加，则对于这些人必定曾规定过类似的抽签法。另一方面，他们必与平民无异，也参加区民大会。

261 年即前 493 年的修正盟约，却无从考证。

拉丁联盟属下各邦仿罗马执政官制的形式改变其组织，我们
356 可以称之为创新，并在这里以稍有几分的把握加以叙述。各民社虽然很可能各自独立地达到废除王政，可是罗马新的一年王的名称与拉丁姆其他民社的宪法相同，而且各民社都普遍应用独特的同僚制原则①，这显然表示它们有某种外部的联系。塔昆氏被逐出罗马后，拉丁各国的组织有一个时期必曾按照执政官政体的方案作彻底的改革。拉丁各民社这样仿效主导城市的宪法来调整他们的宪法，固属较晚时期的事，但由内在的可能性看来，我们颇可赞成一种假定，即罗马贵族既在本国废除了终身王制，便要求拉丁
357 同盟各实行相似的宪法改革，尽管一方面有塔昆氏，另一方面有拉

① 我们都知道，拉丁民社平时的元首是两位年选的执政官。除此以外，有几个民社，如阿尔巴（奥雷利-亨岑，2293）、图斯库鲁姆、拉努维翁（西塞罗，《为米洛辩》，10，27；17，45；阿斯康尼乌斯，《为米洛辩评注》，第 32 页，奥雷利；奥雷利 2786，5157，6086）、康皮图姆（奥雷利 3324）、诺门图姆（奥雷利，208，6318，7032，参见 W. 亨岑，《学会公报》，1858 年，第 169 页）以及阿里齐亚（奥雷利，1455）等，均有单独的长官，在这种情形下，称为独裁官。无选举权的城邑凯雷中的类似独裁官也属于此类（奥雷利，3787，5772；还有加鲁齐，《考古学文集》，第 1 卷，第 31 页，虽然误置于苏特里姆）；此外菲登尼也有一个同名的官员（奥雷利，112），所有这些官职，或者由这些官职而来的祭司职（凯雷的独裁官，解释应按李维 9，43：*Anagninis magistratibus praeter quam sacrorum curatione interdictum*，即在阿那尼亚，除掌祭的以外，长官任期不得超过一年），均为每年一任（奥雷利，208）。马克尔以及据他撰写纪年的人的记载也说，阿尔巴灭亡时统治者已不复是个国王，而是每年一任的独裁官（哈利卡纳索斯的狄奥尼修斯，574；普鲁塔克，《罗慕洛》，27；李维，1，23），此说或许是由他所熟知的阿尔巴祭司的独裁制度推测而来，因为阿尔巴的祭司独裁无疑的是每年一任；而且作者的偏向民主党或对于其见解颇有影响。这个推论是否正确，就算阿尔巴灭亡时统治者是终身任职的，罗马废除王政一事以后是否可使阿尔巴的独裁官职变为每年一任的官职，也许还是问题。

所有这些拉丁长官职不但在名称上与革命后罗马的制度大致相同，而且在实际上亦复如此，仅以其渊源于相似的政局来说明，理由实欠充足。

丁其他各国倾心王政的党人作激烈的反抗，使罗马-拉丁同盟不稳，他们竟将贵族政治引入拉丁姆全境。正在此时，埃特鲁里亚的势力大盛，维爱人常常来袭，波尔塞那又派兵进攻，拉丁民族或许深受这些事实的影响而坚守昔日已经形成的团结方式，换言之，继续承认罗马的统治权，又情愿为罗马之故同意无疑在拉丁各民社内部多已有所准备的宪法改革，或甚至对扩大霸权一事亦予以忍受。

这个长期团结的民族不但能保持其努力，而且能向四面八方扩张其势力。前已述过，埃特鲁斯坎人仅能在短期内保持其对拉丁姆的最高权威，北边的事态不久又恢复了王政时期的原状；但国王被逐出罗马以后又过了一百余年，罗马在这方面的疆界才有真实的扩张。

萨宾人占据着中央山脉，从翁布里人的边境向下直抵台伯河与阿纽河间之地。在罗马初年，当罗马向拉丁姆推进，一面作战，一面进行征服活动时，罗马人尽管离萨宾人很近，但相对地对他们很少触动。萨宾人很少参加南边和东边相邻民族的绝望的反抗，这甚至从编年史的记载中就可以看得出来。更重要的是，有许多威震四方的堡垒立于沃尔西地区，在萨宾地区却没有。这种情况也许与下述一事有关：约当此时，萨宾部众正涌入下意大利。他们迷恋于提弗努斯河和沃尔图努斯河河畔风景佳丽之地，故似未参与以台伯河以南之地为战场的那些战斗。

埃奎人和沃尔西人的抵抗却远较激烈和持久。埃奎人住在罗马以东之地直抵图拉诺和萨尔托河流域，以及福齐诺湖的北缘，与

358 萨宾人和马尔塞人交界[1]，而沃尔西人则拥有定居于阿迭亚周围的鲁图尔人和向南伸展至科拉的拉丁人以南的滨海之地，直抵利里河口，并包括口外的岛屿和整个利里斯河流域的腹地。我们无意缕述罗马与这两个民族年复一年发生的斗殴，罗马史书叙这些斗殴的笔法使最微不足道的侵掠活动与后果重大的战争无异，全不顾历史上的因果关系；我们仅指明垂于永久的结果就够了。我们分明看见罗马人和拉丁人的目的首先在于分离埃奎人和沃尔西人，控制两民族间的交通。在阿尔巴山的南坡以及沃尔西山和彭丁沼泽地之间，拉丁人和沃尔西人最先发生接触，甚至似乎杂处其间，[2]在这个地区，拉丁人迈出了越出他们疆界的头几步，只是在异城建立了几座同盟堡垒，即所谓拉丁殖民地，在平原有维利特莱（据说建于260年即前494年），就在阿尔巴山下，苏埃撒在彭丁低洼地，在山地有诺尔巴（据说在262年即前492年）和席尼亚（据说于259年即前495年加固），三城皆位于埃奎与沃尔西地区交界之处。以后赫尔尼基人加入拉丁人和罗马人的同盟（268年即前486年），更使他们充分达到其目的；后者的入盟使沃尔西人完全陷于孤立，也使同盟得到一座屏藩，以防居于南方和东方的萨贝利部落的来犯，所以这个弱小民族何以能够与其他两个民族有完全平等的发言权和平分战利品之权，其理由并不难知。埃奎人本来比较

---

① 埃奎人的地域不仅包括提布尔上方的阿纽河河谷，日后拉丁人的殖民地卡西奥利（在图拉诺上方）和阿尔巴（在福齐诺湖畔），还包括日后的埃奎库尔人的自治城市，埃奎库尔人不过是埃奎人的残余，埃奎人在被罗马人征服以后，以及大部分领土被指定为罗马人的或拉丁人的殖民地以后，仍保留其自治的独立地位。

② 从一切迹象看来，维利特莱虽然位于平原，原属沃尔西人，也就是拉丁人的殖民地，而科拉则位于沃尔西山上，原属拉丁人。

弱，自此以后，不复可畏，时常遣兵侵掠他们就足以济事。鲁图尔人在滨海平原南部与拉丁姆接壤，他们很早就屈服。他们的城市 359
阿迭亚已于 312 年即前 442 年成为拉丁人的殖民地。[1] 沃尔西人的抵抗比较认真，除了上述提到过的以外，罗马人对他们取得的第一个可观的成就，说也奇怪，乃是 361 年即前 393 年基尔克城的创建。因为安提乌姆和特腊契纳自由一日，此城与拉丁姆的交通便一日须经由海道。罗马人屡次想占领安提乌姆，287 年即前 467 年曾一度暂告成功，可是在 295 年即前 459 年此城又恢复自由；至高卢人焚罗马之后，经十三年激战（365—377 年即前 389—377 年）的结果，罗马人才在安提乌姆和彭丁取得决定性胜利。在离安提乌姆不远的萨特里孔，于 369 年即前 385 年创立了一个拉丁殖民地，不久以后，大概安提乌姆本土，以及特腊契纳[2]也是如此，彭丁地区由于建立塞提亚（373 年即前 381 年建立，375 年即前 379 年加固）堡垒而得以确保，371 年即前 383 年及次年划分其地为耕

① 此后不久，在阿里齐亚森林中建立了狄安娜树丛，据加图记载（《起源》，第 12 页，约尔旦），此树丛乃是一个图斯库鲁姆独裁官所执修，为了古拉丁姆的城镇图斯库鲁姆、阿里齐亚、拉努维翁、劳伦图姆、科拉和提布尔，以及两个拉丁殖民地（因此它们被放在最后）：苏埃撒·波梅提亚和阿迭亚，没有提到普雷内斯特和古拉丁姆一些较小的民社，这说明，事情也确实如此，并非当时所有的拉丁同盟所属的民社都参加了奉献典礼。典礼发生在 372 年即前 382 年以前，证明波梅提亚的参加，而且名单完全与其他地方关于在阿迭亚加入以后，同盟的构成情况所作的记载相符。

这里关于建立年份所流传下来的材料，较之最古老的大部分流传材料更为可信，因为意大利城市的共同纪年 *abnurbe condira*，从一切迹象看来，由于有直接的流传材料，殖民地的建立年份得以保存。

② 作为拉丁区镇，两者都没有出现在 372 年即前 382 年前后的所谓卡西目录上，但可能出现在 406 年即前 348 年的迦太基条约上；在此期间，这些城市都成为拉丁殖民地。

地和城市区。后来，沃尔西人或仍起叛变，可是不再对罗马作战。

罗马人、拉丁人和赫尔尼基人的同盟对于埃特鲁斯坎人、萨宾人、埃奎人、沃尔西人和鲁图尔人所获得的胜利越大，他们便越难取得内部的和谐。部分的原因在于罗马霸权的增进，已如前所述，这是当时局势发展必然引起的结果，可是对于拉丁姆仍为沉重的
360 负担；部分原因还在于主导国家的处事不公，惹人厌恶。属于这种性质的，主要有 308 年即前 446 年对于在阿迭亚的阿里齐人和鲁提尔人之间的争端做出可耻的判决；双方谈罗马人公断两国间的一块有争议的边地，而罗马人竟自取其地。这个判决在阿迭亚引起内讧，人民欲与沃尔西人联合，贵族则仍依附罗马；罗马更不顾名誉，以其国内讧为口实，派罗马移民到这殷富城市，把那些反罗马党人的土地分给他们（312 年即前 442 年）。然而，同盟内部的分裂却以公敌已平为其主因；自从他们自以为不再需要对方之日起，一方便不再宽容，另一方也不再信赖。拉丁人与赫尔尼基人公然与罗马人破裂还有其近因：凯尔特人攻陷罗马城，罗马因此暂时衰弱，是为一部分近因；彭丁地区的最终占领和土地的瓜分，是为另一部分近因。不久以后，迄今的盟友便在战场上对起阵来。在安提乌姆人的最后殊死战中，已有众多拉丁义勇军参加；现在最驰名的拉丁城：拉努维翁（371 年即前 383 年）、普雷内斯特（372—374 年即前 382—前 380，400 年即前 354 年），图斯库鲁姆（373 年即前 381 年）、提布尔（394、400 年即前 360、前 354 年），甚至罗马-拉丁同盟在沃尔西地区所建的几个堡垒，如维利特莱和基尔克等，均须用武力平定；高卢部落又前来进犯，提布尔人竟敢与他们合攻罗马。然而，所有的叛变都不是合谋协力的叛变，罗马不甚费力便

将各个城市制伏。图斯库鲁姆甚至被迫放弃其政治独立(373 年即前 381 年),而加入罗民市民团,成为臣服的民社(*civitas sine suffragio*),同时该城仍保持其城垣,以及一种多少受限制的自治。从而也就保持了自己的官吏和公民大会,但是作为罗马公民,他们失去选举权和被选举权,这是整个公民团作为附属民社被并于罗马国家的第一个例子。

罗马与赫尔尼基人的斗争(392—396 年即前 362—前 358 年) 361
较为激烈;首任属于平民阶级的拥有执政官权力的总司令官卢奇乌斯·格努奇乌斯死于此役,可是此次罗马人也获胜利。至 396 年即前 385 年,罗马与拉丁联盟和赫尔尼基联盟又重订条约,危局告终。这两种条约的确实内容,我们不知,不过两联盟显然又服从罗马的霸权,条件会较以前尤为苛刻。罗马本年又在彭丁地区设立了两个新的公民区,这是罗马势力又大有进展的明证。

拉丁联盟的缔结①起于 370 年即前 384 年,分明与这次罗马和

① 狄奥尼修斯所列拉丁同盟的三十个城市的名单(这是我们掌握的唯一名单)如下:阿迭亚、阿里齐亚、博维兰、布本图姆(Bubentum,地点不明)、科尔尼(Corni,不知是否 Coraner)、卡文坦(Carventaner,地点不明)、基尔克英斯、科里奥兰、科尔宾特、卡班(Cabani,或即阿尔巴山的 Cabenser,《学会公报》,1861 年,第 205 页)、福提奈(Fortinii,不明)、加宾、劳伦图姆、拉努维翁、拉维尼乌姆、拉比齐、诺门图姆、诺尔巴、普雷内斯特、佩丹、奎克图隆(地点不明)、萨特里孔、斯卡普提、塞提亚、提布尔、图斯库鲁姆、泰伦尼(Tellenier,地点不明)、托勒里尼(Toleriner,地点不明)和维利尼。偶尔提及有参加权的民社,如阿迭亚(李维,32,1)、劳伦图姆(李维,37,3)、拉努维翁(李维,41,16)、博维利、加比、拉比齐等(西塞罗,《为普兰基乌斯辩》,9,23)。狄奥尼修斯开列这名单时,正值 256 年即前 498 年拉丁姆对罗马宣战之日,所以,根据尼布尔的见解,显而易见,这名单起源于人所熟知的 261 年即前 493 年重结的同盟。但这名单系按拉丁字母顺序排列,字母 ξ 所处地位是它在十二铜表时期确乎没有的,而且它在第五世纪以前尚未居有(拙著《下意大利方言考》,莱比锡,1850 年,第 33 页),所以这名单的渊源必甚晚于重结

拉丁姆关系所发生的危机有关，不过此为我们刚才所述的拉丁姆
362 叛变的结果，还更可能是它的原因，我们尚不能确定。按迄今为止的法律成规，每一个罗马和拉丁姆创立的自主城市，均可加入有权参加同盟节庆和同盟会议的地方自治团体；民社与其他城市合并后，在政治上便已归消灭，在同盟中便被除名。然而，同时按拉丁人的惯例，加盟的民社额曾定为三十个，以后固定不变；所以参加同盟的城市有投票权的永不多于或少于三十个；若干城市因入盟

（接上页）同盟之时。有一个远较简单的臆说，认为这名单所列的地方后来均视为拉丁联盟的正式成员。狄奥尼修斯根据他的系统整理习惯，把这些地名当作拉丁联盟原有的加盟成员看待。如所预料，这名单所列的没有一个非拉丁的民社；该名单所列举的只是原属拉丁人之地或为拉丁移民所居之地，人们都不视科尔比奥和科里奥利为例外。现在我们如果拿拉丁殖民地的名单来同这个名单做一比较，则 372 年即前 382 年以前所建立的殖民地有：苏埃撒·波梅提亚、维利特莱、诺尔巴、席尼亚、阿迭亚、基尔凯（361 年即前 393 年）、萨特里孔（368 年即前 386 年）和苏特里姆（371 年即前 383 年）、尼培特（371 年即前 383 年）、塞提亚（372 年即前 382 年），而以后大约同时设立的三个殖民地中，那两个埃特鲁斯坎的很可能晚于塞提亚，因该城的建立需要一定时间，而我们的名单不可能没有不准确之处。如果承认这一点，则名单就包括 372 年即前 382 年以前建立的所有殖民地，其中包括不久即从名单中删去的苏特里姆（毁于 377 年即前 377 年），以及维利特莱（416 年即前 338 年，被剥夺拉丁权利）；未列的只是苏埃撒·波梅提亚，无疑被视为毁于 372 年即前 382 年以前，以及席尼亚，大概因为在仅列举二十九个名称的狄奥尼修斯的原文中在 ΣΗΤΙΝΩΝ 之后并无 ΣΙΓΝΙΝΩΝ。与此全相协调的是，在此名单中缺乏所有在 372 年即前 382 年以后设立的殖民地，所有的地方，如奥斯提亚、安滕纳和阿尔巴，在 370 年即前 384 年以前即已加入罗马民社，而合并较晚的地方，如图斯库鲁姆、拉努维翁、维利特莱等，都留在名单上。

至于普林尼名单，其上所列举的在普林尼时已绝迹的三十二城都是昔日曾参加阿尔巴赛会的；我们若从这名单中除去已见于狄奥尼修斯名单中的七城（因为普林尼的 Cusutani 似即狄奥尼修斯的 Corventani），尚余二十五城，它们大都是默默无闻之地，其中一部分无疑是十七个无投票权的民社，大部分均为阿尔巴赛会联盟最老的，以后又丧失其资格的成员。另一部分是联盟中其他衰微的或被排斥的成员，尤其也见于普林尼名单的古代首府阿尔巴也属于后一类。

较晚，或因无足轻重，或因其所犯罪行而被轻视，都没有投票权。以后，在370年即前384年前后，同盟的情况如下。在拉丁古城当中，除几个下落不明或地点不明的以外，仍享有自治地位和投票权的，计有台伯河与阿纽河之间的诺门图姆；阿纽河与阿尔巴山之间的提布尔、加比、斯卡普提亚、拉比奇[①]、佩杜姆和普雷内斯特；阿 363
尔巴山脚的科比奥、图斯库鲁姆、博维利、阿里齐亚、科里奥利和拉努维翁，在沃尔西山中的科提，最后，还有沿海的劳伦图姆和拉维尼姆。此外又还有罗马和拉丁同盟所设立的殖民地：在鲁图尔人故里的阿迭亚，以及在沃尔西人故里的萨特里孔、维利特莱、诺尔巴、席尼亚、塞提亚和基尔凯。此外还有其他十七个城市，其名称不能确定，都有参加拉丁节庆之权而无投票权。依据有权参加的城市共四十七个，有权投票的城市共三十个这一实况，拉丁同盟以此垂为定制，永久不变。以后创立的民社如苏特里姆、尼培特、安提乌姆、塔拉齐纳、卡勒等，皆不许加入同盟，以后失去自治地位的拉丁民社，如图斯库鲁姆和拉努维翁等，也不从名单中删除。

拉丁姆地理疆界的确定与联盟的缔结有关。只要拉丁联盟仍然开放，拉丁姆的疆界随着新同盟城市的建立而向前拓展；但因较晚的拉丁殖民地不得参加阿尔巴节庆，它们在地理上不属于拉丁姆。大概因为这个缘故，阿迭亚和基尔凯算是属于拉丁姆，而苏特

① 李维(4,47)固然有拉比奇于336年即前418年成为殖民地之说。但姑不论狄奥多拉(Diodor,13,6)未言及此事，拉比奇既不可能是一个市民殖民地，因为此城不在沿海，而且以后似仍享有自治地位；它也不可能是一个拉丁的市民殖民地，因为在拉丁姆旧地设立拉丁殖民地的事绝无他例，而且由这些创立的殖民地性质来看，也不能有。这里与他处相同，最可能的是，他特别举出两尤格为所分田产额一是将公家分田给市民一事误与殖民地分地一事相混淆。

里姆或塔拉齐纳则否。

可是，不但370年即前384年以后被赋予拉丁特权的地方被摒弃于联盟之外，并且在私权方面，它们也相互隔绝，并无关系。虽然允许每一个民社与罗马通商或也许可以通婚，但却不允许与其他拉丁民社有这种来往。例如，苏特里姆的市民可以在罗马拥有一块土地的完全所有权，可是在普雷内斯特则否；他娶一罗马女子可以生育合法子女，娶一提布尔女子则否。[①]

364 迄今为止，联盟内有很大的行动自由。例如六个老拉丁城市阿里齐、图斯库鲁姆、提布尔、拉努维翁、科拉和劳伦图姆，再加两个新拉丁城市阿迭亚、苏埃撒·波梅提亚，均可共同敬奉阿拉齐亚的狄安为神圣，这种特殊联盟对于罗马霸权颇有危险绝非偶然，所以，在以后，再也没有这种例子。

拉丁民社章程的再行改革，及其与罗马宪法的完全同化，也可以归于这个时期。后来每城除两个长官(*prätoren*)以外，还设两员市政官，掌监督市场和大道上的警务和与此相联系的司法行政，是为拉丁人必有的行政官。这些市警职官的设立显然同时起于联盟各城，此乃受罗马启发的结果，所以肯定不能在387年即前367年罗马设立牙座市政官以前，很可能就起于此时前后。毫无疑问，这种监护性的、修正各加盟民社的组织以利贵族政策的措施很多，此乃其中一个环节而已。

---

① 对于充分的拉丁权利的共享关系的限制，最初见于416年即前338年的续约(李维，8，14)，但因为续约是以隔离制度为主要部分，这制度最先应用于370年即前384年以后成立的拉丁殖民地，到了416年即前338年才普遍应用，所以我们应在这里叙述这个变动。

维爱既亡，彭丁地区既克，罗马显然自以为力足以加紧其霸权的束缚，使拉丁一切城市处于一种从属地位，实际上成为罗马的臣民。在这时期 406 年即前 348 年，迦太基与罗马结一商约，允不加害于罗马属下的拉丁人，尤其是阿迭亚、安提乌姆、基尔凯和塔拉奇纳等沿海城市；然而，拉丁城市中如果有一个叛离罗马同盟的，腓尼基人便可向它进攻，如果征服了它，他们依约不把它毁灭而把它交给罗马人。由此看来，我们可以洞见罗马究用何种维系来束缚它的属国，以及一个城市竟胆敢脱离本土的保护，它便有何等的牺牲，冒何等的危险。

诚然，甚至到那时，即使赫尔尼基联盟不能保有分得战利品三 365
分之一的合法权利，至少拉丁联盟仍有此权，而且拉丁联盟无疑还有往日其他平等权利的残余，不过他们所明显丧失的甚为重大，足以说明当时愤恨罗马的心情何以盛行于拉丁人之中。不但很多的拉丁义勇军在任何地方见有军队讨伐罗马，便投到外国旗帜之下，对领导他们的民社作战，而且至 405 年即前 349 年拉丁联盟本身也拒派其应出的援兵援助罗马。全拉丁联盟再行起事之日，似可预料其已不在远；而正在此时，罗马与另一意大利民族的冲突又迫在眉睫，这民族能够对付拉丁各族的全部力量。北方的沃尔西人既亡，起初竟没有一个重要的敌手抗击罗马于南方，罗马军团一路毫无阻挡直抵利里斯河。早在 397 年即前 357 年，罗马人战胜普里维努姆人，至 409 年即前 345 年又攻占利里斯河上游的索拉。于是罗马军抵达萨谟奈人的边界；意大利诸民族中要算这两个最为英勇，也最为强大，他们于 400 年即前 354 年缔结一项友好条约，不啻明示两民族即将争夺意大利的主权——这斗争势将与拉丁民族的危机形成相互错综之势。

塔克文被逐出罗马之时，萨谟奈民族必久已据有那高耸于阿普利亚平原与坎帕尼亚平原之间并控制着这两个平原的丘陵地。萨谟奈民族一面受阻于陶尼亚人，阿尔庇城的强盛即在此时，又一面受阻于希腊人和埃特鲁斯坎人，所以迄今不能进一步发展。可是，第三世纪末叶埃特鲁斯坎人势力的没落；第四世纪希腊殖民地的衰微，给他们以西进和南进的余地，于是大队萨谟奈人络绎不绝地开到意大利的南海，甚至渡过南海。他们先出现于海湾附近的平原上，在那里自罗马纪元四世纪后坎帕尼亚人的名就已有所闻；在那里埃特鲁斯坎人被扑灭，希腊人被局限于狭隘的天地里，前者被夺去卡普亚（330 年即前 424 年）后者被夺去库迈（334 年即前 420 年）。约在同时，或甚至更早，卢卡尼亚人出现于大希腊；至罗
366 马纪元四世纪初年，他们卷入对特里纳人和图里纳的人的战事；至 364 年即前 390 年，他们早已立足于希腊人的劳斯。当时他们征兵，共计步兵三万人，骑兵四千人。至罗马纪元四世纪末年，才最初提到布雷提人的单独结盟，[①]他们不同于其他萨贝利族人，他们脱离卢卡尼亚人不是要自成殖民地，而是因为一场争执，他们以前就已经与许多外族厮混。下意大利的希腊人想抗拒这蛮族的进逼，阿喀亚人各城于 361 年即前 393 年重建他们的城市同盟，议决任一同盟城市如果遭卢卡尼亚人进攻，各城应一齐派兵赴援，所派之兵若不到，其统领应被处死。可是，甚至大希腊的统一也不复有

---

① 这个名字本身很古；它实是今日卡拉布里亚居民最古的土名（安提奥库斯，片断 5，米勒）。那著名的派生词无疑是假造的。

裨于事，因为叙拉古的元首老狄奥尼修斯竟联合意大利人来攻打自己的同胞。狄奥尼修斯夺去大希腊舰队在意大利海上的霸权，同时希腊城市相继为意大利人先后占领或消灭。在难以置信的短时期内，这些森罗环列的城市不是被毁灭，就是变成无人烟之地。像拿波里那样的希腊人居留地能保持其存在和民族性的只有少数，就是拿波里也只能凭借条约而不能凭借武力，才勉强做到这一点。只有塔兰托依然独立和强大，因为它位于较远之地，而且它与梅萨皮亚人久战而不得不常修战备，所以能自保其地。甚至此城也不得不为其生存而经常与卢卡尼亚人交战，被迫到其母国希腊去求盟友和募佣兵。

约当维爱和彭丁平原落入罗马人手中之时，下意大利除几个孤立的希腊殖民城市和阿普利亚和梅萨皮亚的沿海地带以外，全为萨谟奈部众所据有。418 年即前 336 年前后撰写的希腊文的滨海志谈到那操“五种语言”的萨谟奈人，说他们的本土两面濒海，沿第勒尼安海与他们接壤的，北有坎帕尼亚人，南有卢卡尼亚人；布雷提人常包括在卢卡尼亚人之内，在此处亦然。卢卡尼亚人已分 367
得全部沿海之地，自第勒尼安海的佩斯图姆至爱奥尼亚海的图里。由事实说，如果有人把意大利两民族，拉丁人和萨谟奈人在彼此未相接触时所取得的成绩做一番比较，那么，他就会发现，后者的武功似乎比罗马人广阔远甚，辉煌远甚。可是他们武功的特征根本不同。拉丁姆以罗马为固定的中心城市，从这里出发，拉丁民族的权威缓缓向四面八方展开，仅限于一个比较狭窄的范围；但这种统治每进一步，必立定脚跟，一方面创立罗马式的设防城市，给它们以附属同盟国的权利，又一方面把所征服的土地罗马化。萨谟奈却不是这样。它没有一个主导城市，所以也没有征战方针。罗马征服维爱和彭丁等地，真正扩充了自己的势力；而坎帕尼亚各城市的蔚起，卢卡尼亚和布雷提联盟的勃兴却未增强，反而削弱萨谟奈的势力，因为每一群落一旦寻求新地并如愿以偿，此后就会自行其是。

萨谟奈各部落占地比较广，却无意完全据为己有。较大的希腊城市，如塔兰托、图里、克罗顿、梅塔蓬特、赫拉克莱亚、雷吉翁和拿波里，虽然日趋衰弱而且往往依附于人，却仍存在；甚至在平原和小镇都容许希腊人居住，所以，举例来说，库迈、波塞多尼亚、劳斯和希波尼翁，虽在萨谟奈人统治下，却依然是希腊人的城市，一如前述的滨海志和钱币所昭示于我们的。于是产生了混杂的人口，特别是操两种语言的布雷提人，除萨谟奈成分以外，还吸收了希腊成分，甚至还有古代土著人的成分；卢卡尼亚和坎帕尼亚必也有同样的混杂，不过规模较小而已。

然而，萨谟奈民族不能抵抗希腊文化的危险魔力，坎帕尼亚尤其无法抗拒，因该地的拿波里早年即与移入的民族友好往来，就是那里的天气也能教化蛮族。诺拉、努克里亚和帖亚努姆(Teanum)
368 的人口虽纯为萨谟奈人，却采用希腊人的礼俗和城市章程；实际上，情况在改观，本地的章程已不可能沿用。坎帕尼亚的萨谟奈城市开始铸造钱币，一部分以希腊文为铭文。卡普亚以商业和农业大小而言，成为意大利的第二大城，就财富和奢侈而论，却居意大利城市的首位。据古人记载，此城的腐败为意大利各城之冠，尤以招募佣兵和斗剑格斗二事特盛于卡普亚，可见其堕落之深。在这文明败落的首邑里。招兵官只见应征者蜂拥而来，人数众多为他处所不及，卡普亚在萨谟奈人前来进攻时，虽不知如何自救，坎帕尼亚的骁勇少年却自选首领，成群结队地出发，特别是前往西西里。这些雇佣兵的远行如何深刻地影响于意大利的命运，我们留待下文指明；雇佣兵和格斗同为坎帕尼亚人的特色。格斗即使并非渊源于卡普亚，至少在这里达到了成熟的地步。成双的格斗士甚至在筵宴时出场，依所请宾客身份的高低而定他们人数的多寡。萨谟奈最重要的城市竟如此堕落，与仍在这里发生影响的埃特鲁斯坎习俗有密切关系，必然对于整个民族具有极不幸的影响。坎帕尼亚的贵族阶级，虽知将侠义的武勇和高尚的智育与极深的道德沦丧合而为一，但是这阶级在本民族中的地位，却永不及罗马贵族在拉丁人中的地位。希腊影响在卢卡尼亚人和布雷提人中所生的效果，与在坎帕尼亚人中大同小异，不过没有那样强烈。普遍在所有这些地方的坟墓中出土的文物，表明此地模仿希腊艺术如何之粗而不精；富丽的黄金和琥珀装饰品，灿烁的彩画陶器现在都已从阴宅里发掘出来，使我们得以猜度，他们如何背离其祖先的古风。他们的文字里还存有他种形迹。卢卡尼亚人和布雷提人已舍弃他们从北方带来的本族古文，而代以希腊文；在坎帕尼亚，本民族固有的字母或甚至语言受了希腊语文的有益影响而变得更为清晰和更为精致，我们甚至也遇到希腊哲学影响的蛛丝马迹。

独有萨谟奈人的本土仍不受这些创新的影响；这些创新虽然 369
有一部分颇为优美和自然，却越来越多地懈弛了该民族原已十分松散的纽带。因为受了希腊习俗的影响，萨谟奈民族内部发生深刻的分裂。山中粗犷的部落不断地深入坎帕尼亚，骚扰那些陷于腐化堕落的老移民，在坎帕尼亚，有文明修养的“爱希腊派”也像希腊人那样，每见他们前来，无不战栗恐惧。罗马是一个紧密团结的国家，它可以任意支配全拉丁姆的力量；它的臣民也许抱怨，可是唯命是从。萨谟奈民族散居各地，意见分歧，在萨谟奈本部，联盟仍保全其祖先的风俗和骁勇，而且正因其如此，它才与萨谟奈其他部落和城市完全分离。

事实上使罗马人得以渡过利里斯河的，就是平原萨谟奈人与山地萨谟奈人的这种不和。山岳部落成群结队、络绎不绝地蹂躏帖亚努姆和卡普亚的领土，而且有久居两地的趋势，于是帖亚努姆的西迪奇尼人和卡普亚的坎帕尼亚人遂求救于罗马(411 年即前 343 年)，以抵抗本族的同胞。他们愿与罗马联盟，却为罗马所拒；坎帕尼亚使者表示举国愿服从罗国的主权，罗马人竟不能自禁地受其诱惑。罗马人派使者往萨谟奈人之地，通知他们关于新近获得土地之事，并要求他们尊重友邦的领土。此事以后的进展如何，无法详加考察①，我们仅发现无论在一场战事之后或先前并无战争，

① 第一次萨谟奈-拉丁战役的记载，凡见于今日或古代的李维、狄奥尼修斯、阿庇
370 安书中的，无不为罗马历史中最失真的一段。其大意如下。411 年即前 343 年罗马的两执政官率兵开入坎帕尼亚以后，执政官马尔库斯·瓦勒里乌斯先打了一次激烈的血战，大破萨谟奈人于高鲁斯山；他的同僚奥卢斯·科尔涅利乌斯·科苏斯经过一个隘口时，几为敌所歼，赖司令官普布利乌斯·德基乌斯率兵舍身援救，始免于难，然后又得一次胜仗。两执政官合兵与敌人激战于苏埃苏拉附近的考迪斯关隘的入口处，这是第三战，也是决胜负的一战。萨谟奈人完全战败，在战场上共拾得他们的盾牌四万个。他们被迫订和约，和约规定卡普亚仍归附罗马，为罗马所有，而将帖亚努姆留给萨谟奈人(413 年即前 341 年)。庆贺由四面八方而来，甚至也有迦太基来的。拉丁人先前一度拒绝派兵助战，而且似在修战备以抗罗马，现在却不用兵于罗马，而转攻佩利尼人，同时罗马留守坎帕尼亚的戍兵结众谋反，罗马人先对付他们(412 年即前 342 年)，然后从事攻取普里维努姆(413 年即前 341 年)和对安提乌姆人用兵。可是现在双方的地位却忽然起了一个奇怪的变化。拉丁人曾要求取得罗马公民资格和分担执政官之职，均无结

罗马与萨谟奈结一项协约,罗马人依约可以任意处置卡普亚,萨谟奈人任意处置帖亚努姆以及利里斯河上游的沃尔西人。当时塔兰 371

(接上页)果;西迪奇人曾请归服罗马,罗马不许,萨谟奈人来攻,他们又不知如何自救;坎帕尼亚人已厌倦罗马的统治;于是拉丁人联合西迪奇人和坎帕尼亚人,起兵共讨罗马。只有拉丁姆的劳伦顿人和坎帕尼亚的骑士阶级附和罗马人,罗马人自己也有佩利尼人和萨谟奈人的援助。拉丁大军攻打萨谟奈,罗马和萨谟奈军队先开至福奇诺湖,由此越过拉丁姆,而后进入坎帕尼亚平原,与拉丁人和坎帕尼亚人的联军决战于维苏威。罗马执政官提图斯·曼利乌斯·莫培略苏斯之子不听军令,擅自出战杀敌,军纪动摇,执政官处决其子,恢复纪律。他的同僚普布利乌斯·德基乌斯·穆斯又舍身献祭,平息神怒。罗马征发了最后一批预备军,终于得胜。但是,又经执政官曼利乌斯攻拉丁人和坎帕尼亚人于特利法农的另一战,战事才告结束;拉丁姆和卡普亚都归服罗马,以其领土的一部分充当惩罚。

这记载里充溢着种种不可能的事,精明诚挚的读者必能领会。例如,安提乌姆已于377年即前377年投降(李维,6,33),这里又说他们以后又作战;拉丁人独自攻打佩利尼人,明明违反拉丁姆条约的规定;全拉丁姆起兵背叛罗马,罗马军队竟能通过马尔塞人和萨谟奈人的领土,开到卡普亚,做出史无前例的事;至于叙述412年即前342年兵变的文字也一样杂乱无章,感情用事。以及跛足的提图斯·昆克提乌斯,罗马的格茨·封·贝利欣根,如何不得已,而为变兵首领,更不待言。更为可疑的是一事而再现。属于此类的有军团司令官普布利乌斯·德基乌斯的故事与第一次布匿战争中马尔库斯·卡尔普尼乌斯·弗拉马(姑不论他叫作什么)的英勇行为相仿佛,盖乌斯·普劳提乌斯于425年即前329年征服普里佛农一事又重现一次,凯旋录仅记载这第二次征战;众所周知,普布利乌斯·德基乌斯舍身献祭的事,其子又于459年即前295年重演一次。这一段记载与史书中较可信的记载绝非同时之作,也非一人所为。这记载里充满了战争详情的描写,充满了穿插进去的奇事——如塞提亚的将军因胆敢要求执政官职位,竟在元老院的台阶上跌折颈项,以及种种从提图斯·曼利乌斯的姓氏捏造出来的逸闻,此外还充满许多节外生枝的掌故,不但繁冗累赘,而且颇为可疑。属于这一类的有罗马军团的历史(李维书里1,52)有一个注,说塔昆二世将罗马人和拉丁人混合编为一连,这十有八九是伪造的,这显然也是军团史的第二个枝节——对卡普亚与罗马所订条约的谬见(拙著《罗马铸币史》,布累斯劳,1960年,第334页,A. 122);献身救国的定式;坎帕尼亚的第纳尔币,罗马与劳伦图姆的联盟;分配土地时每户得两尤格。狄奥多拉撰史时多采用其他往往较古的记载,他除最后特里法农一战以外,绝不知有这些事,因此,在此情形之下,这一点似乎很关重要。特里法农一战事实上与这记载的其余部分不相调和,若按照劝善惩恶的原则,这记载应终于德基乌斯之死。

托人极力想除去其邻国萨贝利人，他们为此做出的重大努力说明，萨谟奈人同意此协约。但罗马人与萨谟奈人尽速妥协，也有其正当理由；拉丁人久已气愤不平，现在见拉丁姆南界接壤之地即将移归罗马所有，气愤便一变而为公然叛乱。一切原有的拉丁城市，甚至并入罗马市民团的图斯库鲁姆人，都对罗马宣战，只有劳伦图姆人例外，而罗马在拉丁姆边界以外建立的殖民地，只有古老的沃尔西城市，维利特莱·安提乌姆和塔拉奇纳参加起义。卡普亚人虽然不久前曾自请归服罗马，却锐意利用最早机会重新摆脱罗马的统治，尽管坚守罗马条约的贵族党的反对，民社竟与拉丁联盟通力合作，这是不难理解的；然而，仍然独立的沃尔西人城市，如富恩迪和福米埃以及赫尔尼基人，如同坎帕尼亚的贵族阶级那样，竟未参加此次叛变。罗马处于危急的地位，罗马的兵团已渡利里斯河，占据坎帕尼亚，遭拉丁人边叛变，与本国断了联系，只有一次胜仗能把他们救出来。414 年即前 340 年两军决战于特里法农（在明图纳、苏埃撒和西努埃撒三地之间）附近，执政官提图斯·曼利乌斯·英培略苏斯·托夸图斯猛击拉丁人和坎帕尼亚人的联军，大获全胜。以后两军之间，拉丁人和沃尔西人的几个城市，只要仍行反抗的，都立约投降，或遭攻陷，于是全境沦于附属地位。

这个胜利造成拉丁同盟的解散。这个同盟是一个独立的政治
372 联合体，现在变成一个只为举行宗教节庆而组织的协会；联盟载在约章上的旧有权利，为征兵的最高限额和分享战利品等，作为权利，已与联盟同归于尽，将来即使有这种分别订立永久联盟的条约，充其量取昔日罗马与全拉丁联盟所立的条约而代之。在原拉丁属地之中，被容许享有这种法律地位的，除劳伦图姆以外，还有

提布尔和普雷内斯特，它们也不得不将其领土的一部分割让给罗马；在拉丁姆之外成立的享有拉丁权利的民社也获得平等权利，只要它们没有参战。使众城互相孤立的原则，对于370年即前384年以后设立的地方，已成为定制，后来推行于整个拉丁民族。在其他方面，各地仍保持其固有的特权和自治。其他旧拉丁民社，以及分离出去的殖民地全都失去独立，以某种形式加入罗马的公民团。两个最为重要的滨海城市安提乌姆（416年即前338年）和塔拉奇纳（425年即前329年），按照奥提斯亚的模式，以罗马的正式公民充实之，而且只有地方城镇才享有受严格限制的独立地位。迄今为止的公民只要仍拥有地产，就被夺去大部分地产，以利罗马殖民者经营，他们同样被纳入正式公民团。维利特莱的城垣拆毁，元老院全体被逐，被流放于罗马属下的埃特鲁里亚，此城似乎被改建为一个享受凯雷城的权利的城市。新获得的土地——如维利特莱元老院议员的地产，有一部分分给罗马市民；这些个别分地之事与422年即前332年建立两个新的公民区有联系，罗马人立下这种功业，深觉其非常重要，有下列两事为证：在罗马城的罗马广场上，他们为常胜的416年即前338年的市政长官盖乌斯·梅尼乌斯建立纪功柱；又以从不能再用的安提乌姆战船取下船首去装饰市场 373
上的讲坛。

罗马在南部沃尔西人和坎帕尼亚人的领土，以同一方式，实施和巩固自己的统治。富恩迪、福米埃、卡普亚、库迈和一些较小的城镇都成了附属于罗马的民社，享有自治权。为了保住最为重要的卡普亚城，罗马设法扩大贵族与平民间的裂痕，修订了民社的章程，使之有利于罗马，而且每年向坎帕尼亚派遣官吏，以控制市政管理。过几年，沃尔西人的普里维努姆受到同样处置，该城公民，在富恩迪的骁勇党羽维特鲁维乌斯·瓦库斯援助下，得享为拉丁民族的自由作最后一战的光荣。该城被攻陷（425 年即前 329 年），瓦库斯在罗马狱中被害，于是战事结束。为了在这些地域增加自己的罗马人口，罗马人将在普里佛农和法勒尼地区攻战所得的土地，划分成很多田块，分配给罗马市民，以致几年以后（436 年即前 318 年），他们得以在这里设置两个新的公民区。罗马人把两座城堡建成享有拉丁权力的殖民地，使这新略取的土地域终于有了保障。这两个堡垒，一个是位于坎帕尼亚平原中部的卡勒斯（420 年即前 334 年），由此可以监视帖亚努姆和卡普亚，另一个是弗雷加莱（426 年即前 328 年），由此可以控制利里斯河的渡口。两处殖民地都非常巩固，尽管西迪奇尼人阻碍卡勒斯的设立，萨谟奈人阻碍弗雷加莱的设立，两城都很快就蔚为繁盛之地。罗马又派兵戍守梭拉，此地依条约应归萨谟奈人管辖，萨谟奈人对于此事的抗议自属正当，可是无济于事。罗马坚毅不挠地向着它的目标做去。它用一种无法冲破的政治的和军事的网罗，将所得的疆土包围起来，使他们安全无虞，可见它的治国之策雄厚有力，显示在此处的，甚至比战场上犹有过之。

当然，萨谟奈人不能目睹罗马咄咄逼人的进展而感满意，这是可以理解的。他们可能加以阻遏，可是他们迁延时日，在尚有可为
374 之时，未用时势所需的应有力量，阻住罗马武功的新前程。诚然，他们似已按照与罗马所订条约占领帖亚努姆，派重兵戍守其地；因为较早之时，此城曾求助于罗马和卡普亚，以抗击萨谟奈，到了战争晚期，它却似乎成了萨谟奈势力护卫西疆的屏藩。他们在利里

斯河上游一面征战和破坏，一面广为拓展，可是他们却不注意在此树立永久的根基。他们破坏沃尔西城市弗雷加莱，此举恰恰便利了上述罗马在此设立的殖民地，而且使其他两个沃尔西城市法布拉特里亚和卢卡（所在地不明）非常恐慌，以致两城效法卡普亚的先例，归降罗马（424 年即前 330 年）。萨谟奈联盟坐待罗马人对坎帕尼亚征服的完成，然后才对此做出认真的反对；他们所以如此，一部分的原因在于萨谟奈民族与意大利的希腊人同时存在着不和，另一部分原因还在于萨谟奈联盟所遵循的政策软弱无力和轻率混乱。

375

第六章　意大利人反抗罗马

罗马人正在利里斯河和沃尔图努斯河畔作战之时，半岛东南部另有战事，骚然不安。商人共和国塔兰托民殷国富，受卢卡尼亚和梅萨皮亚军队的威胁日益严重，当然不敢自恃其武功，乃用甘言厚币以取得母国雇佣兵首领的援助。斯巴达王阿基达摩斯率大队人马前来援助本族同胞，在菲力普攻克凯罗尼亚之日，死于卢卡尼亚人之手(416 年即前 338 年)；十九年以前，阿基达摩斯曾率众参加劫掠德尔斐圣地，在虔信神道的希腊人看来，他的死是个报应。一个更强大的统帅、莫洛斯人亚历山大取其位而代之，此人是亚历山大大帝之母奥林匹亚斯的兄弟。除他所亲自带来的军队以外，他麾下还有希腊各城派来的援兵，尤其是塔兰托和梅塔蓬特的援兵；此外还有波迪库尔人(在卢比[Rubi]即今鲁弗[Ruvo]附近)；这个民族如同希腊人一样，有被萨贝利人侵害之虞；最后甚至还有卢卡尼亚的亡命徒，他们为数甚众，可见联盟内有激烈的动乱。于是他不久便自觉其兵力优于敌人。康森提亚(Consentia，即科森扎[Cosenza])似乎是大希腊的萨贝利移民联盟的首府，现在落入他的掌握。萨谟奈人来援卢卡尼亚人，也无济于事，亚历山大败其联军于佩斯图姆，并平定西蓬图姆周围的陶尼亚人和东南半岛上的梅萨皮亚人。他已控制两海之间所有的地方，正要与罗马人携手合攻萨谟奈人于其本土。可是，这样出乎意外的胜利并非塔兰托商人所愿，使他们惊疑满腹。他们和他们的统帅之间终于发生了战争。此人初来时是个被雇的佣兵，而今似乎要仿效他侄儿在东方那样，也在西方创造一个希腊帝国。起初，亚历山大占优势，他夺取了塔兰托人手中的赫拉克利亚，重建了图里城。似曾号召其他意大利希腊人，在他保护之下联合起来，合攻塔兰托人。同时他想使他们与萨贝利族人讲和。可是堕落和沮丧的希腊人并不热 376
心拥护他这个庞大的计划。从前拥护他的卢卡尼亚人又因他被迫变节而对他疏远。他在潘多西亚被一个卢卡尼亚的移民所杀(422年即前322年)[①]。他死之后，各事大致恢复原状。希腊各城又觉得孤立无援，又不得不仅仅采取缔约或纳贡，甚或借助外援的办法以自保，只要可行，例如在430年即前314年前后，克罗顿借叙拉古的援兵击退布鲁提人。萨谟奈部落复又得势，竟能置希腊人于不顾，再次把目光转向坎帕尼亚和拉丁姆。

但是，在这短短的时间内，两地却发生了绝大的变化。拉丁联盟土崩瓦解，沃尔西人的最后抵抗被打垮，半岛最富最美的坎帕尼亚地区为罗马人所有，固若磐石，无人与之争夺，意大利的第二大城遂沦为罗马的属地。当希腊人与萨谟奈人交战时，罗马几乎不战而自跻于强国的地位，半岛上没有一个民族能动摇它的势力，一切民族都有为它所奴役的危险。这些民族各自分立，固非罗马的

① 我们在这里重温下列一事，也许不算画蛇添足：我对于阿基达摩斯和亚历山大所知，都从希腊的编年史中得来；希腊编年史与罗马编年史所记的事件，对于现今来说，只能是大致确定下来的。因此，意大利西部发生的事，虽与东部发生的事件一般地具有不可否认的关系，我们切不可追究得过细。

敌手，若能联合一致，齐心协力，未始不可于在锁链未紧固之前把它挣断。但这些民族和城市为数甚多，又迄今大半互为仇敌，或至少关系陌生，要把它们联合起来，非有明达的见识，勇敢的胆量和牺牲自己的精神不可，这几样都绝不可得，或得到时已嫌太晚。

埃特鲁斯坎人的势力既已沦亡，各希腊人共和国既已衰微，以萨谟奈联盟为意大利仅次于罗马的最强大势力，也同时最密切和
377 最直接地受到罗马侵略的威胁，殆无疑义。所以，意大利人既不得不为自由和民族地位而对罗马斗争，萨谟奈联盟自不免在这斗争中居于最前列，负最重大的责任。萨贝利人有许多小部落，如维斯提尼人、弗伦塔尼人、马鲁奇尼人，以及其他居于山中度乡村闭塞生活的小邑，可是同族人若请他们起兵来保卫公有的领土，他们必不致充耳不闻，所以萨谟奈联盟可以指望他们的援助。坎帕尼亚和大希腊的希腊人（尤其是塔兰托人），以及强有力的卢卡尼亚人和布鲁提人的援助固更为重要，可是在塔兰托当权的政客怠忽职务，苟且偷安，此城又为西西里的事所牵缠；卢卡尼亚联盟内部又纷乱不和；最重要的是，下意大利的希腊人常受卢卡尼亚人的残虐，两民族已有几百年的深仇；要使塔兰托和卢卡尼亚与萨谟奈人同心协力，实无异缘木求鱼。萨宾人和马尔塞人是罗马的近邻，久已与罗马和平相处，从他们那里，除软弱的同情或中立以外，他无可望。阿普利亚人是萨贝利人自古以来的深仇，自当为罗马的天然盟友。另一方面，如果首战告捷，远处的埃特鲁斯坎人可望加入同盟，甚至拉丁姆和沃尔西人和赫尔尼基人之地也非不可能发生变乱。可是萨谟奈人不啻为意大利的埃托利亚人，民族的元气在

他们身上依然存在。他们仍须大半倚赖其自有力量和坚毅精神来进行这场并非势均力敌的斗争，以便其他民族有深感惭愧、冷静考虑和集合军队的时间，然后一个胜仗即可在罗马四周燃起战争和离叛之火。历史不能不对这雄伟的民族主持公道，承认他们了解自己的责任，并且实践了自己的责任。

罗马与萨谟奈已有几年的争执，因为罗马人不断在利里斯河上肆意侵略，其中426年即前328年设置弗雷加莱是最近和最重要的事件。可是使战事爆发的却是坎帕尼亚的希腊人。自从库迈和卡普亚归属罗马以来，对于罗马人最为明显不过的是，应征服希 378
腊人的城市拿波里。该城还统治着海湾内的希腊岛屿，在罗马势力范围内，只有它仍未被沦为属地。塔兰托和萨谟奈人得知罗马人的计划，决定先发制人，塔兰托人并非不仅因为太懒而且因为太远，未能实行这个计划。萨谟奈人竟派遣一支强大戍兵，入驻拿波里。罗马人即刻宣战，名为针对拿波里人，其实是针对萨谟奈人(427年即前327年)，并开始围攻拿波里。围攻一个时期之后，坎帕尼亚的希腊人对商业被扰和外兵入驻感到厌烦；罗马人则用分别订约的手法，竭力使二等国和三等国不去参加那行将订立的联盟，所以希腊人一同意协商，罗马人便急于向他们提出最有利的条件——权利完全平等，免服徭役，对等联盟和永久和平。根据这几个条件，拿波里人用计免除戍兵，然后缔结了条约(428年即前326年)。在战争初期，沃尔图努斯以南的萨贝利城市，如诺拉、努克里亚、赫库拉尼姆和庞贝，都附和萨谟奈；可是他们由于所处位置广阔而暴露，罗马人又施以阴谋，用种种巧计和私利来诱惑这些城市的贵族前来归附，并以卡普亚的先例为其有力的佐证，于是在拿波里陷落后不久，这些城市或宣告拥护罗马，或宣告中立。

在卢卡尼亚，罗马人又取得更大的胜利。这里的平民百姓以其合理的直觉，赞成与萨谟奈人联合，不过与萨谟奈人联合，便不免与塔兰托人讲和，卢卡尼亚的权贵大都不愿停止其有利可图的劫掠行动，所以罗马人竟能与卢卡尼亚结成联盟。这个联盟乃无价之宝，因为，它使塔兰托人有事可做，罗马乃得以倾全力去攻萨谟奈。

这样萨谟奈在各方面都孤立无援，只有东边几个山区遣兵助
379 它。428 年即前 326 年，战事起于萨谟奈本土，坎帕尼亚边界上的几个城市，如鲁弗莱（Rufrae，在维纳弗鲁姆与帖亚努姆之间）和阿利费，皆为罗马人所占领。次年，罗马军深入萨谟奈，且战且掠，直达维斯提尼人境内，甚至达到阿普利亚，受当地人的热诚欢迎，他们无往而不享最明确的利益。萨谟奈人终于丧胆，在萨谟奈的人民大会决定向敌人求和以后，他们送还罗马俘虏，交出他们最骁勇的将军，以取得较宽大的条件。主战派领袖布鲁图卢斯·帕皮乌斯（Brutulus Papius）不愿死于罗马行刑者之手，先行自杀，他们把他的死尸也送交罗马人。可是，这种谦卑而近于哀告的请求竟不得罗马人民大会的垂听（432 年即前 322 年）。于是，萨谟奈人在其新将军加维乌斯·彭提乌斯（Gavius Pontius）麾下，准备竭力拼死抵抗，次年（433 年即前 321 年）的两个执政官斯普里乌斯·波斯图米乌斯（Spurius Postumius）和提图斯·维图里乌斯（Titus Veturius）率罗马军扎营于卡拉提亚（Calatia，在卡瑟大[Caserta]与马达洛尼[Maddaloni]之间）。他接获报告，据说萨谟奈人已将阿普利亚得失所系的重镇卢凯里亚紧密包围，而且该城已在危急

之中；许多俘虏的供词证实这种报告。于是他们仓促拔营。如果他们要及时赶到，除穿过敌人境内，无他途可取。以后作为阿皮亚大道（Via appius）的延续，罗马人自卡普亚筑一条路经过这里的贝内文托至阿普利亚。这条路在现今的阿帕雅（Arpaja）和蒙特沙奇奥（Montesarchio，即考狄乌姆）两地之间，经过一片低湿的草地，其地四面高山壁立，林木茂密，除出口和入口的涧底小径外，无路可通。萨谟奈人即在这里屯下伏兵。罗马人已入山谷，未遇抵抗，见出口处为棘篱所阻，防守甚坚；军队退回之后，又见入口也一样阻塞，同时四面山坡上都是萨谟奈人的队伍。他们自知中计，但已嫌太晚，萨谟奈人不在卢凯里亚等候他们，而是在这致人死命的考狄乌姆隘口。他们仍然战斗，可是既没有得胜的希望，又没有具体明确的目标；罗马军队无法动弹，不战而全被征服。罗马将军请降。所谓萨谟奈将军不放走罗马军队便须将他们屠杀，此外别无 380
他法，这不过是荒谬的饰辞；他最妥善的办法莫过于接受所请的投降条件，然后将敌军即当时罗马所能派出作战的全部武力，以及它的两个统帅全都俘虏起来。这种，通坎帕尼亚和拉丁姆的路便可通行无阻，而按当时的形势，沃尔西人和赫尔尼基人，以及大多数拉丁人必将热烈欢迎他，罗马的政治存在必遭严重的危险。可是伽维乌斯·彭提乌斯不这样做，不缔结军事协定，却以为能用一个公平的和约使全部争执立刻告终；也许他像盟友那样渴望和平，去年布鲁图卢斯·帕皮乌斯即因此被害，也许他不能阻止厌战派破坏他的空前胜利。所订条约相当温和，罗马必须拆除那违约建筑的堡垒卡勒斯和弗雷加莱，重与萨谟奈订立平等盟约。罗马将军同意这种条件，由骑兵队里选送六百人为人质，以保证守信践约，两将军和一切参谋将校又都立誓守约，萨谟奈人竟放走罗马军队，不加伤害，可是加以侮辱，因为萨谟奈军得意忘形，喜不自禁，让其所恨的敌人放下武器，并从轭门下面走过，这是一种侮辱人的做法。

可是罗马元老院不顾军官的誓言和人质的生死，取消协定，仅将缔结协定的人交给敌人，认为他们个人应负战约的责任。罗马律师和祭司的是非心认为此事是否合于法律条文，罗马元老院的法令是否违法，这问题在不偏不倚的历史看来无足轻重；从人情和政治眼光看来，这事不能归咎于罗马人。按罗马人的正式国家法，统兵将军是否有权缔结条约而不保留市民批准的余地，也是个比
381 较无关大体的问题。按照宪法的精神与实际，有一条十分确定不移的原则，就是凡国家协定，只要不纯系军事性质，在罗马都属于民政当局的权限，一个将军如未奉元老院和公民之命擅自缔结和约，便是侵权越职。萨谟奈将军以保全军队和逾越全权二者使罗马将军任择其一，他的错误大；罗马将军没有伟大魄力，完全拒绝这种要求他的错误小，所以罗马元老院批驳这种协定，自属当然之理，必然之势。一个大国除非迫于万不得已，绝不交出它所有之物；一切有让步的条约都是承认这种不得已的义务，而不是承认道德上的义务。如果每一民族正当地认为名誉攸关，非用武力把不光彩的条约撕碎不可，那么，考狄乌姆条约显然是一个不幸的将军出于道义而被迫缔结的条约，但是当人民新受耻辱，创伤犹痛，而民族的元气尚未泯灭之时，名誉心何能令他们遵守这种条约？

萨谟奈热心和平的人士妄想由考狄乌姆条约而得休息，却未

获得休息,只造成层见累出的战事,每一方都深恨丧失机会,庄严誓约遭受破坏,军誉受到侮辱,战友被遗弃,双方的愤怒都有加于前。因萨谟奈人气度宏大,不肯懈怠于不幸的人,又因他们若收受罗马军官,便不只承认罗马人的托词,即协约仅能拘束立约的人,而不能拘束罗马政府;所以,他们不收受罗马交出的军官。他们甚至慨然饶恕那些依交战规则应当处死的人质,而宁愿即刻用兵。罗马的败残军队尚未整编就绪,萨谟奈人即占领卢凯里亚,袭取弗雷加莱(434 年即前 320 年),萨特里坎人[1]转向萨谟奈人一边,可见他们若不失去手中的机会,当有如何的成就。但罗马却只是暂时疲弱,不是力衰国弱,罗马人羞耻和义愤填膺,征集所能得到的一切人为和物力,命久经考验的军人和统帅卢奇乌斯·帕皮里乌 382
斯·库尔索(Lucius Papirius Cursoz),统率新编的队伍。一军分为两路,一半取道萨宾和亚得里亚海沿岸抵达卢凯里亚城下,另一半取道萨谟奈本土,与萨谟奈人交战获胜,追逐他们,也进到卢凯里亚,两路会合于城下,因为罗马骑士被囚于此,所以他们更发愤攻城;阿普利亚人,尤其是阿尔帕尼人(Arpani)给罗马攻城的军队以重大援助,特别是供给粮饷。萨谟奈人要解此城之围,与罗马军交战,被击败,于是卢凯里亚向罗马人投降(435 年即前 319 年)。帕皮里乌斯得享两重喜事,既救出他那些被视为无生还之望的战友,又以考狄乌姆的轭门报复卢凯里亚的戍兵。在以后几年(435—437 年即前 319—前 317 年)中,战斗继续进行,战事多不在

[1] 此处所指并非安提乌姆附近萨特里坎地方的居民,而是指另一个在阿皮努姆附近的沃尔西人的城市的居民,该城被建立为罗马民社,无投票权。

萨谟奈本土[1]，而在附近各处，首先，罗马人在阿普利亚和弗伦塔尼人境内讨伐萨谟奈人的盟友，与阿普利亚的帖亚努姆人和卡努西人（Canusini）订立新条约，同时萨特里坎再次沦为属地，因叛变而受重罚。然后战事移至坎帕尼亚，罗马人在这里征服位于萨谟奈边界上的城镇萨提古拉（Saticula，也许是圣阿加塔-德戈蒂[S. Agata de'Goti]，于 438 年即前 316 年）。可是，此时战局似乎又有不利于罗马的倾向。萨谟奈人诱卢凯里亚人归附己方（438 年即前 316 年），不久以后，又诱诺拉人来归；在利里斯河上流，梭拉人自动逐出罗马的戍兵（439 年即前 315 年），欧松人（Ausonen）正准备起事，威胁重镇卡勒斯；甚至在卡普亚，反罗马派也蠢蠢欲动。一支萨谟奈军进入坎帕尼亚，在卡普亚城下扎营，希望他们一到，拥护本民族的一派人便可占优势（440 年即前 314 年）。可是，罗马人即刻攻梭拉，击破萨谟奈人的解围救兵，克复梭拉城。叛变尚未真正爆发，罗马人就用酷烈手段平定欧松人的骚动，同时任命了
383 一个特别独裁官，对于卡普亚的萨谟奈派提出政治诉讼，由他判决，以至于最有名望的萨谟奈派甘愿自杀，以免死于罗马刽子手刀下（440 年即前 314 年）。卡普亚城下的萨谟奈军被击破，不得不由坎帕尼亚撤退；罗马人紧追其后，渡马提斯（Matese）河，于 440 年即前 314 年冬扎营于博维亚努姆（Bovianum），这就是萨谟奈人的首府。于是，诺拉为其盟友所抛弃；罗马人深谋远虑，以一种与拿波里缔结的条约相似的优厚条约，使此城永远脱离萨谟奈派

① 有人说罗马人与萨谟奈人在 436、437 年即前 318 年、前 317 年间存在两年正式休战，这是极不可能的。

(441 年即前 313 年)。考狄乌姆之败以后,弗雷加莱落入反罗马派之手,成为他们在利里斯河上的主要屏障,在萨谟奈人占据八年之久,终于陷落(441 年即前 313 年),其公民二百名,即民族派中的最重要领袖,都被押运到罗马,在罗马的公开市场上斩首示众,以儆各处奋起的爱国志士效尤。

于是阿普利亚和坎帕尼亚都在罗马掌握之中。为确保和永久控制所征略的地域起见,罗马又于 440—442 年即前 314—前 312 年在这里新建几座堡垒;阿普利亚的卢凯里亚,因其地位孤立而暴露,罗马派半个军团永戍其地;蓬提埃(Pontiae,即蓬扎群岛),为巩固坎帕尼亚水域;沙提古拉,在坎帕尼亚与萨谟奈交界处,为防堵萨谟奈入侵的堡垒;最后因特拉姆纳(Interamna,在卡西诺山附近)和苏埃撒·奥隆卡(Suessa Aurunca,即塞萨[Sessa]),位于罗马至卡普亚的大道上。此外,罗马又派兵戍守凯亚提亚(Caiatia,即卡亚佐[Cajazzo])、梭拉和其他军事重地。由罗马至卡普亚的军用大道,以及为穿过彭丁沼泽地所必需的堤防,都是监察官阿皮乌斯·克劳狄乌斯(Appins Claudius)命人建造的,有了这条大道,坎帕尼亚便可确保无虞。罗马人的用意渐渐趋于完善;他们的目的在征服意大利,罗马的堡垒和道路交织如网,把意大利笼络在其中,一年比一年更加紧密。萨谟奈人已两面为罗马人所包围,昔日诺尔巴和席尼亚的堡垒把沃尔西人与埃奎人隔开,现在由罗马到卢凯里亚一线也将意大利南北两部隔开;昔日罗马倚赖赫尔尼基人,今日也倚赖阿尔帕尼人。意大利人不能不看出,萨谟奈如果灭亡,他们的自由都将丧失殆尽,这个英勇的山岳民族以弱敌强,单 384
独与罗马战斗,已历十五年之久,现在是赶紧竭全力援助他们的最后时机。

萨谟奈人的最密切盟友自为塔兰托人；可是际此关系将来命运的时刻，决定权却操在意大利的“雅典”人之手，然而，这就是决定萨谟奈和全意大利的厄运。塔兰托的政体原为老多里斯式的严格贵族政体，自从转变为完全民主政治以后，由于该城居民以舟子、渔夫和工匠为最多，城里的生活变得非常活泼而有生气。人民财富有余，高尚品格却不足，在以趣语隽辞为务的扰攘生活中，他们的思想和行动弃绝了一切人生真谛，动摇不定于极大的勇敢进取，极盛的兴高采烈，以及可耻的轻举妄动和幼稚的骗局之间。一些天资高迈、名望素隆的民族都曾遇到这有关生死存亡的危机；在这里，我们回忆一下柏拉图，大概是合适的；距此时六十年前（前389年），他来到塔兰托，据他自己说，他见此城举行酒神节，无人不醉；讽刺的滑稽剧，即所谓“欢乐悲剧”，正创始于萨谟奈战争的前后，塔兰托的文人雅士度这种荒淫的生活，作诙谐的诗歌，正与哗众取宠的塔兰托政客变化无常、妄自尊大、眼光短浅的政策相吻合。他们常常干预与己无关的事，而遇有关系切身利益非取采取行动不可的事，他们反置身事外。考狄乌姆之败以后，当罗马人与萨谟奈人对峙于阿普利亚之时，他们曾派出使者命双方放下武器（434年即前320年）。这种用外交来干涉意大利的决战，按理不能有他种意义，只是宣告塔兰托决心从迄今的消极状况中走出来。塔兰托应有做这事的充分理由，它应卷入这种战争之中，无论这战争对于塔兰托如何艰巨和危险：因为这国家的民主发展已专注于舰队，这个舰队以塔兰托的强大商船队为基础，在大希腊海权国之
385 中首屈一指；他们现在须赖陆军，陆军却以佣兵为主，风纪极为腐

败。在这种情形之下，塔兰托共和国参加罗马与萨谟奈的战争，绝不轻松，更不必说罗马还懂得使塔兰托人纠缠于与卢卡尼亚人的纷争之中，这至少是很麻烦的事。可是只要有坚强的意志，这些障碍便不难克服；塔兰托的使者令双方停战，双方都对使者的要求作这样的理解。萨谟奈人较弱，表示愿意遵从；罗马人则以升起战旗作为答复。塔兰托人如若听理性和荣誉心的支配，便应在其使者发出傲慢的命令之后，随即对罗马宣战；不过塔兰托政府既无理性，又乏荣誉心，他们只是以儿戏的态度来对待十分郑重的事。对罗马宣战一事竟不见于实行；他们反而宁愿援助西西里岛各城的寡头，以抗叙拉古的阿加托克勒斯，此人以前曾供职于塔兰托，因失欢而被斥退。他们依斯巴达的先例，派一舰队至西西里岛。这舰队若派往坎帕尼亚海面，其功用必大于此（440 年即前 314 年）。

意大利中部和北部各民族，尤因卢凯里亚堡垒的建立，而哗然崛起，行动似更有魄力。埃特鲁斯坎人首先发难（443 年即前 311 年）；403 年即前 351 年的休战协定几年前已届期满。罗马边城苏特里乌姆竟被围两年之久，在城下发生剧战，罗马人常常失利；以后 444 年即前 310 年的执政官昆图斯·法比乌斯·鲁利亚努斯（Quintus Fabius Rullianus）来做统帅，情况才有所扭转。此人是在萨谟奈战争中经受考验的将才。他不但恢复罗马军优势于罗马属下的埃特鲁里亚，而且大胆深入埃特鲁斯坎人的本土，到那时为止，由于言语迥异，素鲜交通，罗马人对于该地几乎一无所知。他率兵越过罗马军未曾经过的基米尼森林，劫掠那些迄今免于战祸的富饶区域，于是全埃特鲁里亚无处不起兵反抗。罗马政府原不赞成这鲁莽的远征，并且禁止这猛将越过边境，但时已无及，政府 386

逆料埃特鲁斯坎人必以全力猛扑，慌忙召集新军团来应战。可是恰在此时，鲁利亚努斯得了一个决定大局的胜利，这就是人民久志不忘的瓦狄莫尼湖(Vadimonium)之战，这一战使冒险轻进之举一变而成为驰名的英勇功业，使埃特鲁斯坎人的抵抗瓦解。萨谟奈人支持以弱敌强的战争至今已历十八年，埃特鲁斯坎人却不然，他们最强大的三个城市，佩鲁西亚(Perusia)、科托那(Cortona)和阿雷提乌姆在首战失败之后，即允单独媾和，和约为期三百个月(444年即前310年)。翌年，罗马人又在佩鲁西亚击败其他埃特鲁斯坎人，于是塔昆尼人也同意媾和，和约为期四百个月(446年即前308年)，不久以后，其他城市不复作战，于是埃特鲁里亚全境无处不在暂时休战之中。

这些事件进行之时，萨谟奈境内的战事并未停止。443年即前311年的战役与以往的无异，也仅限于围攻萨谟奈人的几处堡垒，可是到了次年，战事转趋激烈。鲁利亚努斯在埃特鲁里亚处境危殆，谣言四布，说罗马军已完全覆没于北方，于是萨谟奈人闻讯鼓舞，再接再厉；罗马执政官盖乌斯·马尔奇乌斯·鲁提卢斯(Gaius Marcius Ratilus)为其所击败，身受重伤。可是埃特鲁里亚的情势忽起变化，他们新起的希望又成泡影。卢奇乌斯·帕皮里乌斯·库尔索又来统率罗马军队，讨伐萨谟奈人，萨谟奈联盟倾其最后余力与罗马人决一死战(445年即前309年)，库尔索再次获胜。萨谟奈军的精华——身穿彩色外衣、手持金盾的人和身穿白色外衣、手持银盾的人，全被歼于此处；自此以后，每遇佳节，他们的灿烂军装常常点缀罗马市场上一排排的商店。萨谟奈人的困苦与日俱增，他们的斗争日益无望，翌年(446年即前308年)，埃特鲁斯坎人停战；同年，坎帕尼亚同情萨谟奈人的最后一城努塞里亚受罗马水旱两路同时攻击，在优厚条件下投降。萨谟奈人又获得新盟友，在意大利北部有翁布里人，在意大利中部有马尔西人和佩利尼人，甚至在赫尔尼基人方面也有许多义勇队加入他们的行列；不过埃特鲁斯坎人如果仍未息兵，这种行动未始不可大大扭转战局，使罗马蒙受不利，而今则只能扩大罗马胜利的战果，而不能大增其困难。翁布里人有进攻罗马城之势，鲁利亚努斯率领进攻萨谟奈的大军将其截击于台伯河上游。萨谟奈人力衰，竟不能加以阻止；只此便足以击溃翁布里的民军。战事又回到意大利中部。佩利尼人被征服，马尔西人亦然；其他萨贝利部落虽名义上仍为罗马的仇敌，实际上萨谟奈在此地渐趋孤立。但出乎意料，从台伯河方面来了援军。萨谟奈俘虏中有赫尔尼基人，为罗马人所发觉，罗马人问罪于赫尔尼基联盟，联盟遂于此时向罗马宣战（448 年即前 306 年），这大概更多的是由于绝望，而非出于自私的盘算。赫尔尼基人有几个较大的城市自始即避不参战；不过赫尔尼基各城中的佼佼者阿那尼亚却实行了宣战。从军事眼光来看，罗马军方正从事于攻打萨谟奈人的堡垒，后面忽起了这出人意外的叛变，罗马人的境遇一时必定极为可虑。战局再次对于萨谟奈人有利；梭拉和凯亚提亚落入他们手里。可是罗马遣兵攻打阿那尼亚，阿那尼亚迅速败亡，这些军队又援救了驻在萨谟奈的军队；于是一切又成画饼。萨谟奈人求和，没有结果；双方仍不能商定条件。最后的决定尚有待于 449 年即前 305 年的出征。罗马两执政官各率军队深入萨谟奈，一军由提比略·米努奇乌斯（Tiberius Minucius）率领，他阵亡后由马尔库斯·福尔维乌斯（Marcus Fulvius）率领，从坎帕尼亚穿过山隘；另一军由卢奇乌斯·波斯图米乌斯(Lucius Postumius)率领，从亚得里亚海沿比菲尔诺(Biferno)上行；然后两军在萨谟奈都城博维阿努姆城下会合。罗马人决战获胜，萨谟奈将军斯塔提乌斯·盖利乌斯(Statius Gellius)被俘，博维阿努姆陷落。全国的首要城堡即告陷落，二十二年的战争便告结束。萨谟奈人
388 撤出梭拉和阿皮努姆的戍兵，派使者赴罗马求和；萨贝利各部落，马尔西人、马鲁基尼人、佩利尼人、弗伦塔尼人、维斯提尼人和皮塞努姆人都依他们的榜样去做。罗马给他们的条件还不算苛刻；他们有些人，例如佩利尼人，却必须割让领土，不过这种割让似乎不甚重要。罗马人与萨贝利各部落又续订平等盟约(450 年即前 304 年)。

可能在此时前后，大概因为萨谟奈和约的关系，罗马也与塔兰托订了和约，两城虽未直接对峙于战场。在罗马与萨谟奈的长期战争中，塔兰托始终袖手旁观，仅与萨伦提尼人(Sallentini)合攻罗马的盟友卢卡尼亚人，使斗争持续下去。无疑，在萨谟奈战争末年，他们曾作发奋有为的表示。一方面卢卡尼亚人进攻不息，使他们陷于窘境，另一方面他们日益不由自主地感到，萨谟奈如被完全征服，他们自己的独立亦将岌岌可危，所以尽管阅历了亚历山大的祸事，他们还是再次信任一个佣兵首领。斯巴达的王子克列奥尼穆斯(Cleonymus)应他们的召请，率五千名佣兵前来；又有在意大利募集的五千名佣兵，梅萨皮人和希腊人各小城的援兵，尤其是，塔兰托的民军二万二千人，都由他一人统率。他手下既有如此可观的大军，便强迫卢卡尼亚人与塔兰托议和，使他们成立一个倾向萨谟奈人的政府，并把梅塔蓬特舍给他们以为酬报。此事发生之

时，萨谟奈人仍在作战；一切都未曾阻止这个斯巴达人去援助他们，用其强大的军队和高超兵法去左右战局，以保护意大利各城和各族的自由。可是塔兰托处置的办法不同于罗马人遇此情形必用的办法，而且王子克列奥尼穆斯也绝不是亚历山大或皮罗斯。他逆料这次战事受打击会很多，战利品却很少，于是不急于开战，却宁可与卢卡尼亚人联合攻打梅塔蓬特，并在此城中享受安乐，同时 389
他又高谈远征叙拉古的阿加托克勒斯和解放西西里岛的希腊人。在此期间，萨谟奈人媾和，和约缔结以后，罗马开始对半岛的东南部更加认真关注，例如，447 年即前 307 年，罗马一支军队在萨伦提尼人境内募捐，或谓奉上级命令来侦察；同时斯巴达的佣兵首领却率领部下登舟渡海，往袭科尔基拉岛，因为该岛位置甚佳，利于对希腊和意大利进行海盗掠夺活动。于是，塔兰托人为其将军所弃，同时又丧失意大利中部的盟友，他们以及与他们结盟的意大利人，如卢卡尼亚人和萨伦提尼人，此时别无他法，只好恳求与罗马妥协，罗马似乎答应他们妥协，条件宽和。不久以后 451 年即前 303 年，克利奥尼穆斯又来入侵，在萨伦提尼人境内登陆，围攻乌里亚（Uria），为在罗马人援助下的居民所击退。

罗马获得完全的胜利，它也充分利用这胜利。对于萨谟奈人、塔兰托人和一般较远的民族，罗马所给的条件极为宽和，这不是由于战胜者宽宏大量，因为罗马人不懂得宽宏大量，而是由于高瞻远瞩的盘算。首先并不在强迫意大利南部即刻正式承认罗马的主权，而是在于先征服意大利中部；上次战争期间，罗马在坎帕尼亚和阿普利亚修建了许多军用道路和堡垒，为征服意大利中部奠定了基础。它现在应补充和完成这个征服事业，并借此将意大利南北两部的人民分开，使他们成为两个在军事上彼此隔绝，彼此不能直接接触的集团。因此，罗马此后的行动都始终如一地努力向这个目标做去。首先，他们利用或制造一个可乘之机，以除去埃奎人与赫尔尼基人的联盟；昔日台伯河区域原有几个联盟与势孤的罗马人竞争，这些联盟并未完全消除。在与萨谟奈缔结和约之年（450 年即前 304 年），执政官普布利乌斯·森普登尼乌斯·索弗斯向埃奎人发动了战争；在五十天之内，有四十个城镇归降；除了
390 迄今仍带旧民族名称的崎岖峡谷（*cicolano*）以外，全境均成为罗马人的属地；翌年，在福齐诺湖的北缘建立了阿尔巴要塞，戍兵六千；从此它成为防止好战的马尔西人犯边的屏障，以及雄踞意大利中部的城堡；同样，两年后，在图拉诺河上游，较近罗马之处，建立了卡西奥利要塞，两者都是享受拉丁权利的盟社。

在赫尔尼基人当中，至少阿那尼亚曾在萨谟奈战争的最后阶段参战，这就为解除旧有的同盟关系提供了所需要的理由。阿那尼亚人的命运远甚于一个世代的前拉丁各民社在同样情形所受到的。他们不仅像凯雷人那样失其自治权，而且不得不安于无选举权的罗马公民地位；此外，在特雷鲁（Trerus，即萨科[Sacco]）河上游，他们的部分领土上分设一个新公民区，同时又在阿纽河下游也另设一个（455 年即前 299 年）。可惜的只是，仅次于阿那尼亚的三个赫尔尼基的大城——阿勒特里乌姆（Aletrium）、维鲁莱（Verulae）和菲伦提努姆（Fruntinum）都没有参加叛变；罗马人请他们自动加入罗马公民团，他们婉言谢绝，又没有强迫他们做这事的口实；所以罗马人只好不但尊重他们的自治，而且甚至允许他们有参加大会和通婚之权，于是古赫尔尼基联盟还影影绰绰地

存在。

至于在迄今为萨谟奈人所据的沃尔西地区，罗马人的行动却不受这些理由的约束。在这里，阿皮努姆和弗鲁西诺（Frusino）均成为属地，后者被夺去三分之一的领土；在利里斯河上流，于弗雷加莱之外又加上沃尔西人的梭拉城，此城原有戍兵防守，现在永远成为罗马的堡垒，派有四千人的一个兵团驻守。这样沃尔西人的故地遂全被平定，罗马化进展甚速。至于介于萨谟奈与埃特鲁里亚之间的地域，罗马人筑造两条军用道路进入该地，又修建许多堡垒来保护它们。此路即以后的弗拉米尼亚大道（Via Flaminia），掩护台伯河一线，经过与罗马结盟的欧克利库鲁姆（Ocriculum）之地抵那尔尼亚（Narnia），那尔尼亚原是翁布里人属下内奎努姆（Nequinum）堡垒的故址，罗马人在这里设一军垦地（445 年即前 309 年），给它改这个名称。南路即后日的瓦勒里亚大道（Via Valeria），沿福齐诺湖，经刚刚提到过的卡齐奥利和阿尔巴堡垒。391
在其境内筑有这些工事的小部落，如翁布里人，他们顽强地守卫着内奎努姆，埃奎人，他们再次攻打阿尔巴，马尔西人，他们袭击卡齐奥利，这些人都不能阻止罗马的进展，罗马几乎未遇障碍就将两条有力的铁闩装在萨谟奈和埃特鲁里亚之间。为永保阿普利亚，尤其是坎帕尼亚的安全，罗马人修了许多大道和堡垒，我们已于上文提及；现在又借着他们的力量，又用许多罗马堡垒，从东西两面把萨谟奈包围起来。埃特鲁里亚较弱，可以为证的是，罗马人以为不必用同样方法，修建一条大路和相当的堡垒去巩固基米尼森林的隘路。在这区域，迄今的边堡苏特里姆以后仍是罗马军用路线的终点；至于通往阿雷提乌姆的道路，罗马只命此路所经各地的民社保护它，使它能供军用。①

意气雄豪的萨谟奈民族感到这种和平的毒害尤甚于杀伤最烈的战争，他们不但有感于心，而且由此发为行动。意大利北部的凯尔特人经长期停战之后，现在重又奋起；这里又有几个埃特鲁斯坎城市仍在对罗马作战；在这里，短时期的休战与不分胜负的激烈冲突更番迭起。意大利中部仍无处不在酝酿着骚乱，一部分且在公然起事；堡垒仍仅在建筑之中；埃特鲁里亚与萨谟奈间的道路尚未全中断。现在挽救自由，或者还不嫌太晚；可是万不可再有迟延；和平延长，攻击的困难便一年比一年增加，而攻击者的力量却一年比一年减弱。上次战事告终还不到五年，萨谟奈乡村在连战二十二年中所受的创伤必定仍未愈合，萨谟奈联盟竟于 456 年即前
392 298 年重又奋起战斗。上次战争，罗马所以获胜，其主因在卢卡尼亚人与罗马人联合，塔兰托因而不能参战。萨谟奈人受这个教训之益，现在倾其全力先行攻击卢卡尼亚人，竟能使该地的萨谟奈派执掌政权，萨谟奈与卢卡尼亚还结一盟约。当然，罗马即刻宣战；这正是萨谟奈人所预料的结果。足以说明当时的民情是，萨谟奈政府通知罗马使者，说罗马人如果践踏萨谟奈人之地，他们不能保障使者的人身安全。

① 537 年即前 217 年出征时的军事行动，以及更显然的，567 年即前 187 年所遇自阿雷提乌姆至博诺尼亚的大道说明，在此时以前，罗马至阿雷提乌姆的道路已修成可用。可是当时这条路还不可能是一条罗马军用道路，因为就它以后的名称“卡西亚大道”(Cassia)来推断，作为执政官路(Via Consularis)，不能早于 583 年即前 171 年修造。在罗马执政官和监察官名录里，斯图里乌斯·卡西乌斯是 252 年、261 年、268 年即前 502 年、前 493 年、前 486 年的执政官，所以不会为他所修，在他和 583 年即前 171 年执政官盖乌斯·卡西乌斯·朗吉努斯之间，没有叫卡西乌斯的。

于是，战事再起（456年即前298年），当另一军战于埃特鲁里
亚之时，罗马军的主力穿过萨谟奈，逼卢卡尼亚人讲和，使送人质
于罗马。次年，两执政官均得以转战萨谟奈，鲁利亚努斯获胜于提
佛努姆，他的忠实战友普布里乌斯·德基乌斯·穆斯获胜于马勒
文图姆（Maleventum），罗马两军扎营敌国达五个月之久。他们所
以能这样做，实因为托斯坎各国已独自与罗马接洽和约。从一开
始，萨谟奈人只有联合全意大利以抗罗马，才能有获胜的机会，今
见埃特鲁里亚与罗马有单独媾和的趋势，便竭力加以阻止；萨谟奈
将军盖利乌斯·埃格纳提乌斯（Gellius Egnatius）终于提议派兵到
埃特鲁里亚国里去援助他们，埃特鲁斯坎联盟才同意支持下去，再
用武力决一雌雄。萨谟奈尽最大的力，同时遣出三支军队到战场：
第一支军保护本国境内，第二支军为侵入坎帕尼亚之用，第三支军
人数最多，派往埃特鲁里亚；至458年即前296年，因为萨谟奈人
与马尔西人和翁布里人有谅解，埃格纳提乌斯亲率第三支军走过
他们的地方，竟能平安到达埃特鲁里亚。在此期间，罗马人在萨谟
奈攻下几个强固的据点，破除卢卡尼亚境内萨谟奈派的努力；埃格
纳提乌斯率兵出发，他们竟未能加以阻止。消息传到罗马，说要切
断南北意大利人民联络的莫大努力已为萨谟奈人所破坏；萨谟奈 393
军开到埃特鲁里亚，竟成为全境几乎处处起兵抗罗马的信号；埃特
鲁斯坎各城正以极大的热情从事整军备战，并雇用高卢军队。当
此之时，罗马城内人心惶惶，释免奴和已婚者都被编入伍，人人都
觉得关键时刻将至。然而，458年即前296年似乎是在备战和行
军中度过的。次年（459年即前295年），罗马人命其两员最优秀
的将军普布里乌斯·德基乌斯·穆斯和年迈的昆图斯·法比乌

斯·鲁利亚努斯统率埃特鲁里亚境内的军队，把坎帕尼亚境内不用的军队悉数调至埃特鲁里亚增援，这支兵力至少共有六万人，其中罗马的正式市民占三分之一以上。此外，又编了两个后备队，第一队在法勒里，第二队在首都城下。意大利人会合的地方是翁布里亚，那些起于高卢人、埃特鲁斯坎人和萨贝利人境内的道路都辐辏于此；两位执政官也率主力向翁布里亚挺进，一部沿台伯河左岸而行，另一部沿台伯河右岸而行。同时第一后备队也向埃特鲁里亚移动，使埃特鲁斯坎军撤离主要战场，还保本国。首次接战，罗马人失利；罗马前锋在丘西地方为高卢人和萨谟奈人的联军所败。但是，声东击西的计策竟达到目的。萨谟奈人穿过他们那些遍地焦土的城市而来，以便亲临选定的战场，埃特鲁斯坎人却不及他们慷慨好义，听得罗马后备队侵入埃特鲁里亚的消息；他们派来军队的大半便退出联盟军，以后双方在森提乌姆附近亚平宁山东坡决战之时，埃特鲁斯坎人的队伍已大为薄弱。

然而，这一天战况激烈。在罗马军的右翼，鲁利亚努斯率领他的两个军团与萨谟奈军鏖战，良久不分胜负。在罗马军的左翼，普布里乌斯·德基乌斯任指挥，高卢人的战车把罗马骑兵杀得狼狈不堪，军团也渐渐不支。于是执政官唤祭司马尔库斯·李维乌斯
394 前来，命他把罗马将军的头和敌军献给阴曹地府中的神，然后冲入最密集的高卢队伍，求死而得其死。像他这样一个有名望和受爱戴的将军，做出这死中求生的英勇事，自不能没有效力。逃兵又集合起来，其中最骁勇的随着主帅冲入敌阵，不能为他报仇，便与他同死；正在这时，前执政官卢奇乌斯·西庇阿(Lucius Scipio)奉鲁利亚努斯之命率后备队驰援，恰好此时赶到吃紧的左翼。坎帕尼

亚精良的骑兵攻击高卢人的侧面和后面，结果决定了战局；高卢人四散奔逃，萨谟奈人也退却，他们的将军埃格纳提乌斯阵亡于营门。罗马军九千人陈尸于战场，胜利的代价虽高，但是这种牺牲却是值得的。联盟的军队瓦解，联盟本身也随之瓦解，翁布里亚仍处于罗马人掌握之中，高卢人四散，仍未溃散的萨谟奈残军经阿布鲁奇山退归本国。在埃特鲁斯坎战争期间，坎帕尼亚曾遭萨谟奈人蹂躏，战事告终以后，罗马人又予以占领，毫无困难。次年(460 年即前 294 年)，埃特鲁里亚求和，沃尔西尼、佩鲁西亚、阿雷提乌姆，以及一般加入反罗马联盟的城市，都应允休战四百个月。

可是萨谟奈人另有主张；自由人的勇气即使不能制伏命运，也能使命运愧赧，萨谟奈人就以这种勇气准备其绝望的反抗。460 年即前 294 年，两执政官率兵入萨谟奈时，他们到处遇到最凶猛的抵抗；马尔库·阿提卢斯(Marcus Atilus)竟败于卢凯里亚附近，萨谟奈人竟能深入坎帕尼亚，蹂躏利里斯河上的罗马殖民地因特拉姆纳。次年，第一次萨谟奈战争英雄之子卢奇乌斯·帕皮里乌斯·库尔索，以及斯普里乌斯·卡维利乌斯(Spurius Carvilius)与萨谟奈军大战于阿奎洛尼亚(Aquilonia)附近。萨谟奈军的精锐——一万六千人的白袍兵，已立下神圣的誓言，宁死不逃。然而，无情的命运既不顾誓言，也不听绝望的哀告，罗马人竟得胜，攻陷成为萨谟奈人避难和藏财之地的堡垒。甚至这次大败以后，萨谟奈联盟军仍以坚毅无匹的精神在堡垒和山地里抵抗日益强大的敌人，有时仍能得到局部的好处。身经百战的老将鲁利亚努斯后又奉命再次出师征讨他们(462 年即前 292 年)，盖乌斯·蓬提乌斯(或许 395
是考狄乌姆胜利者之子)甚至能为本国人民争取最后一次胜利，罗马人以后把他擒住，竟不顾道义而把他关在狱中处死(463 年即前 291 年)，以报前仇。可是，意大利也没有一点动静，因为瓦勒里于 461 年即前 291 年开始的战争实不足称为战争。大概萨谟奈人曾将渴望的目光转向塔兰托，只有它仍能给他们以援助，可是援助不至。塔兰托无所作为的原因仍不外昔日使它按兵不动的原因，即国内政治不良，以及 456 年即前 298 年卢卡尼亚又归服罗马；此外还有对于叙拉古的阿加托克勒斯的恐惧，这恐惧并非子虚乌有，因为他当时势力极盛，开始注目于意大利。在克尔基拉岛，克列奥尼穆斯已被围城者德梅特里奥斯(Demetrios)所驱逐，至 455 年即前 299 年前后，阿加托克勒斯遂立足于此岛，从此他不但由爱奥尼亚海，而且也由亚得里亚海威胁塔兰托人。459 年即前 295 年，此岛被割让给伊庇鲁斯王皮罗斯，这诚然大大解除了他们所怀抱的忧虑；不过他们仍不能摆脱克尔基拉的事，例如，464 年即前 290 年他们助皮罗斯占据此岛，以防德梅特里奥斯侵犯；同样，阿加托克勒斯的意大利政策也不断使塔兰托人寝食不安。他死于 456 年即前 289 年，叙拉古人在意大利的势力与他同归于尽，可是已嫌太晚。萨谟奈经历三十七年的战争，精疲力竭，已于上年(464 年即前 290 年)与罗马执政官曼尼乌斯·库里乌斯·邓塔图斯(Manius Curius Dentatus)媾和，在形式上与罗马再次结盟。这次与 450 年即前 304 年的和约相同，罗马人也没有拿羞辱或毁灭性的条件加到这英勇民族的身上；甚至似乎没有割地的事。罗马人的贤明政治宁愿遵守迄今所行的旧路，先使坎帕尼亚和亚得里亚海沿岸各地日益巩固地属于罗马，然后进行直接征服内地之事。坎帕尼亚固已久属罗马，可是罗马的政策眼光远大，为巩固其沿岸起见，认为必须在这里建立两座海岸堡垒,即明图尔那和西努埃萨(459年即前295年),依照应用于沿海城市的成规,两地新市民均得为罗马的正式公民。在意大利中部,罗马统治权的扩张进行得更为有力。 396
如同埃奎人和赫尔尼基人的降伏乃是第一次萨谟奈战争的直接后果那样,萨宾人的降伏与第二次萨谟奈战争的结局有关。最后降伏萨谟奈人的那位统帅,即曼尼乌斯·库里乌斯,于同年(464年即前290年)击破一次短促薄弱的抵抗以后,迫使所有萨宾人无条件投降。被征服的土地大部分为胜利者直接占有,并分发给罗马公民,对于剩下的民社,如库雷斯、雷阿特、阿米特努姆、努西亚,则强迫其接受罗马的臣民权利(*Civitas sine suffragio*)。在这里并未建立平等的同盟城市,相反地,整个地区均处于罗马的直接治理之下,罗马领域直抵亚平宁山和翁布里群山。但是,他们以群山内侧的地区为限;上次战争非常明显地表明,罗马对意大利中部的统治权只有从海洋伸展到海洋之时,才能稳固。罗马人立足于亚平宁山外侧始于465年即前289年坚堡哈特里亚(Hatria,即阿特里[Atri])的修造。它位于阿布鲁齐山临皮森尼平原的山坡上,直贴海滨,因而享受拉丁权利。它离海不远,是劈开意大利南北两部的有力楔形地的核心,与此相仿并更有重大意义的是维努西亚的建立(463年即前291年),迁到此地的殖民者人数空前,达二万人之多。该城位于萨谟奈、阿普利亚和卢卡尼亚交界之处和塔兰托至萨谟奈的大道上,位置强固易守;其使命是作为威镇四周各部落的一座雄堡,最重要的是,截断意大利南部最强大的两个敌人的交通,毫无疑问,阿皮乌斯·克劳狄乌斯一直修到卡普亚的南大道同时也由那里延长到维努西亚。所以,当萨谟奈战争告终时,紧凑的

罗马领域，即几乎纯粹由享有罗马或拉丁权利的民社构成的罗马区域，北至基米尼森林，东抵阿布鲁齐山和亚得里亚海，南达卡普
397 亚，而卢凯里亚和维努西亚则是向东和向南的两个前卫，立在敌人的交通线上，切断他们与各方面的联络。将近罗马纪元第五世纪末叶，当那些凭借神恩和己力各在其本土建成霸业的民族，开始在会议和战场上互相接触之时，罗马已不仅是半岛上的第一个强国，而且已是半岛上的主宰国；正如在奥林匹亚赛会上，暂时得胜者准备再来一次更激烈的奋斗那样，在更大的各民族竞赛舞台上，迦太基、马其顿和罗马此时也开始准备最后决一胜负。

第七章　皮罗斯王对罗马的斗争和意大利的统一 398

在罗马独霸世界的时代，希腊人常说罗马的强大应归因于431年即前333年6月11日马其顿王亚历山大在巴比伦死于热病，这使他们的罗马主人怫然不悦。他们追怀往事，既不甚感到宽慰，便久久作并非不快的遐想，想象那个大王如果挥师西指，结果将会如何，据说他死时也确有此意，以其舰队与迦太基人争霸于海上，以其密集队伍与罗马人争雄于陆上。亚历山大曾抱这种念头，并非不可能；为解释这些念头，人们也不必仅仅指出，一个专制君主既好征战而又船多兵众，他征战的范围便难以限定。一个希腊大王保护西西里岛希腊人以抗击迦太基，保护塔兰托人以抗击罗马，平定东西两面海洋上的盗匪：这是无愧他的身份的。意大利的布鲁提人、卢卡尼亚人和埃特鲁斯坎人都遣使者[①]与他国的众多

---

① 罗马也曾遣使赴巴比伦谒亚历山大的故事，起源于克里塔库斯(Kleitarchos)的证言(普林尼，《自然史》，3，5，57)，其他谈及此事的证人(阿里斯托斯和阿斯克莱皮阿德斯，见于阿里安，7，15，5；门农，第25章)，无疑也引用于此。克里塔库斯所生活的时代正是这些事件发生的时候，不过他所著的亚历山大传却只可称为历史传奇，而不足称为历史；而且鉴于可靠的传记著作(阿里安等；李维，9，18)不谈此事，以及其叙述的详情饶有传奇的色彩，例如谈到罗马人献一金冠于亚历山大，亚历山大预言罗马日后必强盛，因此，我们只好把这个故事列为被克里塔库斯引述到历史中去的许多其他点缀品那一类。

使者来到巴比伦，使他有充分机会得以了解意大利半岛的情形，并与它建立种种关系。迦太基及其与东方的许多瓜葛不能不引起这位强人的注意；把波斯王对于这推罗的殖民地的名义主权，变成实际主权，很可能在他的意想之中；亚历山大的近侍随从中竟有一名迦太基派遣的间谍，并非无缘无故，然而，无论这些念头是梦想还
399 是计划，亚历山大并未着手从事西方的事务就死去，他的念头与他一同走进坟墓。一个希腊人一手兼握希腊民族的全部智力和东方的全部物力，只有短短几年。在他辞世以后，他一生致力的工作，即树立希腊文化于东方，绝未失坠；不过他的帝国方告统一，又复分裂，在帝国废墟上建立起的几个国家不断相互倾轧，它们虽未放弃其所负的世界历史使命，即传播希腊文化于东方，但这使命却遭到削弱，并变得枯萎憔悴。在这种情势下，希腊国家和亚细亚-埃及国家都不想插足于西方，或转而致力于攻击罗马人或迦太基人。东方和西方的国家体系一时同存并立，在政治上并不与互相侵犯，特别是罗马，在亚历山大去世六将纷争时期中，它基本上不曾介入。只有经济关系建立起来；例如，罗德斯岛自由国为希腊的中立商业政策的杰出代表，所以，也是长期战争中国际交往的居间仲裁者，它于448年即前316年与罗马缔结一项条约，这当然是一个商业协定，一个商业国与掌握凯雷和坎帕尼亚一带海岸的国家自然应有的协定。希腊当时为举世招募佣兵的场所，意大利，尤其是塔兰托的佣兵都聚集于此；就招募佣兵一事而论，政治关系——例如塔兰托与其母国斯巴达的关系——也只有次要的影响。一般看来，招募佣兵只是一种商业交易，斯巴达虽经常以下级军官供塔兰托从事在意大利作战，却不因此而与意大利人卷入战争，正如美国

独立战争之时，德意志各邦将其臣民卖给美国的敌人，他们也不因此而与合众国卷入战争。

伊庇鲁斯的国王皮罗斯也只是一个爱冒险的军事首领。他的家谱可上溯到埃亚库斯(Äakos)和阿基琉斯。他如果喜好和平，可以在马其顿宗主国统治下或与世隔绝而独立，一生为山中一个小部落的"王"；可是尽管如此，他仍不失为一个从军求利者。人常 400
拿他与马其顿的亚历山大相比；固然，在西方创造一个希腊帝国，以伊庇鲁斯、大希腊和西西里为其核心，控制意大利两侧的海洋，降罗马和迦太基为希腊国家边界上的蛮族，使之与凯尔特人和印度人并列为伍，这一思想就其雄伟和勇气而言，实堪与那个使马其顿王渡过赫勒斯滂海峡的思想相媲美。可是东征与西征的区别不仅在于结局的不同。马其顿军的幕僚尤为优良，亚历山大用他的军队足能与波斯大王抗衡；但伊庇鲁斯与马其顿相比有如后世的黑森(Hessen)与普鲁士，其王由于雇佣兵和基于政治上偶然结合的联盟，才能凑成一支值得一提的军队。亚历山大来到波斯帝国时是个征服者；皮罗斯来到意大利时是几个二等国家联军的统帅。亚历山大离开他的世袭领土时，希腊无条件地服从他，又有安替帕特(Antipatez)率重兵留后镇守，所以他的祖国安如磐石；皮罗斯对于本国的完整除倚赖一个态度明昧不定的邻国的诺言以外，别无保障。两个征服者的计划如果都获得成功，他们本国势必不再为新帝国的中心，可是把马其顿这个军人帝国迁到巴比伦不难办到，而在塔兰托或叙拉古创建一个军人王朝却极难办到。希腊人各共和国的民主政体——虽然具有无穷的痛苦，但再不能强行被人改回成为一个僵硬的军人国家；腓力不把希腊各共和国并入他的帝国，实有其正当理由。在东方，民族的抵抗可料其必无，统治民族和被统治民族久已在那里共存并立，暴君的变换是个与民众无关或甚至使他们满意的事。在西方，罗马人、萨谟奈人和迦太基人可以被征服，可是没有一个征服者能变意大利人为埃及的农夫，或变罗马农夫为向希腊诸侯纳贡的臣属。我们无论从何处着眼，无论就他们自己的力量、他们的盟友或他们敌人
401 的能力来看，马其顿王的计划显然是可以做到的，伊庇鲁斯王的计划却难以做到；前者是执行一个伟大的历史任务，后者是一个值得注意的失误；前者是一个新国家体系和一个新文明阶段的奠基，后者仅仅是一个历史插曲。亚历山大虽然死非其时，他所创的事业却垂于后世，皮罗斯在去世前已亲见他的一切计划俱成泡影。两人皆有雄才大略和冒险精神，可是皮罗斯只是个当时第一流的将军，亚历山大却卓然为当时天资最高的政治家；英雄与冒险家的区别如果在于洞察一时一事的可能与否，则皮罗斯应属冒险家之列，其不能与其伟大的亲属相比，一如王室总管波旁不能与路易十一相比那样。

可是，这个伊庇鲁斯人之名仍有一种奇妙的魔力——他的名字仍引起一种特殊的同情，他的侠义和蔼的性格当然有些使人同情，可是他更使人同情的却在于他是第一个与罗马人交战的希腊人。古代文明以后的全部发展，近代文明的主要部分基于罗马与希腊的直接关系，而这些关系则自皮罗斯始。希腊方阵与罗马步队之间，佣兵与民兵之间，军人政治与元老政治之间，个人才能与全民力量之间的战斗——这罗马风习与希腊风习之间的战斗，最先以皮罗斯与罗马将军之间的战役打响；战败者以后虽然常常一

再诉诸武力以决雌雄,然而,以后每一次战事却使这个判决更加明确。可是希腊人尽管在战场和议会厅里都遭到失败,由这些战斗来看,已可见罗马对希腊人的胜利与其对高卢人和腓尼基人的胜利有别;只到戈矛折断,丢盔弃盾的时候,阿佛罗狄忒(Aphrodite)的魅力才发生作用。

皮罗斯的父亲名埃亚基德斯(Äakides),是莫洛斯人(在雅尼那附近)的领主,因为他是亚历山大的亲属和忠臣,亚历山大对他未加杀害;亚历山大死后,他被卷入马其顿家族政治的旋涡之中,因此先失其国,后丧其身(441 年即前 313 年)。当时皮罗斯只有 402
六岁,为伊利里亚的陶兰替人(Taulantier)的领主格劳齐亚斯(Geaueias)所救,在争夺马其顿的战斗中,他还在童年,围攻者德米特里欧使他得以恢复他那世袭的诸侯国(447 年即前 307 年);可是几年以后,由于一个反对党施加影响,他重又失其国(452 年即前 302 年),从此在马其顿诸将部下以流亡君主之子的资格,开始其军人生涯。不久,他的人品崭然显露。在安提哥努斯(Antigonus)麾下,他参加了末期的几次战斗,这位亚历山大的老帅喜爱这个天生的武人,据这白头将军的品评,皮罗斯只缺了几岁年纪,否则早已成为当代战士的魁首。由于伊普索斯(Ipsos)不幸的一战,他来到亚历山大城(Alexandreia),为质于拉吉德王朝(Lugidenynastie)开基者的宫廷;在这里,不但他那美男子的魅力得了王家女眷的青睐,虽其面貌粗野、步履沉重亦无妨碍,而且他那英勇和笃实的性格,他那除军事以外蔑视一切的武人精神,也引起那精于治国术的托勒密(Ptoleniäos)王的注意。正在此时,那大胆的德米特里欧又新建另一个国家,这次是马其顿,他的目的当然是要利用马其顿来恢复亚历山大的帝国。为制止他的野心，须使他忙于本国之事，无暇他顾；这个拉吉德人熟知如何善为利用这种热情如火的少年来实施他那锦囊妙计，而这个伊庇鲁斯人正是这样一位少年。他这样不但做了一件使他的夫人贝雷尼凯(Berenike)皇后高兴的事，而且也有裨益于他自己的目标，于是将他的继女安替哥尼(Antigone)公主嫁给这位少年国君，并以自己的援助和威势去支援他，送他的爱"子"归国(458 年即前 298 年)。他回到祖国，不久便无往不利。勇敢的伊庇鲁斯人，即古代的阿尔巴尼亚人，以世代相传的忠贞和新焕发的热情来归附这英勇的少年，即他们所谓的鹰。卡桑德尔(Cassander)死后(457 年即前 297 年)，马其顿发生王位继统之乱。伊庇鲁斯王乘机扩张领土，逐步蚕食安布拉基亚海湾一带地方，内有重镇安布拉其亚，克尔基拉岛，甚至还占了马其顿领土的一部分；他以众寡悬殊的兵力与德米特里欧王相抗
403 衡，就是马其顿人也佩服他。诚然，后来德米特里欧在马其顿干了一件蠢事，王位被人推翻，马其顿人便自愿将王位献给他那豪侠的敌人，亚历山大这个亲族(467 年即前 287 年)。其实，除皮罗斯外，没有人更比他适于戴腓力和亚历山大的王冠。在一个道德沉沦的时代，君主渐成为卑鄙小人的别名，皮罗斯私行无玷的人格和道德纯洁的品性却灿然光彩耀目。六将军统治(Giadochhenregiment)在希腊和亚细亚造成道德堕落、勇气消沉的局面。马其顿本土的自由农人数虽已减少，生活日趋贫困，却很少受到沾染；对于他们，皮罗斯似乎正是个天生的王。皮罗斯与亚历山大相仿，在其家中和朋友圈子中，对于人和人的交往无不胸襟磊落，推心置腹，对于马其顿人所最厌恶的东方苏丹式的仪态，永远加以避免；而且

他也同亚历山大一样，被认为是当代最杰出的策略家。可是马其顿人的民族观念执拗得离奇，宁愿要一个最卑鄙的马其顿人为王，而不要一个最有才干的外国人；对于任何非马其顿籍的领袖，马其顿军队一概蛮横地反对，亚历山大培养出来的最伟大统帅卡第亚人尤梅尼斯(Eumenes the Cardian)已因此而被害，伊庇鲁斯王的统治不久也因而完结。皮罗斯既未获马其顿人的民心去统治他们，他自己又力量过于薄弱或心地过于高尚，不肯反民意而强为其主，在位七个月以后，竟听任这个国家遭受其本国人的虐政，而返回到他那忠实的伊庇鲁斯人之中(467 年即前 287 年)。可是这个人曾经戴过亚历山大的皇冠，是德米特里欧的姻兄弟，又是拉吉德人和叙拉古的阿迦托克勒斯的子婿，曾经撰作过回忆录和战术论，因而不可能终身从事于下述的例行公务——每年按时考查王家牲畜管理人的账目，亲自领受他那些笃实的伊庇鲁斯人照例进献的牛羊，然后在宙斯祭坛前要求他们再行宣誓效忠，甚至重申信守法律的诺言，为证实这 切起见，与他们宴饮通宵达旦。如果马其顿的御座下能容他，他也绝不能停留在本国；他适于居第一位，不甘
居第二位。所以，他的眼光转向远方。那些争夺马其顿的君主，虽 404
然在别的事上意见分歧，但对于帮助自己的可畏劲敌自动出国一事，欣然同意；他到何处，他的忠实战友必追随他前往，这点他深信不疑。恰在此时，由意大利的情形看，皮罗斯亲戚、他父亲的堂兄弟伊庇鲁斯的亚历山大四十年前所拟的计划，以及叙拉古的阿加托克勒斯最近怀抱的意图似乎又复可行，所以皮罗斯决计放弃马其顿方面的企图，而为一己和希腊民族创立一个新帝国于西方。

464 年即前 290 年与萨谟奈签订的和约给意大利一段休战时

间,可是为期甚短;此次为对抗罗马优势而形成的新联盟,乃由于卢卡尼亚人所发起。在萨谟奈战争期间,这个民族附和罗马,妨害塔兰托人的行动,对于胜负的决定贡献甚大;罗马人为报答他们的功劳,把他们境内的希腊城市舍弃给他们。所以和约成立以后,他们协同布雷提人陆续荡平这些城市。卢卡尼亚人的统帅斯台纽·斯塔提利乌斯(Stenius Statius)屡攻图里人,图里人极为困窘,请罗马元老院援助他们抗击卢卡尼亚人,正如从前坎帕尼亚人请罗马人助他们抗萨谟奈人那样,并且无疑也同样以牺牲自由和独立为代价。因为维努西亚要塞已建立,罗马现在可无须卢卡尼亚的联盟,所以他们应允图里人的请求,以图里已归降罗马为理由,命其友邦盟国勿谋此城。于是,卢卡尼亚人和布雷提人为其强大的盟国所欺,失去其共同战利品中应得的一份,始与萨谟奈人和塔兰托人中的反对派磋商,组成一个新的意大利联合体;罗马派使者向他们警告,他们便拘留使者,他们对罗马开战时,首先进攻图里人(约 409 年即前 235 年),同时他们不但邀吁请萨谟奈人和塔兰托
405 人,而且还吁请北意大利人—埃特鲁斯坎人、翁布里人和高卢人,来加入他们这争取自由的战斗。埃特鲁斯坎同盟居然奋起反抗,招募许多队的高卢佣兵。阿雷提纳人仍忠于罗马,罗马将军卢奇乌斯·凯齐利乌斯(Lucius Caecilius)率兵赴援,在阿雷提城下为埃特鲁斯坎人雇用的塞农佣兵所歼灭,将军及其部下一万三千人全体覆没(470 年即前 284 年)。塞农人原算是罗马的盟友,因此罗马派使者责备他们出兵对罗马作战,并要求交出俘虏,不取赎金。但塞农部酋长布里托马里斯(Britomaris)要向罗马人报杀父之仇,塞农人听从他的命令,竟杀死罗马使者,公然加入埃特鲁斯

坎人一边。于是在意大利北部，埃特鲁斯坎人、翁布里人、高卢人无不起兵叛离罗马；如果南部各地也乘此机会，凡没有宣布反叛罗马的都起来宣布，那么重大的胜利是可以得到的。事实上，萨谟奈人无时不准备维护自己的自由，他们似乎曾对罗马宣战，可是他们已臻衰弱，四面都被包围，不能有助于同盟；塔兰托又表现出他们那种遇事迟延的故态。敌人正在商议联盟确定补助金条款和拼凑佣兵时，罗马却采取了行动。罗马人首先要使塞农人感到战胜罗马何等危险。执政官普布利乌斯·科尔涅利乌斯·多拉贝拉(Pub1ius Colnelius Dolabella)率大军侵入其境，塞农人不死于刀兵，便被逐出境外，于是这个民族便被从意大利民族之林中除名(471年即前273年)。对于一个主要以放牧牛羊为生的民族，这种大批驱逐的做法十分可行，塞农部既这样被逐，他们似乎便去投奔高卢大军，不久以后横行于多瑙河流域各地、马其顿、希腊和小亚细亚。波伊部见其紧邻本家塞农部惨遭如此迅速来临的灾难，诚惶诚恐，愤怒万分，即刻与埃特鲁斯坎人联合，埃特鲁斯坎人仍奋战不休，其所用的塞农佣兵现在不复是雇佣兵而是拼命为本国报仇。埃特鲁斯坎人与高卢人结成强大的联军，进攻罗马城，要在敌人的首都报塞农部被歼灭之仇，要从地面上铲除罗马的根株，比 406
昔日塞农酋长所做的还要彻底。可是联军在瓦迪摩湖(Vodimo)附近横渡台伯河时为罗马人所重创，一蹶不振(471年即前283年)。翌年，他们又在波普洛尼亚附近打了一仗，又复不利，于是波伊部背弃同盟，独自与罗马人媾和(472年即前282年)。高卢人原是同盟中最可畏的分子，同盟尚未完成，他们便已被逐个击破，因此罗马对下意大利的行动便不受牵制。在469—471年即前

285—前 283 年间，下意大利的战争并未认真进行。迄今为止，罗马兵力量薄弱，仅勉强能在图里自保，以抗卢卡尼亚人和布雷提人，可是到了现在（472 年即前 282 年），执政官盖乌斯·法布里奇乌斯·卢斯奇努斯（Gaius Fabricius Luscinus）率大军直抵城下，遂解城围，并与卢卡尼亚人大战，把他们击破，俘其将军斯塔提利乌斯。较小的非多里斯人城市视罗马为救星，处处自动归附罗马人。罗马人留兵戍守咽喉要冲之地，如罗克里、克罗顿、图里，特别是雷吉乌姆；对于后者，迦太基人似乎也曾有所企图。罗马显然无往而不获得决定性胜利。塞农人既歼，罗马在亚得里亚海沿岸便取得大片土地。无疑，鉴于对塔兰托的战争有死灰复燃之虞，伊庇鲁斯人的入侵已有朕兆，他们急欲确保这一带海岸和亚得里亚海的安全。他们派出一个市民殖民团（约 471 年即前 283 年）到塞那港（Sena，即西尼加利亚[Sinigalia]），亦即昔日塞农行政区的首府；同时，一支罗马舰队由第勒尼安海开入东面海域，其目的显然在亚得里亚海驻防，并保护那里的罗马领土。

自 450 年即前 304 年的条约缔结以后，塔兰托人一向与罗马人和平相处。他们曾旁观萨谟奈人的长期痛苦和塞农的迅速灭亡；他们默认维努西亚、哈特里亚和塞那的设置，以及图里和雷吉翁的被占，并未提出异议。可是罗马舰队在由第勒尼安海向亚得里亚海航行，现在到了塔兰托海域，下碇于这友好城市的港口，这
407 时他们久已蕴积心中的愤恨终至忍无可忍。旧日立有条约，禁罗马战船开至拉金山岬以东，现在公民大会里的民众演说家便提起这种条约。一队如狂的群众攻击罗马军舰、军舰忽遭海盗式的攻击、激战以后便告败北，五艘被夺，水兵不被处决即被卖为奴；罗马

将军在交战中阵亡。只有归之极端的愚妄无知和暴民政治的肆无忌惮才能解释这种可耻的行径。那些所谓的条约实属久已远去和归于遗忘的时代;它们显然已失去意义,至少在哈特里亚和塞那连立之后是这样;罗马人进入海湾显示信任现存的盟约;诚然,以后事态发展所示,罗马人的利益在于不给塔兰托人以任何宣战的口实。如果说塔兰托的政治家曾想对罗马宣战,那么他们所做的,不过是他们久已想做的;如果他们宁用破坏条约这种表面上的借口,而不用实际的理由来作为宣战的根据,我们自不能对此表示异议,因为外交永远不屑用明白的语言道出明白的事理。可是他们并未要求罗马海将返回,未预先警告就遽用武力攻击罗马舰队,这不但是野蛮行径,那时道义忽然失去它的指导作用,赤裸裸的卑鄙现象就赫然呈现在我们面前,仿佛警告我们,使我们不要抱一种幼稚的信念,以为文明可以从人性中根除兽性。

仿佛这样做还不够似的,塔兰托人在这件英雄业绩之后,还去攻打图里,那里的罗马戍兵突遭袭击,便立即投降(472—473 年即前 282—前 281 年冬)。他们因图里人背弃希腊党、投靠蛮族而重惩他们,其实,正是塔兰托人的政策把这些人抛弃给卢卡尼亚人,从而迫使他们投降于罗马。

然而,蛮族的行动却很温和,由于力量如此,以及经受过的侮辱如此,这温和实可令人惊异。罗马的利益在于尽量长久地保持塔兰托人中立,所以在元老院中少数人士怀着理所当然的愤恨情绪,提议对塔兰托人宣战时,领袖人士却不赞成此议。相反地,罗 408
马人竟把和平的维持与不背其荣誉的最温和的条款联系起来,这就是释放被俘的人,交还图里人,交出袭击舰队的祸首。罗马使团带着这些条件赴塔兰托(473 年即前 281 年),同时为了使他们的言辞显得有分量,由执政官卢奇乌斯·埃米利乌斯(Lucius Aemilius)率罗马军开入萨谟奈。塔兰托人可以接受这些条件而丝毫无损于其独立;鉴于这样殷富的商业城市必不好战,罗马自当以为妥协尚属可能。可是维持和平的尝试竟告失败,其原因也许是由于有些塔兰托人持有异议,认为越早用武力抵抗罗马侵略越好,或仅由于城市刁民的嚣张,以及风行于希腊人中间的傲慢无礼,竟使罗马使者身受侮辱。现在罗马执政官率兵开入塔兰托境,可是并未立即开战,他又提出同样的和谈条件;由于此事又归无效,他才蹂躏田地和乡间庐舍,击败城市民兵。然而,被俘的上流人士都被释放,未取赎金;罗马人原指望战争的压迫使贵族在此城占得优势,以便造成和局,现在仍不放弃这种希望。采取这种克制的办法自有其理由,因罗马人不愿强逼此城,使之投入伊庇鲁斯王的怀抱。此人对于意大利早有觊觎之心,已不再是秘密。塔兰托已派一个使团往谒皮罗斯,没有完成使命而回。伊庇鲁斯王的要求超过使团所能允诺的权限。他们非做出决定不可。民团只知道一见罗马人便逃走,这已有充分证明。现在只余两个办法可供选择;一个是与罗马人议和,罗马人始终愿意协商一个条件公平的和约;另一个是依皮罗斯所认为妥当的一切条件,与他缔约。换句话说,他们或者服从罗马的霸权,或者顺从一个希腊军人的暴政。城中两
409 派几乎势均力敌。结果,优势仍属民族党(Nationalpartei);他们抱有合理动机,如果非有一个主子不可,他们宁取一个希腊人而不取一个蛮族,除此而外,起作用的还有煽惑家们的恐惧;罗马尽管现在迫于时势不得不温和从事,它必不致忽略适当时机,去报复塔兰

托刁民所做的暴行。因此，该城就与皮罗斯结一项条约。他取得元帅之职，统率塔兰托军队和其余武装反抗罗马的意大利人军队，并有权派兵戍守塔兰托，战费由该城负担，自不待言。另一方面，皮罗斯应允，非有必要，不留居意大利，其中可能暗含一个不言而喻的保留条件，即意大利需要他停留多久，应由他自己斟酌决定。尽管如此，这成果仍几乎逃脱他的掌握。当塔兰托使者（无疑都是主战派的首领）离开伊庇鲁斯时，此城因遭罗马人进逼而吃紧，人心起了变化。主帅一职已委托亲罗马的阿吉斯（Agis），适值使者带着所订条约归来，皮罗斯的亲信大臣基尼亚斯（Kineas）偕至，主战派得以重掌政权。现在政府以较为坚决的手腕秉政，一洗昔日可怜的游移态度。至 473 年即前 281 年秋季，皮罗斯的将军米洛（Milon）率伊庇鲁斯兵三千人登陆，据守塔兰托的卫城。至 474 年即前 280 年岁首，伊庇鲁斯王继之而来，渡海时遇暴风，曾溺死多人。他运到塔兰托的军队虽为数可观，却甚为庞杂，一部分是他的家兵，如莫洛斯人、帖斯普罗提人（Thesprotier）、克奥尼亚人（Chaonern）和安布拉基亚人；又一部分是马其顿步兵和色萨利骑兵，这是马其顿王托勒密依约送给他的；另一部分是埃托利亚、阿卡那尼亚和阿塔马尼亚（Athamania）的佣兵。合计起来，他的部下有方阵兵两万人、弓箭手两千人、投掷手五百人、骑兵三千人、象二十只，因此，不甚少于五十年前亚历山大横渡赫勒斯滂海峡时所率的那支兵力。

伊庇鲁斯王来到时，联盟的事务并非处于最佳状态。固然，罗马执政官一见出战的兵并非塔兰托民兵而是米洛的军队，即刻舍塔兰托而不攻，退至阿普利亚；可是除塔兰托领域外，罗马实际上 410

已统率整个意大利。在下意大利，任何地方都没有联盟的军队；在上意大利，仅埃特鲁斯坎人仍拥有武装，上次战役(473 年即前 281 年)中，他们每战必败。伊庇鲁斯王出航以前，联盟各国请他统率一切军队，声言他们能出步兵三十五万，骑兵两万。这些大言却与现实相差天渊。他们命皮罗斯为元帅，这元帅麾下的军队却尚待创建。而当时能用于建军的资源以塔兰托的资源为主。皮罗斯发出命令，由塔兰托出资招募意大利为佣兵，并且征发公民中的壮丁服役。可是塔兰托人对于协定的理解却有所不同。他们想用钱财购买胜利，也像购买其他货物一般；现在伊庇鲁斯王强迫他们自己作战以博胜利，这不啻是破坏协约。米洛初来时，公民得免去充当警卫的烦劳，都很欢欣；对于玩忽命令的人竟须以死罪为恫吓。在一切人的心目中，现在这种结果证明主和派之不谬，甚至有人与罗马暗通消息，或者说似曾有发生联系。皮罗斯对于这种反抗已有准备，即刻像对待被征服的城市那样去对待塔兰托；驻兵于民宅，人民大会和为数众多的俱乐部都中止活动，剧院被关闭，散步场被封锁，命伊庇鲁斯卫兵把守城门。若干领袖人物被运到海的彼岸，扣为人质；其余的人因出奔罗马，得免同遭此厄。这些严峻的措施实属必要，因为就任何意义而言，塔兰托人都是不可信赖的。此时，伊庇鲁斯王据有这重镇为基地，才能在战场开始军事行动。

在罗马，人们也知道将有何等的战事。首先为了使盟友，亦即其属下臣民保持忠诚，城市有不可靠的，罗马派兵去驻防，而且遇
411 有其必要时，对于独立党的领袖或捕或杀，普雷内斯特的元老院议员若干人即曾遭此祸。为了战争，进行了很大的努力，征收了一种战争税，催促一切臣民和盟友交付应出的份额全数；无产者本应免

役，现在也被征召从军。有一支罗马军留驻首都，作为后备队。另一支军队在执政官提比略·科隆卡尼乌斯(Tiberius Coruncanius)率下，开入埃特鲁里亚，击溃沃尔西人和沃尔西尼人的军队。主力军当然以下意大利为目的地；此军兼程出发，以期在皮罗斯仍留在塔兰托一带时与他接触，阻止他，使他的军队无法同萨谟奈人以及其他起兵抗击罗马的南意大利军队会合。罗马驻守在下意大利各希腊城市中的戍兵，以暂时防堵皮罗斯王的扩展为己任。可是，雷吉翁驻军乃是一个从坎帕尼亚的罗马臣民中征募的军团，由一个坎帕尼亚军官德基乌斯(Decius)率领，由于该驻军叛变，使罗马丧失了这个重要城市。然而，此城却未落入皮罗斯之手。一方面坎帕尼亚民族对罗马人的仇恨成为兵变的一个原因，殆无疑义；另一方面，皮罗斯因欲保卫希腊人而渡海来此，他不可能把杀死其雷吉翁东道主于其家中的那些军队纳入联盟之中。于是他们始终独处，仅与同族的共犯马默提纳人(Mamertincr)密切联合；马默提纳人是阿加托克勒斯手下的坎帕尼亚佣兵，曾用同样手段占据海峡彼岸的梅萨那城，并为自己的私利而劫掠和蹂躏附近的希腊城市，如克罗顿，在那里他们屠杀了罗马的戍兵，又如考洛尼亚(Kaulonia)，他们将该城平毁。可是，罗马人以一支薄弱的兵开往卢卡尼亚边境，协同维努西亚的戍兵，竟能阻住萨谟奈人和卢卡尼亚人与皮罗斯的汇合；同时执政官普布利乌斯·拉维努斯(Publius Laevinus)率一支主力军进攻皮罗斯。主力军兵力似为四个军团，如果真如此，再加以与之相应的联盟军，至少有五万人。

为保护塔兰托的殖民地赫拉克利亚起见，伊庇鲁斯王已将自

412 己的和塔兰托的军队布置在该城与潘多西亚(Pandosia)[①]之间(474年即前280年)。罗马人以骑兵为掩护,强渡西里斯河(Siris),一开战即用骑兵猛烈突击,甚为得手;伊庇鲁斯王亲率骑兵作战,被冲落马,希腊骑兵不见主帅,起了恐慌,战场就被丢给敌人的马队。然而,皮罗斯又重新亲自率领他的步兵作更有决定性的拼搏,罗马的军团与希腊的方阵队互相冲击七次,胜负未见分晓,伊庇鲁斯王部下一员良将梅加克勒斯(Megakles)阵亡,因为在这战况剧烈的一天,他穿了皮罗斯的衣甲,军队又以为王已战死,行伍动摇,拉维努斯已觉得胜利在握,率他的全部骑兵猛攻希腊军的侧翼。可是皮罗斯脱去头盔,穿行于步兵队伍之中,他部下低落的勇气重又振作起来。大象迄今一直留在后备队,现在调来抵挡罗马的骑兵;战马见象便惊,兵士不知如何对付这些巨兽,转身奔窜;乱纷纷的骑兵和追击的象军终于冲破罗马步兵的紧密行列,于是象军协同色萨利的精锐骑兵在溃兵中大肆屠杀。当时罗马军有一个英勇的战士名叫盖乌斯·米努齐乌斯(Gaius Minucius),第四军团中的第一长矛手。若不是他刺伤一匹象,因而陷追兵于混乱,罗马必致全军覆没。因此,罗马残军竟能渡西里斯河回去。它的损失很大;罗马人的伤亡在战场上为战胜者所发现的,共七千人,被俘两千人;罗马人自言其损失达一万五千人,大概连被运出战场的伤兵也计算在内。可是皮罗斯军所受的损失也相去不远;他的精兵横尸于战场的将近四千人,他最善战的将领也有几个阵亡。

---

① 此地在今安格洛那(Anglona)附近,不可与科森扎地区中那个更为著名的同名城市相混淆。

因为他的损失大半都是老于战阵的兵，这种兵比罗马的民兵更难补充得多，而且他的胜利仅赖象军出敌不意的进攻，这战术不可经常反复使用。伊庇鲁斯王是个精于评判战策的人，无怪他以后评述这次胜利，以为无异于一次败仗；可是他不至于糊涂到把这一番 413
自我批评公之于世，把它刻铭在他在塔兰托敬献的一件还愿的礼物之上，这是罗马诗人以后编造的话。在政治上，用何等牺牲换得胜利，在起初是无关重要的；对于皮罗斯，他与罗马首战得胜却有无上的价值。在这新战场上，他用兵的天才已经灿烂地表现出来；如果需要做什么事情能鼓动那奄奄垂毙的意大利联盟，使他们团结一致，发奋有为，那么，非得有赫拉克利亚那样的胜利不可。但这胜利也不乏重大长久而又立竿见影的功效。罗马人丧失卢卡尼亚；拉维努斯收集驻在此地的军队，开往阿普利亚。布雷提人、卢卡尼亚人和萨谟奈人都来与皮罗斯会合，未遭干扰。除雷吉翁受坎帕尼亚叛军压迫志气消沉外，希腊城市一概与伊庇鲁斯王联合，连罗克里也主动将罗马戍兵交给皮罗斯，关于他，他们有理由确信他不致把他们抛弃给意大利人。萨贝利人和希腊人于是都投奔皮罗斯，可是除此以外，这场胜利没有产生效果。拉丁人虽觉得罗马统治沉重难堪，却没有借外国君主的援助去摆脱罗马统治的愿望。维努西亚现在虽四面受敌，却仍依附罗马，毫不动摇。西里斯河一战，豁达大度的伊庇鲁斯王钦佩罗马军的英勇，对于被擒的兵士加以极光荣的待遇，并且建议他们依希腊的风习加入他的军队；可是他才明白，他不是对佣兵作战，而是对一个民族作战。无论是罗马人或拉丁人，没有一个受他雇用。

皮罗斯向罗马人提出和议。他是个极精明的军人，不能不自知其地位之不稳；他又是个极巧妙的政治家，见此时机他正处在最有利的地位，乃不能不善为利用，以缔结和约。现在他希望，在此次大战的最初印象影响下，他能在罗马贯彻他的意见，使意大利的希腊城市得保自由，在他们与罗马之间建立出许多二三等国家，做新希腊政权的附庸；他的要求大体如下：他要求解除一切希腊对罗
414 马的效忠义务，尤其是坎帕尼亚和卢卡尼亚的城市，将夺自萨谟奈人、陶尼人、卢卡尼亚人和布雷提人的土地一概归还，换句话说，尤其要交出卢凯里亚和维努西亚。与罗马人也许难免再战；但最好是在西方的希腊人统一于一个君主的统治下，取得西西里，也许将非洲征服时，才再开战衅。

皮罗斯的亲信大臣色萨利人基尼亚斯带着这种训令前往罗马。时人曾以这位交涉的能手与德摩斯提尼相比，只要修辞家可以同政治家，大臣可以同民众领袖相比的话；他奉有命令，须用种种方法表示，赫拉克利亚的战胜者实敬重他手下的败敌，使人体会出伊庇鲁斯王有亲至罗马的愿望，用那出自敌人口中特为悦耳的赞美，用热烈的谀辞，甚至在有机可乘时用给予适当的馈赠，使人心对皮罗斯有好感，总之，把一切曾在亚历山大城和安条克城试用过的密室政治伎俩都施用于罗马人。元老院迟疑不决；在许多人看来，退后一步，等候这可畏的敌人进一步卷入旋涡，或者与世长辞时再说，似乎是个谨慎的办法。可是白发苍苍、双目失明的前执政官阿皮乌斯·克劳狄乌斯（442 年即前 312 年的监察官，447、458 年即前 307、前 296 年的执政官）久已不问国事，却在这生死存亡的关头，命人把他带到元老院，用火一般的语言把他自己那雄伟天性中浑然未破的生气灌输给他的晚辈。他们给来使予以骄傲的

答复，说外国军队一日尚在意大利境内，罗马便一日不想谈判；这句话在当时仍是初次听见，以后成为国家的金科玉律；为实践他们的话，他们即刻勒令来使出城。使者没有达到他的目的，这巧妙的外交家不但不能以他的雄辩术耸动罗马人，而且他自己见此国遭了这样的大败仍这样刚毅不苟，反而深受感动。他回国后对人说，在他看来，那城里每一市民似乎都是个王；实际说来，这个在朝为臣的人所看到的是一个自由民族。

在这次交涉期间，皮罗斯已进兵入坎帕尼亚，一得到交涉破裂的消息，便即刻向罗马攻进，以便向埃特鲁斯坎人伸出援手，动摇 415
罗马的同盟，威胁罗马城。可是罗马人既不惑于言辞，也不慑于兵威。赫拉克利亚之战以后，传令官即刻发出“补充伤亡，报名从军”的号召，少年人便争先恐后蜂拥从军；现在拉维努斯率新编的两个军团和由卢卡尼亚撤回的军队，以较前强大的兵力，追蹑皮罗斯的进程。他保护卡普亚以免他来侵犯，粉碎他与拿波里互通消息的企图。罗马人的态度非常坚决，所以除下意大利的希腊人外，联盟中稍有名气的国家无一敢脱离罗马联盟。于是皮罗斯转向罗马城进攻。他行经一块富饶的地方，那里的繁荣景象使他惊异。他进袭弗雷加莱，强渡利里斯河，抵阿纳尼亚，此处距罗马城不过二十五公里。没有军队阻挡他的路；拉丁姆城市处处闭门拒他，拉维努斯从容不迫地由坎帕尼亚尾随在他后面，恰好执政官提比略·科隆卡尼乌斯与埃特鲁斯坎人缔结了和约，从北方带来第二支罗马军，罗马城内又有独裁官格涅乌斯·多米提乌斯·卡尔维努斯(Gnaeus Domitius Calvinus)率领后备军积极备战。在这种情形之下，皮罗斯不能有任何成就；国王除退兵外，别无他法。他一时仍留驻坎帕尼亚，在两执政官的联军面前按兵不动，可是没有可予敌以重创的机会。冬天来临时，皮罗斯退出敌国，把军队分散在友好城市，自己在塔兰托过冬。于是罗马也停止军事行动。罗马军驻在皮塞努姆的费尔蒙(Firmum)，住在常备的营房里；只有在西里斯河战败的军队，元老院命他们搭帐篷过冬，以为惩戒。

于是474年即前280年的征战便这样结束。埃特鲁里亚在紧要关头单独与罗马媾和，皮罗斯又出人意外引兵退去，完全辜负了意大利盟友们的急切希望，使赫拉克利亚胜利所造成的印象大为减色。意大利人抱怨战争负担过重，尤其抱怨驻在他们家中的佣
416 兵纪律不佳；伊庇鲁斯王则厌倦他那些盟友们无谓争执，以及不明政治，也不合兵法的行为。他开始觉得尽管有战术上的成功，他负责解决的问题在政治上也许无法解决。罗马遣三个前执政官作为使者前来，内有征服图里的盖乌斯·法布奇乌斯，使他一时觉得和平有望；可是不久便知，他们只有磋商赎回交换俘虏的权利。皮罗斯拒绝他们的要求，不过在农神节那天，他凭着战俘的信誓，把他们一齐释放。至于他们信守誓言和罗马使者拒不受贿，后世都以最不伦不类的话加以赞美，这更多地显露后人的无耻，而不足以表彰古人的光荣。

475年即前279年，皮罗斯又采取攻势，开入阿普利亚，罗马军也开到那里迎战。国王希望获得决定性胜利，动摇罗马人在这一地带的霸权。他向他们再次挑战，罗马人来者不拒。两军在奥斯库鲁姆(Ausculum，即阿普利亚的阿斯科利)附近相遇。在皮罗斯麾下，除他的伊庇鲁斯和马其顿军队外，参与这次战事的还有意大利佣兵、塔兰托民团——即所谓的白盾军，以及加盟的卡卢尼亚

人、布雷提人和萨谟奈人，共计步兵七万人，内希腊人和伊庇鲁斯人占一万八千人、骑兵八千余人、象十九头。那天助罗马人的有拉丁人、坎帕尼亚人、沃尔西人、萨宾人、翁布里人、马鲁奇人、佩利格尼人、弗伦坦人和阿尔帕尼人。罗马军步兵也在七万人以上，内有罗马公民两万人，骑兵八千人。双方在军事体制上均有所改进。皮罗斯以军人的锐利眼光，看出罗马"连编制"(Manipularordnung)的优长，在他的两翼上现在不用方阵的长战线，而仿罗马营的办法，代之以中有间隔的分营列阵，并且不但由于军事上的或也由于政治上的原因，把塔兰托和萨谟奈的营分插于他自己的队伍之间。只有在中军，伊庇鲁斯军的方阵排成密集队形。为防御象攻计，罗马人建造一种战车，车中伸出铁杆，杆端装有火盆，车中又竖起一根活动的桅杆，杆头为一铁枪头，杆可放下，以后在第一次 417
布匿战争中发挥重大效用的"劫船桥"(enterbücken)有几分是仿这个桅杆建造的。

希腊人和罗马人叙述此战的记载至今尚存，希腊人的记载不像罗马人的那样偏颇；据希腊人说，第一日希腊军不利，他们被迫沿着峻峭而且多沼泽的河岸接战，既不能展开战线，也不能用他们的象军和骑兵作战。然而，到第二日，皮罗斯先发制人，占据横断地形，于是不折一兵而抵达平原，他能在这里摆开他的方阵。罗马人手执刀剑，拼死向马其顿的长枪兵(Sarissen)冲击，无论如何攻打，方阵的战线仍屹立不动，可是方阵也不能使罗马军团退缩让步。以后众多的象卫军用弓箭和投石的轮索把在罗马战车上作战的士兵赶走，割断骈马的缰绳，然后战象又向罗马阵线冲去，罗马阵线才告动摇。罗马战车卫士的逃走不啻是个令全军奔窜的信号，可是这次奔窜丧命的不多，因为营垒就在附近，收容溃兵。罗马的战报只是说，大战方酣之时，伊庇鲁斯人的营垒防务薄弱，罗马主力军遣出阿帕农一支队前去劫营，把它纵火焚毁；不过即使此话属实，罗马人也绝不当说这一战不分胜负。反之，两国记载都一致说，罗马军引退渡河，只余皮罗斯独据战场。据希腊记载，罗马方面阵亡六千人，希腊方面阵亡三千五百零五人。① 伊庇鲁斯王本人也在受伤者之列，他一直在战斗最烈之处亲自作战，被一根标
418 枪洞穿他的臂膀。皮罗斯打了一个胜仗。可是他的桂冠是个华而不实的桂冠；作为统帅和军人，这个胜利可以获得赞美，可是于他的政治目的却于事无补。皮罗斯所需要的是一个辉煌的胜利，这胜利须能瓦解罗马军，给那些游移不定的同盟者一个改换营垒的机会。但罗马军队和罗马联盟仍旧完好；希腊军队没有自己的统帅便一无所能，因统帅受伤，竟多时不能行动。他不得不认为出征已经失败，只好入居冬营，国王在塔兰托过冬，罗马人这次在阿普利亚过冬。现在日益明显，用军事眼光看，国王的资源不及罗马人，正如用政治眼光看，这散漫难制的联合与根深蒂固的罗马攻守同盟不可同日而语。希腊人作战的迅猛和统帅的天才或可再得一个胜利，此胜利堪与赫拉克利亚和奥斯库鲁姆的胜利相比，不过每一新胜利都消耗他再行进取的资源，而且很明白罗马人现在自觉是个强者，他们正以无畏的耐性去等候最后的胜利。希腊君主懂

① 这些数目似属可信。罗马记载指明双方各损失一万五千人，可能把伤亡并计在内；较晚的记载竟谓罗马方面死五千人，希腊方面死两万人。旧说可加核对的寥寥无几而此为其一。我们所以在这里提到这些记载，为的是表明列举的数目殆无处可信，这些数目经编年史家之手，虚妄迅速增多，有如滚下山来的雪球。

得巧妙的游艺比赛，而且惯常实践，这样的战争却不属此类。这民族的后备力量充分而强大，一切战策上的思考只要碰到它就成为齑粉。皮罗斯灼见当时的状况：他厌倦他的胜利，藐视他的盟友，他所以仍然坚定不移，只因为迫于他那军人的荣誉，他必须使那些受保护者安然免于蛮族的侵凌，才能离开意大利。他性情急躁，由此可以假定，只要有借口，他必乘第一个机会摆脱这繁重的义务；西西里的事不久便给他一个离开意大利的机会。

阿加托克勒斯死后(465 年即前 289 年)，西西里的希腊人已无任何领袖。在希腊人的城市里，当碌碌无能的煽惑家和僭主此起彼伏之时，昔日主宰西端的迦太基人却在扩张他们的版图，毫无阻碍。阿克拉加斯归降他们以后，他们以为时机已至，现在应取最后的步骤以达到数百年来所抱的目的，使全岛臣服于他们的统治； 419
他们便开始进攻叙拉古。此城昔日曾以其陆军和舰队与迦太基共争此岛的主权，后因内讧迭起，政府软弱，以致不得不寻求城垣的保护和外国的援助以策安全，除皮罗斯外无人能给予这种援助。皮罗斯是阿加托克勒斯的女婿，其子亚历山大当时已十六岁，是阿加托克勒斯的外孙。父子两人都是这个叙拉古王野心勃勃的计划的当然继承人；即使叙拉古的自由告终，它仍不失为一个西方希腊帝国的首都，足以偿其所失。所以叙拉古人一如塔兰托人，并且也在同样情形之下，自愿将他们的主权奉送给伊庇鲁斯王(约 475 年即前 279 年)；由于事情的巧合，一切似乎都结合起来，共助皮罗斯那些伟大计划的成功，因为他的计划原是以据有塔兰托和叙拉古为基础的。

意大利和西西里的希腊人联合在一人治理之下，其直接后果当然是他们的敌人也更密切地团结起来。迦太基和罗马现在把他们旧日的商约改变为一个对付皮罗斯的攻守同盟(475 年即前 279 年),盟约的大意如下:如果皮罗斯侵入迦太基或罗马领土,未被攻的一方应派援兵往被攻一方的领土,而且应自付援军的费用;在这种情形下,迦太基须供应运输船,并且以作战舰队助罗马,但船上水兵不必在陆上为罗马人作战;最后,两国相约,誓不与皮罗斯单独媾和。罗马人缔结这个条约的目的在于便利他们进攻塔兰托,切断皮罗斯与本国的通路;欲达到这两个目的,非有布匿舰队的合作不可;迦太基人的目的则在于使皮罗斯稽留于意大利,以便他们实行其对叙拉古的企图时,不受干扰。[①] 因此保卫意大利与西西
420 里之间的海面,是符合两国利益的。一支有军舰一百二十艘的强大迦太基舰队,在海将马哥率领下,自奥斯提亚开往西西里海峡。马哥之所以前往奥斯提亚似乎是缔结那项条约。马默提人曾肆虐于梅萨那的希腊人,以为皮罗斯如果成为西西里和意大利的主宰,他们必受应有的惩处,所以他们很亲密地依附罗马人和迦太基人,为他们自己确保西西里一侧的海峡。同盟国也很想控制彼岸的雷吉翁,只是罗马绝不能宽恕坎帕尼亚戍兵,但罗马人与迦太基人的联军企图以武力攻取此城,未能成功。迦太基舰队从那里开往叙拉古,由海上进行封锁,与此同时一支强大的腓尼基陆军开始由陆路攻城(476 年即前 278 年)。皮罗斯非在此时出现于叙拉古不

① 后世罗马人对于这个同盟的说法,似乎以为罗马故意不要迦太基人来援意大利,现今的罗马人也持这种说法。这不合于理,而且也与事实不符。马哥所以不在奥斯提亚登陆,只因为拉丁姆绝未受皮罗斯的威胁,因此无须迦太基人援助,而非因为罗马人有此预见;迦太基人确曾在雷吉翁城下为罗马人作过战。

可;可是意大利现在的局势又少不得皮罗斯和他的军队。476 年即前 278 年的两个执政官,一个是盖乌斯·法布里奇乌斯·卢斯奇努斯,一个是昆图斯·埃米利乌斯·帕普斯(Quintus Aemillu Papus),两人都是久经考验的将军。他们已经发动一个新战役,来势甚猛;罗马人迄今在这战争中虽然有败无胜,可是感到疲惫而渴望和平的却不是他们,而是战胜者。皮罗斯又做了一次尝试,企图取得一个条件尚可的妥协。一个卑鄙小人向执政官法布里奇乌斯提议毒杀皮罗斯,而必以给予重赏为条件,执政官把此人送交皮罗斯。皮罗斯为表示感激,不但把罗马俘虏一概释放,不取赎金,而且深为其英勇敌人的高尚行为所感动,以至于提议缔结一项非常公平而又优厚的和约,作为报酬。基尼亚斯显然又去罗马,迦太基似乎很怕罗马勉强媾和。可是元老院仍不为所动,重申已往的答复。伊庇鲁斯王如果不愿叙拉古落入迦太基人之手,从而使他的伟大计划遭到挫折,那么,他除背弃其意大利盟友,暂时仅限于占据最重要的海港,尤其是塔兰托和罗克里外,别无他途。卢卡尼亚 421
人和萨谟奈人恳求他不要见弃而未果;塔兰托人求他履行其为统帅的义务,否则就应将该城归还给他们,结果也徒劳。对于他们的怨言和责骂,伊庇鲁斯王如果不是以将会有好日子到来的抚慰之言回答他们,就是唐突无礼地遣他们出去。于是米洛留守塔兰托,王子亚历山大留守罗克里;皮罗斯则率其主力于 476 年即前 278 年春在塔兰托登船,往叙拉古而去。

皮罗斯既然离开,罗马人在意大利便可为所欲为;在开阔的平野上,无人敢反抗他们,他们的敌人处处不敢越其城寨或森林一步。然而,斗争的结束并不如逆料的那样迅速,部分的原因是山地战和围攻战的性质所致，也由于罗马国力消耗所致，自473—479年即前281—前275年市民名册上人数少去一万七千名，可见其损失如何可畏。还在476年即前278年，执政官盖乌斯·法布里奇乌斯就得以用最优厚的条件，诱塔兰托的重要殖民城市赫拉克利亚单独媾和。在477年即前277年的战役中，战斗起于萨谟奈，罗马人冒昧攻打几座设防的高地，死者甚众；以后意大利南部也有这类战事，卢卡尼亚人和布雷提人均被击败。另外，米洛知道罗马人将袭克罗顿，乃自塔兰托派兵先事预防；不久以后，伊庇鲁斯戍兵竟能击败围攻之军，甚为得手。然而，罗马执政官终能用计诱戍兵开拔出城，而后占据这未有防御的城（477年即前277年）。比这更重要的是罗克里人屠杀伊庇鲁斯戍兵一事，他们以前曾把罗马戍兵送交皮罗斯，现在又以出卖弥补前一次的出卖。于是，整个南部海岸，除雷吉翁和塔兰托以外，全都落入罗马人手中。然而，这些胜利无裨于事。下意大利久已无力自保；不过，只要塔兰托一日在皮罗斯之手，使他能随时再启战端，皮罗斯便一日不算被平定，罗马人便不能心存围攻此城之想。攻城战术经马其顿的腓力
422 和围攻者德米特里乌斯之手，已大改旧观，罗马人与有经验和有决心的希腊猛将相抗衡，处于绝对不利的地位；就是姑置此点不论，要攻打塔兰托，必须有强大的舰队；迦太基条约虽允予罗马以海上援助，迦太基本身在西西里的事态使它绝不能给罗马这个援助。

尽管有迦太基舰队阻挠，皮罗斯仍能在西西里登陆，未遇阻碍；他一登陆，这里的形势即刻改观。他立即解了叙拉古之围，不久便把所有的自由希腊城市联合在他手下，听他支配，他统率西西里岛的希腊联军把迦太基人的领土几乎扫数夺去。迦太基舰队在

当时握地中海霸权，所向无敌。借舰队之助，迦太基人才勉强保住利利拜乌姆(Lilybäon)；马默提人在经常的袭击下仍能勉强据守梅萨那。在这种情形之下，依475年即前279年的条约，罗马倒是应该出援西西里的迦太基人，而迦太基人则不必以舰队助罗马人攻打塔兰托；可是没有一方很想维护自己盟友的势力，或使之扩张。迦太基人只在真实的危险已成过去之后才给罗马人以援助；在罗马人那方面也未做任何事情，以制止伊庇鲁斯王的撤离意大利，以及迦太基在西西里的势力衰落。诚然，迦太基公然破坏条约，竟向皮罗斯提议单独媾和，只要能据有利利拜乌姆，不受侵扰，他们就愿放弃西西里其他一切领土，甚至愿意提供金钱和战舰供皮罗斯使用，其用意当然在使他渡海返回意大利，再行对罗马作战。然而，迦太基人如果据有利利拜乌姆，伊庇鲁斯王如果离开西西里，迦太基人在这岛上的地位就会与皮罗斯登陆前相去不远；这是至为明显的。希腊城市如果无人援助，便毫无力量，失地必不难收复。所以，皮罗斯拒绝这对双方背信的提议，着手自建一支作战舰队。后世的人对此加以非难，这足见他们的无知和短见，此事不但有其必要，而且以该岛资源，一样易于成就。姑不论安布拉基 423
亚、塔兰托和叙拉古的统治者非有海军不可，他要征服利利拜乌姆，保护塔兰托，进攻迦太基本土，像以前和以后的阿加托克勒斯、雷吉卢斯和西庇阿那样成功，也非有舰队不可。478年即前276年夏，正是皮罗斯最接近得偿所愿之时，他亲见迦太基受了他的屈辱，他统治着西西里，因据有塔兰托而在意大利保有稳固的地位，新创的舰队可以连接、保卫和增进这些功业，它停泊在叙拉古港内，准备随时出发。

就皮罗斯所处地位而言，其真正缺点在于内政的不良。他仿照他所见的托勒密统治埃及的方式来统治西西里；他不尊重地方的规章体制，随时任用亲信做各城的长官，爱让他们做多长久就做多长久。他用朝臣做裁判官而不任用本地的陪审人员，他任意处人以籍没财产、放逐或死刑，甚至那些助他渡海前来西西里岛最为出力的人也不能幸免。他在各城驻兵，他不是作为一个民族同盟的领袖去统治西西里，而是像一个君主。他可能按东方和希腊的见解去办事，自以为是贤明的摄政王，也许他确实如此；可是，在其争取自由的长期殊死斗争中，希腊民族已失其守纪律受约束的习惯，今见皮罗斯把六将军的制度移至叙拉古，遂觉难以耐心忍受。不久以后，在这糊涂的民族看来，迦太基的羁绊似乎差强于这个新军人政府。各主要城市便与迦太基通音讯，甚至与马默提人相联络；一支强大的迦太基军队又敢重来此岛，处处受到希腊人的支持，进展甚速。皮罗斯与迦太基军战，“鹰”照常得胜，可是种种情形都显示此岛的人心态如何，伊庇鲁斯王离此之后，何事可能发生而且必然发生。

除了这第一个主要错误外，皮罗斯又犯了第二个错误；他带了舰队，竟不开往利利拜乌姆而开往塔兰托。鉴于西西里人心浮动，他显然应先把迦太基人完全逐出此岛，从而斩断那些失意者的最后依靠，然后再向意大利；当时意大利并没有什么可虑的，塔兰托
424 十分安全，其他盟友已被遗弃，无足轻重。476 年即前 278 年他离去意大利并不光彩，他的军人意识驱使他荣归故地，一洗前耻，这乃是可以理解的；当他听得卢卡尼亚人和萨谟奈人的诉苦，他未必不深觉痛心。可是皮罗斯一心想解决的问题，只有铁石心肠并能抑制

慈悲心甚至荣辱感的人，才能予以解决。皮罗斯却不是这样的人。

在叙拉古登船的不幸事件，发生于 478 年即前 276 年行将岁暮之时。在航程中，叙拉古的新舰队须与迦太基舰队激战，损失船只甚多。皮罗斯的离去和初战失利的消息都足以造成西西里希腊国的覆亡。消息传来，各城市无不拒付金钱，拒供军队给这个不在国内的国王。这个堂皇的国家，其灭亡竟迅速于其勃兴；这一方面，因为一切国家都唯人民的忠心爱国是赖，此王已损伤了臣民的忠君爱国之心，另一方面，因为人民缺乏舍身为国的精神，不肯为保全国家而暂时放弃自由。于是，皮罗斯的事业归于破灭，他的毕生计划一坏而不可收拾。自此以后，他变成一个冒险的军人，他自觉当年曾做过一番事业，而今无所作为；他现在作战，不以战争为达到目的的手段，而为的是以狂烈的赌赛来消遣散心，而且有可能时，就在混战中死得像个军人。伊庇鲁斯王来到意大利海岸，首先想占据雷吉翁，但坎帕尼亚人在马默提人的援助下击退侵犯，城下战事方酣之际，他正把敌方一个军官击下马来，自己却受了伤。另一方面，他袭取罗克里，该地居民曾屠杀伊庇鲁斯的戍兵，曾付出惨重代价。他劫掠此地珀尔塞福涅(Persephone)寺院里的丰盈财宝，以补充他那空虚的财库。于是他来到塔兰托，据说有步兵两万人，骑兵三千人。不过，这些军队不再是从前那些愿经战阵的老兵，意大利人已不再欢呼他们为救星，五年前他们迎接皮罗斯时所抱的信赖和希望今已消逝，他的同盟军人财两缺。

479 年即前 275 年春，皮罗斯出征，志在援救那被逼甚紧的萨 425
谟奈人，罗马人去岁曾在他们境内过冬；皮罗斯趁执政官曼尼乌斯·库里乌斯(Manius Curius)尚未与来自卢卡尼亚的同僚会师之际，强迫他在贝内文托附近的阿鲁西奴原野(Campus Arusinus)应战。他派一支军队攻打罗马军的侧面，该军黑夜行军于森林中，迷失道路，不能在决胜负的时刻到来；鏖战以后，战象军又复决定战局，不过战况却对于罗马人有利，战象军遇到驻守营垒的罗马弓箭手，便惊慌失措，竟向自己人冲击。战胜者占领敌营，获俘虏一千三百人和战象四头，这是罗马城初见大象；此外战利品不计其数，以后罗马把它变卖，以所得之款修筑一条水渠，把阿纽河的水从提布尔引到罗马城。皮罗斯既无扼守阵地的兵，又乏资源；他来意大利时，他的盟友马其顿王与亚细亚的王曾资助他整治装备，现在他向他们告急，可是就是在本国，也无人怕他，他的请求竟被拒绝。既无战胜罗马的希望，又因要求不遂而愤怒，他留兵戍守塔兰托，就在同年(479 年即前 275 年)亲回希腊，由于意大利情况稳定有序，希腊也许会比意大利能更快更早地给这个绝望的投机家以某种机会。事实上他不但很快恢复了自己国家的失地，而且又去夺马其顿的王位，并且不无成功。可是，一方面因为安提戈努斯·贡那塔斯(Ahtigonus Gonatas)采用一种沉静而谨慎的政策，另一方面更因为皮罗斯自己既暴躁，又不能自抑其骄气，他的最后计划又遭挫败；他仍打几次胜仗，可是不能得长久的胜利，竟在伯罗奔尼撒半岛的阿尔戈斯(Argos)死于一次微不足道的巷战之中(482 年即前 272 年)。

在意大利，贝内文托一役结束了战事，民族派人士最后的迷乱挣扎逐渐消逝。那个身兼斗士的君主，以其强大的武力，曾敢夺取命运的掌握权，他仍在人间的一日，他便据有塔兰托一日，去同罗马抗衡，甚至在他离去以后，情况也仍然如此。他离去以后，主和

派虽在塔兰托占据优势，但在城内代皮罗斯统军的米洛却仍不听
命于它；他让那些亲罗马的市民在塔兰托境内所另建的城堡中，随 426
意与罗马缔结和约，可是不许因此打开城门。但是皮罗斯既死之后，迦太基一支舰队开入港口，米洛见人民即将献城于迦太基人，他宁愿把城堡交给罗马执政官卢奇乌斯·帕皮里乌斯（Lucius Papirius，482 年即前 272 年），因此他和他的军队得以顺利离去。对于罗马人，这是绝大的幸事。根据腓力在佩林特和拜占庭，德米特里乌斯在罗德岛，皮罗斯在利利拜乌姆城下的经验看来，只要一个能自由通海的城市堡垒坚固、防务完善，当时的战术是否能迫它投降，很成疑问。如果塔兰托对于在意大利的腓尼基人的态度，变得有如利利拜乌姆对于西西里的腓尼基人，那么，情势将会发生怎样的变化！然而，事已成就，无法挽回。迦太基的海将一见城堡掌握在罗马人手中，便声明专为依约协助盟友攻城而来，然后扬帆向非洲驶去。罗马遣使者到迦太基，对于企图占领塔兰托一事要求给予解释，并提出抗议；使者带回来的答复，仅为立誓旦旦，证明前言之不谬，说这确是出于好意；因此罗马人一时不得不以此为足。可能有移民居间调停，塔兰托人从罗马那里取得恢复自治之权，不过他们须交出武器和船舶，拆毁城垣。

在塔兰托成为罗马属地的那一年，萨谟奈人、卢卡尼亚人和布雷提人也终于归顺罗马。布雷提人有个悉拉（Sila）森林，饶木材之利，对于造船关系重要，现在不得不把一半割给罗马。

十年来藏在雷吉翁的匪帮不但因曾破坏军人的誓言，而且也因曾杀害雷吉翁的公民和克罗顿的戍兵，终于受到应有的惩罚。在这一事中，罗马在此所维护的，也正是希腊人对于蛮族的共同正

义事业。叙拉古新主希耶罗因此输饷派兵，以助罗马人攻雷吉翁；他又配合罗马征讨雷吉翁戍兵的军事行动，攻打那些与他们同罪
427 同种的梅萨那地方的马默提人。围攻梅萨那是个旷日持久的事。反之，雷吉翁的变兵虽长期顽抗，罗马终于在484年即前270年攻陷此城，未死的守兵在罗马城的市场上受鞭笞和斩首之刑，旧居民被召还家，尽可能恢复旧有产业。于是，在484年即前270年意大利全境都归顺罗马。独有萨谟奈人反抗罗马最为顽梗，他们不顾正式所结的和约，仍做“盗匪”，继续斗争，以至于到了485年即前269年，罗马又须派两名执政官前去攻打他们。但就是最高尚的民族气节——绝望的勇敢，也有完结的一日；刀剑和绞架也终于为萨谟奈山区带来平静。

为保持这些巨大的略取地，罗马开设一些新殖民地：卢卡尼亚的佩斯图姆和科撒（481年即前273年）；控制萨谟奈、贝内文托（486年即前268年）和埃色尼亚（Aesernia，约490年即前263年）；对付高卢人的前哨阿里米努姆（Ariminum，486年即前268年），皮塞努姆的费尔蒙（约490年即前264年），以及市民殖民地新卡斯特鲁姆（Costrum Novum）。罗马人准备延长南大道，此道在贝内文托堡垒处有一个新的中间站，位于阿普利亚与维努西亚之间，远属塔兰托港和布林迪西乌姆，因为罗马的政策已选定布林迪西乌姆为与塔兰托相竞争的商业中心，且继承其地位，所以也准备在这里殖民建筑这些新城堡和新道路必须侵削小部落的领土，于是又引起小规模的战争；485年即前269年和486年即前268年与皮塞努姆人交战，他们中的一批人被迁到萨勒努姆（Salernum）；487年即前267年和488年即前266年与萨伦丁人（Sallentine）交

战;487年即前267年和488年即前266年与翁布里的萨西纳特人(Suzzinates)交战,此族在塞农部被逐后似曾占据阿里米努姆地方。有了这些建设,罗马的领域扩展到下意大利内地和整个意大利的东海岸,大致从爱奥尼亚海直抵凯尔特边境。

意大利便这样统一在罗马的统治下。在叙述其政治制度以前,我们仍须看一看第四、五世纪的海权关系。在这时期,在西部海域争夺霸权的,主要是叙拉古和迦太基。通盘看来,尽管狄奥尼 428
修斯(348—389年即前406—前365年)、阿加托克勒斯(437—465年即前317—前289年)和皮罗斯(476—478年即前278—前276年),在海上曾一时大获成功,迦太基终占优势,叙拉古却日益衰落,沦为二等海权国。埃特鲁里亚已全失其海上的重要地位,迄今属于埃特鲁斯坎人的科西嘉岛即使没有全为迦太基人所占,也处于他们海上霸权的控制之下。塔兰托曾一度扮演重要角色,可是罗马把它占领之后,它的努力便归瓦解。在自己的领海里,英勇的马赛利亚人仍能保持其地位,可是对于意大利领海内的事态,他们不能发生重要的影响。至于其他航海城市,我们还没有必要加以认真的考虑。

罗马也不免遭同样的厄运。它自己的领海也受外国舰队的控制。固然,此城从一开始就是一个航海城市,在其壮盛的时期,它绝未背弃古代的传统,以至于完全忽视其海军,亦未愚昧到自愿成为一个单纯的大陆国家。拉丁姆出产最优良的造船木材,其质地远胜于下意大利那种名产;罗马又永设有船坞,可见罗马总未忘情于自建一支舰队。然而,国王被逐,罗马-拉丁同盟发生内讧,对埃特鲁斯坎人和凯尔特人的战事的失利,罗马处于危急存亡的关头,对于地中海的局势难以多所关注;因为罗马政策日益确定地趋向于征服意大利大陆，它的海军力量便不再发展。迄至罗马纪元四世纪末，除一只罗马战船载运取自维爱战利品中的供献至德尔斐（360 年即前 394 年）外，拉丁战船不见于记载。安提乌姆人诚然仍用武装船只从事商业，而且遇有机会也常做海盗营生；"第勒尼安海盗"波斯图米乌斯（Postumius）可能是一个安提乌姆人，于 415 年即前 339 年前后为提摩伦（Timoleon）所擒。不过安提乌姆不在当时海权国之列；由安提乌姆对罗马的态度来看，它如果真是
429 个海权国，绝不能对罗马有利。405 年即前 349 年，正当凯尔特部众横行蹂躏拉丁土地的时候，一支希腊舰队，可能是西西里舰队，也在劫掠拉丁沿海。可见 400 年即前 350 年前后，罗马海军力量衰落到如何地步。次年 406 年即前 348 年，无疑地，在这些灾祸的直接影响下，罗马人与迦太基的腓尼基人各代表本国和同盟属国，缔结了一个通商航海条约，罗马文献原本传到今日的以此为最古，不过仅是希腊文本。[①] 罗马在这条约里应允，除迫于不得已，航行不得超逾邦角（Cap Bon）以西的利比亚海岸。另一方面，在西西里，只要它还是迦太基的属地，他们就取得与土人相同的自由贸易权；在非洲和撒丁岛，他们至少取得依定价出卖商品之权，定价须经迦太基官方赞同和迦太基民社保证。迦太基人似乎已经取得自由贸易权，至少在罗马是如此，也许在拉丁姆全境也是如此；不过，他们表示不凌虐拉丁属国的人民，即使他们成为敌人来到拉丁土

① 在波利比乌斯史籍中提到的文件，我把他归在 406 年即前 348 年，而不归在 245 年即前 509 年，其理由已述于拙著《迄至恺撒时代的罗马编年史》(*Die Römiche Chronologie bis auf Caesar*)，第 2 版，柏林，1859 年，第 320 页以下。

地,也不在该地宿夜,换句话说,他们做海盗时不侵入内地,也不在拉丁人的陆地上建造堡垒。罗马与塔兰托缔结的上述条约似可归在这个时期,关于这条约的起源日期,人们只说是在472年即前282年很久以前。依照这条约,罗马人应允,不航行到拉金岬以东,为交换塔兰托方面的何种让步,载籍却无明文。这一条款把他们完全排斥到东地中海之外。

这些失败都不亚于阿利亚河畔的败仗,罗马元老院似乎也把它看成是这样;与迦太基和塔兰托结下这种屈辱条约以后,情况对于罗马转趋顺利,元老便全力利用这个时机来改进他们那受压抑的海上地位。最重要的沿海城市无不有罗马的殖民地;凯雷的海 430
港皮尔基(Pyrgi)的殖民地可能即成立在这个时期;此外,415年即前339年设殖民地于安提乌姆,425年即前329年设殖民地于塔拉奇纳,441年即前313年设殖民地于蓬提亚岛(Insel Pontia),由于阿迭亚和基尔凯以前已接受殖民者,因此在鲁图尔人和沃尔西人的地区,一切知名海港现在都成为拉丁殖民地或市民殖民地;在奥陉克人地区,459年即前295年,设有明图尔纳和西努埃萨殖民地,481年即前273年,在卢卡尼亚沿海,设立佩斯图姆和科撒殖民地;在亚得里亚沿海,471年即前283年前后设立塞那·加利卡(Sena Gallica)和新卡斯特鲁姆殖民地,486年即前268年设立阿里米努姆殖民地,此外还有在对皮罗斯战争结束后即刻占领的布林迪西乌姆。这些地方都是市民殖民地或沿海殖民地[1],其中大

[1] 指皮尔基、奥斯提亚、安提乌姆、塔拉奇纳、明图尔纳、西努埃撒、塞那·加利卡和新卡斯特鲁姆。

多数地方的青年都免服兵役,专门从事防守海岸。同时,在下意大利,对于希腊人,尤其是对于拿波里、雷吉翁、罗克里、图里和赫拉克利亚等大城镇,给予优惠,而对于邻近的萨贝利人则否,以及同样的和在同样条件下允准的免向陆军提供支援部队的豁免权,使罗马在意大利沿海的罗网变得完整无缺。

罗马共和国的领袖人物的稳健政治家眼光足资后世人借鉴。他们以这种眼光看出,如果不把海军重新建立在令人不得不予以尊重的基础上,则这些沿海堡垒和沿海哨位就必然是难以济事的。征服安提乌姆(416 年即 338 年)以后,罗马人把许多可用的战船带到罗马城的船坞,为重建海军奠定一个基础;同时颁布的一条法
431 令规定,安提乌姆人应放弃一切海上通商活动[①],这彰明昭著地刻画出罗马人当时觉得自己在海上是何等软弱,他们的海上政策如何着重占据沿海地点。后来意大利南部的希腊城市,先是拿波里(428 年即前 326 年),在接受罗马的保护时,每一个城市依照盟约应向罗马交出若干战舰作为支援战争之用,这些战舰至少为罗马舰队的重建开了一个头。此外,在 433 年即前 311 年,依市民大会特别通过的议案,任命了两名水师统帅(*duoviri navales*)。在萨

① 此说既甚分明(李维,8,14,*iuterdictum mari Antiafi populo est*),本身又甚可信赖,因为安提乌姆不但有殖民者居住,而且那些在仇恨罗马情绪中成长的旧公民仍住在这里。此说自与希腊的记载不合,希腊记载谓亚历山大大帝(卒于 431 年即前 323 年)和围城者德米特里乌斯(卒于 471 年即前 283 年),均曾因安提乌姆海盗的事向罗马提出抗议。关于亚历山大的话与罗马遣使至巴比伦的话性质相同,来源或亦相同。围城者德米特里乌斯未尝见第勒尼安海,用一纸敕令压服那里的海盗,这倒很像是他的想法;安提乌姆人成为罗马公民以后,不顾禁令,一时暗中仍操旧业,这并非不可以设想;可是对于第二种说法,不可甚加信赖。

谟奈战争中，这些海军曾参加围攻努凯里亚。提奥弗提斯托斯(Theophrastos)在447年即前307年前后所著的植物史中提到罗马曾派遣一支由二十五只船组成的船队到科西嘉岛开设殖民地，甚至这件可注意的事也许就属于这个时期。可是，由448年即前306年与迦太基所订的新条约看来，我们可见这一切准备没有多少立竿见影的成绩。406年即前348年条约中关于意大利和西西里的条款仍旧未改。现在罗马人却不但不得航行于东部水域，就是以前允许他们航行的大西洋现在也成为禁地；罗马人又不得与迦太基在撒丁岛和非洲的属民通商，并且很可能也不得在科西嘉岛上定居[①]；结果只有西西里的迦太基属地和迦太基本土仍对他们的商业开放。我们在这里可以见到，随着罗马逐步扩张其沿海领土，海上霸主的忌妒心也随之增长。迦太基强迫罗马承认它的这种禁止制度，使罗马俯首帖耳地被排斥于东西两方的生产基地(有一个故事与此有关，据说有个腓尼基船夫不惜牺牲自己的船只，在大西洋引诱一只尾随他的罗马船，使后者搁浅在沙洲上，因此受公家的奖赏)，并且依约使罗马人的船只仅限于航行在狭隘的 432
西地中海——这一切都是为使自己的海岸免遭掠夺，并保护他们与西西里的重要商业关系。罗马人不得不顺从这些条件，可是他们却努力不懈，想把他们的航海业从无能为力的状态里拯救出来。

① 据塞尔维乌斯(Servius，《埃涅阿斯纪》注疏，4，628)说，罗马与迦太基的条约里规定，罗马人不得践踏(更确切地说是"占据")迦太基土地，迦太基人也不得践踏(更确切地说是"占据")罗马土地，但科西嘉应继续中立于两国之间(*uf neque Romaniad litora Carthaginiensium accederent neque Carthaginienses ad/utora Romanorum—Corsica esset media inter Romanos et Carthaginienses*)。这里所述似与此有关，罗马殖民科西嘉一事似为此条约所阻。

在这方面采取的一个深刻有效的措施是，于 487 年即前 267 年设立海军司令四人(*quaestores classici*)：第一个驻在罗马的港口奥斯提亚；第二个驻在罗马属地坎帕尼亚的首府卡勒斯，监督坎帕尼亚和大希腊的港口；第三个驻在阿里米努姆，监督亚平宁山后面的港口；第四个的管辖区域不明。这几个常任新官的设置，用意不在使他们独任防海的事，而在他们协理海防，并组织一支保护海岸的海军。罗马元老院的意图是彰彰明甚的：恢复他们在海上的独立，截断塔兰托的海上交通，对来自伊庇鲁斯的舰队封锁亚得里亚海，摆脱迦太基的制海权。在已经说明过的上次意大利战争中，他们与迦太基的关系就有这种蛛丝马迹可寻。皮罗斯固然曾逼迫这两个大城再缔结这最后一次的攻守同盟，可是对这个同盟的缺乏热心和背信弃义，迦太基人想占据雷吉翁和塔兰托，战事告终后罗马即刻占领布林迪西乌姆，这些都分明表示他们两方的利益已如何互相激烈地冲突。

罗马当然想从希腊的海权国家中寻求援助，以抗迦太基。它与马赛利亚密切友好的旧关系仍未断绝。罗马人征服维爱以后，送供献于德尔斐，供品即存储在马赛利亚人的宝库中。凯尔特人攻陷罗马以后，马赛利亚募集款项以赈济遭火灾的人，市财库率先带头；为报答起见，罗马元老院给马赛利亚商人以种种商业上的优惠，举行赛会时，使马赛利亚人坐上座(*Graecostasis*)，位于罗马广场上元老院议员所在的高坛之侧。与此同类的有两个通商友好条
433 约：一个是 448 年即前 306 年罗马人与罗德岛缔结的，一个是不久以后与伊庇鲁斯海岸上的重要商业城市阿波罗尼亚缔结的；特别是皮罗斯战争告终后罗马与叙拉古之间随即发生的密切关系，这

对于迦太基有很大的危害。

意大利海上霸权的危机即将达到紧急关头；陆上竞争的胜负已经决定。意大利在罗马民社统治之下首次成为一个统一的国家。罗马这次撤销意大利其他民社的何种政治权柄而将它们一手独揽，换句话说，罗马这种统治权究与何种政治思想联系在一起，在任何地方都没有明确提到过；对于这种概念还缺乏一种更具特色、更考虑明智而又普通有效的表述。[①] 特权可以证明属于罗马的，仅有作战权、缔约权和造币权。没有一个意大利民社可以对外国宣战，或与外国交涉，或铸造货币流通于世。反之，每次宣战，每个国家条约，只要为罗马人民所议决，便在法律上有约束意大利其他民社的效力，罗马的银币依法流通于意大利全境。为首的民社的明述权限似乎不再进一步扩大。可是这几种权利实际上同广泛得多的统治权联系在一起。

意大利人与为首的民社所处的关系，具体地说来，显出很大的 434
不平等。由这方面来看，除罗马的正式市民外，有三种臣民阶级可分。首先是那样一种，它尽可能地扩展，而对于罗马民社来说，城市共和体的观念又不致完全抛弃。旧的市民领域迄今主要是因个人分得土地而扩大，以致南埃特鲁里亚迄至凯雷和法勒里，以及从赫尔尼基人那里夺来的沿萨柯河和阿纽河的地段，萨宾地区的大

① 臣属民族有义务“以友好的方式维护罗马人民的主权”(*maiestatem Populi Romani Comiter Conservare*)，这个条款的确是这种最和缓的臣属关系在文字上的提法，但可能到很晚时期才见出现(西塞罗，《为巴尔博辩》，16，35)。私法上的“受保护者”一词(Klientel)，意义模糊但恰能表示这个关系(查士丁尼，《法律汇编》，49，15，7，1)，较早时很难正式应用于此。

部分，以及前沃尔西人的大片地区，尤其是彭丁平原，都被改变为罗马农耕地，对于其地居民也多半建立起新的市民行政区。同样的情况在沃尔图努斯河畔、从卡普亚分出去的法勒纳尔行政区中已发生过。所有这些住在罗马以外地方的市民缺乏自己的公共组织和自己的行政机关，在指定的地区，最多出现过市集点（*forat Conciliabula*），被派往上述提到过的所谓沿海殖民地去的市民所处的境况也相去不远，他们仍然保有罗马的正式市民权，而他们的自治机构并无多大意义。在本时期将近结束时，罗马民社似已开始对于同一民族或血缘相近民族的、最邻近的非正式公民社团，给予正式市民权。这种情况大概最先发生在库斯图鲁姆[①]，同样，在拉丁姆本部，其余的非正式市民社团大概也如此，在本时期终了时（486 年即前 268 年），这种情况也扩大到萨宾城市，这些城市在当时无疑已经大部拉丁化，而且在最后几次苦战中已充分表现其忠诚。按照以前的法律地位应当属于这些城市的有限自治权，在它们被接纳入罗马公民团以后，仍然保留给它们。存在于罗马正式市民内部的特别公共组织，更多地是从它们当中，而不是从沿海殖
435 民地中形成，从而罗马的自治市制度也逐渐形成。因此，在本时期结束时，罗马的正式市民团向北扩大到凯雷附近，向东到亚平宁山，向南直抵塔拉齐纳，虽然这里谈不上有什么真正的“界线”，虽然有些加盟城市如提布尔、普雷内斯特、席尼亚、诺尔巴、基尔克都

① 库斯图鲁姆最先获得非正式市民权，它又最先以此换得正式市民权，此事本身是可能的，大约是因为这个原因，而不是那个原因，该城被西塞罗（《为穆伦那辩》，8，19）称为 *munieipium antiquissinum*（最古的自治市）。

在这条界线以内；在这条界线以外的居民，如明图尔纳的西努埃萨的、法勒尼地区的、塞那·加利卡城的，以及其他地方的居民也都有正式罗马公民权；此时罗马农家可能已遍布意大利，有的孤立独处。

在臣属的民社中，非正式公民(*cives sine suffragio*)，除选举和被选举权以外，就权利和义务而言，与正式公民相同。他们的法律地位由罗马人的大会，以及由年选执政官为他们颁布的规范来决定，此时毫无疑问主要是以迄今的制度为依据的。为他们审理案子的是罗马执政官，或者每年派到各城镇去的“代表”(*praetecti*)。它们中情况较好的，例如卡普亚城，可以保持自治，从而可以继续使用本地语言，保有专管征募和征税的官吏。权利较差的城市，如凯雷，自己的自治权被剥夺，毫无疑问，在各种臣属形式中，以这种最为压抑。如上所述，在本时期终了时，已经显现出至少把那些事实上已经拉丁化的民社纳入正式公民团的做法。

在臣属的民社之中，以拉丁各城的民社最受优待，最为重要。罗马在意大利内外所创立的自治民社即所谓拉丁殖民地获得为数可观的增长，而且由于同样性质的新殖民地的设立而更有增无已。此等起源于罗马而享有拉丁权利的新城市民社日益成为罗马统治意大利的主要支柱。然而，这些拉丁人却不是那些在雷吉尔湖畔和特利法努姆与罗马人作战的拉丁人。他们不是阿尔巴联盟的旧成员。那些拉丁人从一开始就自以为即使不比罗马民社更好，也 436
与它相等，他们还觉得罗马的统治是一种难堪的压迫；如同对皮罗斯开战之初针对普雷内斯特颁布的非常严厉的安全保障措施，以及那些可以证实为长期反复不已的冲突，尤其是与普雷内斯特人发生冲突所证明了的。这个古老的拉丁姆，从本质上说，如果不是被淹没了，就是融合于罗马，除了普雷内斯特和提布尔例外，只有少数非常微不足道的在政治独立的民社。共和晚期的拉丁姆又几乎全为自始即尊罗马为其首都和母国的民社组成，它们在语言不同、特性各异的地区中，仍依恋那同语言、同法律、同风俗的罗马；作为四周乡曲中的小僭主，他们无疑须依赖罗马才能生存，一如前哨须依赖中军；最后，因为罗马公民资格的实例与日俱增，他们与罗马人平权，范围虽有限制，所得利益却始终甚为重大。例如罗马通常把领土分给他们一份，专归他们使用，他们与罗马市民同享租佃国家土地之权。当然，一种危险也由此而生，成为罗马人的威胁。我们据罗马共和时代维努西亚的铭文，以及不久前出土的贝内文托铭文[①]，可见维努西亚如同罗马一样，也有平民阶级和保民官；以及至少在汉尼拔战争前后贝内文托的长官也挂执政官衔。这两个民社都是最近设置的拉丁殖民地，享有较古老的权利；我们知道，五世纪中叶时曾有何种奢望使他们骚然不安。这些所谓拉丁人源出于罗马市民团，自觉在一切方面与他们平等，今见自己在联邦中权利较低，不能不心中不悦，力争完全的平等。因此，元老院竭力削减拉丁殖民
437 地的权利和特权，不论它们对罗马如何重要，并尽可能地把它们的地位由同盟变为臣属，只要不致泯灭它们与意大利境内非拉丁民社的界限。拉丁联盟本身被废，各民社丧失其政治上最重要的特权，以及旧日的完全平等权利，上文已经叙述过。意大利完全被征服以后，罗马人又采取一个步骤，开始限制迄今未受触动的拉丁个

① *V. Cervio. A. f. cosol dedicavit and Iunonei Quritei sacra*，*C. Falcilius L. f. consol de dicavit*.

人的私权，尤其是他们自由移居的重要权利。486年即前268年创立的阿里米努姆民社和以后设立的一切自治民社，其优于其他臣属的特权仅限于在私权方面即在买卖、交换和继承遗产方面，[①]享有与罗马民社的市民平等的权利。大概在同一时期，对迄今以前设立的拉丁民社所给予的完全迁徙权，逐步演变而成为允许它的每一个公民由于移居罗马而取得完全的市民权，对于以后设立的拉丁殖民城市，仅限于在本乡本土曾充任最高职务的公民；只有这些人才允许，以他们的殖民地公民权换取罗马的公民权。罗马的地位发生根本性变化，由此清晰可见。当罗马仍与意大利的城市民社为伍的时候，尽管它居首位，它只是许多个中的一个，甚至有 438
民社参加罗马那无限的公民权时，人们仍公认那个接纳的民社获得利益。罗马给非市民一切便利使他们获得这种公民权利，但往往把

① 据西塞罗的证明(《为凯齐那辩》,35)，苏拉(Sulla)把从前给阿里米努姆的权利给予沃尔特兰人(Voltarraner)，这位演说家又说，这些权利指"十二殖民地"的权利，即他们没有罗马公民权，可是充分享有与罗马人通商的权利。所谓十二殖民地的权利究指何地而言，这问题比任何事都费周折，可是其答案却不必求诸远处。在意大利和在阿尔卑斯山内侧的高卢，几个不久又归消失的地方姑置不论，一共设置拉丁殖民地三十四处。最近设立的十二处——阿里米努姆、贝内文托、费尔蒙、阿塞尼亚、布林迪西乌姆、斯波勒提姆(Spoletium)、克雷蒙那(Clemona)、普拉森提亚(Placentia)、科庇亚(Copia)、瓦伦提亚(Valentia)、波诺尼亚(Bononia)和阿奎莱亚(Aquileia)，——就是这里所指的十二城。因为阿里米努姆在它们当中是最古老的城，而且这些新制度就是为它而建立的，也许还因为它是在意大利境外第一个设立的殖民地，所以这些殖民地的城市权利就被恰当地称为阿里米努姆权利。这同时又证明：阿奎莱亚设立以后，在意大利所设立的广义的殖民地一概都属市民殖民地一类，根据其他理由，这也是极有可能的。

与较早的拉丁城市相比，较晚的拉丁城市的权利究被削至何等程度，我们不能完全断定。通婚并非不可能，但当然未最后确定(狄奥多罗·西库卢斯,《文库》,第590页,62；梵蒂冈残篇，第130页，Dind)，如果通婚为原来同盟平等权利的一个组成部分，较晚设立的拉丁殖民地却无论如何也未能再得到此权利。

这种权利强加在他们身上作为惩罚。可是自从罗马民社成为唯一主宰，其他民社一概成为它的奴仆以来，情况已经发生变化。罗马民社开始慎守它的公民权，于是先停止迁徙完全自由的旧权利；可是当时的政治家很明智，至少仍使地位最高的臣属民社的达官显宦可以公开依法获得罗马公民权。这种做法使拉丁人觉得，罗马以前主要依靠他们才能征服意大利，现在已不复像往日那样需要他们。

最后，非拉丁的同盟民社的境况，不言而喻，受约束于各种各样的规范，而规范又由各种盟约所确定。许多这种永久盟约，如与赫尔尼基各民社的盟约已转变为与拉丁民社一样，地位完全平等。其他的盟约，情况就不是这样，如拿波里、诺拉和赫拉克利亚的，则给予比较广泛的权利。另一些其他的，如与塔兰托和萨谟奈所订的条约，则可能接近专制。

作为一般性原则，我们可以假定，不但拉丁人和赫尔尼基人的民族联盟，而且所有意大利人的民族联盟，尤其是萨谟奈人和卢卡尼亚人的联盟，都依法解散，或至少被削弱到无足重轻的地步，并且一般而论，意大利任何民社都无权与其他民社交往或通婚姻，或甚至进行共同商议和做出决议。此外，罗马已采取种种办法，使意大利一切民社的防卫能力和纳税能力一概由为首的民社处置。虽然一方面市民民兵，另一方面有“拉丁名称”的分队被视为罗马军
439 队的主要组成部分，并且他们这样大致仍能保持其民族性而不失，因此不仅罗马的非正式公民也被召参军；而且，毫无疑问，非拉丁的加盟民社，如希腊人的民社，也负有须供应战船的义务，或者，如对于阿普利亚人、萨贝利人和埃特鲁斯坎人立刻规定的或逐步规定的，把他们列入有遣兵助战义务的意大利人名册（*formula*

togatorom)。就一般而言,这种派兵支援义务与拉丁民社的无异,似乎都是固定的,可是遇必要时,为首的民社可以做额外的要求。这同时也含着一种间接税,因为每一民社须自备援兵所需的武装和粮饷。因此,下列各事并非出于偶然,最贵的作战必需品主要由拉丁民社或非拉丁的同盟民社来负担;海军大部分由希腊人的城市来维持;而在骑兵方面,同盟民社须供给三倍于罗马市民兵的数额,至少以后是如此;至于步军,同盟援兵不得超过市民军队的老规矩的原则,仍长期有效。

具体结合和维系这种组织结构的制度,由传至今日的寥寥记载很难加以确定。甚至三个臣属类别彼此间的数量之比,及其与正式公民的数量之比[①],我们也不能做出比较近似的断定;同样, 440

① 关于这个比数,我们竟不能提供满意的情况,实可惋惜。罗马王政末年能从军的市民,我们可以估计为两万人。然而,自阿尔巴的陷落至维爱的征服,罗马的直辖领土没有很大的增加;我们所知的事实全与此相符,259 年即前 495 年前后初立二十一部,并没有扩张罗马疆域的事,迄于 367 年即前 387 年罗马未尝成立新部。一个地区的狭窄疆土不过区区三十平方英里,而据民情调查的流传记载,第三世纪下半叶,罗马能从军的市民约在十点四万与十五万人之间;362 年即前 392 年,关于此年有个特殊记载,为数竟达一百五十二人和五百七十三人。即使出生超过死亡再加上移民和释免奴,我们无论如何从宽计算,仍绝对不能使二者相调和。这种数目与塞维民情调查所列市民八十四人,七百人同属一类;所有以往四次五年一次的塞尔维乌斯·图利乌斯人口调查的旧清单,均附有极多数目字,不过是貌似文献的流传材料而已,它们喜欢详列数目,可是即由此露出马脚。

到了第四世纪下半叶,罗马才开始大规模扩张领土,于是市民人数突然大增。据可靠的流传材料,416 年即前 338 年前后,罗马市民共计十六点五万人,这是真实可信的,并且有一种记载说,十年前国民兵扫数被征召以抗击拉丁姆和高卢,第一次征兵共十个军团,即五万人;二说甚相吻合。第五世纪,罗马在埃特鲁里亚、拉丁姆和坎帕尼亚大拓疆土以后,能服兵役的市民数平均为二十五万人,在第一次布匿战争前夕,达二十八九万。这些数目很确实,不过因为另一理由而完全不能用于历史,这理由就是,他们无疑把罗马的正式公民,以及那些像坎帕尼亚人那样不在自己的军团中服役的"无选举权公民",例如凯雷人,都混算在一处,其实后者应当算作臣属(《罗马研究》,第 2 卷,第 396 页)。

各类别在意大利地理上的分布，我们对之也只有一知半解。另一方面，这个结构所根据的主导思想却极为昭著，不必特别详加叙述。首先，如前所述，罗马民社是个城市民社，这个执政民社可以通过安置非正式公民，以及授予非正式公民权利，来尽可能扩大其直接范围而不使罗马民社失其中央集权的地位。合并制度的进展既达其天然极限，也许还超过此极限，后加入的民社便不得不屈就臣属地位，因为纯粹霸主关系在内部根本不能永久保持。于是，并非由于横暴无理的垄断统治权，而是由于时势必然的重要因素，在执统治权的市民阶级以外，又生出一个臣属阶级。罗马为政治的首要策略，在于分化被治者，借助于解散意大利人的联盟，然后设立可能多的较小民社，按臣属种类的不同而定其统治压迫的轻重。正如加图治家，慎防奴隶彼此过于友善，故意在他们中间鼓动不睦和制造帮派，罗马民社也大规模实行此策。这个策略自欠完美，可是颇有成效。

441 罗马又扩大这个策略的用途，按照罗马的模式改造每一附属民社的法制，设置富家豪族的政府，这政府当然或多或少激烈反对民众，为物质利益和地方公益而指望罗马的援助。在这方面，最堪注意的例子是卡普亚所受的待遇；在意大利可能与罗马竞争的只此一城，罗马自始即以猜疑防范的手段对待它。坎帕尼亚的贵族取得特殊的法庭审判权，单独的集会场所，以及在一切方面与众不同的地位；他们甚至还获得不小的恩俸——其中一千六百人每年各得四百五十斯塔特（stateres），均由坎帕尼亚的财库负担。414年即前340年拉丁人与坎帕尼亚人共叛罗马，声势浩大，坎帕尼亚骑士拒不参加为叛变失败的主因；459年即前295年森提努姆一战也赖他们的骁勇搏斗而决定战局，使胜利为罗马所有；而在皮罗斯战争中，驻在雷吉翁的坎帕尼亚步兵却是首先背叛罗马的军队。489年即前265年沃尔西尼的遭遇就足以说明罗马人惯于乘属国内各等级的不和，通过袒护贵族阶级的做法为自己牟利的一个值得注意的事例。在那里也必然像在罗马那样，新旧市民互相对立，后者必然用合法手段来取得政治上的平等权利。因为这个缘故，沃尔西尼的旧市民请求罗马的元老院为他们恢复旧法制；在该城当权的一党当然认此事为叛国，于是对请愿者依法惩处。然而，罗马元老院却偏袒旧市民，该城却不肯顺从，元老院便不但用武力摧毁沃尔西尼那公认有效的民社法制，而且还铲平这埃特鲁里亚的故都，使意大利人目睹罗马专制的骇人明证。

可是欲垂古制于永久，专制君主却非宽和不可，罗马元老院饶有智慧，不至于忽略这个事实。因此，它对于属国的民社任它们保 442
有或向它们授予一种自治，在其中有独立的影子，能分享罗马军事上的胜利和政治上的成绩。最重要的是，在其中还包含自由民社的法制。然而在意大利同盟所及之地，并无希洛特人的民社（*helotenemeide*）。也因为这个缘故，罗马以史无其匹的聪明豁达，自始即放弃最危险的政府权力，即向臣民课税之权。它至多仅曾勒令所属凯尔特人各邑纳贡；意大利同盟所及之地并无须要纳贡的民社。最后，也因为这个缘故，从军义务虽一部分由臣属负担，但占支配地位的公民却绝未免除兵役；由人口比例来看，后者可能远较同盟军为多，而在同盟军中，一般拉丁人被征入伍的可能远过于非正式公民，或至少远过于非拉丁的同盟民社。因此，分拨由战争得来的利物时，罗马第一，拉丁人次之，也可以说是公平合理的。

罗马中央政府如何对那些须出援兵的意大利民社保持其监督和控制，其实是个困难问题，它一面设立四个意大利财务官(Quästuren)，一面把罗马监察官的职权扩大到一切附属城市，从而解决了这个问题。舰队财务官除有其直接任务外，兼掌向新获领土征税，管理新同盟的捐输。罗马官吏依法律的指定，住所和辖区均在罗马城外，以他们为最早，他们是必要的中间一级，居于罗马元老院与意大利各民社之间。此外，如较晚的市法制所示，在每一意大利[①]民社，无论官府的名称为何，每四五年须举行财产估计一次；这个制度必然来自罗马的建议，其唯一目的只能
443 在于，以全意大利人力和财力的状况供元老院参考，与罗马的人口调查相当。

最后，住在亚平宁山以南迄至耶皮基地岬和雷吉翁海峡的各民族，在军事和行政上既全归于统一，他们因此新得一个通用名称——即“穿长袍的人”(*togati*)，这是罗马国家法中最古老的命名，又称“意大利人”，这原是希腊人所用的，以后成为普通流行的名称。居于这些地方的各民族所以最初能自觉和自认为一致，因为他们同与希腊人有别，而且首先还因为他们共抗凯尔特人；尽管一个意大利民社虽常与凯尔特人联合以对付罗马，并乘机争取恢复独立，可是久而久之，健全的民族观念必然得势。直至后世，高

---

① 不但每一拉丁城市如此；因为监察官之职或所谓“五年一任官”(Quinquennalität)，也见于那些法制不按拉丁体制的民社，这是人所共知的。

卢区域在法律上仍与意大利有别，所以“穿长袍的人”这个名称也与凯尔特“穿长裤的人”(*bracati*)有区别；抵抗凯尔特入侵一事，在成为罗马一手掌握全意大利兵力的理由或借口的过程中，大概起过重要作用。因为罗马人一方面领导着伟大的民族斗争，另一方面强迫埃特鲁斯坎人、拉丁人、萨贝利人、阿普利亚人和希腊人在于下文即将叙述的边界范围内集合在他们的旗帜下作战，而迄今动摇不定的、主要表现在内部的团结却获得了牢固的、国家法上的稳定；而意大利(Italia)这一名称最初仅属于今日的卡拉布里亚，甚至罗马纪元第五世纪希腊作家，如亚里士多德时仍这样沿用，现在却引申到“穿长袍的人”的全境。

这个由罗马领导的大防务同盟即新意大利，其最古边界在西海岸抵达阿努斯河下游[①]的里窝那区域，在东岸抵达安科纳上方的埃西斯(Aesis)。在这个界线以外的意大利殖民地，如亚平宁山 444
外侧的塞那·加利卡和阿里米努姆，以及西西里的梅萨那，在地理上都不算在意大利境内，即使它们如同阿里米努姆那样是联盟的成员，或甚至如同塞那那样，是罗马市民的民社，也不算是在意大利境内。亚平宁山外的凯尔特各邑，尽管也许有几个现已受罗马保护，更不能算到“穿长袍的人”那里。

于是，新意大利在政治方面成为一体，在民族方面也正在成为一体。占统治地位的拉丁民族业已同化了萨宾人和沃尔西人，并

---

① 标志着最早的疆界的，可能是位于两端的两个小地方，一个在阿勒佐以北，在通往佛罗伦萨的大路上，另一个在距里窝那不远的海岸上。里窝那稍南的瓦达溪与谷(Bach und Tal Von Vada)现仍称 *Fiume della fine*，*valle della fine*(Targioni Tozzetti, *Viaggi*，第 4 卷，第 430 页)。

且使单个的拉丁民社遍布意大利全境；这些萌芽发荣滋长，以致后来一切有权穿拉丁长袍的人莫不以拉丁语为国语。罗马人惯于把拉丁名字推广到提供援兵的意大利同盟体[①]，可见他们已明确认识到这个目的。不论从这个宏伟的政治结构中还可得出什么认识，都足以证明那无名的营造设计师的高明的政治见解；组成这个同盟的分子如此众多，如此多样，而以后遇到最沉重的震撼时，竟仍非常团结，可见成功对于他们的大业颇有影响。这个覆盖意大利的罗网张得既巧妙又坚固，自从它的纲维集中于罗马民社之手以来，罗马民社便成为一个强大国家。在最近几次战争中，它取代塔兰托、卢卡尼亚和其他国家，脱离那些业已泯灭的中小国家政权
445 的行列，而进入地中海国家的体系之中。481 年即前 273 年，埃及遣使由亚历山大城至罗马，罗马也遣使至亚历山大城，由于这两次的郑重遣使，罗马的新地位不啻得到正式承认，使者的任务原来仅在调整商业关系，但双方彼此通使却无疑是政治联盟的先驱。当时迦太基正与埃及政府争夺昔兰尼，不久以后又与罗马政府争夺西西里，马其顿也与埃及争夺希腊霸权，并且也就近与罗马争夺对亚得里亚海的统治权。新斗争在四面八方酝酿着，不能不互相影

① 诚然，从严格的正式用语来说，不是这样。意大利的全名见于 643 年即前 111 年的土地法第二十一行。同样，在该法律的第二十九行，*Latinus* 与 *peregrinus* 有区别，而在元老院的决定中关于 568 年即前 186 年的酒神节，这样说：*ne quis ceivis Romanus neve nominis Latini neve socium quisquam*。可是在普遍应用中，这三项中的第二或第三项常常被略去；除罗马人以外，有时只提到他们的 *Latini naminis*，有时只提到 *socii*（W. 魏森博恩，对李维，22，50，6 所作的注释），而意义却并无二致。*homines nominis Latini ac socii Italici*（萨卢斯特，《朱古达战争》，40）这个名称，本身虽不甚精确，在正式用语中很陌生，那里用的是 *Italia* 而非 *Italici*。

响；罗马既是意大利的主人，便不免被牵入这辽阔的范围，这个范围就是亚历山大大帝的胜利和计划为他的继承人所选定的角力场。

446

第八章　法律、宗教、兵制、国民经济和民族性

说到这个时期罗马国内法律所获得的发展，其最重大的具体改革要算是独特的对道德风尚的监督，它业已由民社本身，以及在属下的一级中，由任职官吏开始实施于单个的市民。官吏有权对扰乱秩序罪处以财产罚款(*multae*)，就是此事的萌芽。国王被逐后，凡超过两只羊和三十头牛的财产惩罚，或依324年即前430年民社法令，将牛羊罚处额折为现金以后，凡超过三千零二十利布拉拉森(Libralassen，一利布拉拉森约三十镑)的罚款，其决定权不久便经起诉而落于民社之手，从而使违法审判获得它们前所未有过的分量。扰乱秩序一词语义含混，人可以把任何罪状归入其中；罚款等级很多，人可以用高额罚款达到任何目的。这种武断的办法有危险性，于是又加上一个补救条件，凡罚额未经法律明文规定的，财产罚款不得逾被罚者财产之半，可是危险性不但未因此而被消除，且更显而易见。治安法即属于此类，自古以来罗马共和国即有极多的治安法。十二铜表法的几条禁令即是治安法，如不得雇人给死人涂油，不得附送一床以上的垫褥，或三层以上的紫边盖被，以及金器或迎风摇曳的花冠，火葬堆不得用加工过的木料，火葬堆上不得加焚乳香或洒没药酒，送葬队的吹笛人不得过十名，不

得用妇女代哭，丧事不得设筵宴——就某种意义而言，这是罗马最
古禁奢侈的法律。有些法律源于等级斗争，如禁止高利贷，禁人过
分使用公共牧场，以及据过多的可占公地为己有。诸如此类的惩
罚律至少明言罪状，且往往确定罚额；可是尚有比这些更为危险 447
的，即每一操审判权的官吏通常都有特权来惩罚扰乱秩序罪而课
人以罚款，如果罚款达到可供起诉理由的数目而被罚者不服，官吏
又有将此案提交民社的特权。罗马纪元第五世纪期间，已确立准
刑事的程序，来惩治男女不道德的生活方式，惩治垄断谷物、妖术
和其他类此的事。与此近似的是，起于此时的监察官准裁判权。
他们利用有权确定预算和市民名册之便，一方面任意课奢侈税，这
税只在形式上与惩治奢侈罚款有别，另一方面市民有被告做了有
伤风化的事情的，监察官可削减或撤销他们的政治特权。这种监
视已达到何等广泛的程度，可以从下述事例中概见：一个人对于自
有的田地怠忽耕种，也受此责罚；像普布利乌斯·科尔涅利乌斯·
鲁菲努斯（464、477 年即前 290、前 277 年的执政官）那样的人物，
因拥有价值三千三百六十塞斯特（三十镑）的银餐具，竟被 479 年
即前 275 年的监察官从元老名籍中删除。固然，按照一般适用于
长官法令的原则，监察官的判决仅在其任期间有法律效力，即一般
在以后五年内有效，其继续有效与否，则听下任监察官随意决定。
然而，监察官的特权非常重大，以至于借这种特权，他的官职原是
罗马一个地位和威望均属卑微的低级官吏，却一变而成为所有罗
马民社官吏中最高。元老院的统治主要以这种双重的高级与低级
的警示监察为基础，对民社及其官吏进行监察。这种专制统治常
带来许多利益，也发生许多弊端，罗马元老院的统治亦复如是；人

以为它弊多而利少，我们也无意加以反驳。可是我们不可忘记，在那虽实属表面但乃属严正和有力的道德之中，在那专属于这一时代并力行发展的公德心之中，这些制度尚未沾染任何下流的弊病；448 即使它们是压制个人自由的主要手段，它们也竭力维持罗马民社的公德心和旧有良好风俗和秩序的制度。

与此同时，人道化和近代化的趋势也缓慢而颇为明晰地见于罗马法律的发展。十二铜表中大多数的条款，只要是与梭伦法律相一致，因而有理由可以视为具体地革新的，都带有这种特征：例如对于自由结社权和根据此权而来的团体的自治所给予的保障；禁止犁平田间的界埂；减轻窃盗罪的惩罚，使此后未被当场擒获的窃贼付双倍赔偿即可自免于原告的诉讼。出于与此相仿的精神，债务法由珀特尔法予以减缓，可是还在一百年以后才实现，按照罗马最古的法律，财产主健在时有自由处置其财产之权，他死后的处置权须以民社同意为条件，现在这个限制已被取消，因为据十二铜表法或其解释，私人遗嘱与那经区会（kuria）核准的遗嘱有同等效力。对于取消氏族制，对于充分实行个人财产自由处置权，这都是一个重要步骤。一条法规对非常专制的父权予以限制，即人子若三次为其父所卖，便不再受他管辖，此后即得自由；不久以后，由于一个严格说来当然是这荒谬的法学推论，便有产生一种与此相联系的可能性，以为父亲可以经过解放而自动放弃他对儿子的管辖权。在婚姻法中，允许人行普通婚礼；真正的普通婚礼虽然与真正的宗教婚礼无异，必与完全夫权不可分离，可是在婚姻上许人没有夫权即可结成婚姻关系，却是松弛完全夫权的第一步。卡米利乌斯初入政界，出任 351 年即前 403 年的监察官时，创行老鳏夫税

(*uxorium*),这是用法律迫人结婚的第一步。

司法行政制度在政治上更为重要,而且也较易于改变,它经受了比法律本身更为彻底的变革。首先,习惯法写成法律条文,高级司法 449
权受重大限制,自此以后,无论民事或刑事诉讼,官吏断案不再按变化无常的习惯而按照条文的字句(303、304 年即前 451、前 450 年)。罗马于 387 年即前 367 年任命一个专掌司法行政的最高长官,同时又设立几个专司警务的官厅,所有拉丁民社在罗马影响之下,也纷纷照此设立警官,因此裁判得更为迅速,更为稳妥。同时,这些警务长官,即所谓市政官(Ädilen)当然立即取得某种裁判权。一方面,在公开市场上,特别是牲畜和奴隶市场上所做的买卖,平时都由他们做正式民事裁判官;另一方面在出钱息事和罚金案件中,他们常做初审裁判官,或做监察官,这在罗马法没有分别。因此,罚金法的掌握以及同样无限制但在政治上有重大意义的课罚金之权,大部归他们掌管。罗马又于 465 年即前 289 年开始任命三员夜警官(*tres viri nocturni* 或 *capitales*),其职也相仿,不过居次要地位,特别针对贫民阶级而设;他们掌夜间关于火灾和公安的警务和行刑的监督,不久以后,或甚至可以说自从一始,某种即决裁判权即与行刑监督相联结①。

---

① 前人以为,这三个夜警官属于最古时期,实为不确,因为最古的国家制度没有奇数的长官团(《迄至恺撒的罗马编年史》,第 2 版,柏林,1859 年,第 15 页注释 12)。公认可信的记载说,465 年即前 289 年才推举这种官吏(李维,11),此说可以径直保留;造作伪书的利奇纽斯·马克尔(Licinius Macer,见李维,7,46)通常可疑的推论,450 年即前 304 年以前已经提到此事,应予径直摒弃。无疑,起初时,三个夜警官由高级长官推举,后来其他大多数低级长官必也是这样。帕庇尔的公民投票把推举他们的权移归民社(费斯图斯,见《押款》,第 344 页);该法律的颁布无论如何总在设立 Fremdenprätur(外交督办)一职以后,最早也在罗马纪元第六世纪中叶,因为他称长官(prätor)为"在公民中断状的人"(*qui inten civis ius dicit*)。

最后，罗马民社的范围即日益扩大，为顾及诉讼人的方便，须有胜
450 任的裁判官驻在较远地方，至少处理较小的民事案件。这办法常普遍应用于无选举权的公民民社，也许甚至还推行于较远的正式公民民社[1]——这是罗马——自治市镇司法权与严格罗马市司法权平行发展的最早萌芽。

按当时的观念，民事诉讼包括大多数对本国人所犯的罪。在民事诉讼中，一件诉讼案往往分为两段来处理：先在长官面前确定法律问题（*ius*），然后由长官任命一个私人断定事实问题（*iudicium*）。无疑地，甚至在较早期，这种分法已成惯例，到王政废除以后，便为法律所规定。罗马的私法所以在逻辑上明白清晰，在实行上精确无讹，多半是这种区分之赐。[2] 关于财产诉讼，关于"占有"状况，迄今听长官任意独断，以后渐渐依照法律的条规，于是除所有权外又立定一个占有权，有了这个步骤，当权长官又失去其权力的一个重要部分。在刑事诉讼中，人民法庭迄今实行赦免特权，现

---

① 这种推论是由于李维的记述，他说安提乌姆殖民地建立二十年以后又有改组之事；不过罗马人虽然可迫奥斯提亚居民到罗马去解决一切讼案，却不能在安提乌姆和塞那一类地方运用同样的办法，这是不言自明的。

② 世人惯于称赞罗马人，说他们是富有法学天才的民族，把他们那高超的法律赞叹为神秘的天赐；这未尝不是因为他们自己的法制毫无价值而想借此解嘲。健全民族有健全的法律，病态民族有不健全的法律；以此语为过于简单的人，只要略看一看罗马人那种变化无常和甚欠发达的刑法，也可见这些混乱的观念的毫无根据。法学往往倚赖而且尤其倚赖一般政治状况，这一点姑且不论。罗马民法的优良以两事为其主因：其一，原被告均须说明要求和拒绝要求的理由，并且用正当而负责的形式把理由具体表示出来；其二，罗马人设立一个发展法律的永久性机构，并且把它即刻与实践联系起来。用前一种说法，罗马人防止律师的讼棍行径；用后一种方法，他们铲除无能的立法，只要这种事可以堵截；二者联合使用，他们尽可能满足两个互相矛盾的要求：即法律永远固定，以及法律永远须与时代精神相符。

在却成为受法律保障的上诉法庭。一个被告如果在审判后被长官定了罪而诉诸人民，这案情便在公众集会中讨论三次，宣判的长官为他的定谳辩护(*anquisitio*)，如果他在三审以后，仍在民社面前 451
重申他的要求，那么，在第四次审讯期，由人民对于定谳加以可否。减缓在所不许。同样的共和精神也存于几个原则之中；住宅是市民的保障，逮捕只能在门外执行，在侦查期间须避免置人于狱，每一被控而尚未定罪的市民可放弃其公民资格，以避免宣判的后果，只要后果仅涉及他的人身而无关他的财产。这些原则固然未制成正式法律，因而在法律上不能约束监察官，可是他们在道德上势力很大，所以极有影响，特别是对于死刑的限制。但即使罗马刑法引人注目地证明这时期的公德心很强，人道主义增长，可是另一方面，在实行上却颇受等级斗争之害。对于刑事案件，一切民社官吏都有对等的最初裁判权，结果，罗马刑事诉讼不复有办理起诉的固定官吏，也不复有任何郑重的预审侦查。并且因为刑事的终审裁判取立法方式，也经由立法机关，绝不否认其出于赦免特权的渊源，又因为宣告违誓罚款与刑事诉讼在外表上甚为相似，因而对它很有不利的影响，于是刑事案件的宣判不按固定法律，而视法官的无常好恶以为断。这种结果不是由于舞弊，而多半是由于法制所致。这样，罗马刑事诉讼毫无原则可言，而沦为政党的玩物和工具，因为这种诉讼虽首先为政治罪本身而设，却也适用于杀人放火等罪，而结果更不能使人原谅。而且那种诉讼法还很笨拙，它同共和时期对于非市民的傲然藐视结合起来，影响所及，于较正式的诉讼程序外，又容许对于奴隶和下贱人等实行一种速决的刑事诉讼程序，又称违警诉讼程序。在这里，关于政治诉讼的激烈论争也越 452

出天然界限，创为几种制度。罗马人所以在司法行政中逐渐离弃固定的道德准则，大半是这些制度所促成。

这一时期罗马人在宗教观念上的进步如何，我们不能详加考证。一般说来，他们一心固守其祖先的单纯信仰，既不流于迷信，也不流于不信。罗马宗教的基础本在化人间一切事物为神灵，到本期之末，这种观念仍活泼泼地盛行，这可以新“银神”(*Argentinus*)为证，这个神的产生大概是 485 年即前 269 年开始用银币的结果，它自然是较老的“铜神”(*Aesculanus*)之子。

罗马与外国的关系与前无异，可是在这里，尤其是在这里，希腊的影响却与日俱增。就在此时，罗马城才开始建崇奉希腊神祇的庙宇。最古的是卡斯托尔神庙，这是雷吉尔湖一战中许下的愿，于 269 年即前 485 年 7 月 15 日奉献。有一段神话与此相连，据说有人见罗马队伍里有两个魁梧少年参战，秀美迥异凡人，战事既毕，他们即刻牵着他们那汗流不已的战马到罗马广场旁边的尤图拿(Juturna)泉去饮水，同时报告大捷；这故事全无罗马的色彩，无疑是在很早时期模仿狄奥斯库尔神(Dioscuri)显灵的驰名故事编造而成。相传约一百年前，克罗顿人与罗克里人酷战于萨格拉斯河时，狄奥斯库尔神曾现身。罗马人不但也问卜于德尔斐的阿波罗，一切受希腊文化影响的民族无不经常这样做，而且不仅在特别胜利，如攻陷维爱以后，以战利品的十分之一奉献给此神(360 年即前 394 年)，而且在罗马城里为他修建一庙(323 年即前 432 年，于 401 年即前 353 年重修)。本期将近终了时，阿芙罗狄忒也受这种崇奉(459 年即前 295 年)。人们莫名其妙地认为她即是古罗马

的园圃女神维纳斯(Venus)[①];由伯罗奔尼撒的埃庇达罗斯(Epi- 453
daurus)祈求并隆重地引导到罗马的阿斯克拉皮奥斯(又称埃斯库拉皮乌斯)神(463 年即前 291 年)也受这种崇奉。罗马遇危难之时,常听有人发出零星的怨恨声,说外国迷信侵入罗马,所谓外国迷信大概指埃特鲁斯坎人的占卜术(如同 326 年即前 428 年),不过遇有这种事件,警察必然给予应有的注意。

另一方面,埃特鲁斯坎民族在政治上微不足道;人民富裕而怠惰,贵族所垄断的神学、无耻的宿命论、荒唐无意义的神秘主义、占算和乞食卖卜等都逐渐走向日后的高度发展。

据我们所知,祭司制度并无深刻的改变。465 年即前 289 年前后,罗马制定较严厉的法规,规定抽收诉讼税以支付公家祭祀费之用,可见国家的宗教预算有加于前,这是增加国家神祇和庙宇的必然结果。上文已经说过,等级不和造成恶果,其一就是人们开始让祭司团体取得过大的势力,并利用他们来取消政治行动,一方面动摇人民的信仰,另一方面使祭司有害地干涉国政。

在兵制方面,这一时期有全盘的改革。最古老的希意民族的军事组织大概与见于荷马时期的无异,以选拔最有名和最有力的通常为在马上作战的勇士为基础,造成一种特殊的先锋队;在以后的战争时期,这种古老的军事组织就被多里斯人大概纵深八层的重装步兵的方阵队取而代之。此后方阵队负战事的主要责任。骑

---

① 维纳斯以后成为阿芙罗狄忒,大概初见于本年奉献的神庙举行献神礼之时(李维,10,31;W. A. 贝克尔,《罗马城风土志》,莱比锡,1843 年,第 472 页;贝克尔,《手册》,1)。

兵则布置于两翼斟酌情形,或骑马或下马步行,多半留作预备队之用。大约同时,由这种阵法发展出马其顿的长矛方阵和意大利的分连队形,前者使横列加密加深,后者则分散横列,使之增多。首先将八千四百人的组成旧式 *legio*(大军团)分为两个各四千二百
454 人的 *legiones*(军团)。古代多里斯人的方阵完全以近战为基础,以长刀,尤其是长枪为武器,投射武器在战斗中却只居次要的附属地位。在分连队形中,戳刺用的长枪只限于第三队,第一和第二队不用长枪而用意大利特有的投射武器,即标枪(*pilum*);这是一根或圆或方的木杆,长约一公尺半,装一个三角形或四边形的铁尖。这武器的发明也许最初为防守营垣之用,可是不久即由后队移至前队,前进阵线距敌一二十步时将它们投向敌军队伍。同时长刀成为重要武器,其重要超过方阵兵的短剑远甚,因为一阵标枪的投射只是为长刀的砍杀先开一条路。此外,方阵好比是一根长枪,须即刻向敌人猛冲上去,故在意大利的新兵团中,比较小的单位在方阵体系中固然存在,但在战斗阵容中联系坚固而不可分离的小单位,在战术上却又是彼此分离的。这种密集方阵不仅如前所述,分为势均力敌的两半,而且这每一两半在纵深方面分为三队,第一队为前卫(*hastati*),第二队为中军(*principes*),第三队为殿后(*triarier*),每队都不甚深,通常大概只有四层;正面配置分为十连(*manipuli*),连与连之间和队与队之间各留有一个明显的空隙。这不过是一种个别化程序的推广;缩小了的战术单位的集体战斗退缩,单人的战斗处于显要地位,这从上述提到过的交手战和长刀战所起的决定性作用中可以显见。军队驻扎的地方,即使只驻扎一夜,也必须一无例外地有一堵正规的围墙,把那地方改建为一座堡垒。

另一方面，骑兵没有任何变化，它在方阵里原居次要地位，今在分连队形中仍居次要地位。军官任用制度也大致没有变更，只是现在统率正规军中的两个军团中的每一个军团的，都是同样多的军团司令官，与迄今指挥整个陆军的相同。因此，幕僚军官增加了一 455
倍，下级军官与军团司令官的明白区分大概也起于此时；下级军官原系手持长刀的普通士兵，须立战功才得居连长之位，由低级连长逐步升到高级连长；军团司令官则为整个军团的统帅，每军团各六人——他们无所谓升迁，他们通常都从上流阶级中挑选。往日不但下级军官一律为将军所推举，即幕僚军官亦然，而到了 392 年即前 362 年以后，幕僚中的几个职务由市民选举人员充任；在这方面，这必是一件意义重大的事。最后，旧日非常严厉的军中纪律依然如故。统帅仍旧可自由斩决任何在他帐下服役的人，不但可以笞打普通士兵，而且可以笞打幕僚人员。这种惩罚不仅施于犯了普通罪恶的人，而且如果一个军官违背所受的命令，或一队人马为敌所袭或临阵脱逃，也都受这种惩罚。另一方面，对于昔日的方阵部队，密集是一个重要因素，就是毫无经验的新兵可以行伍不乱，新兵制所需的训练却远较方阵制的严格和长久。然而，因为没有兴起一个特殊的军人等级，而军队仍旧是市民军，要做到长久严格的训练，最重要的方法是废除以前按财产多寡分士兵等级的办法，而按服役年限定其次序。现在罗马新兵入伍，先加入轻武装的散兵（*reraii*），专用投石的轮索在阵线外作战，由此一步一步地先升到第一队，而后升到第二队，终至服役既久，经验甚丰以后，加入殿后部队，该队人数最少，可是品格和精神却堪为全军的模范。

罗马民社所以在政治上能占优势，根本有赖这种优良的军事组织，这组织的优良则大半有赖军事上的三大原则，即保持后备
456 军，近、远距离战法并用以攻守兼施。以前骑兵的用途已开后备军的端倪，可是现在分一军为三队，留精锐的老兵做最后决胜负的突击，后备军的发展才达到完满的地步。希腊方阵已受近战训练，东方骑兵队用弓箭和投掷轻枪，已受远攻训练，罗马人并用重标枪和长刀，其结果有如上述，无异于近代战争用刺刀和步枪所生的结果；标枪齐发为刀剑相接的先驱，正如现代战争先是步枪齐发而后用刺刀冲锋。最后，罗马人精于构筑营垒体系，所以能兼收围攻战的利益，能斟酌情形避战和应战，如果应战，能在营垒掩护之下作战，不啻凭堡寨垣墙的掩护作战。罗马谚语说，罗马人安坐而制胜。

显然，这个新军制，就其主要方面来说，是由罗马人，至少是意大利人，把希腊方阵战术加以发扬光大而来。如果后备队体系和小单位的个体化已见于希腊晚期的战略家，尤其是色诺芬（Xenophon），这只表示他们感到旧制的缺点，可是无法加以消除。在皮罗斯战争中，分连队形制似已充分发展；至于此制起于何时，产生于何种情形之下，是突然还是逐步发展出来的，今已不复可考。罗马人所遇到的第一个与古意希式根本不同的阵法，便是凯尔特人的长刀方阵。长刀方阵只有首次突击最为可畏；罗马人分其军为许多小单位，前列各连之间留有间隔，这种阵势未必不是意在抵抗凯尔特人的首次突击，而且竟能如愿以偿；以下一点也与此相符；马尔库斯·弗里乌斯·卡米卢斯是高卢时代罗马第一个名将，种种散碎的记载都推他为改良罗马兵制的人。又有许多与萨谟奈战

争和皮罗斯战争有关的流传材料，既未充分得人公认，也不能定其相当的顺序[①]，因此，从事情本身看来似有可能的是，罗马与萨谟 457
奈的长期山地战，对于罗马士兵的个别发展，以及伟大的亚历山大锻炼出来的第一流战略专家之一所作的斗争，对于罗马兵制中的技术改良，都曾产生长久的影响。

在国民经济方面，农业一向是罗马民社和新意大利国家的社会基础和政治基础。民社大会和军队都由罗马农夫组成，他们当兵用刀剑夺来的东西，他们又作为垦殖者用耕犁去保全它。中等地主债台高筑，在国内引起第三、四世纪时的可畏危机，在这危机之中，这新兴年轻的共和制似乎要灭亡。第五世纪拉丁农民阶级的复兴，部分原因是大规模分配土地和吞并他国，以及利率降低和罗马人口增加，这与罗马势力的大发展互为因果。皮罗斯以军人锐利的眼光，当然认识罗马农庄的繁荣景象实为罗马在政治和军事上占优胜的原因。可是罗马人大规模农业的兴起似乎也在此时。古时固然也有比较大的田产，可是管理方法却并非大规模农业制，而只是众多小块田地的经营。另一方面，387 年即前 367 年的法律规定，地主于奴隶之外须按比率雇用若干自由人，这法律固

---

① 据罗马流传材料，罗马人原佩方盾，以后仿效埃特鲁斯坎人的重装步兵的圆盾(*cenpeus*)，再后又仿效萨谟奈人而改用晚期的方盾(*scutum*)和标枪(*veru*)(狄奥多罗斯，梵蒂冈片断，第 54 页；萨卢斯特，《喀提林阴谋》，51，38；维吉尔，《埃涅阿斯纪》，7，665；费斯图斯，见《萨谟奈人》，第 327 页；米勒及在马夸特《手册》，3，2 卷，第 241 页所引用材料)。重装步兵的盾，或换言之，多里斯式方阵的兵法，不是由埃特鲁斯坎人，而是直接由希腊人学来，可以视为确定而无疑。至于方盾，那凸圆筒式的大皮盾，在方阵散为分连制时，自必取代那平坦的铜盾；只是因为 *Clupeus* 一词源自希腊语，所以此物源自萨谟奈人也有可疑。罗马人的轮索也自希腊人得来(*funda* 源于 σφευσόυη，如同 *fides* 源于 σφ ίδη)。古人认为标枪完全是罗马人的创造。

可适用于较早的经营法，可是尤其适于晚期的经营法，无怪人以为
458 这是晚世田产集中耕作的最古遗迹[①]；而且值得注意的是，当它初见于世时，这种经营法就仰赖于奴隶。它是如何兴起的，这问题只有搁置待决；也许迦太基人在西西里的种植场可能做过罗马古时地主的楷模，也许甚至除二粒小麦出现之外，又有小麦见于农业（瓦罗列此事见于十人执政时期的前后），此事与改变经营方式有关。这种农业方法在本时期已流行至何等程度，更无可考；不过据汉尼拔战史看来，这方法尚未成为常规，也尚未能吸收意大利的农人阶级，殆无可置疑。然而，凡是在这方法盛行的地方，它就消灭了以“默许占有”(*precarium*)为基础的旧佃客，正如近代消灭农民的份地，化胡符份地为庄园土地。毫无疑义，小农阶级的困苦大部由这种农业佃客所受的限制而来。

关于意大利人的国内贸易，文字记载未置一词，仅有古钱给我们一点启发。在上文说过，在罗马最初三百年间，除希腊城市和埃特鲁斯坎人的波普罗尼亚外，在意大利没有造币之事，交易的媒介先为牛羊，而后为以重量计算的铜。在本时期内，意大利人才由物物交换制过渡到货币制，他们的货币起初自当仿希腊人的典范。然而，意大利中部，由于环境条件所致却不用银而用铜作为造币的金属，钱币单位先以往日的价值单位为基础，即铜镑；所以他们造钱不用打印法而用铸造法，因为那样大而又重的铜块没有合适的
459 印模可用。铜和银的比价（250：1）似乎自始即有，铜币的发行似

① 瓦罗（《农村经济》，1，2，9）显然以为他自己亲自经营他那广袤的地产，他就是李锡尼土地法的创始人；虽然这故事是很容易杜撰，以便解释那个绰号(*stolo*)。

乎即照这种比率，所以，例如在罗马，大铜币(*as*)的价格等于银一斯克鲁普(*skrupel*，一镑的二百八十八分之一)。在历史上更堪注意的是，即意大利的造币极可能始自罗马，而且恰恰是在十人执政之时，他们在梭伦立法中获得管理币制的依据；造币由罗马传播开去，达列拉丁人、埃特鲁斯坎人、翁布里人和意大利人的若干民社，罗马自第四世纪之初即占优势地位，就是明证。因为这些民社一概平行并列，在形式上各自独立，所以铸币的成色依法完全为地方性质，每一城区各有其币制。然而，意大利中部和北部的铜币标准却可分为三组，每组内普遍流通的钱币都被认为相同。所谓三组即：一、基米尼森林以北的埃特鲁斯坎和翁布里各城的钱币；二、罗马和拉丁姆的钱币；三、东海岸的钱币。我们已在上文说过，罗马钱币按重量与银成比率；另一方面，自古以来，意大利南部即流通一种银币，意大利的移民，如布鲁提人、卢卡尼亚人和诺拉人，北区域的拉丁殖民地如卡勒斯和苏埃撒，都用这种银币的标准，甚至罗马也用它作下意大利属地的标准，我们见意大利东岸的银币与这种银币也成立了确定的比例关系。因此，意大利内地的商业必分成与钱币相当的区域，他们以对异民族的方式彼此交易。

在海外商业方面，前已述过的西西里与拉丁姆、埃特鲁里亚与阿提卡、亚得里亚与塔兰托的关系，到本时期依然存在，或毋宁说属于本时期；我们叙述这类事实，通常不言日期，为易于综览第一个时期起见，我们把这些事实归并在一处，所以这些说明一样适用于本时期。这方面最能说明问题的当然也是钱币。埃特鲁斯坎人依雅典的成色标准铸造银币，意大利尤其是拉丁的铜币流入西西里，既证明前两次的通商活动，所以我们刚才说大希腊的银币与皮 460

塞努姆和阿普利亚的铜币等值，再加以许多其他迹象，也足以证明下意大利的希腊人特别是塔兰托人与意大利东岸有繁盛的贸易。又在较早时期，拉丁人与坎帕尼亚的希腊人之间也许有过更为兴隆的商业，以后萨贝利人迁来，这商业似被干扰，所以，在共和初期的一百五十年间，它似乎不甚重要。343 年即前 411 年，罗马大饥，卡普亚和库迈地方的萨谟奈人不肯以粮食接济罗马人，这可视为拉丁姆与坎帕尼亚的关系已发生变化，至第五世纪初叶，罗马的武力才使旧日的往来得以恢复，并有新增长。

详言之，我们可就罗马商业史载有年月的寥寥数事中择述其一，它保存在阿迭亚编年史中，454 年即前 300 年第一个理发匠由西西里来到阿迭亚；我们又可略述那些用为墓中装饰品的彩陶，这大部分是由阿提卡，但也有的是由克尔基拉和西西里运到卢卡尼亚、坎帕尼亚和埃特鲁里亚的，关于这种商品的贸易情况我们知道的，偶然多于其他海外贸易的商品。这种输入品大概始于塔克文氏被逐时期，因为最古式的酒罍在意大利很是罕见，其上的图饰大概绘于罗马纪元第三世纪下半叶，而朴素雅致的酒罍则较为多见，属于罗马纪元第四世纪前半叶，其最精美的则属于罗马纪元第四世纪后半叶；还有他种酒罍极多，往往特为华丽硕大，可是制作精良的却很少见，大致须归在下一世纪意大利点缀坟墓的风俗无疑是从希腊人得来；可是希腊人财力不充，尚淡雅风格，使他们在这方面局限于极窄的范围，意大利人则豪富奢侈，把这风俗扩张到粗野的地步，超过其原来正当限度远甚。然而，有一个很可注意的情形，即在意大利，这种奢侈仅见于稍沾希腊文化的地方。古人谓埃特鲁斯坎人和坎帕尼亚人富而且骄，其所有的粗浅文化因而熄灭；任何能了解这种记录的人，必能在埃特鲁里亚和坎帕尼亚的坟墓，亦即我们的博物院发掘文物之地，能看见对古人记载所做的生动说明。另一方面，萨谟奈人情性质朴，始终不曾沾染这种奢华；他们的墓中没有希腊陶器，这同毫无萨谟奈钱币一样，都足以明示这个地区商业往来和城市生活的不发达。更有值得注意的，拉丁姆对于希腊人的亲昵并不亚于埃特鲁里亚和坎帕尼亚，而且与他们来往最密，可是几乎全不用这种墓中装饰。尤其有鉴于独特的普雷内斯特的坟墓中情况完全不同，非常有可能的是，我们在此可以重新看到罗马严守道德的影响，或者可以说，罗马严厉的警察的影响。与此密切相关的，有上文所述的禁令，十二铜表法厉禁灵柩用紫色罩布和置金饰于死者身旁做陪葬品；罗马家庭除盐罐和祭盘外，不用一切银器，至少禁奢法律和畏惧监察官谴责的心理能使人做到这一点；甚至在建筑方面，我们将于下文中再现这种对于无论高低的奢侈品所抱的仇视态度。然而，罗马尽管由于这些影响，仍能自上而下地保存某种朴素的外表，保存得比卡普亚和沃尔西尼更为长久，除农业外，它的繁荣自始即赖工商业，它的工商业不能算是不可观，对于罗马新霸主地位的影响，也不能算是不敏感。

罗马始终没有发展出一个名副其实的城市中等阶级，一个独立的工商群体。除早期资本的畸形集中外，此事的主因在于使用奴隶。古代有个通例，这实是奴隶制度必然的结果：主人常常使奴隶为工匠或商人，在城市中做小生意；释免奴也做小生意，主人不但常供给他资本，而且一律立约分利，往往达赢利之半。罗马的小企业和小商业无疑与日俱增，由这种种证据看，那些出产奢侈品供大城市用的工艺开始集中于罗马，例如菲柯罗(Ficoron)饰盒为罗马纪元第五世纪普雷内斯特的工匠所设计，而且销售普雷内斯特，然而却在罗马制造。[①] 可是，甚至零售业的纯利也已大部分流入巨室的钱柜，所以零售业虽日增，工商业中等阶级的兴起却不能达到与之相当的地步。大商人和大工业家也未与大地主截然分划出来，自成一个阶级。反之，自古以来，大地主即身兼商人和资本家，一手兼营抵押贷款、大商业、供应货物和为国家营造工程。另一方面，罗马国家在道德上极看重土地的占有，土地占有为政治特权的唯一基础，只在本期终结之时这个基础才受到限制。这时期幸运的投机家无疑地必投一部分资本于地产。释免奴只要握有自由田产，国家便在政治上给他优惠；由此看来，罗马政治家显然以无田产的富人阶级为可畏，而设法要减少他们。

罗马虽没有发展出一个殷富的城市中等阶级，也没有发展出一个紧密的资本家阶级，但它的大城市特色却日增月盛。这种情形的明证是蜂拥于首都的奴隶日益增多，335 年即前 419 年极为严重的奴隶密谋即可证明。更大的明证是大群释免奴日渐变得不便和危险起来；397 年即前 357 年对释免奴课以重税。450 年即前 304 年对释免奴的政治权利予以限制。我们由此推测释免奴逐渐
463 增多。不但当时的情势暗示，大多数被解放的人非从事于工商业不可，而且在罗马人中，解放奴隶，如上文所述，不仅是一项义举，它更

① 在罗马为丁狄娅·马科尔尼亚制造宝盒的匠人名诺维乌斯·普劳提乌斯，有人猜度他是个坎帕尼亚人；此说已不能成立，因为普雷内斯特晚近出土了许多古墓碑，碑上除其他马科尔尼和普劳提乌斯外，也有一个卢奇乌斯·马古尔尼乌斯，普劳提乌斯之子。

是一种产业投机，主人常觉得与释免奴共享工商业的赢利于己有利，而斤斤于要求占有奴隶所获的全部利润，未必于己有利。所以，解放奴隶事件的增加势必与罗马人工商业活动的日盛同时并进。

城市警务大大发展，也足以表示罗马城市生活的日益重要。下列情况大概多半发生在本时期；市政官四员分罗马城为四个警区，对遍布于罗马的大小阴沟网，以及公共建筑和广场，负责既重要而又繁难的维修工作；妥善地扫除街道，铺筑路面；防止败屋颓垣，危险动物或臭气的妨害公众；除晚间和夜间外，移去大道上的货车，以及做一切疏畅交通的事；以物美价廉的粮食源源供应首都的市场；毁去不合卫生的物品，禁用伪造的度衡；严加管理浴堂、酒馆和妓院。

关于建筑方面，王政时期的成绩，尤其是武功极盛时期的成绩，大概多于共和成立后的最初二百年。建筑物如卡庇托尔山和阿文廷山上的庙宇和大竞技场等，既为本城那些节俭的父老所不喜，又为服工役的市民所厌恶。值得注意的是，萨谟奈战事以前，共和时期最大的建筑物即竞技场内的凯雷斯神庙，是斯普里乌斯·卡修斯所建（261 年即前 493 年）；他在许多方面设法恢复王政时期的遗风。更有进者，当权的贵族阶级厉禁私人奢侈，王政如果再持续下去，禁奢必不致这样严厉，可是形势比人强，久而久之，即元老院也终于不能再行抵抗。阿皮乌斯·克劳狄乌斯任 442 年即前 312 年的监察官期间，开创了一个除旧布新的时代，他废弃那 464
节用蓄财的村野陈腐办法，教他本国人用公家的资财做有益的事。他创始普利万民的一系列公共工程，如果有什么事可以从各民族的福利的观点去为罗马武功辩解，这些工程就可以这样做；而且就是时至今日，这些工程都已成为断壁颓垣，却仍能使成千累万未尝读过一页罗马史的人得见罗马伟大的一斑。罗马国家受此人之赐，才有第一条军用大道。罗马城受此人之赐，才有第一条给水渠。罗马元老院步克劳狄乌斯的后尘，用道路和堡垒组成一张笼络全意大利的罗网，它的建造已见上文；由一切军事国家的历史来看，自阿契美尼王朝（Achaemenides）至辛普隆（Simplon）大路的创造者，没有这种道路和堡垒的网，就没有一个军事霸业可以存在。曼尼乌斯·库里乌斯继克劳狄乌斯的事业，变卖皮罗斯战争的战利品，以所得之款建首都第二条给水渠（482年即前272年）。几年前（464年即前290年），他已用萨宾战争所获利益，在特尔尼（Terni）上方，维利诺（Velino）河流入涅拉（Neca）河之处，为维里诺河开一条较宽的河道，即此河今日仍流经的河道，其目的在排泄美丽的里提河谷的水、露出空地，以便为市民建立一块殖民地，也为自己取得一个微小的田庄。由智者的眼光看来，与这种工程相比，壮丽而无当于用的希腊神殿必至黯然失色。公民的生活方式现在也有改变。在皮罗斯时代前后，银器开始出现于罗马人的餐桌[①]，史家记木瓦屋顶之绝迹于罗马始于470年即前284年。意大利的新首都渐渐摆脱其乡村景象，现在开始把自己点缀起来。每克一城便剥夺该城内各庙宇的装饰以点缀罗马，固然在当时尚未成风；可是，安提乌姆桨船的船首陈列在罗马市场的演说坛旁；遇

① 普布利乌斯·科尔涅利乌斯·鲁菲努斯（464、477年即前290、前277年的执政官）因有银器而受监察官的谴责一事，已见上文。法比乌斯（Fabius）说罗马人陷于奢侈始于征服萨宾人以后，这奇谈显然是同一事的另一说法，因为征服萨宾一事在鲁菲努斯首次任执政官期间。

到公共节庆的日子,从萨谟奈战场带回的镶金盾牌也展现在罗马广场商棚一带。罚金所得之款特用于铺筑本城内外的大道,或用 465
于建造和装饰公共建筑物。沿着罗马广场的两旁,原来都是屠户的木棚,以后朝帕拉廷的一侧先改为钱商的石室,而后向着卡里纳(Carinen)的一侧也是如此;于是这地方成为罗马的交易站。在卡皮托尔山或罗马广场,以往的名人、国王、祭司和神话时期的英雄以及据说曾为十执政官解说梭伦法律的那位希腊宾客,都立有雕像;那些征服维爱人、拉丁人、萨谟奈人的伟大市长,那些舍力而不辱命的国家使节,那些身后把财产遗赠公用的富妇,甚至驰名的希腊贤哲和英雄,如毕达哥拉斯和阿尔基比德斯(Alkibiades),都立有荣誉碑和石柱纪念他们。于是,罗马民社既成为一个大强国,罗马也成为一个大城。

最后,罗马以罗马—意大利同盟的盟主资格,不但进入那希腊化国家系列,而且也进入希腊的币制系列。迄今为止,意大利北部和中部各民社仅造铜币,很少例外;南意大利却清一色铸造银币;意大利有多少独立自主的民社;便有多少法定的成色和钱法。在485年即前269年,所有这些造币厂都受限制,仅铸造辅币;通货成色标准颁行于意大利全境,造币事务集中于罗马;独有卡普亚以罗马名义仍自铸银币,不过所用成色标准不同。新币制基于那久已确立的两金属法定比率。货币的普通单位是当十的阿司,它不再是一罗马镑,而是缩减为一镑的三分之一,即第纳尔,此钱若为铜制,重三又三分之一镑,若为银制,则重七十二分之一镑,稍重于雅典的德拉克马。最初所造之币仍以铜币为主,第纳尔银币的制造大半为下意大利和对外贸易之用。正如罗马战胜皮罗斯和塔兰 466

托以及遣使聘亚历山大城，不能不牵动当时希腊政治家的心思那样，精明的希腊商人一见这罗马造的新德拉克马币，也要深思。这种币平滑，质朴而单调，比之于皮罗斯和西西里希腊人当时非常精美的钱币，似乎难看，粗拙而不足取；但是并非如同古代蛮族人的钱币那样，它并非盲目模仿的、重量不一，成色不同的，而是自最初起就独立而认真地铸造的，足与任何希腊钱币相媲美。

我们看到政制的发展，看到由塔克文氏被逐到萨谟奈人和意大利希腊人的降服，为争统治权和自由权而使全意大利，尤其是罗马，骚动不安的民族斗争；当我们转过眼来，再看人类生存那较为宁静而却无处不为历史所主宰和渗透的领域，我们的眼光便无往而不遇到伟大事件所发生的影响；由于这些影响，罗马市民冲破贵族的束缚，使意大利种种丰富而充实的民族文化渐渐融化而充实于一个独一无二的民族。如果说一个历史家不可一一缕述大事过程中那些无数的详情细节，可是，他如果抓住那些散漫零碎的流传材料中的一鳞半爪来揭示本时期意大利民族生活中所起的变化，却也不算是侵权越职。在这种研究之中，罗马的生活所以比前期更为突出，其原因不仅是我们的流传材料偶有漏洞所致；拉丁民族所以日益使意大利其他民族黯然失色，其实是罗马政治地位发生改变所引起的一个主要结果。前已指出过，在这时期中，邻近各地，如南埃特鲁里亚、萨宾、沃尔西人地区，都开始罗马化，可以为此作证的是，这些地方几乎全没有用古老的地方方言写成的文献，而且存在着很古的拉丁铭文。在本时期末，接纳萨宾人并使之享
467 有完全的公民权，这说明意大利中部的罗马化已是当时罗马政策的自觉目标。为数众多的分给个人的地产，以及遍布于意大利全

境的新设的殖民地，不但从军事眼光看，就是用语言和民族的眼光看，它们都是拉丁民族的前哨。诚然，那时罗马政策的目标还很难说是在于意大利人的拉丁化；反之，罗马元老院似乎故意维持拉丁人与其他民族的区别，例如，还不允许坎帕尼亚的非正式公民民社用拉丁文为法定语言。然而，时势竟强于最有力的政府；随着拉丁民族取得优势，它的语言和风俗在意大利也共享有这种优势，并已开始破坏其他意大利人的民族性。

同时，又从另一方面来了一种基础迥异的优势向这些民族进攻，这便是希腊文化。此时正是希腊文化开始自觉其心智高于他种民族而向四面八方传播之时，意大利不能始终不受其影响。这种现象最堪注意的是阿普利亚，此地在罗马纪元第五世纪以后废弃它的粗俗方言，不声不响地接受希腊化。这种变化如同在马其顿和伊庇鲁斯那样，非由殖民化所造成，而系输入文明所致，输入文明似乎与塔兰托的内陆商业同时并进。至少这个臆说有下列事实为证：波迪库尔人(Poediculi)和陶尼亚人与塔兰托人相亲善，他们所居之地希腊化进行得比较彻底，而萨伦丁人所居之地虽距塔兰托较近，可是无时不与他们龃龉，所受希腊化就较差；而且受希腊化最早的城市，如阿尔皮并不位于沿海。希腊文化对于阿普利亚的影响所以大于对意大利其他区域，部分原因是阿普利亚的位置，另一部分原因是阿普利亚固有的文明不甚发达，此外还因为他们这个民族比其他意大利人较近于希腊人。前已提醒读者注意，南方的萨贝利族虽然最初曾与叙拉古的僭主联合打击大希腊的希腊文化，同时却也与希腊人接触和融合，结果他们中有些人如布鲁提人和诺拉人，于其本地语言之外，还兼采用希腊语言，又有些人 468

如卢卡尼亚人和一部分坎帕尼亚人，则至少采用过希腊文字和希腊礼俗。埃特鲁里亚出土本期酒罍可媲美于坎帕尼亚和卢卡尼亚的酒罍，也表明开始出现与上相似的趋势；拉丁姆和萨谟奈虽与希腊文化更为疏远，希腊文化在两地日益增长的初步影响，却不乏踪迹可寻。在各方面，如立法和造币、在宗教、在缔造民族神话，本时期罗马的进展无处不有希腊的痕迹；特别是自从第五世纪初叶，换言之，自从征服坎帕尼亚以后，希腊文化对于罗马生活的影响似乎一日千里地增加不止。第四世纪时，有建"希腊座位"（Graecostosis）之事，该词的形式颇堪注意，这是罗马广场中一个平台，专给希腊贵客，首先是给马赛利亚希腊人坐的。到下一世纪，年鉴上始见罗马上流社会的人物带有希腊名号，例如 Philipus、Philon、Sophos 和 Hypsaeos。希腊习俗逐渐得势；如镌铭于墓以尊死者并非意大利人的习惯，456 年即前 298 年的执政官卢奇乌斯·西庇阿的墓志铭是我们所知的最古例子；未奉民社议决而在公共场为祖先树立丰碑，这种风气也是意大利人所无，大改革家阿皮乌斯·克劳狄乌斯带了个头，命人把那刻有他的祖先遗像和颂赞的铜盾悬挂在贝洛那的新庙（442 年即前 312 年）；461 年即前 263 年开始在罗马人民节庆，将棕树枝分给竞技家；最重大的要算是膳食上的希腊礼俗。以往进膳时，人都坐在凳上，今改为斜倚卧榻；正餐由正午移至我们计时法的下午两三点钟；每逢宴会，普通用掷骰子的方法，由众宾客中选出一位酒令官，然后由他规定宾客饮酒的种类、方式
469 和时间；宾客依次唱膳歌，在罗马唱的不是宴享歌（*skolien*），而是唱赞美祖先的颂歌——凡此种种都不是罗马的原始风俗，而是在很古时仿效希腊人的。因为在加图之时，这些习惯已经颇为通行，

且有上部分又已废弛，所以我们把它们输入罗马的时间至迟置在这一时期。另一件具有特征意义的是，在萨谟奈战争时期奉皮提亚的阿波罗神之命，为“希腊的大智大勇者”竖立雕像于罗马市场。人们选择毕达哥拉斯和阿基比德斯（Alcibiades），后者是西方希腊人的救星和“汉尼拔”。至第五世纪，通希腊文的风气已流行于罗马上流人士之间，其程度如何，罗马遣使聘塔兰托可以为证。罗马的传言者即使不能操纯粹的希腊语，至少无须用舌人，基尼亚斯奉使聘罗马也可为证。不容置疑，自罗马纪元第五世纪以后，献身国事的青年普遍都能学会这种流行于时的世界语和外交通用语。

于是，希腊文化在知识领域不可阻挡地获得进展，如同罗马人征服世界那样进行不休；次要的民族如萨谟奈人、凯尔特人和埃特鲁斯坎人等，均两面受敌，不但在内部他们的元气日益沦丧，并且在外部他们的疆土也日益局促。

当这两人民族都发展到鼎盛地步之时，它们开始在相互仇恨或相友善的接触中交互渗透，它们鲜明的对照也同时赫然显露出来。意大利人，尤其是罗马人，他们全无个性品格，而在希腊文化中种族、地域和人的色彩却表现得无穷，丰富多彩。在罗马史里，自成立共和至征服意大利的时期是国力最盛时代。在这个时代，无论内外，共和国的基础均已奠定；在这个时代，意大利归于统一；在这个时代，国法和国史的传统根基已经形成；在这个时代，标枪和分连制、修路和修水利建设、地产和金融业的经营已被创始；在这个时代，卡庇托尔的母狼被铸造，菲柯罗宝盒被绘制出来。可是，那些各献一石于这个巨大建筑并将它结合起来的人士都已去

470 世，踪影毫无。意大利各民族却完全与罗马民族融合，无异于一个罗马市民与罗马民社的完全融合。正如坟墓不分尊卑贵贱一律把人埋葬，微不足道的小贵族也与伟大的政治家毫无分别地并列于罗马市长的名册。从本时期流传到现今的文字记载已寥寥无几，其中最可敬重同时又最富特色的无过于卢奇乌斯·科尔涅利乌斯·西庇阿的墓志铭；西庇阿是456年即前298年的执政官，三年后又参加森提努姆的决战。在一〇八十年前还封存着萨谟奈征服者的遗骸的高雅的多里斯式的美丽石棺上，刻有下面的简练词句：

科尔涅利乌斯·卢奇乌斯–西庇阿·巴巴图斯，
元老格涅乌斯之子，智勇双全，
体态优美，品德高洁，
这里长眠的是个执政官、监察官，也是个市政官，
在萨谟奈，他攻下陶拉西亚和西绍拿，
还征服整个卢卡尼亚，带走人质。

不但对于这位罗马政治家和军人，还有无数其他曾领导过罗马民社的人，都可用出身高贵、智勇双全、体态优美和为人聪慧等词语来赞颂，可是除此之外，无他可记。在这些科尔涅利氏、法比氏、帕庇里氏等之中；我们竟无处遇到一个具体描述的形象，这不仅是流传材料之过。这位元老被认为与其他元老不相上下，无分优劣，也绝无与他们不同之处。无论就光彩夺目的银器和希腊文化或非凡的才智和卓越程度而言，一个市民不必也不宜超越其他市民之上。前者拥有过多，监察官予以谴责，至于后者，宪法中没

有他们的余地。这时期的罗马不属于任何个人；每一市民都应当彼此相似，这样每一个人才能像国王。 471

无疑，此时希腊式的个性发展已经显著起来，那表现出来的天才和冷酷，如同相反的趋势一样，都充分具有那个伟大时代的烙印。我们在此只能指出一个与此有关的人，可是这一个人却不啻是进步思想的化身。阿皮乌斯·克劳狄乌斯（442 年即前 312 年的监察官，447 年即前 307 年和 458 年即前 296 年的执政官）为十执政官中那个同姓者的玄孙。他出身于旧贵族，常以祖系县长自豪，可是他却废掉那仅自由业主得享国家完全公民权的限制，并且还破除旧财政制度。不但罗马的水渠和大道始于阿皮乌斯·克劳狄乌斯，罗马的法学、雄辩术、诗歌和文典也源于此人。诉讼法大全（Klagspiegel）的发表，记录下来的讲演词和毕达哥拉斯名言录，甚至还有改良写字法都归于他的名下。我们不可因此便称他为民主派，或把他归在以曼尼乌斯·库里乌斯为代表的反对党；反之，在他身上有一种有力的古今贵族君主的精神——即塔克文氏与恺撒的精神；在这两者之间，在那常人立非常之功的五百年王位虚悬时期，他是个继往开来的人物。阿皮乌斯·克劳狄乌斯积极参政一日，他在执行职务和一般生活举止上便一日置法律和习惯于度外，其果敢孟浪有如一个雅典人；后来在久已脱离政治舞台以后，这位双目失明的老人于危急存亡之秋，像由坟墓重归人世似的，又在元老院里制伏了皮罗斯国王，第一次正式宣布罗马对意大利的完全统治。可是，这位天纵英才出世不是太早就是太晚；诸神因为他睿智而生非其时，使他失明。统治罗马和借罗马以统治意大利的，不是个人的天才，而是一种不可移易的、在元老院中世代相传

的政治观念，元老之子随其父辈往元老院，在会议厅门口谛听众元老的高明议论，预备有朝一日居此等人之位，这时他们已浸润于这
472 种政治观念的主旨之中。如此，莫大的成功实是用无量的代价换取而来，因为奈刻(Nike)女神也有她的涅墨西斯(Nemesis)跟在后面[①]。罗马民社并不特别倚赖任何一人，既不倚赖兵士，也不倚赖将军，在其道德警察的严厉纪律底下，人类性格的一切特点都被消灭。罗马达到古代任何国家所未达到的伟大；可是，它付出了昂贵的代价，这代价是牺牲了希腊生活那种可爱的丰富多彩、令人恬然自得的闲适，以及内心的自由。

① 在希腊神话中，奈刻为胜利女神。涅墨西斯为主祸福的女神，凡过分幸福的人，她必给他带来灾祸。——译者

第九章　艺术和科学

在古代,艺术的发展,尤其是诗歌艺术的发展,与民族节庆的发展紧密相连。罗马民社在前一时期主要受希腊影响而举办的感恩节,即所谓"大赛会"或"罗马赛会",原是临时性的庆典,到了本时期,庆祝的期限较前延长,娱乐种类也较前加多。这个节庆原本仅限于一日;245、260 和 387 年即前 509、前 494 和前 367 年的三次革命成功之后,每次增多一日,所以至本期末这个节庆已是为期四天的活动。[1]

更重要的是:牙座市政官自始即负有筹备和监督这种节庆的责任,大概自从此官职设置(387 年即前 367 年)以后,感恩节就失

① 关于拉丁节,狄奥尼修斯有新记载(6,95,参见 B. G. 尼布尔,《罗马史》,第 2 卷,第 40 页),在他的另一段已为普鲁塔克所引用的叙述里,也有所记载(《卡米卢斯传》,42),我们应认为这些记载系指罗马赛会而言,非指拉丁赛会,因为姑置其他理由不论,我们只要把普鲁塔克所引一段与李维的记载(6,42,F. W. 里奇尔,《帕雷尔加论普劳图斯和泰伦提乌斯》,莱比锡,1845 年,第 1 卷,第 313 页)相比,便昭然若揭。狄氏有错误时常坚持到底,他误解 ludi maximi(大赛会)的含义。

此外,有一个流传材料说,人民节庆并非源于第一个塔克文土的征服拉丁人,像通常所说的那样,而是说它源自罗马人战胜拉丁人于雷吉尔湖一役(西塞罗,《论预言》,1,26,55;哈利卡纳索斯的狄奥尼修斯,7,71)。从法比乌斯著作中的最后段落中保存下来的重要记载,实际上说的是普通感恩节,而并非特别的还愿典礼,这说明此处明系指此节每年举行一次,并且其所举出的用款数目与阿斯康尼乌斯(Asconius)书所举的恰好相符(伪阿斯康尼乌斯,第 142 页,Or)。

去其非常的性质，不复与一个将军的誓愿有关，而列在例年举行的正规节庆活动里，居于首位。然而，政府仍依常例，只许表演活动本身，即作为赛会的主要项目的赛车，在节庆结束时举行一次。在其余几日里，首先允许民众自备娱乐，可是每逢这个节庆，乐师、舞师、踏索的、变戏法的、说笑话的和诸如此类的人，无论受雇与否，
474 都必然会来。可是，到390年即前364年前后，有了一个重要的变化，这与也许是同时发生的事，即与规定和延长这个节庆有关。节庆的最初三天，政府出钱在竞技场上搭一座板台，准备表演适当的节目来娱乐大众。然而，为使这事不致做得太过分，国库一次拨出二十万阿司（二千零五十五镑）的一笔固定款项，直至布匿战争时期并无增加。市政官支付须以此款额为限；如有不敷，便不得不自解私囊；他们捐输私财的事大概不常见，为数也不多。新舞台的建造通常受希腊的影响；有它的名称 *scaena* 为证。这个舞台最初只供各种乐师和小丑使用，其中最出色的大概是随笛声起舞者，尤其是驰名当时的埃特鲁里亚的这种舞蹈者；不过，罗马现在已有一个公共舞台，并且它也向罗马诗人开放。

拉丁姆不乏这种诗人。拉丁"行吟诗人"或"鬻歌者"（*grassatores*，*spatiatores*）逐城逐户地走去，演唱他们的歌谣（*saturae*），同时随着伴奏的笛韵手舞足蹈。他们的韵律自为当时唯一的韵律，即所谓农神体。这些歌谣没有一定的情节作基础，似乎也不是对话的形式。我们可以想象它们似乎有时是即景而作，有时是背诵出来的单调民歌和蜘蛛舞（*tarantelle*），如今日在罗马旅馆里所能听得的。因此，这种歌曲很早便登上公共舞台，自然也就成为罗马戏剧的最初萌芽。罗马的戏剧不但与他处的无异，其开端简陋卑

微，而且自始即被人诋毁责骂。十二铜表法敌视那有损无益的歌咏，不但念咒词的被处重罚，而且作讽刺国人的诗或在他们面前诵这种诗的，竟也不免处重罚，又禁止在丧葬时请妇人代哭。可是这艺术初行于世时所受的道德诅咒较其所受的法律约束严酷远甚，475
胸襟狭窄的罗马人以认真的态度指斥这些轻浮和意在牟利的职业。加图说："诗人这个职业，从前不受尊重；如果有人从事这种职业或沉湎于宴会，人便称他为游手好闲者。"可是到了此时，因为社会反对卖艺谋生的心理日益坚决，任何人为获取金钱报酬而表演跳舞、音乐或唱歌，便要备受污辱。所以有固定角色的面具滑稽戏原系本地习以为常的娱乐，若有人参加表演，仅被视为青年人嬉戏，情有可原；若有人为金钱的缘故，不戴面具，径直现身舞台，就被认为无耻之尤；由此看来，社会把歌咏家和诗人与跳绳人和丑角等量齐观。司风俗的官吏常宣布这类人不能服役于市民军，或在市民大会里投票。此外，不但指导舞台视为警察的权限，仅此事本身就能说明问题，而且大概就在此时，警察对于职业舞台艺术家已有特别的专断权。不但警官老爷在演奏告终时可以裁判优劣，此时有丰盛的酒筵供技艺高超的演员享用，又有鞭挞落在技术欠佳的艺匠身上，而且一切市内长官对于任何伶人都依法有权随时随地施以体罚和拘禁。这种做法必致跳舞、音乐和诗歌，至少以见于公共舞台的为限，落于最下流的人之手，尤其是外国人之手；当时诗歌虽仍居全不重要的地位，以致外国艺术家未肯从事于它，可是另一方面，却有人说罗马一切音乐，无论圣乐和俗乐，其实都是埃特鲁斯坎音乐，这话可谓已能适用于这个时期；也就是说，拉丁古代的吹笛术显然曾一时甚受尊重，现在却为外国音乐所压倒。

文艺创作不见于记载。无论面具戏或舞台朗诵都没有明确固定的底本，反之，此等表演由演员按当时的需要临时自行创
476 作。至于本期作家的作品，后世只能指出《工作与时日》一类的书。这是一个农夫教子的训词。① 此书以及上文所述阿皮乌斯·克劳狄乌斯的毕达哥拉斯诗，罗马仿希腊体而作的诗歌以此为最早的发端。除一二首农神诗体的墓志铭外，本期的诗歌已全部沦亡。

如同罗马戏剧的开端那样，罗马史著的撰述也始于此时；无论就时人记载当时的大事而言，或就依传统方式对罗马民社的前史作出定论而言，都是如此。

当时的史著编纂与长官的册籍有密切的关系。录有最古事迹的册籍，晚出的罗马学者犹可及见，我们也可间接得见，这种材料似源自卡庇托尔山朱庇特神庙的档案库；因为执政官马尔库斯·霍拉提乌斯(Marcus Horatius)于其在位之年9月13日奉献此庙于神，该册籍记有他以下罗马民社每年长官的名字。又记有普布利乌斯·塞尔维利乌斯(Publius Servilius)和卢奇乌斯·埃布提乌斯(Lucius Aebutius)为执政官时(按现在公认的算法，应为罗马纪年291年即前463年)，在罗马大疫时对神立誓：愿自此以后，每历一百年必在卡庇托尔庙垣上揳入一钉。以后擅长测量和文字的

① 这书的一个断片至今尚存：

"冬季干燥春潮湿，孩子呀，你的小麦会有好收成。"至于后世何故视此为最古的罗马诗，我们不得而知(马克罗比乌斯，《农神节》，5，20；费斯图斯，*EP. V*，*Flaminius*，第93页；M.塞维乌斯，《农事诗》，1，101；普林尼，《自然史》，17，2，14)。

民社学者，换言之，即大祭司，掌记录每年最高长官之名，从而把以前的月历和年历结合在一起。两者以后都概括在“吉日”(*Fasti*)这个名目之下，所谓“吉日”原专指宜于开庭之日。这种做法的采用可能在废除王政以后不久，因为就事实而言，要决定公文的先后次第，关于每年长官的官方记录乃是急迫的，实际所不可缺少的。可是即使有一个这样古的民社长官的正式记录，它大概也早就被高卢人付之一炬(346 年即前 390 年)；卡庇托尔神庙的册籍未遭 477
此祸，以后尽可能根据这个册籍追溯，并从中取材，以弥补大祭司团名录的残缺。我们现有的长官名录虽然在旁枝细节方面，尤其是在族谱的叙述方面，曾用贵族世系表作为补充，可是就其大体而言，自始即以可靠的当时记录为根据，这是不容置疑的。但长官名录表示的历书年度既欠完备，又不精确，因为民社长官的就职不在新年，也不在一个一成不变的日期；反之，因为种种缘故，就职日期来回变动不已，又新旧两执政官之间常有虚位的时期，按任职年度计算时完全不把它计算在内。所以，历书年度如果用执政官名录来计算，便须注意每一执政官班子就职和卸职的日期，再加上可能遇到的虚位时期；这事早已见于实践。可是，除此以外，人还把年选长官名录与历书年度相配合，又同调整的方法给予每双执政官某个历书年度。如果名录有不足之处，便加入闰年，在以后(瓦罗)的表中用 378—383、421、430、445、453 等数字表示它们。自 291 年即前 463 年以后，罗马执政官名录是可查证的，虽然在详细处未必与罗马历相符，在大致上却与它没出入，于是在历法本身缺陷所许可的限度以内，这名录在编年顺序上确实可靠。在那一年以前的四十七年已无法考究，但至少在主要方面是正确的。① 就编年史而言，在245年即前509年以前均永归遗忘。

例常公用的纪元法并未建立，可是遇有宗教方面的事，年代从卡庇托尔山朱庇特神庙的奉献之年算起，长官名录也起于是年。

我们自然可以想到，长官在位时所发生的大事也与长官之名
478 一同记录下来；由这种附记在长官名录上的资料，兴起了罗马编年史，正如由附记在复活节表上的材料，兴起了中古时期的编年史。可是到了较晚时，大祭司才拟定一个正式编年史（*liber annalis*）的计划，这编年史应逐年记载一切长官的名字和大事。在351年即前403年6月5日项下面记载的日食（大概指354年即前400年6月20日的日食而言）以前，较晚的编年史所记日食无一是由观察而来；其所列关于人口调查的数目，到了第五世纪初年才可听信；提交人民面前审处的罚金案件，以及为民社禳解的妖异现象，似乎只到第五世纪下半叶初年才经常载于年史。由各迹象看来，纂修一部井井有条的编年史书，以及必然与此相联系的，关于前已讨论过的编写较早的长官名录，为便于计数年份起见，于编年上有其必要之处加入闰年，这事似必起于第五世纪上半叶。可是，自从有了定规，大祭司长应逐年记载征战和殖民、疫病和饥荒，日月食和灾异、祭司和其他知名人士的死亡，在早年也会附有传记材料。罗马任何名人的丧事都不能没有纪念死者的演说，这种演说通常由死者最近的亲属发表，不仅主要列举死者的美德高才，而且还申述他

① 只有名录开头几处使人怀疑，也许为后人所添加，以便使国王出逃和罗马大火之间，恰为一百二十年之数。

的祖功宗德；所以，就是在最早之时，这种演说词想必口耳相传，世世不坠。许多有价值的记载可以由此而得以保存，不过流传材料里也有许多经人大胆颠倒事实和改窜事实之处。

可是，真正史书撰写的开端既属于此时，记载罗马史前史和对 479
它的惯常歪曲，也始于此时。对此的史料来源自然到处都是一样的。孤立的人名，如国王努马、安库斯、图卢斯的名字，其姓氏大概是以后加给他们的，以及个别的史实，如塔克文王战胜拉丁人，以及塔克文王族的被逐，大概都继续存在于真实传说之中，以后口耳相传，流布甚广。另外，有些史料系来自旧贵族氏族，如关于法比
氏的种种故事。又有许多逸闻对于原始的民族制度予以象征性的 480
历史说明，对于法律状况则叙述得有声有色。雷穆斯之死的故事中城垣的神圣化，塔提乌斯王（Tatius）覆亡的故事中血族复仇的废除，在霍拉提乌斯·科克勒斯（Horatius Cocles）的传说中有关椿桥规章的必要性[①]，霍拉提氏（Horatier）和库里阿提氏（Curiatier）的美妙故事中民社特赦判决的起源，塔克文氏的阴谋与奴隶温狄奇乌斯（Vindicius）的故事中有释放奴隶和释免奴公民权的起源，就是如此。创立罗马城的故事也属于此类，其用意在于把罗马的原始与拉丁姆和全拉丁人的首都阿尔巴联结起来。罗马名人的别名都附有历史的注释；例如普布利乌斯·瓦勒里乌斯（Publius Valerius）的别名"人民公仆"（*poplicola*），就有一圈这类逸事辐辏于它。最重要的，罗马城中的神圣无花果树，以及其他名胜地也都与许多这一类渔樵故事连在一处，例如说一千余年以后，此地又会

① 由老普林尼（《自然史》，36，15，100）之说看来，这神话的用意昭然若揭。

生出一座奇城(Mirabilia Urbis)。确定七王的顺序,依世代的年数推定王政时期应为二百四十年,[①]而且甚至把这些假定的事开始作官方的记载,把这些不同的逸事贯串起来叙述的做法大概也起于这个时期。故事的梗概,特别是它那似是而非的年代,出现在较晚的传说里,极为固定,不可移易,因为这种缘故,他们的固定必不在罗马有文字的时代,而必在此以前。如果在 438 年即前 316 年时,表现双生子罗慕洛和雷穆斯吸吮母狼乳头的黄铜铸像已立在神圣无花果树之旁,那么,那些征服拉丁姆和萨谟奈的罗马人必曾听人讲过关于其故国的发祥史,与我们从李维书中所读到的必然
481 大同小异。所谓初民,即"自始就有的人",乃是拉丁族历史臆说所依据的天真概念,已见于 465 年即前 289 年西西里作家卡利阿斯(Kallias)的书。一部编年史出于其本质,当然不免把史前史假说附在历史之中,在努力去探本溯源时,即使不上溯开天辟地,至少也溯至民社的起源;我们由明证而得知大祭司的表确曾指出罗马城创立之年。因此,我们可以假定,第五世纪上半叶,当大祭司团着手筹划一部正式编年史,以代替往日那种通常仅限于长官姓名的简略记载时,它也以王政及其废除的历史去弥补其开端的不足,并且把共和的成立定在奉献卡庇托尔神庙之日,即 245 年即前 509 年 9 月 13 日,于是在不系年叙述和系年叙述之间建立起一种联系。这种叙罗马起源的最古记载必系受希腊文化影响的结果,

---

① 他们似乎以三个世代为一百年,把 233 1/3 算成 240 的整数,正如他们把由国王出逃至罗马大火这一期间算成 120 年的整数。如何能获致这些数字,例如,从前已讨论过的面积度量的确定即可显见。

毫无疑义。关于原始的和以后的居民，以及关于畜牧生活早于农业，凡人罗慕洛变为奎里努斯神的臆说，看来很有希腊味道；虔诚的努马和明智的埃格里亚（Egeria）原是罗马民族的真典型，只因掺杂些外来的毕达哥拉斯的原始哲理，便失其本色，这显然不是构成罗马史前史的最晚成分。

与叙述民社开初的历史相似，贵家民族的家谱照此经人补充，以受人欢迎的纹章学方法，一概上追其显祖。例如，埃米利氏、卡尔普尔尼氏（Calpurnier）、庇那里氏（Pinaner）和彭波尼氏（Pomponier）都自称系出自努马的四子：马梅库斯（Mamercus），卡尔普斯（Calpus）、庇努斯（Pinus）和彭波（Pompo）；埃米利氏上溯得更远，竟自谓出于毕达哥拉斯之子，号称"能言善辩者"的马梅库斯。

可是，尽管有这些处处可见的希腊遗响，相对地说，罗马民社和巨族的史前史仍可称为本国的产物，一方面因为它起源于罗马， 482
另一方面因为它的倾向原不在联络罗马与希腊，而在联络罗马与拉丁姆。

负责联络罗马与希腊的却是希腊的故事和诗作。希腊神话始终表现出一种与日渐扩大的地理和知识同步前进的努力，以及一种借着无数航海家和移民的故事来对地理做生动活泼的概述的努力。然而，在这样做时，它很少表现出天真幼稚。最早提到古罗马的希腊史书是叙拉古的安提奥库（Antiochos）的《西西里史》（终于330年即前424年），该书记载一个名叫西凯洛（Sikelos）的人从罗马迁移到意大利亚，即布雷提半岛；像这样的记载只以历史的形式表明罗马人、悉库尔人和布雷提人的亲族关系，不带一毫希腊的色彩，实为罕见。通盘看来，这神话无处不充溢一种愈晚愈甚的倾向，想表示整个蛮族世界如果不是源于希腊人，便是曾被希腊人所征服；在这个意义上，希腊神话很早就把西方也网罗在他们的故事里。尽管赫卡泰奥斯（卒于257年即前497年以后）已知赫拉克勒斯石柱，并曾把阿尔戈（Argo）船由黑海开到大西洋，由大西洋开到尼罗河，这样回到地中海，可是，对于意大利、赫拉克勒斯和阿尔戈英雄（Argonanten）等神话的重要，却不及那与伊利昂（Ilion）的灭亡相连的归国航程。世人对于意大利开始有一点粗浅的知识，狄奥米德斯（Diomedes）即开始遨游于亚得里亚海，奥德修斯即开始遨游于第勒尼安海；诚然，第勒尼安海至少与荷马的神话故事十分切近。直至亚历山大时代，第勒尼安海各国在希腊故事里均属于奥德修斯神话的范围；埃福罗斯（Ephoros）所著史书终于414年即前340年，所谓斯基拉克斯的书（418年即前336年前后）仍大体遵照他的说法。较早的诗歌全不知有特洛伊人航海一事；在荷马史诗里，伊利昂陷落后，埃涅阿斯（Aeneas）统治那些留居本国的特洛伊人。

精于改写神话的斯台西科罗斯（Stesichoros，122—201年即前632—前553年）在他的“伊利昂的毁灭”中把埃涅阿斯带到西方，想通过特洛伊英雄与希腊英雄的对抗，来使他的故乡西西里和择居地下意大利的神话世界充满诗情画意。这神话诗的轮廓始于此
483 人，并从此固定下来，尤其是英雄率领下的那一群人，他如何携妻带子、扶着背负着家神的老父，离开一片大火的伊利昂一事，以及认定特洛伊人即为西西里和意大利的初民，此乃至为重要；此事在特洛伊的吹号人密森努（Misenos）即密森努姆（Misenum）岬的埃

波尼莫斯身上尤为显著。[①] 此时引导这老诗人的是这样一种感情，他觉得意大利的蛮族不像他种蛮族那样与希腊人相去甚远，并且从诗中看来，希腊人与意大利人的关系有如荷马的阿喀亚人与特洛伊人。这种新特洛伊神话不久便与以前的奥德修斯神话相混淆，同时在意大利流布更广。据希拉尼科斯（Hellanicus，350 年即前 400 年前后从事写作）之说，奥德修斯和埃涅阿斯经色雷斯和摩洛提亚（即伊庇鲁斯）而至意大利，他们携来的特洛伊妇女在这里把船烧掉；埃涅阿斯既创立了罗马城，便以其中的一个特洛伊妇女的名字作为城名。亚里士多德的说法是，有一队阿喀亚的船只漂流到拉丁海岸，被特洛伊女奴放火烧掉，于是阿喀亚人不得不留居此地、与特洛伊妇女结婚；拉丁人就源自他们的后裔。以后又有许多本地的神话与这些事相混合，由于西西里与意大利交通繁盛，意大利神话遂远播于西西里，至少到本期将近终了时已传到该岛。西西里人卡利阿斯于 465 年即前 289 年前后所载关于罗马起源的故事，已把奥德修斯、埃涅阿斯和罗慕洛的神话交织在一起。[②]

可是真正使这个特洛伊人迁居的说法趋于完善，并成为后世流行的形式的，却是西西里岛陶罗美尼翁（Tauromenion）的蒂迈欧，他的史书终于 492 年即前 262 年。据他说，埃涅阿斯先是创立

① 修昔底德、伪斯基拉克斯和其他著作都提到西西里的："特洛伊殖民地"，赫卡泰奥斯称卡普亚为特洛伊人所创立；两者均源起于斯台西科罗斯，以及他确认意大利和西西里的土著就是特洛伊人一事。

② 据他说，一个妇人名罗美（Romé）的由伊利昂逃至罗马或者，她的同名女儿，与土著居民之王拉提诺斯（Latinos）结婚，生下三子：一名罗莫斯（Romos）、一名罗米洛斯（Romylus）、一名芝勒哥诺斯（Zelegonos）。后一人见于此处，必为图斯库鲁姆和普雷内斯特的创立者无疑；他属于奥德修斯神话，已是人所熟知。

拉维尼乌姆(Lavinium)及其特洛伊家神的庙,然后才创立罗马;他也把提尔公主爱丽莎(Elisa),又称狄多(Dido)穿插在埃涅阿斯的神话里,因为在他看来,狄多是迦太基的开创人,他说罗马和迦太
484 基创建于同一年。引起这些新的更改的动因是,除了以在蒂迈欧著书的当时当地,罗马人和迦太基人正酝酿着一场危急存亡的斗争以外,某种关于拉丁风俗习惯的传闻已经到达西西里。然而,就主要方面而言,这故事却不能来自拉丁姆,而只能是这位好搜集闲话的老翁的无聊杜撰。蒂迈欧已听得拉维尼姆有个家神庙;可是他竟说,拉维尼姆人认这些家神为特洛伊家神(Penaten),是埃涅阿斯的从人由伊利昂带来,这一说确是他个人所添加,正如罗马的十月马与特洛伊的马相同,以及拉维尼姆所有圣物的准确清单也都是他个人所添加;据我们这位可敬的证人说,这些圣物就是传令官的铜、铁杖和特洛伊制造的陶土花瓶;以后几百年间,这些特洛伊家神都没有给任何人看过;不过有些史家知之甚详的事物无过于那些不可知的事物,蒂迈欧就是其中之一。波利比乌斯认识蒂迈欧,劝人千万不要信任他,尤其在他引证文献之处,像现在这个例子,更不可信任他;这主张实不无理由。就事实而言,这位西西里的雄辩家,自称能指出修昔底德在意大利的坟茔,他盛赞亚历山大的伟绩莫过于他征服亚洲要比伊索克拉底(Isocrates)写成他的"颂赞"更快些;要把古代的质朴的虚构故事捏成杂乱的一团,实非此人莫办,而这杂乱的一团竟因缘时会而得享罕见的盛名。

有关希腊人关于意大利事物的臆测之谈最初起于西西里,此时究竟在多大程度上传入意大利,难以精确考证。我们以后看见图斯库鲁姆、普雷内斯特、安提乌姆、阿迭亚和科尔托那(Cortona)

的开创传说都与奥德修斯史诗有联系，这种联系大概始创于本时期；就是罗马人源出特洛伊男子或女子的信念，应确定在本时期末的罗马，因为罗马与希腊东方初次有据可查的接触是，472 年即前 282 年元老院为“有亲族关系的”伊利昂人出过力。尽管如此，埃涅阿斯的神话仍不失为意大利出世较晚的神话，与奥德修的神话相比，它极少确指地点，便是明证；这些故事的最后修订及其与罗 485
马起源神话取得一致，无论如何是以后的事情。

在希腊人那里，史书撰述，或者被这样称谓的东西，以其自有的方式，专注于意大利的史前时代，然而它对同时代的意大利史却几乎弃置不问；这既表示希腊史学的衰落，又使我们深感遗憾。开俄斯的提奥朋普（Theopomp Von Chios）所著史书（终于 418 年即前 336 年），仅顺便记载凯尔特人陷罗马一事；亚里士多德、克莱塔科斯（Kleitarchos）、泰奥弗拉斯托斯、本都的赫拉克莱德斯（Heraclides von Pontos，卒于 450 年即前 300 年前后），都偶然说到关于罗马的事件。卡地亚的希罗尼穆斯（Hieronymus of Cardia）写关于皮罗斯的史书，也描写到他的意大利战争；到了此人，希腊的撰史学才兼为罗马史的渊源。

在科学方面，303 年即前 451 年和 304 年即前 450 年罗马城把它的法律写成文，为法学奠下一个极可贵的基础。这个法典名十二铜表法，或许是可以称之为书的最古罗马文献。所谓“王法”，其核心大概不甚晚于十二铜表法。王法是一些训条，大半系宗教规矩，以累世相传的习惯为基础，大概由大祭司团以国王诏令的形式布告公众，此团有明法之权而无立法之权。此外，自本期开端之时起，元老院最重要的法令大概经常有文字记载，而人民法令则经常没有；在最早的等级斗争里，关于如何保存法律，已起过争执。

成文法的文件既在量上有新增加，法学本身也就有了巩固的基础。长官每年更换，陪审员选自民间，他们都必须求助于顾问，顾问谙悉法律程序并且能提出一个合乎往例的判断，遇无例可援
486 时，则依情理提出一个判断。关于开庭日期和有关祭神的一切疑难和法律文件问题，大祭司常备人民咨询；关于其他法律问题，在有人询问时；他们也发表忠告和意见，这样，便在大祭司团内发展出一种成为罗马私法基础的惯例，尤其是对于每种案件所应采用的诉讼程式。450 年即前 300 年前后，阿皮乌斯·克劳狄乌斯或其司书格涅乌斯·弗拉维乌斯（Gnaeus Flavius）把一套包罗各种诉讼程序的手册，连同一种详列开庭日期的历表，向人民公布出来。然而，法学当时尚不自知为科学，这种想把它表述为科学的企图，完全是一种孤立的行动，长久不见其继。

就在这个时期，熟谙法律和阐明法律已是博得民心和取得官职的手段，这是不难设想的；可是有个故事说，首任平民大祭司普布利乌斯·森普罗尼乌斯·索夫斯（Publius Sempronius Sophus，450 年即前 304 年的执政官）和首任平民大祭司长提比略·科隆卡尼乌斯（Tibius Coruncanius，474 年即前 280 年的执政官），都受法律学识之赐而荣居显赫僧职，这故事大概出于后世的猜测，而非古代流传的记载。

拉丁文和意大利其他语言的正式创始，无疑是在此时以前，而且拉丁文在此时期之初即已大体完备，这由十二铜表法的残文可以显见；然而此残文半属口头传授，因而已受近代化的影响。它们含有若干古字和粗俗的连接，特别由于省略不定主语而来；不过它

们与阿瓦歌(Arvalied)不同,并无真难索解之处;与古祈祷文相比,它们显然更多地接近加图所用的语言。如果罗马纪元七世纪初的罗马人难以了解罗马纪元五世纪的文献,这困难无疑仅由一事而来,即当时罗马没有真正的研究工作,更没有研究文献的工作。另一方面,这时期是阐明和纂辑法律的发轫时期,罗马实用事务文体的成立必始于此时。这种文体,至少就其已臻发展的形式而言,其千篇一律的程式和文词,喋喋不休地枚举细节,冗长的句法,比之近代英国的法律文体,毫无逊色;这种文体明白精确,为内行人所喜,而那些不了解它的外行人则视其性格和心情的不同,听了它有的肃然起敬,有的不能宁耐,有的烦恼不安。此外,这个时 487
期对于本国语言始有合理的处置。本期开初前后,有如上文所述,萨贝利人和拉丁人的土语有沦为粗陋的趋势,无处不有语尾删节、韵母含混和精细声母的现象,正如公元第五、六世纪罗曼语系内也如此。可是,后来发生了一次变动;奥斯坎语的 d 音已与 r 音合而为一,拉丁语的 g 音已与 k 音先合后分,每一音各有其相当的符号;o 音和 u 音在奥斯坎字母里自始即无单独的符号,在拉丁语里原系分立,可是已有合而为一的趋势,现在又判然分开,欧斯坎语甚至把 i 分成两个音形各异的符号;最后,写法又渐渐紧依发音,例如罗马人在许多地方以 r 代替 s。由年代学的迹象看来,五世纪是发生变动的时期:例如在 300 年即前 450 年,拉丁语还没有 g,可是大概在 500 年即前 250 年前后却有了 g;帕庇里氏的始祖中第二个自称 *Papirius* 而不自称 *Papisius* 的,他是 418 年即前 336 年的执政官;世人谓以 r 代 s 一事始于阿皮乌斯·克劳狄乌斯(449 年即前 312 年的监察官)。此时在意大利事务的各个领域,希腊文明无处不有日增月盛的影响，发音趋于精细准确，无疑必与此种现象有关。正如卡普亚和诺拉的银币远较同时代的阿迭亚和罗马的阿司币完美，坎帕尼亚文字语言变为循规蹈矩，似乎也较拉丁姆的迅速而圆满。尽管在这方面做出努力，到本时期末年，罗马的语言文字如何仍未臻确定，第五世纪流传至今的铭文可以为之作证；这些铭文里任意武断的风气极盛[①]，关于尾音 *m*、*d* 和 *s* 的加减，音节中间 *n* 的加减；以及关于韵母 *o* 与 *u*、*e* 与 *i* 的分别，尤其如
488 此。在这些方面，同一时期的萨贝利人进步较大，而翁布里人则受希腊人革新力量的影响，进步甚微。

由于法学和文典取得这种进步，初等教学虽不是初创，不免也有某种进步。正如荷马史诗是最古的希腊书，十二铜表法是最古的罗马书，两者在本国都成为教学的重要基础，罗马儿童教育即以熟读这种法政问答为主要课程。自从每一政治家和商人非通希腊文不可的时代以来，除拉丁的“写作教师”（*litteratores*）外，当然还有希腊文的“语言教师”（*grammatic*[②]），一部分是兼为府邸教师的

① 在456年即前298年执政官卢奇乌斯·西庇阿和495年即前259年同名执政官的两个墓志铭里，词格的语尾变化通常缺少 *m* 和 *d*，可是 *Luciom* 和 *Gnaivod* 各见一次；主格的 *cornelio* 和 *filios* 并见；*cosol* 和 *cesor* 与 *consol* 和 *censor* 也并见；*aidiles*，*dedet*，*ploirume*（= *plurimi*）、*hec*（主格、单数）与 *aidilis*，*cepit*，*quei*，*hic* 也并见。变 *s* 为 *r*，业已全部实行；我们发现 *duonoro*（等于 *bonorum*），*Ploirume* 已不似在跳舞祭祀团的歌里那样作 *foedesum* 和 *plusima*。一般看来，现存的铭文都不在改 *s* 为 *r* 的时代以前；更早的 *s* 只有零星的遗迹可寻，例如，以后 *honos* 和 *labos* 与 *honor* 和 *labor* 并见，以及晚近在普雷内斯特出土的墓志铭上的女名 *Maio*（即 *maios maior*）和 *Mino*。

② 写作教师与语言教师的关系，略等于我们小学教师与外语教师的关系；按较早的语言习惯，后一名称只属于希腊语教师，而不属于本国语教师。*Litteratus* 一词起源较晚，其意不指学校教师而指有教养的人。

奴隶，一部分是私馆教师，他们在自己或学生的寓所，教人读希腊文，讲希腊语。当然，鞭挞不但在练兵和警务上有其作用，就是在教学上也有其作用。[①] 然而，本时期的教学尚不能超过初等程度，在社会方面，受过教育的罗马人与未受教育的罗马人毫无重要的差别。

罗马人无论何时未尝以数学和机械科学见长，这是人所熟知的；就本时期而言，只有一事确可供我们引以为证，这就是十执政官调整历法一事。罗马以前的历法以甚欠完善的旧三年历（*trit-* 489
eris）为基础，现在十执政官想用当代雅典所行的八年历（*octaeter-is*）代替它；八年历仍用二十九日半为一太阴月，但以 365 1/4 日而不以368 3/4日为一太阳年，所以不改变三百五十四日为一年的常年，而每八年置闰九十日，以代旧历法的每四年置闰五十九日。出于同样的想法，改良罗马历的人想在其他方面保存通用的历法，仅在四年一度、八年两度的闰年里不缩短闰月，而把两个二月各缩短七日，因而在闰年中，把原为二十九天的二月定为二十三天，把原为二十八天的二月定为二十一天。但由于数学上缺乏准确性和宗教上有所顾忌，特别是因为每年的界神节正落在二月那几天，使拟议中的改革竟陷于紊乱，以致闰年的二月成为二十四天和二十三天，于是罗马的新太阳历实际每年达 366 1/4 日。这个历法引出

---

① 普劳图斯(《酒神祭尼》,43)描写可敬的旧式儿童教育，所举的例子至少是罗马的一幅真正景象：

……如果随后你便回家，
你身穿小外套，脸向老师，坐在凳上；
你读书给他听，若读错一个音，
他便把你的脊背打得五色斑斓，有如小儿的围嘴。

的实际弊病有一种补救的办法，即现在的月份长短不一，依历法上的月份或十个月来计算的方法已不适用，他们把它废掉，而在需要精确规定之处，依以三百六十五日为一太阳年，每年十个月来计算，即以三百零四日分为一年，每年十个月来计算。除此以外，意大利早已通用一种欧多克索斯(Eudoxus，盛年366年即前388年)特为农业而设的农家历，这历法基于埃及人的太阳历，以365 1/4日为一年。

建筑艺术和绘画艺术与机械科学有密切关系，由意大利人在这两种艺术上的成绩看，他们在这两方面的能力不为不高。在这方面虽然没有真正的创造可言，可是，意大利的造型艺术无处不带有模仿的痕迹，使其艺术趣味因此而减少，但更为生动的历史趣味却附着于它；因为一方面，只有这种艺术为各族间的交往保存了最显著的证据，否则这交往就会泯灭无闻，另一方面，除罗马人外，其他意大利人的历史差不多全都趋于湮灭，几乎只有这种艺术把半岛上各民族从事各种活动的情况并列起来，加以表述。本时期没有新奇的事物可言；可是在更广泛的基础上，我们可以更为精确允
490 当地申明前已概述的意见：即来自希腊的激励从不同的方面强烈地影响埃特鲁斯坎人和意大利人，从埃特鲁斯坎人中间唤起一种比较丰富而又蓬勃发展的艺术，从意大利人中间则在其发生影响之处，唤起一种较为明智而深刻的艺术。

意大利各地的建筑，就是在最早时期，也无处不被希腊成分所充分渗透，这事已见上文。它的城垣、它的水渠、它那方锥形的墓顶和埃特鲁斯坎式的神殿都与希腊最古的建筑并无差别或重大差别。埃特鲁斯坎人本时期在建筑上的进步，没有遗迹可寻，我们既

不见这民族接受任何新的事物，也不见他们有何独创，除非我们认为那些华丽的坟墓即属于此类；例如，瓦罗描述过丘西地方的所谓波尔塞那(Porsena)的坟墓，这使人联想到埃及金字塔那种奇怪而毫无意义的雄伟气象，宛然如在目前。

在共和国的一百五十年间，拉丁人的行动大概也完全遵循原有的途径；我们上文已经说过，共和制成立以后，艺术活动不但没有起色，而且趋于衰落。属于此时的拉丁建筑，没有一个因其在建筑学上重要而值得一提，只有261年即前493年在竞技场内修建的谷神庙为例外，帝国时代的人认为这是托斯坎式的范例。可是到了本时期将近终了时，一种新精神出现于意大利的建筑，尤其是罗马的建筑；于是宏丽的拱门建筑始见于世；而且我们不可称拱门和穹隆圆顶为意大利的发明。据详加考察的结果，我们知道在希腊建筑创始时，希腊人尚不知有拱门，所以，建筑庙宇不得不满足于平天花板和倾斜屋顶；不过拱门很可能是希腊人较晚的发明，由更合科学的机械知识而来。希腊人的流传材料把这些发明归在物理学家德摩克里托斯(Democritus，294—397年即前460—前357年)名下。希腊人建筑拱门既在罗马人之前，与这一点相符的是那经常提出而且也许提得有理的假定，即罗马大阴沟的穹顶和以后盖在卡庇托尔古井舍上的方锥形屋顶，乃是现存应用拱门原理的最古建筑；因为这些拱门建筑很可能不属于王政时代，而属于 491
共和时代，王政时代的意大利人极可能仅知有平屋顶或重叠屋顶。但无论世人对于拱门发明本身有何意见，大规模地应用一个原理，至少与最初提出这个原理同等重要，在各处如此，在建筑中尤其如此；而这种应用是罗马人的事，毫无疑义。罗马纪元五世纪初年才开始有城门、桥梁和水渠的建筑，它们主要以拱门为基础，自此以后，拱门永与罗马的名字密切相连，不可分离。与此相似的，有那上复穹窿屋顶的圆形庙宇的发展，这种建筑不见于希腊，却为罗马人所特喜，他们把它应用于他们所特有的崇拜，即对维斯塔女神的非希腊崇拜。①

这个范围内还有种种次要但并非不重要的成绩，类似的话也可适用于此。这些成绩自不得谓为有独创性，不得视为艺术活动；不过罗马那种衔接牢固的铺路石板，不可毁坏的大道，叩之铿然的宽面坚瓦，建筑上经久耐用的灰浆，都表示罗马那坚实不破和勤勉不懈的特性。

造型和绘画艺术也不是因受希腊刺激而成熟，而是由于希腊
492 种子滋生于意大利的土地；在这一点上，它们与建筑艺术相同，也许可能更加如此。我们已经说过。这两种艺术的出世虽较建筑术为晚，可是即在王政时期，至少已开始发展于埃特鲁里亚；不过，它们在埃特鲁里亚的主要发展却属于此时，在拉丁姆则更是如此；埃特鲁斯坎人有许多地方在四世纪时为凯尔特人和萨谟奈人所夺，在这些地方，埃特鲁斯坎人的艺术活动便毫无遗迹可寻，可以为此

① 昔人以为圆形庙宇系模仿最古的住宅而作，当然不确；反之，住宅建筑一律始于正方形。按罗马后世的神学，地球或宇宙环绕太阳，成一球状（费斯图斯，*v*，*retundam*，第282页；普鲁塔克，《民数记》，11；奥维德，《岁时记》，6，267以下），圆形与这种观念相联系。事实上圆形的应用应归因于，圆形被认为是最安全和最便于圈入和守护的空间。希腊人的圆形宝库，罗马仓房的圆形建筑（即家神庙），皆以这种原理为根据。炉灶（即维斯塔祭坛）和龟房（即维斯塔神庙）当然也造成圆形，正如蓄水池和井栏（*putal*）的造法也如此。圆形建筑本身与方形建筑同为希腊与意大利民族所共有的形式，仓库用圆形而住宅则用方形；不过，在建筑和宗教上，简单的穹窿屋顶发展为有支柱和圆柱的庙，却是拉丁人的成绩。

说的明证。埃特鲁斯坎人的造型艺术最先从事的，以陶土工、铜工和金工为主；埃特鲁里亚的丰富陶土层、铜矿和商业交易，供给艺术家以所用材料。埃特鲁斯坎庙宇的废墟至今仍在，它们的垣墙、山墙和屋顶往昔曾装饰着无数陶制的凸花和雕像作品，而且埃特鲁里亚与拉丁姆之间买卖这种作品的交易有史可考，可见埃特鲁斯坎的陶土艺范制业的隆盛。铸铜业也不落后于它。埃特鲁斯坎艺术家敢于铸造高达十五公尺的巨大雕像铜柱，沃尔西尼乃是埃特鲁斯坎人的德尔斐，据说在489年即前265年前后，该地有铜像两千座。再者，大概无论何处，石料雕刻的兴起总较铸铜业迟晚远甚，埃特鲁里亚也是如此，它的发展不但限于内在的原因，而且限于材料缺乏；卢那(Luna)的大理石矿当时尚未开采。任何人看过埃特鲁里亚南部坟墓里那些丰富而优美的装饰品，便不难相信第勒尼安金杯甚至在阿提卡也被人珍视这样的记载。玉石雕刻虽起源较晚，在埃特鲁里亚也有种种的应用。埃特鲁斯坎的绘图家和画家也同样依赖希腊人，可是在其他方面完全与造型艺术家不分轩轾，他们大力制作金属物上的轮廓画和单色的壁画。

以意大利人的本土与埃特鲁里亚相比，骤然看来，埃特鲁斯坎人的艺术丰富，而意大利人则显得贫乏。可是仔细看去，我们必然发现萨贝利人和拉丁人有超过埃特鲁斯坎人远甚的艺术才能和技巧。固然，在萨贝利人的本土，在萨宾，在阿布鲁齐，在萨谟奈，绝 493
不见有何艺术作品，甚至钱币亦付阙如。可是，那些移居第勒尼安海或爱奥尼亚海沿岸的萨贝利各族，不但学到了希腊艺术的外表，就像埃特鲁斯坎人那样，而且或多或少地掌握了希腊艺术。维利特拉过去是沃尔西人的地区，沃尔西人的语言和特色保持极久，就在这里也有彩色陶偶出土，表现着生气蓬勃，独具一格的作风。在下意大利，卢卡尼亚不甚受希腊艺术的影响，可是在坎帕尼亚和布雷提人之地，萨贝利人和希腊人却不但在语言和种族上完全混同，而且在艺术上尤其如此；就艺术作风而言，坎帕尼亚和布雷提的钱币与当时希腊的钱币完全一致，它们的区别只有铭文不同。

有一种不甚显著可是仍甚确凿的事，即拉丁姆的艺术虽然不及埃特鲁里亚的丰富众多，可是在审美力和实际技巧上却不亚于埃特鲁里亚艺术。显然，五世纪初，罗马人占据坎帕尼亚，变卡勒斯城为拉丁殖民地，变卡普亚附近的法勒努区域为罗马市民区，坎帕尼亚的艺术技巧才为罗马人所得知。奢华的埃特鲁里亚对于玉雕业致力甚勤而罗马则全无这种艺术；埃特鲁斯坎的金匠和陶人从事供应外国的需求，拉丁的作坊则不见有这种事的形迹。诚然，拉丁庙宇不像埃特鲁斯坎庙宇那样堆砌着青铜和黏土制成的点缀品，拉丁坟墓也不像埃特鲁斯坎坟墓那样充溢着黄金的装饰品，拉丁墓壁也不像埃特鲁斯坎墓壁那样涂着五彩缤纷的油画；然而，把一切权衡起来，优胜却不属于埃特鲁斯坎民族。雅努斯神像同雅努斯神一样，都可以认为是拉丁人的发明，这种发明不为不巧，而且它的独创性高于任何埃特鲁斯坎的艺术品，那母狼和双生子合成一组的美丽造像，或系根据希腊的发明而来，可是它的塑造即使
494 不是在罗马城，但它确实是罗马人所构想，并且可注意的是，这一组像最初见于罗马人在坎帕尼亚为该地所造的银币。在上述的卡勒斯城，在罗马设立殖民地以后，似乎不久就创出一种带有造像的陶器，上有工匠姓名和制造地，流布甚广，远属埃特鲁里亚。晚近在埃斯奎林山出土了带有造像的烧陶小神坛，其造型和点缀与坎

帕尼亚庙中的祭献品一般无二。可是这并不排除有希腊名手为罗马工作。雕刻家达摩菲洛斯（Damophilos）曾协同戈尔加索斯（Gorgasos）共制谷神古庙内的彩陶像。这个达摩菲洛斯似乎就是希美拉的德摩菲洛斯（Demophilos von Himera，300 年即前 454 年前后），他是佐克西斯（Zeuxis）的业师。最有教益的是这样一些艺术分支，在其中我们根据古代的证据和凭着自己的观察，能对它们用比较的方法下个判断。拉丁的石雕作品，现在仅存罗马执政官卢奇乌斯·西庇阿那口多里斯式石棺，它制作于本时期末叶，可是它的高雅朴素使一切同类的埃特鲁斯坎作品饶有愧色。从埃特鲁斯坎人的坟墓里，曾发掘出许多风格古朴严谨的美丽青铜作品，特别是头盔、烛台和诸如此类的物品，可是，这些作品有哪一件能及得 458 年即前 296 年用罚金在罗马市场鲁米纳无花果树之旁建造起来的青铜母狼雕像？它至今仍为卡庇托尔神庙中的最佳饰品。斯普奇乌斯·卡维利乌斯（Spucius-Carvilius，461 年即前 293 年的执政官）曾销熔萨谟奈人的武器，铸成卡庇托尔山上那座硕大无朋的朱庇特神像，以其凿下的铜屑即足以铸成立在巨像下面的那位胜利者的铜像，可见罗马铸铜匠的不畏艰巨的工作，并不亚于埃特鲁斯坎人；这座朱庇特像，甚至从阿尔巴山也可以望见。铸成的铜币以拉丁姆南部的为最精美，罗马和翁布里的尚可，埃特鲁斯坎的则几乎全无造像，而且往往确属粗劣。卡庇托尔山上的幸福神庙落成于 452 年即前 302 年，内有盖乌斯·法布利乌斯所作的壁画，就是奥古斯都时代受希腊熏陶的艺术赏鉴家也赞美他的绘图和设色；帝国时期艺术爱好者推凯雷、罗马和拉努维翁的壁画为绘画杰 495
作，予以着力赞赏。金属镌刻在埃特鲁里亚用为手镜的装饰，在拉丁姆则为高雅的梳妆盒的装饰，这艺术在拉丁姆的应用远不如在埃特鲁里亚的广泛，而且几乎全限于普雷内斯特一地。埃特鲁里亚的铜镜当中，以及在普雷内斯特的梳妆盒中，都有几件艺术精品，可是后一类作品中有一个梳妆盒，极可能出于这时期一位普雷内斯特匠人的作坊[1]；对于此物，我们可以有理由这样说，古代雕刻艺术的作品中可以称得上不仅在美的表现和特征刻画上完美无缺，而且在艺术的纯朴和认真上也完美无缺的，无过于这个菲科罗宝盒(*Cista*)。

埃特鲁斯坎人的艺术品，就其一般特征而言，一方面是材料上的浪费无度和风格上的过于浮夸，一方面是全无独出心裁的发挥。在希腊师傅轻描淡写之处，埃特鲁斯坎学徒却孜孜不倦地下功夫；希腊作品材料轻巧，形体适中，埃特鲁斯坎作品则不然，他们显然以作品的巨大昂贵，或甚至以稀罕相夸耀。埃特鲁斯坎艺术每有所模仿，无不变本加厉；在他们手里，严肃变为残酷，文雅变为荏弱，可畏变为可恶，丰满变为淫猥；原来的激励愈形衰退，埃特鲁斯坎艺术自赖其力时，这些特色便愈臻明显。更奇怪的是墨守沿袭相传的形式和作风。这种现象的主因，或在起初希腊人与埃特鲁里亚有亲善的接触而得以散播艺术种子于此地，以后两国相仇，希腊较晚的艺术发展不能输入埃特鲁里亚，或者更为可能的，一种心
496 智上的停滞迅速传遍全国。可是无论这现象的主因何在，埃特鲁

① 诺维乌斯·普劳图斯也许只是铸造了盒脚和盒盖上的群像，盒的本身也许是一个较早的艺术家所制，不过他绝不能不是普雷内斯特人，因为这些盒的应用只限于普雷内斯特人。

里亚的艺术大体上止步不前，停留在发轫时的原始阶段。埃特鲁斯坎人的艺术原是希腊艺术不长进的女儿，其所以长期被认作希腊是艺术之用，即以此故，这是人所共知的。埃特鲁斯坎艺术的精神消失得如何迅速，不但见于其墨守较老的艺术成规，而且更可见于其极不善运用较新的艺术，尤其是石料雕刻和将铸铜术运用于造币之中。同样，富于教益的是，埃特鲁斯坎晚期坟墓中有极多的彩绘酒罍出土。此等酒罍如果与饰有轮廓画的金属盘或彩陶同时流行于埃特鲁里亚，他们必能学会在本国大量制造酒罍，而且至少在品质上相当良好；可是，这种奢侈品兴起时，他们却已全失其独立仿造的能力，刻有埃特鲁斯坎铭文的酒罍偶尔一见，可以为证，于是他们只好以买代制。

可是，就在埃特鲁里亚，南北方艺术的发展又有显著的不同。南埃特鲁里亚，特别是凯雷、塔昆尼和沃尔西等地，它们保存着无数的艺术瑰宝，尤其是壁画、庙宇点缀品、金饰和彩画酒罍。北埃特鲁里业则远较落后，例如，丘西以北不见彩画的坟墓。埃特鲁里亚最南的城市维爱、凯雷和塔昆尼，在罗马传说里，据说是埃特鲁斯坎艺术的主要发祥地；最北的城市沃拉泰雷在埃特鲁斯坎诸民社中领域最大，也最与艺术无缘。南埃特鲁里亚还有一种半希腊文化，北埃特鲁里亚毫无文化。这种显著差异的原因，一部分在于民族性的不同，这民族性在南埃特鲁里亚也许与非埃特鲁里亚成分广泛地混杂一起，另一部分在于希腊影响的强弱不同，特别在凯雷，影响甚为显著。这是不容置疑的事实。因此，罗马早年征服埃特鲁里亚南半部，以及埃特鲁斯坎人的艺术很早就罗马化，为害更 497
烈。埃特鲁里亚在艺术上能独立做出何种成绩，有铜币为证，铜币大半部属于此地出品。

现在让我们把目光从埃特鲁里亚转向拉丁姆。诚然，拉丁姆没有创造新艺术；罗马从拱门题材中发展出一种与希腊不同的建筑，然后与建筑相和谐，发展出一种雕刻和绘画上的新风格只是这还有待于久远的将来。拉丁艺术无独创之处，而且往往无关重要，不过清新的感觉和有分寸地选取外国的长处，在艺术上也是难能可贵的。拉丁艺术不易流于野蛮；在技术上，它最佳的作品完全与希腊的并驾齐驱。埃特鲁斯坎艺术当然早于拉丁艺术，拉丁艺术至少在起始阶段有倚赖埃特鲁斯坎艺术之处，这是无可否认的。瓦罗以为，在希腊艺术家造谷神庙的陶偶以前，只有托斯坎的造像点缀罗马庙宇，他的意见或许不谬；不过，不言而喻的是，无论如何，希腊人的直接影响决定了拉丁艺术，这些陶偶以及拉丁人和罗马人的钱币都是明证。甚至埃特鲁里亚专用金属镌刻术于梳妆镜，拉丁姆专用之于梳妆盒，也可以表明两地所受艺术启发的不同。然而，拉丁艺术绽出最鲜艳花朵之处不在罗马；以精美和艺术趣味而论，罗马的阿司币和第纳尔币远不如拉丁铜币和罕见的拉丁银币；绘画和图案的杰作大半都属于普雷内斯特、阿迭亚和拉努维翁。这与上述罗马共和的现实和客观的精神完全吻合，这种精神在拉丁姆其他地方必不能这样盛行。但在五世纪期间，尤其是
498 在其下半叶，罗马的艺术活动颇为活跃。这是罗马始造拱门和道路的时代，这是卡庇托尔母狼一类艺术品起源的时代，这是罗马旧贵族氏族里一位名人拿起画笔来装点一座新庙而荣膺“画家”别名的时代。这不是偶然的事。每一个伟大时代必然把握住整个的人；罗马的风俗虽然很顽强，罗马的警察虽然严厉不苟，可是因为

罗马市民成为意大利半岛的主人，或更确实地说，意大利首次成为一个统一的国家，他们的繁荣也显见于拉丁的尤其是罗马的艺术繁荣之中，正如埃特鲁斯坎民族在道德和政治上的衰败也显见于埃特鲁斯坎艺术的堕落。拉丁姆既以其雄伟的民族力征服较弱的民族，它也把它那不可磨灭的痕迹印在青铜和大理石之上。

图书在版编目(CIP)数据

罗马史．第一册／（德）特奥多尔·蒙森著；李稼年译．—北京：商务印书馆，2017(2024.6 重印)
（汉译世界学术名著丛书）
ISBN 978-7-100-13055-4

Ⅰ.①罗… Ⅱ.①特… ②李… Ⅲ.①古罗马—历史
Ⅳ.①K126

中国版本图书馆 CIP 数据核字(2017)第 053650 号

汉译世界学术名著丛书
罗 马 史
第一册
〔德〕特奥多尔·蒙森 著
李稼年 译
李澍泖 校

商 务 印 书 馆 出 版
（北京王府井大街36号 邮政编码100710）
商 务 印 书 馆 发 行
北京虎彩文化传播有限公司印刷
ISBN 978-7-100-13055-4

2017 年 7 月第 1 版 开本 850×1168 1/32
2024 年 6 月北京第 4 次印刷 印张 16⅛ 插页 1

定价：73.00 元